AN ANDALUSIAN ARABIC VERSION OF
THE FOUR GOSPELS

CORPUS
SCRIPTORUM CHRISTIANORUM ORIENTALIUM

EDITUM CONSILIO
UNIVERSITATIS CATHOLICAE AMERICAE
ET UNIVERSITATIS CATHOLICAE LOVANIENSIS

Vol. 663

SCRIPTORES ARABICI

TOMUS 54


# AN ANDALUSIAN ARABIC VERSION OF THE FOUR GOSPELS

(BAYER. STAATSBIBL., MÜNCHEN, COD. ARAB. 238)

EDITED BY

HANNA E. KASSIS

LOVANII
IN AEDIBUS PEETERS
2016

A catalogue record for this book is available from the Library of Congress.

© 2016 by Corpus Scriptorum Christianorum Orientalium

Tous droits de reproduction, de traduction ou d'adaptation,
y compris les microfilms, de ce volume ou d'un autre de cette collection,
réservés pour tous pays.

ISSN 0070-0401
ISBN 978-90-429-3324-8
D/2016/0602/80

Éditions Peeters, Bondgenotenlaan 153, B-3000 Louvain

PREFACE

The work presented here is a critical edition of the manuscript *cod. arab. 238* in the *Bayerische Staatsbibliothek*, München. As shall be noted later on, it is the most complete of four cognate manuscripts and one of two that include the name of the translator. The translator's identity appears in a comment at the beginning of Luke's Gospel which states that the text was translated by Isḥāq ibn Balašku (Isaac Aben Velasco [Velásquez]) of Córdoba in 946. There is no indication as to whether the date is of the Christian calendar or the Spanish Era (= AD 908).

Neither the manuscript itself nor its cognates have a title page; the title الأربعة الأناجيل المُقدَّسة (*"The Four Holy Gospels"*) that I use is drawn from the colophon at the conclusion of the Gospel according to John.

To achieve a critical edition of the text, I referred to cognate manuscripts in various library collections. I wish to express my gratitude to the many individuals in these libraries who facilitated my access to and study of these manuscripts. In particular, I wish to acknowledge the assistance I was given by the following: Dr. Wolfgang-Valentin Ikas, Bayerische Staatsbibliothek, München; Dr. Colin F. Baker, Head of the Near and Middle Eastern Collections at the British Library in London; Sra. Nuria Torres Santo Domingo, formerly of the Biblioteca Nacional de Madrid; the Director of the Archivo Catedralicio de la Santísima Catedral de León; Mr. Steffen Hoffmann, Universitätsbibliothek in Leipzig; Mr. Abdellaziz Tebbagh, Librarian-in-Chief of al-Qarawiyīn Mosque in Fās, Morocco, and Mr. Mohamed ben Yahya, Director of Archives, Ministry of Cultural Affairs in Rabat, Morocco.

Repeat visits to these libraries at the initial and crucial stages of this project benefited from the generous financial support of the Social Sciences and Humanities Research Council of Canada / Le Conseil de recherches en sciences humaines du Canada.

## ABBREVIATIONS

| | |
|---|---|
| BL | British Library, London |
| BNM | Biblioteca Nacional de Madrid (*text on vellum in Luke and John*) |
| BNM-L | Biblioteca Nacional de Madrid (*later text on paper in Luke*) |
| BNM-M | Biblioteca Nacional de Madrid (*marginal annotations in Matthew*) |
| BSB | Bayerische Staatsbibliothek, München |
| Fās | Library of the Qarawiyīn Mosque, Fās, Morocco |
| Ibn Ḥazm | Fragments of the Gospels as cited by Ibn Ḥazm (994-1064) in his *Kitāb-al-fiṣal fī'l-milal wa'l-ahwā' wa'n-niḥal*, vol. 2, Cairo, Maktaba Muḥammad 'Alī Ṣabīḥ wa-Awlād, 1928 (reprinted in 1964). |
| Leipzig | Universitätsbibliothek, Leipzig |
| León | Archivo de la Catedral de León |

# BIBLIOGRAPHY

AL-'ĀBID AL-FĀSĪ, Muḥammad, *Fihris makhṭūṭāt Khizānat al-Qarawiyīn*, vol. 2, Casablanca, 1980.
AUMER, Joseph, *Die arabischen Handschriften der K. Hof- und Staatsbibliothek in München*, München, 1866.
BALAGUER, Anna M., *Las emisiones transicionales árabe-musulmanas de Hispania*, Barcelona, 1976.
BAUMSTARK, Anton, "Markus Kap. 2 in der arabischen Übersetzung des Isaac ibn Velasquez", in *Oriens Christianus* 31 (1934), 226-239.
BRITISH MUSEUM, *Catalogus codicum manuscriptorum orientalium qui in Museo Britannico asservantur. Pars secunda: Codices arabicus amplectens*, London, 1846.
BURNETT, Charles, "'John of Seville and John of Spain': a *mise au point*", in *Bulletin de philosophie médiévale*, 44 (2002), 59-78.
—, "'Magister Iohannes Hispalensis et Limiensis' and Qusta ibn Luqa's *De differentia spiritus et animae*: a Portuguese Contribution to the Arts Curriculum?", in *Mediaevalia. Textos e estudos*, 7–8 (1995), 221-267, 235-236.
CHABOT, Jean-Baptiste, *Chronique de Michel le Syrien, Patriarche Jacobite d'Antioche (1166-1199)*, 4 vols., Paris, 1899-1910 (Reissued: Bruxelles, 1963).
D'ALVERNY, Marie Thérèse, "Translations and Translators", in R. L. BENSON & G. CONSTABLE (eds.), *Renaissance and Renewal in the Twelfth Century*, Oxford, 1982, 421-462.
FOULCHÉ-DELBOSC, Raymond & BARRAU-DIHIGO, Louis, *Manuel de l'hispanisant*, New York, 1920.
GARCÍA VILLADA, S.I, Zacarías, *Catálogo de los códices y documentos de la Catedral de León*, Madrid, 1919.
GEHMAN, Henry S., "The Arabic Bible in Spain", in *Speculum*, I:2 (1926), 219-221.
GOUSSEN, Heinrich, *Die christlich-arabische Literatur der Mozaraber*, Leipzig, 1909.
GRAF, Georg, *Geschichte der christlichen arabischen Literatur*, 5 vols., Vatican City, 1947-53.
GRIFFITH, Sidney H., "The Gospel in Arabic: an inquiry into its appearance in the first Abbasid centuries", in *Oriens Christianus* 69 (1985), 126-167, reproduced in IDEM, *Arabic Christianity in the Monasteries of Ninth-Century Palestine* (Variorum, 1992).
GUIDI, Ignazio, "Le traduzioni degli Evangelii in arabo e in etiopico", in *Reale Accademia dei Lincei* 285 (1888), 5-37.
GUILLÉN ROBLES, Francisco, *Catálogo de los manuscritos árabes existentes en la Biblioteca Nacional de Madrid*, Madrid, 1889.
KÜMMEL, Werner Georg, *Einleitung in das Neue Testament*, 17th edition, Heidelberg, 1973. English translation by Howard Clark KEE: *Introduction to the New Testament*, London, 1975.

VAN KONINGSVELD, Pieter Sjoerd, *The Latin-Arabic Glossary of the Leiden University Library*, Leiden, 1977.

—, "Andalusian-Arabic manuscripts from Christian Spain: A comparative intercultural approach", in *Israel Oriental Studies*, vol. XII (1992), 75-112.

ROBINSON, Maureen, "The heritage of medieval errors in the Latin manuscripts of Johannes Hispalensis (John of Seville)", in *Al-Qanṭara* 18 (2007), 41-71.

RÖMER, Karl, *Der Codex Arabicus Monacensis Aumer 238 eine spanisch-arabische Evangelienhandschrift*, Leipzig, 1905.

—, "Studien über den Codex Arabicus Monacensis Aumer 238", in *Zeitschrift für Assyriologie und verwandte Gebiete*, 19 (1905-1906), 98-125.

SIMONET, Francisco Javier, *Historia de los Mozárabes de España*, 4 vol., Madrid, 1867 (reissued by Ediciones Turner, 1984).

—, "Estudios históricos y filológicos sobre la literatura arábigo-mozárabe (III)", in *Revista de la Universidad de Madrid* 2/1 (1873), 55-68.

TAESCHNER, Franz, "Die monarchianischen Prologe zu den vier Evangelien in der spanisch-arabischen Bibelübersetzung des Isaak Velasquez nach der Münchener Handschrift cod. arab. 238", in *Oriens Christianus* 32 (1935), 80-99.

TISSERANT, Eugène, "La version mozarabe de l'Épître aux Laodicéens", in *Revue Biblique* (1910), 249-253.

—, "Une feuille arabo-latine de l'Épître aux Galates", in *Revue Biblique*, (1910), 321-343.

—, "Sur un manuscrit mozarabe de Fès", in *Miscellanea Biblica B. Aubach*, ed. Dom. Romualdo María DÍAZ CARBONELL, Montisserrati, 1954, 15-26.

TRIMINGHAM, J. Spencer, *Christianity Among the Arabs in Pre-Islamic Times*, London, 1979.

VIVES Y ESCUDERO, Antonio, *Monedas de las dinastías arábigo-españolas*, Madrid, 1893 (1st edition: 1879)

VOLLERS, Karl & LEIPOLDT, Johannes, *Katalog der islamischen, christlich-orientalischen, jüdischen und samaritischen Handschriften der Universitäts-Bibliothek zu Leipzig*, Leipzig, 1906 (reprint: Osnabrück, 1975).

WALKER, John, *A Catalogue of the Arab-Byzantine and Post-Reform Umaiyad Coins*, London, 1956.

# INTRODUCTION

## 1. The Challenge of Language — Arabicization and Islamicization

It is not surprising that an Arabic translation of the Christian Bible should appear in al-Andalus (the name designating the conquered parts of the Iberian Peninsula in Arabic writings) sometime following the Muslim conquest in AD 711. As the Christian population of al-Andalus became increasingly arabicized the need for an Arabic translation of the Scriptures undoubtedly became urgent. The question is how soon was there a need for an Arabic translation, and when was such a translation undertaken in a region where the Vulgate (and, perhaps, the Vetus Latina) held and maintained a position of great respect, and Latin survived as a medium of literary expression competing with Arabic. The process of arabicization, which inevitably took place and must have paved the way for such a translation, was slow and not readily tolerated before the middle of the ninth century. It is certainly doubtful that there was willingness on the part of at least some of the conquered Christian inhabitants to adopt or use Arabic as rapidly as has sometimes been suggested. What may have hindered arabicization is that unlike the situation in the Near East, where prior to the arrival of Islam, various forms of Arabic were used outside the Arabian Peninsula alongside Syriac and other cognate Semitic languages, there was no philological affinity in the Iberian Peninsula between Arabic and the language and dialects — Latin and Romance — that were written or spoken there prior to the Muslim conquest.

The conquerors themselves were cognizant of the linguistic divide. Numismatic evidence points to the fact that, more than a decade after the minting reform had taken effect in the Near East, whereby legends were inscribed solely in Arabic, legends on their coins in al-Andalus proclaimed the Muslim affirmation of God's oneness and uniqueness in Latin, albeit compacted, rather than in Arabic. The circular legend on the obverse of the earliest of these coins (minted in AD 712) reads as follows: *INNDINN D SNSDSSLSNDSA* (for "*IN Nomine DominI NoN DeuS NiSi DeuS SoLuS Non DeuS Alius*"), condensing the translation of بسم الله لا اله الا الله وحده لا شريك له ("In the Name of God; there is no deity other than God, alone, without compeer"). Shortly thereafter (AD 717), bilingual, then solely Arabic legends replaced the Latin, and the name *Spania* on the reverse was replaced by al-*Andalus*.[1]

As the Christian population of al-Andalus (the Mozarabs) became increasingly arabicized, the need for a translation of their sacred Scriptures into Arabic undoubtedly ensued. We do not possess the evidence, but it may be assumed that, generally speaking, such translation was intended more for the benefit of the common folk than for the educated elite for whom Latin was and continued to be the preferred language of literary and religious expression. It is interesting to note that article 26 of the Fourth Council of Toledo (AD 633) had decreed that when priests are assigned to their districts (parishes), the bishop must provide them each with a copy of the Gospels so that, having mastered the teachings of the Gospels, the priests should not err in the application of God's law and intent. An Arabic translation of the Scriptures, and particularly the Gospels, would meet that requirement and satisfy a growing need of the priesthood and the faithful, non-conversant in Latin, to read and hear the sacred text in the language that they comprehended best.

As to the question of when the earliest Arabic translation of the Christian Scriptures in al-Andalus came into existence, two viewpoints have prevailed for over a century now. One is the long-standing tradition which we may call "The 'Ioannes, Bishop of Seville' Proposition" of which, by the scope of this discussion, I shall present only a summary; the other is what arises from the evidence of the extant manuscripts, which I shall discuss at some length. Both agree, nonetheless, on the need for such a translation.

In the introduction to his Arabic translation of the Book of Psalms,[2] the unnamed translator advocated the necessity of using the vernacular (Arabic in this case) as the language of prayers, lectionaries and exegesis. To lend support to his argument he turned to Scripture, paraphrasing I Corinthians 14 in such a manner as to make it speak in favour of his argument,

> قال الحواري إن المومن اذا تكلم في صلاته بلسانه فانما يفيد نفسه الفوايد الروحانية ومن نبا [ا]لجماعات واعلن بصوته وفسّر لهم فانما ينفع الجماعات واياه يفيد الفوايد الروحانية وقال الحواري وانا احب ان تتكلموا اجمعين بالسنتكم ولكني احب ان تفهموا اكثر تفسير النبوات

[1] WALKER, *A Catalogue of the Arab-Byzantine and Post-Reform Umaiyad Coins*, 43; BALAGUER, *Las emisiones transicionales árabe-musulmanas de Hispania*, 125, No. 1. The date of the coin appears on the reverse as INDCX for "Indiction 10".

[2] Vatican ms., cod. arab. 5, fol 2r-3r, British Library ms. ADD 9060, fol. 2r-4r.

"The Apostle [Paul] said, 'If the believer utters his prayers in his own language, he benefits himself spiritually. Whosoever instructs the community and proclaims and interprets to them in his own tongue, realizes the spiritual benefits both for himself and the community'. The Apostle further said, 'I wish you all to speak in your own tongue. But more than that, I want you to better understand the interpretation of the prophecies'".

....

فاخبرنا الحواري بان اوّل ما امنوا الرومٍ واليهود والعجم والرّمانيون انما امنوا وصلّوا إلى ربّهم باللغة التي يعرفونها من كان روميا فبالرومية ومن كان سريانياً فبالسريانية ومن كان عجميا فباللطينية لكيما يعزّ كل لسان بايمان الله وكذالك صلاة النصارى في مشارق الأرض ومغاربها من اساقفتهم وملوكهم وبطارقتهم ورهبانهم وجماهير رجالهم من الأفرنج والعرب والسريانيين المومنين بالمسيح صلاتهم كلها بالزبور المترجم من العبراني في اللغات الكثيرة منها الرومي واللطيني والسرياني والهندي والعربي

"The Apostle informs us that when they first believed, Greeks, Jews, foreigners [*al-'ajam*], and Romans, they proclaimed their faith and prayed to their Lord in the language they each knew: the Greeks in Greek, the Syrians in Syriac, the foreigners [*'ajamīy*] in Latin, in order that each tongue may be strengthened in the faith in God. Similarly, the prayers of Christians in the East and the West, whether they be bishops, kings, patriarchs, monks, or the masses of their laymen, be they Franks, Arabs or Syrians, those who believe in Christ, they all pray using the Psalms that are translated from Hebrew into many languages. These include Greek, Latin, Syriac, Indian, and Arabic."

## 2. The "Ioannes, Bishop of Seville" Proposition[3]

A long-standing proposition postulated that the initial commentator and translator of the Christian Scriptures was Ioannes (Juan), bishop of Seville. But neither the identity of the bishop nor his dates are unequivocally established. Writing in the early part of the 13th century, Rodrigo Ximénes, archbishop of Toledo (AD 1209-1247) during the reign of Alfonso VIII (AD 1158-1214), asserts that Ioannes Episcopus (Bishop Juan), the "glorious and saintly" Bishop of Seville, was responsible for the earliest Arabic *commentary* on the Christian Bible.[4] Ximénes situated this achievement at

[3] The proposition is primarily treated by Simonet, *Historia de los Mozárabes de España*, vols. I-IV *passim*, but esp. vol. II, 320-324, and to a lesser extent by Tisserant, "Une feuille arabo-latine de l'Épître aux Galates", 325-327. See also van Koningsveld, *The Latin-Arabic Glossary*, 50-56.

[4] Rodericus Ximenius de Rada, *De Rebus Hispaniae* published in his *Opera* (Valencia: *Textos Medievales, 22*, 1968; reprint of 1793 edition), Book IV, Chapter 3, 77.

an indeterminate date, sometime between the conquest in AD 711 and the arrival of the fanatical Almohads from North Africa in the middle of the 12th century.

A variation of this assertion was put forward in the *Primera Crónica General* (which dates from the reign of Alfonso X, the Wise, AD 1252 to 1284) in which a *translation* of the Scriptures, rather than simply a *commentary* on them, is postulated. In the context of the discussion of the first five years of the reign of Don Pelayo, king of the Asturias (AD 718-737), Archbishop Juan of Seville reportedly "translated the Holy Scriptures in Arabic and interpreted them in accordance with the Holy Scriptures".[5] This proposition would unrealistically place the date of the translation within a very short period after the conquest.

The claim that bishop Juan of Seville did in fact translate the Scriptures into Arabic was subsequently reiterated by Juan de Mariana (A.D. 1537-1624), the Spanish Jesuit priest and historian. In his *Historia General de España*, he states that "there was Juan, prelate of Seville, who translated the Bible into the Arabic language with the intention of aiding the Christians and the Moors, because the Arabic language was widely and commonly used by all while ordinarily Latin was neither used nor known. There are several versions of this translation that are conserved until this day and may be found in various parts of Spain".[6] There is no doubt that there were several manuscripts of Arabic translations of at least parts of the Christian Bible in existence in various parts of Spain at the time of Mariana. But were they versions of the alleged translation?

Finally, support for this proposition was a reference by Nicolás Antonio (1617-1684), the noted Spanish bibliographer, to a purported work in the Biblioteca del Escorial entitled *Liber Evangeliorum versus in linguam Arabicam à Joanne Episcopo Hispalensi qui ab Arabibus appellatur Zaid Almatrud tempore Regis Alphonsi Catholici*.[7] Although perhaps minor, two points in this title merit some attention. First, contrary to the account

---

[5] *Primera Crónica General: Estoria de España que mandó componer Alfonso el Sabio y se continuaba bajo Sancho IV en 1289*, edited by Ramón Menéndez Pidal (Madrid, 1906), vol. I, see entry *El Rey Don Pelayo*, 326.

[6] Juan de Mariana, *Historia General de España*, VII. English translation: *General History of Spain, from the first peopling of it by Tubal, till the death of King Ferdinand* (London: R. Sare, 1669), VII, 3.

[7] *Biblioteca hispana vetus* (Madrid, 1788; re-issued Madrid: Visor, 1996), cited by SIMONET, *Historia de los Mozárabes*, II, 322; see also citation in FOULCHÉ-DELBOSC & BARRAU-DIHIGO, *Manuel de l'hispanisant*, Tome I, Nos. 301-302.

in the *Primera Crónica General*, the translation is said to have taken place during the reign of Alfonso el Católico (AD 739-757) rather than the reign of Pelayo, his predecessor and father-in-law. Secondly, the appellation *Almatrud* (Arabic for "one who is expelled, dismissed, exiled, etc."), questioned by Simonet and Tisserant, may have been a reference to the repudiated *Joanni, Hispalensium Archiepiscopo* (the second bishop of Seville bearing the name Ioannes) who, as a result of severe oppression by the Almohads in the middle of the 12th century, temporarily abjured his faith and was subjected to the harsh rebuke of Hugh of St. Victor.[8] Strangely enough, there is no mention of this work in the catalogue of Arabic manuscripts in the Biblioteca del Escorial prepared by Alonso del Castillo between 1573 and 1587,[9] and subsequently published in 1668.[10] Nor does it appear in Miguel (Michel) Casiri's otherwise complete catalogue of the Arabic manuscripts of the Biblioteca del Escorial.[11] Simonet appears willing to accept the verdict that either the work was lost or, notwithstanding Nicolás Antonio's distinguished reputation as bibliographer, it never existed.[12]

How dependable is this proposition? As already noted, the dates of Bishop Ioannes (or Juan) of Seville, as presented in the text of Rodrigo Ximénes, are rather wide-ranging, extending over a period of about five centuries. Simonet, followed by Tisserant, plausibly dates Bishop Ioannes to the ninth century,[13] placing him in the company of those prelates who attended the Council of Córdoba in AD 839. But the absence of evidence of a text that could be associated with him remains exigent. For the same

---

[8] *Patrologia Latina*, 176, 1014, "Epistola III. Ad Joannem Hispalensem Archiepiscopum. *Quod non solum corde tenenda, sed et ore confitenda sit fides Christiana*". See SIMONET, *Historia de los Mozárabes*, IV, 755-757.

[9] Alonso del Castillo, *Índice de los libros Aráuigos que están en la libreria de San Lorenço el Real por órden del alphabeto aráuigo*. See SIMONET, "Estudios históricos y filológicos sobre la literatura arábigo-mozárabe", 55.

[10] Castillius [Alonso del Castillo], *Catalogus CCLXI manuscriptorum arabicorum Bibliothecae Laurentinae in Escuriali Regis Catholici confectus a licentiato Castillio, décimo sexto Augusti, MDLXXXIII* (J. H. Hottinger, *Joh. Henrici Hottingeri (...) Promptuarium, sive Bibliotheca orientalis*; Heidelbergae, Wyngaerden, 1668). The published catalogue is cited in FOULCHÉ-DELBOSC & BARRAU-DIHIGO, *Manuel de l'hispanisant*, No. 1400.

[11] Michel Casiri, *Biblioteca Arabico-Hispana Escurialensis recensio et explanatio Michaelis Casiri* (Madrid, 1760-1770; reproduced in Osnabruk: Biblio Verlag, 1969).

[12] SIMONET, *Historia de los Mozárabes*, II, 323, n.3 and n.4.

[13] SIMONET, *ibid*, 320; TISSERANT, "La version mozarabe de l'Épître aux Laodicéen", 327-328.

reason, the difficulty is not resolved by a further change in the date to the mid-twelfth century, as proposed by van Koningsveld, with a different "Ioannes" in mind.[14]

As far as the proposition as a whole is concerned, Simonet correctly comments, "In our view, all these testimonies are based on a poor understanding of the aforementioned statement by Archbishop Rodrigo [Ximénes] in which he does not speak of a translation of the Bible, but rather of an exposition or commentary in the Catholic way".[15] Here again, a text of the commentary or any hint of its existence is lacking.

A similar account of a claim to a translation of the Scriptures into Arabic circulated in the Near East a short time before that of Ximénes (d. AD 1247). According to Michael the Syrian, Jacobite Patriarch of Antioch (AD 1166-1199), a translation of the Four Gospels from Syriac to Arabic was carried out by one of his predecessors, John of Sedra, Jacobite Patriarch of Antioch (AD 631-640), for a Muslim official named 'Amr.[16] The report emphasizes that Patriarch John (="Ioannes") was unwavering in his faith; thus when asked by 'Amr to refrain in the translation from referring to Christ as being God, or to baptism, or the cross, Patriarch John retorted, "Far be it that I should subtract a single *yod* or stroke from the Gospel, even if all the arrows and lances in your camp should transfix me".[17] Coincidentally, not unlike the *Primera Crónica General*, the translation is said to have taken place during the first few years of the Muslim conquest of the Near East. Could the narrative about Patriarch John have been transposed from being a Near Eastern narrative into one that found expression in al-Andalus in Archbishop Ximénes'

---

[14] VAN KONINGSVELD, *The Latin-Arabic Glossary*, 52, proposes a date in the mid-twelfth century by identifying Ioannes Episcopus of Ximénes' *De Rebus* with Johannes Hispalensis. The problem of the absence of a text is compounded by the fact that there was more than one person named Ioannes or Johannes Hispalensis (or Juan of Seville) associated with translation from Arabic into Latin — and not vice versa — in the course of the 12th century and later. One of these, Iohannes Hispalensis et Limienses, was a bishop; but was he the errant bishop of Seville? See among others, D'ALVERNY, "Translations and Translators", 421-462; BURNETT, "'John of Seville and John of Spain': a *mise au point*", 59-78 as well as his "'Magister Iohannes Hispalensis et Limiensis' and Qusta ibn Luqa's *De differentia spiritus et animae*", 221–67, 235-6; see also the recent discussion by ROBINSON, "The heritage of medieval errors", 41-71.

[15] SIMONET, *Historia de los Mozárabes*, II, 322.

[16] CHABOT, *Chronique de Michel le Syrien*, vol. II, 431-432 and vol. IV, 422. See also TRIMINGHAM, *Christianity Among the Arabs in Pre-Islamic Times* (London, 1979), 225, and GRIFFITH, "The Gospel in Arabic", 126-167. Trimingham gives the story little credence.

[17] GRIFFITH, "The Gospel in Arabic", 136.

statement about a "glorious and saintly" Bishop of Seville named Ioannes, and its subsequent modification in the *Primera Crónica General* and the *Historia General de España*?

### 3. The Extant Manuscripts and Other Sources

There certainly were translations of the Christian Scriptures in circulation in al-Andalus during the period of the composition of the *Primera Crónica General* or Mariana's *Historia General de España*, other than that claimed to have been carried out by Ioannes, Bishop of Seville. And it would be surprising if at least some of these were not known during the episcopacy of Archbishop Ximénes. It may be worth noting that during the episcopacy of Archbishop Ximénes (AD 1209-1247), Alfonso VIII of Castile (AD 1158-1214) issued golden coins in Toledo (AD 1174-1217) with Arabic legends one of which was drawn from Mark XVI:16 and reads من امن واعتمد يكن سالما ("Whoso believes and is baptized shall be saved").[18]

I have assembled information about the extant manuscripts of these translations, and other sources, typologically under three separate headings. The first comprises five manuscripts (Fās, Leipzig, León, London, and Munich) belonging to what we may call the "Isḥāq ibn Balašku" tradition; the second contains those passages of the Gospel quoted by the Andalusian Muslim scholar and polemicist Ibn Ḥazm; and the third consists of parts of a single *composite* manuscript (Madrid) that, in the main, stands apart from the preceding sources.

In all three groups each Gospel is divided into numbered chapters, each known as باب. The division of the text into numbered chapters, a practice in common use today, was introduced in the early part of the 13th century and is attributed by some to Cardinal Hugo of Saint Cher (AD 1200-1263) and his students, whose intention was to facilitate the use of Cardinal Hugo's newly-created concordance of the Vulgate. The prevailing view, however, attributes the practice to Stephen Langton, Archbishop of Canterbury (AD 1155-1228), whose purpose was simply to facilitate citation of the text.[19] Whether or not this guided the division of the Arabic text into chapters is open to question. Noteworthy, however,

---

[18] Vives y Escudero, *Monedas de las dinastías arábigo-españolas*, Nos. 2019-2041.
[19] See, among others, Kümmel, *Einleitung in das Neue Testament*, English translation, *Introduction to the New Testament*, 517.

is the fact that the division and numbering of chapters in the Madrid manuscript correspond to that in common use, but is markedly different from that in the other manuscripts and sources under discussion.

### 3.1. *The First Group: "the Isḥāq ibn Balašku" Tradition*

Manuscripts in this group are characterized by their structural similarity. Aside from textual affinity, each of the four Gospels in the group includes three parts: *a)* A Monarchian prologue, attributed to Jerome (thus قال يرونم), *b) capitula*, indexing the content of each chapter, and *c)* the text of the Gospel.

However, a close examination of the manuscripts of this group indicates that, in spite of their structural similarities and though ultimately derived from a single source, each has individually undergone its own process of transmission. Within this group, the Munich (BSB) and León manuscripts are the most affinitive in view of the fact that they derive from the same immediate archetype (see Appendix IV:a). In my view, textual variations, especially in the Fās and London (BL) manuscripts, are mainly due to attempts on the part of the copyists at improving the style of the text.

What follows is a codicological examination of these manuscripts, in alphabetical order:

### 3.1.1. BL — British Library (# ADD 9061)

> BRITISH MUSEUM, *Catalogus codicum manuscriptorum orientalium qui in Museo Britannico asservantur. Pars secunda: Codices arabicus amplectens*, London, 1846.

Paper, 144 folios, 17 lines/page.

This manuscript has several folios missing as well as others misplaced in the binding. These are as follows:

Folio 10 (John XIX:42-XX:24) is bound incorrectly in Matthew; it should follow folio 143.
Folio 31 (Mark I:18-II:45) is wrongly bound in Matthew; it should be between folios 53 and 54.
A folio is missing between folios 57 and 58 (Mark IV:32b – V:19).
A folio is missing between folios 70 and 71 (Mark XII:37b – XIII:16).
A folio is missing between folios 77 and 78 (Luke's *Capitula* 1-6).
Several folios are missing between folios 97 and 98 (Luke IX:43-XIII:35).

A folio is missing between folios 127 and 128 (John VI:31-59).
A folio is missing between folios 129 and 130 (John VII:41b-VIII:19b).
A folio is missing between folios 133 and 134 (John X:24b-XI:11b).
A folio is missing between folios 137 and 138 (John XIII:9b – XIV:20).
A folio is missing between folios 143 and 10 (misplaced in Matthew) – (John XIX:18-42).

The manuscript ends abruptly at the end of folio 144v with ثم قال له يا سمعون بن يحيى (John XXI:16).

Curiously bound in the same volume (but in a different hand) is Ibn Rushd's commentary on Aristotle's *Metaphysics*.

There is no indication of place or date of writing; estimated date in the *Catalogus* is 15th century. No mention is made of Isḥāq ibn Balašku as translator. It is doubtful that such information may have been included in the missing folio as implied by Guidi;[20] folio 77 concludes with the statement وقد فصلنا ابوابه على أحد وعشرين بابًا, a statement which is followed by the *capitula*, as may be adduced from the Gospels of Matthew and John (Mark's Gospel uses a different formula).

### 3.1.2  BSB — Bayerische Staatsbibliothek, München (cod. arab. 238)

AUMER, *Die arabischen Handschriften der K. Hof- und Staatsbibliothek in München*, pp.78-79.

Paper, 97 folios, (plus 5 additional folios, at the beginning of the manuscript, numbered in Roman numerals); 20 lines per page.

In addition to the four Gospels, this manuscript contains three supplements as integral parts of the codex, without breaks in pages. These are: *i)* a translation of Eusebius' essay on "The alleged discrepancy in the Gospels in regard to the genealogy of Christ"[21] (folios 90r-92r), *ii)* a lectionary of the Gospels arranged according to the liturgical calendar of the church (folios 92r-95v), and *iii)* a table for the computation of the beginning of Lent and the date of Easter (folios 95v-97v).

There are three defects in the manuscript. The first is at the beginning where, with one exception (folio 1, covering Matthew I:1 to II:14), a considerable body of text is missing and was later substituted by another text. The surviving folio is preceded by a restoration of the prologue to the

---

[20] GUIDI, "Le traduzioni degli Evangelii", 28.
[21] *Ecclesiastical History*, Book I, chapter 7 [CPG 3495].

Matthew's Gospel and its *capitula* (folios IIr to Vv), and followed by the restoration of Matthew II:15 to IV:37 (folios 2 through 6v).

It is not possible to determine the date or provenance of the text used as substitute. However, the similarity of the restored text to that found in the León manuscript — over all, the closest to BSB — suggests that the restoration drew upon a source situated in the same tradition as that of BSB. It should be noted that the invocation formulæ are different in the two manuscripts, as becomes evident upon examining the text: the restored text (folio IIr) opens with the Trinitarian invocation بسم الاب والابن والروح القدس اله واحد while the integral text (folio 1r and elsewhere) commences with the *basmalah* بسم الله الرحمن الرحيم.

The second defect concerns folios 51 and 52 (Luke V:1b-VI:49b), which are a replacement, at an indeterminate date, of two folios missing from the original manuscript (marginal gloss *deficium duo cap*.). The restored text is more recent, and the script is distinctly different from that of the restoration of the first defect. In addition, its language is stylistically different from that of any of the manuscripts consulted. Note the use of such colloquialisms as علش "for what reason" (Luke VI:41), as well as the use of شموا for "Simon" (Luke V:3, 4, 8 and 10, but سيمون in V:14 and 15), and بذره for "Peter" (Luke V:8 and V:14).

Here as well, it is not possible to determine the date or provenance of the restored text. The corresponding text from León (folios 77r – 80r) is used as a replacement in this edition; the substituted text in BSB is to be found in Appendix I.

The third defect relates to folios 84 – 89 (John XIII:13b – XXI:17b) which are misplaced in the binding. The correct order of the folios should be as follows: 83, 86, 84, 85, 88, 89, 87, 90 (restored in this edition).

Several Arabic marginal glosses, in a later hand, draw attention to specific points in the text. These glosses are assembled in Appendix II. Generally speaking, each gloss begins with the command انظر "Regard". When cited, the name of Jesus is given both as يسوع or عيسى.

A colophon at the conclusion of the Gospel according to Mark (folio 44r) and the beginning of the Gospel according to Luke identifies Isḥāq ibn Balašku of Córdoba as the translator in the year 946. It is not clear if the date given is that of the Christian calendar (AD 946) or the Spanish Era (=AD 908), or if Isḥāq ibn Balašku is the translator of the four Gospels or only that according to Luke.

According to a colophon following the fourth Gospel (folio 90r), our manuscript was copied from a codex that was completed in the city of

Fās on Friday, the 30th of March, AD 1145, by the deacon Abū ‘Umar Yuwān (Juan?) ibn ‘Ayshūn, for Ibrahīm ibn Khayr.

Another colophon at the conclusion of the manuscript (folio 97v) comprises two date formulas. The first informs us that the supplementary parts of the manuscript were completed in Fās by Ibrahīm ibn Khayr on the 12th of November of the same year (AD 1145). It reads,

> "The vineyard [or "Precious necklace"] is completed with the praise of God and through the goodness of His aid. The scribe copied it from a work written by Ibrāhīm ibn Khayr on the 12th day of November, in the year 1145 from the date of the birth of Christ the Lord, Redeemer of the world. He [the scribe] was then in the city of Fās [Morocco] when it was beleaguered by the rebels for forty-two days. Peace be upon him who follows the guidance."

Following a clear break, the second date formula reads,

> "All that [was finished] on Sunday, the last ten days of Shawwāl, [interlinear gloss: "corresponding to the month of August"], in the year [AH] 796 [AD 1394]".[22] May God have mercy on the one who wrote it, and him who reads it, hears it, or who invokes God's mercy. Amen, O Lord of All-being."

As a result of the wording of this merged date formula, van Koningsveld came to the conclusion that, "This MS was copied by a Muslim scribe as appears from both the system of dating applied and the Quranic eulogy used in the colophon والسلام على من اتبع الهدى [Peace be upon him who follows the guidance]".[23] The choice of such expressions as المسيح السيد فادي العالم ["Christ the Lord, Redeemer of the world"] in the same formula argues against this conclusion. Moreover, it should be noted that while the eulogy is indeed Qur'anic (XX:47), one encounters it in other Arabic Christian sources where, certainly, الهدى has an implication different from that in the Qur'an.[24] If anything, the date formula demonstrates the extent of the cultural islamicization undergone by some arabicized Christians.

[22] The date would possibly read "Sunday, the 18th (or the 25th) of Shawwāl, AH. 796, corresponding to the 16th (or 23rd) of August, [AD 1394]".

[23] van Koningsveld, "Andalusian-Arabic manuscripts from Christian Spain", 98.

[24] See, for example, Book VII of the Arabic codex of canon law in El Escorial (Derenbourg 1623), folio 333r, where Book 1 of the Seventh Council of Toledo concludes: وكل ملك خالف عهود هذا القانون وحكومته ونقض مواثيقه وفرايضه فهو محروم عاص عند الدين القثولقي وعند الله عز وجل والسلم على من اتبع الهدى امين

3.1.3. Fās — *Library of the Qarawiyīn Mosque*, Fās, Morocco (ms. # 730)
AL-'ĀBID AL-FĀSĪ, *Fihris makhṭūṭāt Khizānat al-Qarawiyīn*, vol. 2, pp. 356-357.[25]

Vellum, 83 folios, including 2 dilapidated folios at the beginning of the manuscript and 2 similar ones at the end. The extant 79 folios are numbered by page (157 pages).

21 lines/page.

Pages 1-16 (folios 11 to 18) are bound out of place and should be preceded by pages 17-32 (folios 3 to 10) where the extant text begins.[26] M. al-'Ābid al-Fāsī points to an Arabic gloss, حبس المسطار, occurring on page 23 [folio 6]. I have used this Arabic gloss to correct and verify the folio numbering for references in the notes to the text.

A considerable number of folios are missing at the beginning of the manuscript. As a result, all of Matthew and part of Mark are lost; the text begins at Mark VI:39 on page 17 (folio 3r).

Some text, estimated at 1 folio, is also missing between pages 106 and 107 (folios 55v and 56r). The missing text includes Luke XXIV:27b to the end of that Gospel, as well as the title and the first few lines of the prologue to the Gospel according to John.

The last two folios of the extant manuscript, pages 155-157 (folios 80-81), are quite illegible.

The above information is at variance with that provided by the late Eugène Cardinal Tisserant in regard to the contents at the beginning of the manuscript. Cardinal Tisserant says that in 1953 he received "un microfilm contenant en 167 photogrammes tout ce qui subsiste du manuscrit original".[27] The last frame is a duplicate, leaving a total of 166 photographic frames (83 folios); the first four frames "contient le passage du premier évangile au second. Ils sont donc hors de leur place".[28] Cardinal Tisserant goes on to say that "dans les feuillets conservés figurent des parties de chacun des quatre évangiles". In a footnote he elaborates, "Le premier

---

[25] I was not able to examine this manuscript in person; a microfilm was kindly provided by the Moroccan Ministry of Higher Education, Research, and Culture.

[26] This adjustment is also in harmony with the comments of Mr. al-'Ābid al-Fāsī in the Library's catalogue, referred to above.

[27] TISSERANT, "Sur un manuscrit mozarabe de Fès", 2.

[28] *Ibid.*, 2 n. 2.

chapitre dont on trouve le titre (photogramme 7) est le chap. VII de Matthieu. Le dernier titre est celui du chap. XIV de Jean (18, 28) au bas du photogramme 165. Les dernières paroles de la dernière page (photogrammes 166 et 167) appartiennent à Jean, 19, 2".[29]

I was not able to locate and examine Cardinal Tisserant's microfilm; I was informed at the Vatican Library that it was part of the personal documents taken by Cardinal Tisserant when he left the Library. The microfilm I received from the Qarawiyīn Library does not contain images of any of the dilapidated folios at the beginning or the end of the manuscript. It is evident that Cardinal Tisserant's microfilm included frames of the 2 folios at the beginning as well as those at the end of the manuscript. The space thus left is not large enough to contain the missing text of Matthew and the first six and a half chapters of Mark, as suggested by Cardinal Tisserant, as well as the prologues and *capitula* of these two Gospels.

Undoubtedly, the reference by Cardinal Tisserant to chapter 7 of Matthew appearing on "photogramme 7" is an inadvertent slip of the pen. The reference should be to chapter 7 of Mark, which is what appears in folio 4r of our microfilm (equivalent to the photographic frame 7 of Cardinal Tisserant's microfilm).

There is no indication of either the date or the locus of the writing of this manuscript. In the absence of any explicit indications of date or locus of writing, Cardinal Tisserant proposes that "l'écriture présente des caractères d'ancienneté, qui plaident en faveur du onzième ou même du dixième siècle".[30]

There is no mention of Isḥāq ibn Balašku as translator; instead, the title of Luke's Gospel is followed by a text, unique to this manuscript, dealing with the computation of the date of Mary's conception of Jesus (see Appendix III).

### 3.1.4. Leipzig — Universitätsbibliothek, Leipzig (Vollers 1059)

> VOLLERS & LEIPOLDT, *Katalog der islamischen, christlich-orientalischen, jüdischen und samaritischen Handschriften der Universitäts-Bibliothek zu Leipzig.*

Fragment. 2 folios. vellum. 17-18 lines/page.

---

[29] *Ibid.*, 2 n. 3.
[30] *Ibid*, 3.

The extant text begins at chapter 21 of the *capitula* of the Gospel according to Matthew which is surprisingly placed at the end, rather than the beginning, of the Gospel. This is followed by the title, prologue, and *capitula* (chapters 1-7) of the Gospel according to Mark which commences on the same page with the invocation بسم الله الرحمن الرحيم.

The script has an archaic or archaizing quality, using a very minimum number of diacritical marks (dots) to differentiate consonants; similarly, hardly any vocalization is evident.

The following names are used: يحنا instead of يحيى (except once in the *capitula* of Mark chapter 1), المعمدان instead of المعمد, بطرس instead of بيطر or باطره, الكتاب instead of العلما.

### 3.1.5. León — Biblioteca de la Catedral de León (# 35)

GARCÍA VILLADA, *Catálogo de los códices y documentos de la Catedral de León.*

Paper, 147 folios, 20 lines/page

The manuscript is complete except for omissions in two places: the text of Matthew XXVI:31b-57 is missing, and the text of the same Gospel comes to an abrupt end at XXVII:39, continuing with the Gospel according to Mark on the next line.

This appears to be the latest in date of all the manuscripts examined. The script is far less polished than that of any of the other manuscripts, including the substitutions that occur in Matthew and Luke in BSB.

A colophon, in Spanish, dated the 17th of May, 1565, contains the certification by Francisco López Tamarid, for "the inquisitors of this Kingdom of Granada", that the text is "exactly in agreement [with the holy Catholic faith] without differing in anything that harms or is against our holy Catholic faith" (see Appendix IV:b for text and translation). This suggests 1565 as a *terminus ante quem* for the date of the completion of the copying of the text.

A colophon in Arabic (see Appendix IV:a for text and translation) appears to be a conflation of two sets of information. It states that "copying [the text] was completed on the morning of the 19th day of June of the year... of the birth of Christ." The date is cryptic and I find it undecipherable. The copyist goes on to say that the text was "copied from an ancient codex written on vellum, at the end of which the following was stated..." The copyist then cites the text which, except for some details, resembles that in the colophon that appears in BSB. The sources of both BSB and León are said to have been transcribed in the city of Fās. In addition to the different dates of transcription, details at variance in the two manuscripts appertain to the names of copyists and patrons of the respective source documents. Unlike BSB (see above), the text of the source of the León ms. was transcribed by Bishop Mīqāl (Michael?) ibn 'Abd al-'Azīz for 'Alī ibn 'Abd al-Azīz ibn 'Abd al-Raḥmān al-Jābirī, and completed on Friday, the 23rd of July, in the year 1575 of the Spanish era (=AD 1537).[31] This date undoubtedly refers to the final transcription at hand rather than the source from which it was copied in Fās.

Two remarks on variations among manuscripts of this group merit attention. The first pertains to the *capitula*. While there is very little variation in the manuscripts in the prologues to the four Gospels, the opposite may be said regarding the *capitula*. One will certainly notice the overall similarities, but at the same time the writer of each manuscript appears to have taken liberties in expanding or diminishing the details, rendering the annotation of the variations unnecessarily cumbersome. Rather than pointing out the individual dissimilarities, and to facilitate a thorough comparison of the details, the extant *capitula* are assembled in parallel columns in Appendix V.

The second remark pertains to chapter numbering. The difference in chapter numbering between the edited text (BSB) and that in common use can be seen clearly by referring to the text itself where chapter numbers in common use are indicated in Roman numerals within square brackets. What is not evident is the agreement or disagreement among the manuscripts discussed above. In spite of the discernable general similarities in chapter numbering among the manuscripts of this group, there are some noticeable variations. I list below the instances where there is disagreement within this group with the chapter numbering employed in BSB, as well as other peculiarities. Roman numerals in the last column refer to chapter numbers in common use, indicating where the manuscript chapter begins. Thus, chapter 1 in Matthew (BSB) begins at I:18 in chapter numbering in common use.

---

[31] By a slip of the pen, Goussen gives the incorrect date of 1175 of the Spanish era. See GOUSSEN, *Die christlich-arabische Literatur der* Mozaraber, 9.

| Gospel | Chapter in BSB | Reference to chapter numbers in common use, and other remarks |
|---|---|---|
| Matthew | 1 | I:18 (all mss) vss 1-17 are introductory |
| | 9 | IX:2 (BSB); IX:1 (BL & León) |
| | 10 | X:1 (BSB); IX:35 (BL) |
| Mark | 11 | Chapter number omitted in BL |
| | 13 | Chapter number omitted in León (noted in *capitula*) |
| Luke | 1 | I:5 (all mss), vss. 1-4 are introductory (omitted in BL) |
| | 2 & 4 | Chapter numbers omitted in León |
| | 5 | Missing folios (BSB); V:17 (BL & León); V:18 (Fās) |
| | 9 | IX:28 (BSB, León & BL); IX:27 (Fās) |
| | 19 | XXII:22 (BSB, León & BL); XXII:21 (Fās) |
| | 21 | XXIV:9 (BSB); XXIV:8 (BL); omitted in Fās (merged with chapter 20; *capitula* indicate only 20 chapters). |
| John | 1 | I:19 (in all mss), vss. 1-18 are introductory. Chapter number omitted in Fās; *capitula* indicate agreement with other mss. |
| | 4 | Chapter number omitted in León |
| | 5 | IV:54 (BSB, León & BL); V:1 (Fās) |
| | 8 | VIII:21 (BSB, León & BL); VIII:25 (BL) |
| | 13 | XVIII:28 (BSB); XVII: 21 (BL, Fās & León) |
| | 14 | XX:1 (BSB); XVIII:28 (BL, Fās & León) |

## 3.2. *Passages from the Gospels preserved by Ibn Ḥazm*

Fragments of the Gospels as cited by Ibn Ḥazm (AD 994-1064) in *Kitāb-al-fiṣal fī'l-milal wa'l-ahwā' wa'n-niḥal*, vol. 2, pp. 26-73.

These passages constitute the earliest extant translation of the Gospels in Arabic in al-Andalus, with AD 1064 (the year of his death) as a *terminus ante quem*. Evidently, Ibn Ḥazm perused an Arabic text that contained all the books of the New Testament, listing details of authorship as well as the size of each book. The contents of the New Testament at his disposal are detailed in the order in which he presents them, utilizing his own description of each of them. The sequence of the different parts of the New Testament (Gospels, Acts, Revelation, Catholic Letters, Pauline Letters) is at variance with other known sequences; it is not clear if the order is what existed in the codex used by Ibn Ḥazm, or his personal rearrangement of the material along lines of preferred literary style: narrative (Gospels and Acts) and quasi-narrative (Revelation) books followed by the Letters.

1) The Gospels
   *Matthew* — Written by Matthew the Levite, a disciple of Christ, in Hebrew in the Land of Judah, which is in Syria (الشام), 9 years after Christ's ascension. It was translated from Hebrew into Greek by John son of Zebedee (about 28 folios in medium-size script).
   *Mark* — written 22 years after Christ's ascension[32] by Mark the Aaronite, disciple of Simon *aṣ-Ṣafā* [Cephas] son of Thomas (sic), who was named Peter and was a disciple of Christ. Mark wrote the Gospel in Greek in Antioch. It is said that Peter had written it, then erased his own name from the first page, and attributed it to Mark, his disciple (24 folios in medium-size script).
   *Luke* — Written by Luke, a physician of Antioch and a disciple of Simon Peter. He also wrote it in Greek in Achaea after Mark had written his Gospel (about 28 folios in medium-size script).
   *John* — Written by John son of Zebedee, a disciple of Christ, in Greek in Asia [Minor] some sixty years[33] after Christ's ascension (24 folios in medium-size script).
2) The Book of Acts (*al-Afraksis*), written by Luke (about 50 folios in condensed script)
3) The book of Revelation, written by John son of Zebedee [no size given]
4) The Seven Catholic (قانونية) Letters: three letters by John son of Zebedee, two by Simon Peter, one by James son of Joseph the carpenter, another by his brother Judah son of Joseph (each letter has either 1 or 2 folios)
5) Fifteen (*sic*) Letters of Paul (40 folios in total)

Ibn Ḥazm cites the Gospel text he wishes to scrutinise in the course of his polemical discussion of what he calls "Discrepancies in the Four Gospels". An examination of these citations shows the close affinity of the text he uses to that of the BSB and cognate group, without being a duplicate of any of them (see Appendix VI for textual comparisons). As these citations were intended for a specific polemical purpose, we find no reference to any other information such as date and place of writing, prologues, or *capitula*. The cited Gospel passages are:

---

[32] According to BSB, 14 years after the Ascension.
[33] According to BSB, 50 years after the Ascension.

*Matthew*

IV: 1-11; IV:12-22; V:17-19; V:22; V:29-30; V:31-32; V:38-39; VI:9; VI:32b; IX:18; IX:23-24; X:1-6; X:23; X:34-36; X:41; XI:9-10; XI:11; XI:13; XI:18-19; XII:18; XII:38-40; XIII:31-32; XIII:54-58; XVI:19; XVI:21-22; XVI:23; XVII:20; XVII:22-23; XVIII:15-17; XVIII:18; XVIII:20; XVIII:21-22; XX:20-23; XXI:1-7; XXI:19-21; XXII:30; XXII:42-45; XXIII:8b-9; XXIII:34a; XXIV:20; XXIV:24; XXIV:35; XXVI:29; XXVI:34-35; XXVI:39b; [XXVII:32]; XXVII:38-40; XXVII:46; XXVIII:1-17.

*Mark*

I:14-20; VI:2-5; IX:1; IX:31-32; X:18; X:25; X:28-30; XI:1-7; XIII:22; XIII:31-32; XIII:32 (different source); XIV:25; XIV:30-31; XIV:36; [XIV:66-71]; XV:21; XV:27; XV:32b; XV:34; XVI:1-14; XVI:15-19.

*Luke*

I:1-5; I:36; II:27-28; II:41-51; IV:1-12; IV:22-24; V:1-11; VIII:19; VIII:49-56; IX:27; IX:52-56; X:22b; XII:10; XII:49-53; XVIII:31-33; XXII:28-30; XXII:34; XXII:42; XXII:43-44; XXIII:26; XXIII:33-34; XXIII:39-43; XXIV:1-7, 9, 11-13, 31, 33, 36-39, 41-43, 45, 51; XXIV:17-20, 25-26.

*John*

I:1, 3-4a; I:10; I:12-14a; I:18; I:19-21; I:29; I:34; I:35-42; II:12a; III:35; V:18; V:21-22; V:26-27; V:30-32; VI:14; VI:38; VI:53-56; VII:3-5; VII:16; VIII:14a; VIII:15b-18; VIII:40; X:11a; X:17; X:33-37; X:38b; XII:47; XIII:38b; XIV:8-10a; XIV:12; XIV:20; XIV:28; XV:15; XVI:27b-28a; XVII:1; XVII:4a; XIX:17; XX:1-3, 11, 15-17, 19b-20, 24-28 and XXI:1-2; XX:17b.

## 3.3. The "Madrid" Gospels

This is a single, but composite, manuscript in which three distinctly different Gospel traditions are assembled. Judging primarily by the evidence drawn from the Gospel according to John, the only primary one that is complete, the tradition represented by this manuscript differs from that of the previous group in two specific points. First, it includes neither the prologue to the Gospels nor the *capitula* and, secondly, the division of its chapters, which generally corresponds to the numbering in common use, is distinctly different from that of the other manuscripts. To this should be added the difference in translation.

BNM (and BNM-L, BNM-M) Biblioteca Nacional de Madrid (ms. árabe. CCXXXVIII [published number], 4971 [current in-house numbering]). GUILLÉN ROBLES, *Catálogo de los manuscritos árabes existentes en la Biblioteca Nacional de Madrid*, p. 262.

Vellum and paper, 246 folios (the Gospels occupy folios 1-129, of which 30 are on vellum).

20 lines/page (vellum), 15-20 lines/page (paper).

This composite manuscript contains parts of the Four Gospels, as well as some of the Epistles of Paul, and a fragment of a commentary by Jerome about the coming of Christ. The Gospel section (folios 1-129) is ordered around 30 folios written on vellum, undoubtedly the surviving fragments of an earlier codex. These include portions of the Gospel according to Luke and the entire Gospel according to John (the latter occupies folios 104-129). The compiler seems to have planned to restore the document by copying on paper the missing text of the first three Gospels from unidentified sources available to him, as well as incorporating the surviving fragments on vellum. What follows is the map of the text of the Four Gospels in this manuscript.

*Matthew*

In the absence of any relevant fragments on vellum, the text of Matthew's Gospel (folios 1-42) was restored in its entirety by copying from an unidentified source. Marginal annotations to the text consist of correspondences with a text unmistakably equivalent to BSB and León, particularly the latter. References to these annotations are identified as BNM-M in the notes to the edited text. A closer affinity with León is evident from the fact that even errors in the latter are duplicated in BNM-M as, for example, in Matthew V:12 where طولب is used in both instead of خولف, or Matthew VI:26 where تحسد is used instead of تحصد, or Matthew XI:12 where قصرًا is used instead of قسرًا, or Matthew XII:42 where ستقومين instead of ستقوم.

According to two remarks in folio 42v, copying of the text was completed on the 29th of March, 1542, and the marginal notes on the 11th of April, 1543.

An examination of some particular vocabulary in the restored text proposes some affinity to Vatican Borg. 95.[34] This is further augmented

---

[34] Labelled also as Borgiano K. II. 31 or Vatican Or. 95 Riserva. The ms., which suffers very badly from water damage, originated in the Monastery of Mar Saba in Palestine and is dated to the 8th or 9th century; it is said to have been translated from Greek. See GUIDI, "Le traduzioni degli Evangelii", 9-11.

by a comparison, albeit cursory, of the two texts (see Appendix VII for some textual comparisons). Needless to say, this hypothesis, which lies beyond the scope of the current work, requires further investigation before any definitive conclusions may be drawn. This is particularly true in view of the lapse of seven to eight centuries between the two documents and the absence, so far, of any intermediary texts to confirm such affinity.

Some of the particular vocabulary in the restored text, unique to this Gospel, include the use of المعمداني instead of المعمّد (Matthew *passim*, but المصبغ in Vatican Borg. 95); يكرز instead of يبشّر (Matthew III:1 *et passim*; كرز in Matthew XXVI:13 as also in Vatican Borg. 95); الفريسين instead of المصدقين (Matthew *passim*, as also in Vatican Borg 95);[35] الزنادقة instead of المكذبون or التوراويون ("Sadducees", Matthew III:7 *et passim*; الصدوقين in Vatican Borg. 95); سمكة instead of حوت (Matthew VII:10) and plural سمك (Matthew XV:34 and 36, also in Vatican Borg. 95, but also حوت in other places);[36] مخلّع instead of مفلوج (Matthew IX:2, also in Vatican Borg. 95); أعسم ("one with a cut off or rigid hand", Matthew XVIII:8, but عطم in Vatican Borg. 95);[37] سكرجة instead of صحفة (Matthew XXIII:25-26; اسكرجة in Vatican Borg. 95 at Matthew XXVI:23); المكلّسة instead of المبيضة (Matthew XXIII:27); سحس instead of ثورة (Matthew XXVI:5 and XXVII:24, also in Vatican Borg. 95). In addition, uniquely among all manuscripts consulted, the doxology لأن لك الملك والقوة والمجد إلى الأبد أمين is added to the Lord's prayer (Matthew VI:13, as it is in Vatican Borg. 95 where والقدرة is used instead of والقوة).

*Mark*

The restored text of the opening 13 verses of Mark (folio 43r) is drawn from the same source as in Matthew, in the same hand, but without marginal notes. The compiler reserved 24 blank folios for the restoration of the remaining text of Mark's Gospel, but the task of copying was not accomplished beyond Mark I:13, and the bound sheets of paper (folios 43v to 67) remain blank.

*Luke*

In view of the survival of several fragments on vellum, the restoration of the Gospel according to Luke was more complex. Several folios were

35 Of 30 occurrences only one, Matthew V:20, uses فرزيون in BNM (Matthew); illegible on Vatican Borg. 95 due to water damage.

36 Matthew XII:40 and XVII:27 (حوت), XIV:17, 19 (حوتين), and XIII:47 (حيتان).

37 Compare BSB: فلتدخل الحياة ناقصا أفضل بك
with BNM (Matthew): فخير لك أن تدخل الحياة وأنت أعرج أو أعسم,
and Vatican Borg. 95: فانه اخير لك تدخل الحياة مقعد او عطم .

left blank as the restoration of the missing text was not fully carried out. The ensuing textual map of this Gospel appears as follows:

folio 68 — paper (Luke I:1-39a)
folios 69-71 — vellum (Luke I:39b - III:21a)
folios 72-75 — paper (Luke III:21b - VI:17a)
folios 76-78 — vellum (Luke VI:17b - VIII:8a)
folios 79-92 — paper (Luke VIII:8b - XVI:31) – blank
folios 93-96 — vellum (Luke XVII:1 - XX:12a)
folio 97r — paper (Luke XX:12b-28a)
folio 97v-99 — paper (Luke XX:28b - XXII:39) – blank
folios 100-103 — vellum (Luke XXII:40 - XXIV:53)

In contrast with the extant segments of Matthew and Mark, the restoration of the missing sections in Luke, copied on paper, were drawn from a source affinitive to BSB and León. References to this particular restoration are identified as BNM-L in the notes to the edited text, while references to the text written on vellum are identified as BNM.

The difference between the earlier text on vellum and that which is restored on paper is best illustrated by comparing two texts from the same Gospel, that according to Luke. The following tables contain two such texts, one from BNM-L (paper) and another from BNM (vellum) as compared with BSB. In the first one, the affinity of BNM-L and BSB is apparent; in the second, the dissimilarity is evident.

Table A. *Luke XX: 21-26* (on paper)

| BSB | BNM-L (on paper) |
|---|---|
| [21] فكاشفوه وقالوا يا مُعَلِّم قد عِلمنا أنَّك تقول الحقَّ وتُوصي به وأنَّك لا تقبل المناظِر بل تحُضُّ على طريق اللّٰه والحقِّ | [21] فكشفوه وقالوا يا مُعَلِّم قد عِلمنا أنَّك [تقول الحقَّ][38] وتُوصي وأنَّك لا تقبل المناظِر بل [تحُضُّ على] طريق اللّٰه بالحقِّ |
| [22] هل تجوز لنا غَرم الجزية لقيصر أم لا | [22] هل يجوز لنا غُرم الجزية لقيصر أم لا |
| [23] فعلِم قُبْح ضميرهم وقال لهم لا تجرِّبونني | [23] فعلِم قُبْح [ضميرهم و] قال لهم لِمَ تجرِّبوني |
| [24] أعرضوا عليَّ الدرهم لأعرِف صورته ونَقْشَه فأجابوه وقالوا إنما فيه صورة قيصر | [24] أعرضوا عليَّ الدرهم [لأعرِف] صورة ونَقْشَ فأجابو وقالوا قيصر |
| [25] فقال لهم ما كان لقيصر فأعطوه لقيصر وما كان للهِ فأعطوه للهِ | [25] فقال لهم ما كان لقيصر فأعطوه لقيصر وما كان للهِ فأعطوه للهِ |
| [26] فلم يجدوا في كلامه مُعْلقًا يبغونه به قدَّام الجماعة فسكتوا عنه مُتعجِّبين من جوابه | [26] فلم [يجدوا في كلامه مُعْلقًا] يبغنه به قدَّام الجماعة فسكتوا مُتعجِّبين من جوابه |

[38] Text within square brackets indicates a blank in BNM-L.

Table B. *Luke XXII:58-66* (on vellum)[39]

| BSB | BNM (on vellum) |
|---|---|
| [58] وبعد حين نظر إليه غيرها وقال وأنتَ من أصحابه فقال بيطُرُ أيها الرجل ما أنا منهم | [58] وبعد قليل راه اخر فقال وأنت منهم فقال بطر يإنسان لست |
| [59] وبعد ساعة واحدة قام غيره يُحَقِّق ويقول حقًّا أن كان هذا معه نَعَمْ وأنَّه جلجالي | [59] ولما كانت برهة كساعة واحدة جعل اخر يثبت قايلا وهذا حقًّا كان هذا معهم فإنَّه جلجالي |
| [60] فقال بيطُرُ يا رجُل ما أعرِف مِمَّا تقول شيئًا فصرخ الديك قبل إتمامه الكلام | [60] فقال بطر يإنسان لا اعلم ما تقول وفي الحين فيماه يتكلم بعد صرخ الديك |
| [61] فتأمَّل السيِّد والتفتَ بيطُرُ فتذكَّر بيطُرُ قول السيِّد الذي قال له ستجحدني قبل صراخ الديك ثَلثًا | [61] فالتفت السيد ونظر الى بطر فتذكر بطر كلام السيد كما كان قال انَّه قبل ان يصرخ الديك تجحدني ثلاثًا |
| [62] فخرج بيطُرُ خارجًا وبكا بُكاء مُرًّا | [62] فخرج بطر خارجًا وبكى مرًّا |

*John*

The entire text of the Gospel of John is written on vellum and concludes with the statement نجز الانجيل المقدس بحسب يحيى الحواري والحمد لله على ذلك كثيرًا. As with the parts of Luke written on vellum, references to the text of this Gospel are identified as BNM.

The proposed affinity of the restored text of Matthew with Vatican Borg. 95 does not exist in the case of the text of Luke's and John's Gospels (on vellum). The following texts (John I:9b-14 and 36-39) are an illustration of this non-affinity:

| BSB | Vatican Borg. 95 | BNM (on vellum) |
|---|---|---|
| | *John I: 9b-14* | |
| وكان نُورًا صادقًا الذي يُنير كُلَّ إنسان مُقبِل في هذه الدنيا | [...] لكل انسان اتيا الى العالم | كان النور الحق الذي ينوّر كل انسان ات الى هذا العالم |
| [10] فإنَّه كان في الدنيا وبه خُلقت الدنيا ولم يعرفْه أهل الدنيا | [10] في العالم كان والعالم به خلق والعالم لم يعرفه | [10] وفي العالم كان العالم به كاين والعالم لم يعرفه |
| [11] قدِم إلى خاصتّه فلم يتقبَّلوه | [11] الى خاصته جا وخاصته لم ياخذوه | [11] أتى الى خاصته واهله لم يتقبلوه |

[39] Passage selected in part by TISSERANT, viz. "Une feuille arabo-latine de l'Épître aux Galates", 329. Undoubtedly, Cardinal Tisserant intended to apply his remarks about the antiquity of the text only to that on vellum (BNM).

| BSB | Vatican Borg. 95 | BNM (on vellum) |
|---|---|---|
| | *John I: 9b-14* | |
| [12] فمَن تقبَّله منهم أعطاهم سُلطانًا أن يكونوا أولاد الله أوليك المومنون باسمه | [12] والذين اخذوه اعطاهم سلطانً يكونوا ابناء الله الذين يومنون باسمه | [12] وكل من تقبلوه وهب لهم سلطانً ان يكونوا ابناء الله الذين يومنون باسمه |
| [13] الذين لم يتولَّدُ [يتوالدوا] من دَم ولا شهوة اللحم ولا باهِ الرَّجُل ولكن توالدوا من الله | [13] الذين ليس هم من دمًا ولا من مشية جسد ولا من هوا رجل ولكن من الله ولدوا | [13] الذين لا من الدماء ولا من ارادة ولا من ارادة رجل ولدوا بل من الله |
| [14] فالتحَمَت الكلمة وسكَنَت فينا ورأينا عَظَمَتها كعَظَمَة وَلَد الله الفَرْد المحشوّ رضوانًا وصِدقًا | [14] والكلمة صارت لحمً وسكنت فينا ورainا مجدها مجد وحيد من الاب مملوًا نعمه وحق | [14] والكلمة صارت لحمًا وسكنت فينا ورainا عزتها بعزة المولود الفرد من الاب مملوًا امتنانًا وحقًا |
| | John I: 36-39 | |
| [36] فبَصُر بيسوع (ماشيا وقال هذا خروف الله | [36] فابصر يسوع يمشي وقال هوذا خروف الله | [36] نظر الى يسوع ماشيًا فقال هذا خروف الله |
| [37] فسمع ذلك منه التلميذان واتبعا يسوع)[40] | [37] فسمعوه التلميذين يتكلم فلحقا يسوع | [37] فسمعه التلميذان مكلما فاتبعا يسوع |
| [38] فالتفَتَ إليهما يسوع إذ رأهما يتَّبعاه وقال لهما ما الذي طلبتُما فقالا له يا مُعلِّم أين مَسْكَنك | [38] فلما التفت يسوع فابصرهما يتبعاه قال لهما ماذا تطلبان فقالا له ربي الذي تفسيره يا معلم اين تاوي | [38] فالتفت يسوع وابصرهما متبعين له فقال لهما ما تطلبان فقالا يا ربي وترجمته يا معلم اين تسكن |
| [39] فقال لهما أقبِلا وأبصِرا فتوجَّها معه وأبصرَ مسكَنه وباتا عنده ذلك اليوم | [39] فقال لهما تعالوا وانظروا فاتوا وابصروا حيث كان منزله ومكثا عنده ذلك اليوم | [39] قال لهما اتيا وانظرا فاتيا وعاينا اين يقيم واقاما هناك ذلك اليوم |

Except for the Gospel according to John (on vellum), بشارة is used instead of انجيل as the title of the Gospels (on paper). The opening invocation to each of the four Gospels is the Trinitarian بسم الاب والابن والروح القدس الإله الواحد .

In Matthew, the invocation is followed byبشارة متّا التلميذ أحد الاثني الرسُل مما كتبه عِبرانيا بالهند بإلهام الروح القدس بركَتُهُ تُسلمنا وتعضدنا آمين فاتحة الانجيل المقدس. The Indian provenance is elaborated in the colophon to this Gospel (folio 42v), which reads in part:

[40] Missing in BSB; restored from BL, Fās, and León.

تمّت مقالة متّى البشير احد الاثني عشر التي كتب بدايتها بفَلسطين بالعبرنية ولمّا طُرد التلاميذ من ارض اليهودية كتب كمالها بالهند في السنة الأولى من ملك اقلوديوس وهي السنة التاسعة للصعود المقدس.

Following the invocation, the title of the Gospel according to Mark reads: بشارة مرقس البشيرالطاهر البتول الرسول (folio 42v), repeated (folio 43r) as: بشارة مرقش البشير البتول الرسول كتبها برومة بإلهام روح القدس بَركته تشمل جميعنا أمين.

In Luke, the invocation is followed only by مصدر بشارة لوقا, and because the restored text is copied from a source equivalent to the BSB/León tradition, chapter 1 (الباب الاول) begins at I:5.

The invocation in John's Gospel (vellum) is followed by: بدء الإنجيل المقدس بحسب يحيى الحواري and concludes (folio 129v) with: نجز الانجيل المقدس بحسب يحيى الحواري والحمد لله على ذلك كثيرًا.

The chapter divisions in Matthew, Luke (except for the first chapter), and John correspond to the chapter numbering in common use.

There is no indication of the date or place of writing of the text of Luke and John on vellum, or that of the restoration of the missing parts of Luke on paper.

A curious colophon, following the conclusion of the Gospel according to John (folio 129v), written in Spanish over an illegible Arabic text, states, "This book was in the house of [Zacarías Fernández?], and I, Alfonso Guerrero, clerk of sequestration, found it in a kitchen in the aforementioned house, (*en una poyetilla*) ["in a bench" (?) or "on a shelf" (?)], and this was at the time of the aforementioned arrest and imprisonment of this Zacarías Fernández".

## 4. Ibn Balašku and the Authorship Question

We know very little if anything about Isḥāq ibn Balašku aside from his being identified in two of the manuscripts as translator; we do not know if he was an ecclesiastic, a monk, or a layman. The only other reference to him appears in remarks by Francisco López Tamarid, for the inquisitors of the Kingdom of Granada about the León manuscript, in which Ibn Balašku is described as a "Moor" at a time when the term was suspect, if not derogatory (Appendix IV:b).

He appears to have been sufficiently acquainted with Qur'anic vocabulary which he does not hesitate to use. For example, he employs the noun حواري (and حواريون), terms evidently in common use by translators of Christian scriptures as shown earlier (Mark VI:30; Luke VI:13, IX:1, 10,

XI:49, XVII:5, XXII:14, XXIV:10, as well as in the titles, prologues, and *capitula* of all Gospels). He uses the name يحيى for "John", both the disciple and the Baptist, frequently replicating يحيى بن زكريا (Luke III:2) in instances where يحيى المعمّد is intended (Matthew XIV:2, XVII:13, prologues in Mark and Luke, as well as the *capitula* in John).[41] He also uses الزبور referring to the Psalms of David (Luke XX:24, XXIV:44; John X:34 in Fās and Ibn Ḥazm).[42] He further uses the Qur'anic verb نكح (Matthew XXII:24; Mark XII:25; Luke XX:34, 35) and the derivatives يتناكحون (Matthew XXII:30) and نكاح (prologue to John).

He employs such Judeo-Arabic nouns as كوهن instead of كاهن (discussed below) and, on occasion, ياشوا — recording pronunciation rather than spelling(يَشُوَع) — instead of يسوع as this appears in Matthew XV:29 (BL), Luke XXIV:3 (Fās), John VIII:39, XIX:9 (BL), as well as ياشوا (son of اليعازار) in Luke III:29 (where BL and Fās have يسوع). He also uses the titles of address رابي (variant of ربي) in Matthew XXIII:7-8, and رباني (variant of ربوني) in Mark X:51 (rendered يا معلم in BSB, but رباني in Fās) and John XX:16, as well as in other instances where the Greek and Latin sources adopted the Semitic *Rabbi* and *Rabbouni* / *Rabboni*, respectively.[43]

The question of whether or not the attribution of the translation of the Gospels to Isḥāq ibn Balašku applies to all four Gospels or only to that of Luke was raised earlier. Little, if anything, can be concluded from the fact that only the affinitive BSB and León manuscripts include the attribution. There is no indication of the provenance of either the Fās or the BL manuscripts, or a feasible explanation of the absence of a reference to Ibn Balašku in these copies. Similarly, Ibn Balašku is not mentioned by Ibn Ḥazm, who would not have missed an opportunity of referring to him had there been advantage to his polemic to do so. In the absence of substantive evidence, the question of whether or not Ibn Balašku worked

---

[41] This replication occurs as well in various locations in other manuscripts: the *capitula* of Matthew (Leipzig and León), Mark VI:24-25 (BL), Mark VIII:28 (Fās), Luke VII:20 (BL), and Luke IX:19 (BL and Fās).

[42] Note that BNM uses مزامير (plural of مزمور) in Luke XXIV:44 instead of الزبور.

[43] When Hellenized in Greek and Latin sources, the Semitic title *Rabbi* appears as ربي in Mark IX:5 and XIV:45 (Fās); in John I:38, I:49, III:2, III:26, IV:31, VI:25, IX:2 and XI:8 (BNM). It appears as يسيدي in Matthew XXVI:25 (BL), as يا معلم in Matthew XXVI:49, or as رباني in Mark XI:21 (Fās) and John IX:2 (BL). The Greek and Latin title *Rabbouni/Rabboni* appears as رباني in Mark X:51 (Fās), but as ربوني in John XX:16 (BNM) where رباني is used in BSB. Otherwise, *Magister* (in all Gospels) or *Praeceptor* (frequently in Luke) appear as يا معلم in all mss.

alone may be determined by a further examination of the vocabulary as employed in the different Gospels.

In John's Gospel, and to a lesser extent in Mark's, the translator uses several arabicized loan words not present in either Matthew or Luke. In John, the majority of this vocabulary is concentrated in the narrative of the Passion of Jesus and included:

اركون (ἄρχων, *princeps*) John XII:31; XIV:30; XVI:11; also Mark III:22 (BL)

برقليط (*paraclitus*) John XIV:16, 26; XV:26; XVI:7

لنترنات (*lanternae*) John XVIII:3

فرفيري (*purpurea*) John XIX:2,5

البرطورية (*praetorium*) John XVIII:28, XIX:9

لطشتراطش (*lithostrotus*) John XIX:13

برشفا الفصح (*parasceve*) John XIX:14 and Mark XV:42 (Fās)

كلبارية (*calvaria*) John XIX:17

اشفنجية (*spongia*) John XIX:29

الواش (*aloes*) John XIX:39

الملطيون (*milites*) John XIX:23, 24, 32 (but translated as الاعوان in Matthew XXVII:27, Mark XV:16, John XIX:2, 34; as الجنديون in Luke III:14, XXIII:36; as اجناد in Luke II:13; as عرافة in Luke VII:8).

The argument that the translation of John and Mark stands apart from that of Luke and Matthew is augmented by the examination of some further vocabulary used more extensively in all four Gospels. The following two tables demonstrate the use of two sets of such terms.

TABLE 1: The Vulgate *Pharisaei* ("Pharisees"), rendered as المصدقون ("those who believe in the resurrection of the dead") in Matthew and Luke, or along with الفرزيون in Mark and John.

| المصدقون | الفرزيون | Other |
|---|---|---|
| Matthew | | |
| III:7; IX:14; XII:2, 14, 24, 38; XV:1, 12; XVI:1, 6, 11, 12; XIX:3; XXII:15, 34, 41; XXIII:2, 13, 14, 15, 23, 25, 26, 27, 29; XXVII:62 | V:20 | العلماء IX:11, 34; XXI:45 |

INTRODUCTION                                                                XXXVII

| المصدقون | الفرزيون | Other |
|---|---|---|
| Mark | | |
| II:16, 18, 24; III:6; VIII:15 | VII:1, 3, 5; VIII:11; X:2; XII:13 | |
| Luke | | |
| V:21, 30, 33; VI:2, 7; VII:30, 36, 37, 39; XI:37, 38, 39, 42, 43, (44), 53; XII:1; XIII:31; XIV:1, 3; XV:2; XVI:14; XVII:20; XVIII:11; XIX:39 | XXIII:35 (used incorrectly) | XXIII:35 الشواذ (Fās), الرؤساء (BNM) |
| John | | |
| I:24; III:1; IV:1; VII:32, 50; VIII:3 | VII:45, 47, 48; VIII:13; IX:13, 15, 16, 40; XI:46, 47, 57; XII:42; XVIII:3 | |

The choice of الفرزيون rather than الفريسين is worth noting as it suggests an intentional selection of the Arabic base فرز by the translator to approximate the possible etymology of the non-cognate term *paraš* (Hebrew) or *peraš* (Aramaic), meaning "to be separate".

TABLE 2: The Vulgate *sacerdos* or *pontifex* rendered as قسيس in Matthew and Luke, or along with كوهن in Mark and John.

| (قسيس) القسيسون | (الكوهن (الكهنة | Other |
|---|---|---|
| Matthew | | |
| II:4; VIII:4; XII:4, 5; XVI:21; XX:18; XXI:15, 23, 45; XXVI:3, 14, 47, 51, 57, 58, 59, 62, 63, 65; XXVII:1, 3, 6, 12, 20, 41, 62; XXVIII:11 | | |
| Mark | | |
| I:44; II:26; VIII:31; X:33; XI:18, 27; XIV:1, 10, 43, 47, 55; XV:1, 3, 10, 31 | XIV:53, 54, 60, 61, 63, 66; XV:11 (كهنة) | |

| القسيسون (قسيس) | الكوهن (الكهنة) | Other |
|---|---|---|
| | *Luke* | |
| I:5; V:14; X:31 (قسيس). VI:4; IX:22; XVII:14; XIX:47; XX:1, 19; XXII:2, 4, 50, 52, 54, 66; XXIII:4, 10, 13; XXIV:20 | | III:2 (المتقدمان على التقديس) |
| | *John* | |
| I:19; VII:45; XII:10; XVIII:3, 35; XIX:6, 15 | XI:49, 51; XVIII:10, 13, 15, 16, 19, 22, 24, 26; XI:47, 57 (كهنة) | VII:32, 45 (القوّاد) XIX:21 (مقدمو اليهود) |

In John, the Judeo-Arabic noun الكوهن is used alone to convey the title "High Priest" (*pontifex*); in Mark, the same title is conveyed by الكوهن الكبير translating *summus sacerdos* (except in Mark XV:11 where the plural الكهنة translates "*pontifices*").

The use of the noun قسيس and its plural القسيسون is more involved. Standing alone, it conveys *sacerdos* (Matthew VIII:4; Luke I:5, V:14, X:31), and *sacerdotes* (Matthew XII:4, 5; Luke VI:4, XVII:14; John I:19, XVIII:3). Combined with another noun — predominantly قايد (قواد), but also كبير (كبار، اكابر) or رييس — the combination thus constructed (such as قايد القسيسين) conveys the title "High Priest".

In Matthew and Luke the predominant combination is قايد (قواد) القسيسين and translates *principes sacerdotum* (except in Matthew XVI:21 and XXVI:3 where اكابر القسيسين and كبير القسيسين are used respectively).

In Mark, *summi sacerdotes* is translated as قايد (قواد) القسيسين (VIII:31, XI:27, XIV:1, 43, 47, 55, XV:1, 10, 31)[44] but also as كبار or اكابر القسيسين (XIV:10 and XV:3). At the same time *principes sacerdotum* is translated as قايد (قواد) القسيسين (I:44, X:33, XI:18) or as رييس القسيسين (II:26)

In John, *pontifices* is translated as القسيسون (XIX:6), القواد (VII:45), مقدمو القسيسين (XVIII:35), as well as قواد القسيسين (XIX:15); the latter being also a translation of *principes sacerdotum* (XII:10).

The examination of the vocabulary suggests sharply differentiated styles in translation. Is this an indication of the involvement of different persons in the translation of the Gospels? If this is the case, the attribution

[44] BL مشايخ القسيسين and Fās اساقفة اليهود in Mark VIII:31.

of the translation to Isḥāq ibn Balašku should apply to Luke and, perhaps, to Matthew, while the translation of John and Mark appears to be the work of one or more other persons, perhaps working as a team under the guidance of Ibn Balašku.

The Arabic translation of the Gospels that we possess may not reflect an elevated 'literary' style, its language being more akin to that which people speak in formal discourse — neither colloquial nor strictly governed by syntax. But at the same time, it is not artificial; it speaks in a language that is open to being understood by listeners who hear it proclaimed liturgically, or readers who study it for their own varied purposes.

The recurring copying of this specific translation clearly indicates its continued acceptance as a sacred text, bordering on being authoritative, by a community that maintained its faith — at times under severe circumstances — within the framework of its language and Islamic acculturation.

And as pointed out earlier, the manuscript edited here, *cod. arab. 238*, is unique among cognate manuscripts in that it includes, in addition to the text of the Gospels, a lectionary of the Gospel appointed for the liturgical calendar of the church, as well as the means of determining the date of Lent and of Easter, thus transforming the codex into a portable tool for an itinerant priest (exiled, in this case).

## 5. Some Remarks Regarding the Editing Method

Three facets act as the guiding principle in this edition. The first is to present the text as it appears in the manuscript being edited. This implies preserving the text without any alteration or interference whether textual or orthographical.[45]

The second facet arises from the fact that in order to achieve a critical edition of the text, reference should be made both to the cognate manuscripts and to the single different manuscript (Madrid). Citations of variant vocabulary from other manuscripts are indicated only in the footnotes. Material from other manuscripts needed to fill a lacuna in the text is cited in the body of the text within footnoted brackets as, for example, in Matthew I:22 where the text in BSB reads ليتم قول النبي, but ليتم قول (اشعيا) النبي in the BL and León mss. as a footnote would indicate.

---

[45] This does not include dotting the *fā* (subscript dot) and the *qāf* (superscript single dot) in the style of the Maghreb and al-Andalus; instead, the standard ف and ق are employed.

The third facet relates to editorial intervention for the purpose of facilitating reference or addressing the occasional need for clarification. In both cases, editorial intervention is included within squared brackets. In the case of intervention to facilitate reference it should be noted that, without exception, the text in all of the manuscripts used in this edition is divided into "chapters", each called باب. But the division is not uniform; while in the Madrid manuscript the division corresponds to that in common use today, it is generally different in the remaining manuscripts. Consequently, there are 24 chapters in Luke and 21 in John in the Madrid manuscript, in contrast with 21 and 14 respectively in the others.

The text in these manuscripts is not subdivided into verses. To facilitate reference in this edition, chapter and verse numbers are inserted as these are appointed in the standard texts in common use: chapter numbers in Roman numerals and verse numbers in Arabic numerals, both within squared brackets.

In the case of addressing the occasional need for clarification, the text in the manuscript is left unchanged; the clarification is contained within squared brackets as, for example, in وأنت يا بيت لاحم [لحم] or مجامع الطروق [الطرق].

Paragraphing, which does not exist in any of the manuscripts consulted, is provided in order to facilitate reading. I have endeavoured to preserve the only element of punctuation appearing in our manuscript: an encircled dot which presumably represents a full stop.

For some time now, this manuscript has attracted the attention of many scholars whose studies are frequently cited. Significant as these studies are, my task is to edit the text and not to engage at this point in the discussion of these studies, nor to validate or refute the points of view or conclusions expressed in them. The only exception is where such a study deals with the composition of a specific manuscript.

TABLE OF CONTENTS

PREFACE . . . . . . . . . . . . . . . . . . . V
ABBREVIATIONS . . . . . . . . . . . . . . . . . VII
BIBLIOGRAPHY . . . . . . . . . . . . . . . . . IX
INTRODUCTION . . . . . . . . . . . . . . . . . XI
1. The Challenge of Language – Arabicization and Islamicization   XI
2. The "Ioannes, Bishop of Seville" Proposition . . . . . .   XIII
3. The Extant Manuscripts and Other Sources . . . . . . .   XVII
   3.1. *The First Group: "the Isḥāq ibn Balašku" Tradition* .   XVIII
      3.1.1. BL — British Library (# ADD 9061) . . . . .   XVIII
      3.1.2. BSB — Bayerische Staatsbibliothek, München (cod. arab. 238) . . . . . . . . . . .   XIX
      3.1.3. Fās — *Library of the Qarawiyīn Mosque*, Fās, Morocco (ms. # 730) . . . . . . . . . .   XXII
      3.1.4. Leipzig — Universitätsbibliothek, Leipzig (Vollers 1059) . . . . . . . . . . . . . . .   XXIII
      3.1.5. León — Biblioteca de la Catedral de León (# 35).   XXIV
   3.2. *Passages from the Gospels preserved by Ibn Ḥazm* . .   XXVI
   3.3. *The "Madrid" Gospels* . . . . . . . . . . .   XXVIII
4. Ibn Balašku and the Authorship Question . . . . . . .   XXXIV
5. Some Remarks Regarding the Editing Method . . . . .   XXXIX

ARABIC TEXT
الأربعة الأناجيل المقدسة [The Four Holy Gospels] . . . . . . .   1
إنجيل متى [The Gospel of Matthew] . . . . . . . .   3
إنجيل مركش [The Gospel of Mark] . . . . . . . . .   95
إنجيل لوقا [The Gospel of Luke] . . . . . . . . . .   153
إنجيل يحيى [The Gospel of John] . . . . . . . . .   243

Addenda . . . . . . . . . . . . . . . . . . .   311
  I. ردّ أوشابيوش [Arabic translation of Eusebius' *Church History* Ch. VII: *The Alleged Discrepancy in the Gospels in Regard to the Genealogy of Christ*] . . . . . . .   313
  II. قراءات الانجيل المشروعة [Gospel Lectionary] . . . . .   319
  III. توطية قوانين الأسوس لمعرفة الصيام والعيد لكلّ سنة [Table for the computation of the beginning of Lent and the date of Easter] . .   325

Appendices . . . . . . . . . . . . . . . . . 331
I. Arabic text replacing missing folios 51 and 52 in BSB . 333
II. Marginal glosses in BSB . . . . . . . . . . . 338
III. Arabic text (and translation) on pages 14-15 in Fās . . 341
IV. Arabic and Castilian text (and translation) of two colophons in León . . . . . . . . . . . . . . 342
V. Comparative text of *capitula* in the different manuscripts 345
VI. Sample texts from Ibn Ḥazm compared with BSB, BL, and Fās . . . . . . . . . . . . . . . . 383
VII. Comparison of sample texts in BNM (Matthew) and Vatican Borgia 95 . . . . . . . . . . . . . . . 391

| BSB | Vatican Borgia 95 | BNM Matthew |
|---|---|---|
| | *Matthew 23:25* | |
| الويح لكم يا معشر العلماء والمصدقين المرايين الذين تنقُّون خارج القُؤوس [الكؤوس] والصحاف وانتم في ذاتكم قد احتشيتم نجاسة وعارا | الويل لكم ايه الكتاب والفريسين الذين تنقون خارج الكاس والجام وداخله ممتلي اختطاف وقلة قضا | الويل لكم أيها الكتبة والفريسيين المرآين لأنكم تنقُّون الكاس والسُكرجة وداخلهما مملؤًا إختطاف وظلمًا |
| | *Matthew 26:5* | |
| خوفًا من ثورة الجماعة وأجمعوا ألا يكون ذلك يومَ العيد | وجعلوا يقولون لا في العيد لان لا يكون سحس في الشعب | وقالوا ليس في العيد لِئلا يكون سحس في الشعب |
| | *Matthew 26:23* | |
| فأجابهم يسوع مَنْ يَّصْبُغُ معي [يده] في الصَّحفة فهو يدلُّ عليّ | اجاب يسوع فقال الذي صبغ يده معي في الاسكرجة هو يسلمني | فأجاب وقال الذي يجعل يده معي في الإناء هو يسلمني |
| | *Matthew 27:24* | |
| فلمَّا رأى بيلاط أنَّه لا يَغني شيًا إلا كانوا يزدادون صياحًا دعا بماءٍ وغسل يديه أمام العامة كُلِّهاً | فلما را بلاطس انه ليس ينفع شيا وانما يزداد السحس في الشعب اخذ ما فغسل يديه قدام الشعب | فلمَّا رأى بيلاطش أنَّه لا ينفع شيئًا لكن يزداد سحسًا أخذ مآءً وغسل يديه قدّام الجمع |
| | *Matthew 27:27* | |
| وعند ذلك إجتمع أعوان العامل إلى يسوع بعد أخذِهم له جميعُ العِرافة عند باب المجلس | حينيذ شرط القايد ودوا يسوع الى الابرطوريون | حينئذ أخذ جُند القآئد يسوع وَوَدّوه إلى الأبرطوريون |

| BSB | Vatican Borgia 95 | BNM Matthew |
|---|---|---|
| | *Matthew 3:1* | |
| وفي تلك الأيام تنبأ يحيى المُعَمِّد في مفاز يهُوذا | وفي تلك الايام اقبل يحنا المصبغ يكرز في برية يهوذا | وفي تلك الايام جاء يوحنا المعمداني يكرز في برية يهوذا |
| | *Matthew 3:7* | |
| فلمَّا بَصُر بجماعة من المُصَدقين والمكذبين المقبلين إليه لِيُعَمِّدهم | فلما را كثير من الفريسين والصدوقين مقبلين الى مصبوغيته | فلما رأى كثيرً من الفريسين والزنادقة ياتون إلى معموديته |
| | *Matthew 6:9b-13* | |
| أبانا الذي أنت في السَّموات تقدس اسمك<br>[10] وليات ملكك ولتكن إرادتك في الأرض كحالها في السما<br>[11] وامنُنْ علينا بخُبزنا الدايم في يومنا هذا<br>[12] واغفر لنا ذنوبنا كما نغفر لمن أذنب إلينا<br>[13] ولا توبقنا في المحنة بل وسلّمنا من المكروه | ابونا الذي في السموات يتقدس اسمك<br>[10] ياتي ملكك تكون مسرتك كما في السما وعلى الارض<br>[11] خبزنا الذي للكفاف الطبيعة اعطنا اليوم<br>[12] واترك لنا خطايانا كمثل ما نحن نترك للذين اخطوا علينا<br>[13] ولا تدخلنا في البلوا ولكن نجينا من الشرير لان لك الملك والقدرة والمجد الى الدهر امين | أبانا الذي في السموات قدوس اسمك<br>[10] تاتي ملكوتك تكون مشئتك كما في السمآء وعلى الأرض<br>[11] خبزنا كفافنا أعطنا في اليوم<br>[12] واغفر لنا ما يجب علينا كما غفرنا لمن أخطأ إلينا<br>[13] ولا تدخلنا في التجارب لاكن نجنا من الشرير لأن لك الملك والقوة والمجد إلى الأبد أمين |
| | *Matthew 7:10* | |
| وإذا سأله حُوتًا أيعطيه ثُعبانًا | وان ساله حوت عساه يعطيه حيه | أو يسئله سمكة فيعطيه حيَّة |
| | *Matthew 18:8* | |
| فإن شَتَّتْك يدك أو رجلك فاقطعها وابرا منها فلتدخل الحياة ناقصا أفضل بك من أن تدخل نارًا لا تبيد كاملاً | يدك او رجلك ان شككت فاقطعها والقيها عنك فانه اخير لك تدخل الحياة مقعد او عطم من ان يكون لك يدين ثنين او رجلين ثنين وتلقا في النار | إن شككتك يدك أو رجلك فاقطعهما وألقها عنك فخير لك أن تدخل الحياة وأنت أعرج أو أعسم من أن يكون لك يدان أو رجلان وتلقا في نار الأبد |

| BSB | Vatican Borgia 95 | BNM Matthew |
|---|---|---|
| | *Matthew 2:1-12* | |
| [7] فعند ذلك دعا هرودس المنجمين وكاشفهم كشفًا حسنًا عن الوقت الذي ظهر لهم فيه النجم ثم بعثهم إلى بيت لحم | [7] حينئذ هرودس دعا المجوس سرا واستبحث منهم زمان النجم الذي اوري لهم في المشرق ثم بعثهم الى بيت لحم وقال | [7] حينئذ دعا هيرودش المجوس سرًّا وتحقق منهم الزمان الذي ظهر لهم فيه النجم وأرسلهم إلى بيت لحم قائلاً |
| [8] وقال لهم اذهبوا واكشفوا كشفًا حسنًا عن هذا المولود فاذا وجدتموه أعلموني به لأذهب اليه وأسجد له. | [8] اذهبوا فاستبحثوا بالحقيقة عن الصبي فإذا وجدتموه اعلموني لكي اذهب انا واسجد له | [8] إمضوا وابحثوا عن الصبي باجتهاد فإذا وجدتموه أخبروني لأتي أنا وأسجد له |
| [9] فلما سمع بذلك المنجمون ذهبوا عنه وتقدمهم النجم الذي ظهر لهم بالمشرق حتى وقف على الموضع الذي كان فيه المولود. | [9] وانهم لما سمعوا من الملك ذهبوا فاذا النجم الذي راو [راوا] في المشرق يقودهم حتا جا ووقف حيث كان الصبي | [9] فلما سمعوا مِن الملك ذهبوا وإذا النجم الذي رأوه في المشرق يَقدُمُهم حتى جاء ووقف فوق حيث كان الصبي |
| [10] فلما نظروا الى النجم فرحوا فرحًا عظيمًا | [10] فلما راو [راوا] الكوكب فرحوا فرح عظيم جدا | [10] فلما رأوا النجم فرحوا فرحًا عظيمًا جدًّا |
| [11] ودخلوا البيت ووجدوا المولود مع أمه مريم فسجدوا له وفتحوا أوعيتهم فأهدوا اليه ذهبًا ولوبانًا ومِرًا | [11] فلما اتوا إلى المنزل فابصروا الصبي مع مريم امه فخروا وسجدوا له وفتحوا كنوزهم وقربوا له هديا ذهب ومر ولوبان | [11] وأتوا إلى البيت ورأوا الصبي مع مريم أمه فخرُّوا له سُجَّدًا وفتحوا أوعيتهم وقدموا له قرابين ذهبًا ولُبانًا ومُرًا |
| [12] وأنذِروا في منامِهم ألا يرجعوا على هرودس وانقلبوا على طريق اخر إلى بلدهم. | [12] واوحي اليهم بالحلم ان لا يرجعوا الى هرودس وفي طريق اخرى انصرفوا الى كورتهم | [12] وأوحى لهم في الحُلم ألا يرجعون إلى هيرودس بل يذهبوا في طريق أخرى إلى كورتهم |

| BSB | Vatican Borgia 95 | BNM Matthew |
|---|---|---|
| *Matthew 1:18-24* | | |
| [24] فلمّا انتبه يوسف من نومه فعل ما أمر به السيد من ضمّ مريم خطيبته ولم يباشرها لصلاحه فولدت بِكرَ ولدها وسمّته يسوع. | [24] فلما قام يوسف من النوم صنع مثلما امره ملاك الرب واخذ زوجته ولم يعرفها حتا ولدت ابنها البِكر ودعا اسمه يسوع | [24] فقام يوسف من نومه وصنع كما أمره ملاك الربّ وأخذ مريم خطيبته ولم يعرفها حتى ولدت إبنها البِكرَ ولدها ودُعي اسمه يسوع |
| *Matthew 2:1-12* | | |
| [1] فلمّا أن وُلد يسوع في بيت لحم مدينة يهوذا بعهد هرُودس العامل أقبل مُنَجموا المشرق إلى بيت المقدس | [1] فلما ولد يسوع في بيت لحم يهوذا في ايام هرودس الملك اذا مجوس قد اقبلوا من المشرق الى اورشليم | [1] فلمّا أن وُلد يسوع في بيت لحم يهوذا في أيام هيرُودس الملك إذ مجوس وافَو من المشرق إلى ياروسَلِم |
| [2] وقالوا أين هذا المولود ملك اليهود فإن نجمه ترأ لنا بالمشرق فأقبلنا إليه لِنَسجدَ له. | [2] قايلين اين ملك اليهود المولود لانا قد راينا نجمه في المشرق وجينا لنسجد له | [2] قائلين أين هو المولود ملك اليهود لأنّا رأينا نجمه في المشرق ووافينا لِنَسجدَ له |
| [3] فلما سمع ذلك هرودس العامل جزع هو ومن كان معه من أهل بيت المقدس | [3] فلما سمع هرودس الملك تقلقل وكل اوروشليم معه | [3] فلما سمع ذلك هرودش الملك اضطرب وجميع ياروسلم معه |
| [4] فجمع إلى نفسه القسيسين والعلماء وكاشفهم عن الموضع الذي يُولد فيه المسيح | [4] وانه جمع كل روس الكهنة وكتاب الامة وجعل يستخبرهم اين يولد المسيح | [4] وجمع كلّ رؤساء الكهنة وكتبة الشعب واستخبرهم أين يولد المسيح |
| [5] فقالوا له ببيت لحم مدينة يهوذا كالذي صار مكتوبًا | [5] وانهم قالوا له في بيت لحم اليهودية لانه هكذى مكتوب في النبي | [5] فقالوا له في بيت لحم يهوذا كما هو مكتوب في النبي |
| [6] وأنت يا بيت لاحم أرض يهوذا لستِ وضيعةً في ملوك يهوذا منك يخرج قايدٌ يرعى اسرايل أُمتي. | [6] وانت بيت لحم ارض يهوذا لست بصغيرة في قواد يهوذا منك يخرج قايد الذي يرعا شعبي اسرايل | [6] وأنتَ يا بيت لحم أرض يهوذا لستِ بصغيرة في ملوك يهوذا منك يخرج مُقدّم يرعا شعبي اسرائل |

# APPENDIX VII

Comparison of sample texts in BNM (substitute text in Matthew) and Vat. Borgia 95

| BSB | Vatican Borgia 95 | BNM Matthew |
|---|---|---|
| *Matthew 1:18-24* | | |
| [18] وكان إيلاد المسيح على ما أصِفَ بينما أمّهُ مرْيَمُ خطيبةً ليوسف إذ حملت من روح القُدُس من غير أن يباشرها | [18] اما مولد يسوع المسيح هاكذى كان لـما خطبت [مريم] امه ليوسف قبل أن يجتمعا وجدت حبلا من روح القدس | [18] ومولد يسوع المسيح هكذا كان لـمّا خُطبت مرْيَمُ أمه ليوسف قبل أن يعترفا وُجدت حُبلى من روح القُدُس |
| [19] فَكَرِهَ يوسف لصلاحه الإبتناء بها وأسَرَّ بِمفارقتها | [19] اما يوسف رجلها لـما كان صديقا ولَـما لم [..] [..] يشهر بها اتمر ان يخليها خفيا | [19] يوسف خطيبها صِديقًا لَم يُرد أن يُشهرها وهمَّ بتخليتها سِرًّا |
| [20] فَبَيْناهُ يُدبِّر ذلك إذ تَرَأ له في منامه مَلَك السيّد وقال له يا يوسف بن داود لا تجزع من ضم مريم خطيبتك فإن الذي تخلق فيها هو من روح القدس | [20] فبينا هو متفكر في [..] ملاك الرب قد ظهر له في الحلم قايلا [يا] يوسف بن [داود] لا تخف ان تاخذ مريم مرتك لان الذي يلد [يولد] فيها كان من روح القدس هو | [20] وفيما هو مُفكِّرٌ في هذا إذ ظهر له ملاك الربّ في الحلم قآئلاً يا يوسف بن داود لا تخف أن تاخذ مريم خطيبتك فإن الذي تلده هو من روح القدس |
| [21] وستلد ولدًا تُسميْه يسوع وهو يُسلم أُمته ويمحص ذنوبهم | [21] وهي تلد ابنا ويدعا اسمه يسوع لانه هو يخلص شعبه من خطاياهم | [21] وستلد ابنًا ويُدعى اسمه يسوع وهو يُخلِّص شعبه من خطاياهم |
| [22] ليتم قول النبي الذي قال | [22] هذا كله كان لكي يتم ما قد قيل من قبل الرب بالنبي قايلا | [22] هذا كلّه كان لكي يتم ما قيل من الربّ بالنبي القائل |
| [23] هذه عذرى ستحبل وتلد ولدًا اسمه عَمّنُوال وتفسيره معنا اللّٰه. | [23] هوذه [هوذا] العذرا تحبل وتلد ابنا ويدعا اسمه عمانويل الذي يفسر معنا اللّٰه | [23] هوذا العذراء تحبل وتلد ابنًا ويُدعى اسمه عَمانويل الذي تاويله اللّٰه معنا |

| Fās | BL | BSB | Ibn Ḥazm |
|---|---|---|---|
| | | *John 1:35-42* | |
| [42] ثمَّ اقبَل به اليه<br>فلما بصر به يسوع قال<br>له انت سمعون بن يونا<br>وانتَ تسمى صفا<br>وترجمته الحجر | [42] ثمَّ اقبَلَ الى<br>يسوع وقال له انت<br>سمعون بن يونش وانتَ<br>تُسمَّى جيفاش<br>وترجَمَتُه بِيْطُرُ | [42] ثمَّ أقبَلَ به إلى<br>يسوع فلمَّا بَصُر به<br>يسوع قال أنت سمعون<br>بن يونا وأنتَ تُسمَّى<br>جافاش وترجَمَتُه بِيْطُرُ | [42] ثم أقبل اليه به<br>فلما بصر به المسيح<br>قال له أنت شمعون بن<br>يونا وأنت تسمى صفا<br>وترجمته الحجر |

| Fās | BL | BSB | Ibn Ḥazm |
|---|---|---|---|
| *John 1:35-42* | | | |
| [36] فبَصُر بيسوع ماشيا وقال هذا خروف الله | [36] فبَصُر بيسوع ماشيا وقال هذا خروف الله | [36] فبَصُر بيسوع [ماشيا وقال هذا خروف الله | [36] فبصر بيسوع ماشياً فقال هذا خروف الله |
| [37] فسمع ذلك منه التلميذان واتبعا يسوع | [37] فسمع ذلك منه التلميذان واتبعا يسوع | [37] فسمع ذلك منه التلميذان واتبعا [يسوع] | [37] فسمع ذلك منه التلميذان واتبعا يسوع |
| [38] فالتفَت اليهما يسوع اذ راهما يتبعاه وقال لهما ما الذي طلبتما فقالا له يا معلم اين مسكَنك | [38] فالتفَت اليهما يسوع يتّبعاه وقال لهما ما الذي طلبتما فقالا له يا معلم اين مَسْكَنك | [38] فالتفَتَ إليهما يسوع إذ رأهما يتَّبعاه وقال لهما ما الذي طلبتُما فقالا له يا مُعلِّم أين مَسْكَنك | [38] فالتفت اليهما يسوع إذ راهما يتبعانه وقال لهما ما الذي طلبتما قالا له يا معلم أين مسكنك |
| [39] فقال لهما اقبِلا وابصِرا فتوجها معه وابصرا مسكنه وباتا عنده ذلك اليوم وكانوا في الساعة العاشرة | [39] فقال لهما اقبِلا وابصِرا فتوجَّها معه وباتا عنده ذلك اليوم وكانوا في الساعة العاشرة | [39] فقال لهما أقبِلا وأبصِرا فتوجَّها معه وأبصرَ مسكَنه وباتا عنده ذلك اليوم وكانوا في الساعة العاشرة | [39] فقال لهما أقبلا فابصرا فتوجها معه ورأيا مسكنه وباتا عنده ذلك اليوم وكانا في الساعة العاشرة |
| [40] وكان احد التلميذين الذَي اتبعاه اندرياش اخو سمعون المسما بِيطر واحد الاثني عشر | [40] وكان احد التلميذين اللَّذَين اتَّبعاه انْدِرياش اخو سَمعُون المُسمَّى بِيْطر | [40] وكان أحد التلميذَين اللَّذَين سمعا مِن يحيى واتَّبعاه أنْدِرياش أخو سَمعُون المُسمَّى بِيْطر | [40] وكان احد التلميذين اللذين اتبعاه اندرياش أخو شمعون المسمى باطرة أحد الاثني عشر |
| [41] فلقي اخاه سمعون اولاً وقال له وجَدْنا المسيح | [41] فلقي اخاه سمعون اوَّلاً وقال له وجَدْنا المسيح | [41] فلقي أخاه سمعون أوَّلاً وقال له وجَدْنا مَشّيَش الذي تفسيره المسيح | [41] فلقي أخاه شمعون وهو أحد اللذين سمعا من يحيى واتبعاه إذ نظر اليه وقال له وجدنا المسيح |

| Fās | BL | BSB | Ibn Ḥazm |
|---|---|---|---|
| *Luke 23:39-43* | | | |
| [39] وكان واحدًا اللصَّين المصلوبَين معه يسُبُّه ويقول ان كُنتَ انت المسيح فسلم نفسَك وسلمنا | [39] وكان احد اللصَّين المصلوبَين معه يشتمه ويقول له ان كُنتَ المسيح فسلِّم نفسَك وسلِّمنا | [39] وكان واحد اللصَّين المصلوبَين معه يسُبُّه ويقول إن كُنتَ أنت المسيح فسلِّم نفسَك وسلِّمنا | [39] وكان أحد اللصين المصلوبين معه يسبه ويقول إن كنت أنت المسيح فسلم نفسك وسلمنا |
| [40] فاجابه الاخَر وكَسر عليه وقال اما تخاف الله وانت في اخر عمرك وفي هذا العقاب | [40] فأجابه الأخَر وكَسَر عليه وقال اما تخاف الله وانت في اخر عمرك | [40] فأجابه الأخَر وكَسَر عليه وقال أما تخاف الله وأنت في هذا العِقاب | [40] فأجابه الاخر وكثر عليه وقال أما تخاف الله وأنت في اخر عمرك وفي هذه العقوبة |
| [41] اما نحن فانا كوفينا بما استوجبنا وهذا لا ذنب قِبله | [41] انما نحن فقد كُوفينا بما استوجبنا وهذا لا ذَنْب قِبَله | [41] أمَّا نحن فقد كُوفينا بما استوجبنا وهذا لا ذَنْب قِبَله | [41] أما نحن فكوفئنا بما استوجبنا وهذا لا ذنب له |
| [42] ثمَّ قال ليسوع يا سيدي اذكرني اذا نلت ملكك | [42] ثمَّ قال ليسوع يسيِّدي اذكرني إذا نلت ملكك | [42] ثمَّ قال ليسوع يسيِّدي أذكرني إذا أتيتَ في مُلكِك | [42] ثم قال ليسوع يسيدي أذكرني إذا نلت ملكك |
| [43] فقال له يسوع امين اقول لك اليوم تكون معي في الجنة | [43] فقال له يسوع امين اقول لك اليومَ تكون معي في الجنَّة | [43] فقال له يسوع أمين أقول لك أليومَ تكون معي في الجنَّة | [43] فقال له يسوع أمين أقول لك اليوم تكون معي في الجنة |
| *John 1:35-42* | | | |
| [35] وفي يوم اخر كان يحيى واقفًا ومعه تلميذان مِن تلاميذه | [35] وفي يوم اخر كان يحيى واقفًا ومعه تلميذان مِن تلاميذه | [35] وفي يوم أخَر كان يحيى واقفًا ومعه تلميذان مِن تلاميذه | [35] وفي يوم اخر كان يحيى بن زكريا المعمد واقفاً ومعه تلميذان من تلاميذه |

| Fās | BL | BSB | Ibn Ḥazm |
|---|---|---|---|
| | *Mark 11:1-7* | | |
| [2] وقال لهما اذهبا إلى الحصن الذي بحالكما فاذا دخلتماه ستجدان هنالك فلوًا مربوطًا لم يركبه بعد احد الادميين حُلاه واقبلا به الي | [2] وقال لهما اذهبا إلى هذا الحِصْن الذي يقابلكما فإذا دخلتماه ستجدان فُلُوًّا مربوطًا لم يركب قط فحُلاّهُ واقبلا به إليّ | [2] وقال لهما إذهبا إلى الحِصْن الذي يجاوركما فإذا دخلتماه ستجدان فُلُوًّا مربوطًا لم يركبه أحدٌ بعْد حُلاّهُ وأقبلا به | [2] وقال لهما اذهبا إلى الحصن الذي يحيالكما فاذا دخلتما ستجدان فلواً مربوطا لم يركبه بعد أحد من الادميين حلاه وأقبلا به إلي |
| [3] فان قال لكما ما هذا الذي تفعلان فقولا ان السيد يحتاج اليه فيخليه لكما ذلك الوقت | [3] فإن تعرضكما أحدٌ فيه فقولا له إنه من حاجة السيّد فَيَدَعه لكما | [3] فإن قال لكما أحدٌ ما هذا الذي تفعلان فقولا إنَّ السيّد يحتاج إليه فَيَدَعه لكما ذلك الوقت | [3] فان قال لكما أحد ما هذا الذي تفعلان فقولا له إن السيد يحتاج إليه فيخليه لكما |
| [4] فانطلقا ووجدوا الفُلُو مربوطًا قبالة رحبة الباب في زقاقين فحلاه | [4] فتوجها ووجدا الفُلُوَّ مربوطًا في الزقاق فحَلاّهُ | [4] فانطلقا ووجدا الفُلُوَّ مربوطًا قُدَّام الباب في طريقين فحَلاّهُ | [4] فانطلقا ووجدا الفلو مربوطاً قبالة رحبة الباب في زقاقين فحلاه |
| [5] فقالا لهما من الوقوف هنالك مالكما تَحُلان الفَلُوّا | [5] فقال لهما بعض الوقوف لمَ تَحُلاّ الفَلُوَّ | [5] فقال لهما واحدٌ من الوقوف هنالك مالكما تَحُلاّن الفَلُوَّ | [5] فقال لهما بعض الوقوف هنالك ما لكما تحلان الفلو |
| [6] فقالا لهم كالذي كان امرهما به يسوع فتركوه لهما | [6] فقالا له ما أمَرَهما به يسوع فبروا منهما | [6] فقالا له كالذي كان أمَرَهما به يسوع فأتْرَكوهما | [6] فقالا له كالذي أمرهما يسوع فتركوه لهما |
| [7] وساقا الفَلُوا الى يسوع ليحملوا عليه ثيابهم وركبوه من فوق | [7] واقبلا بالفَلُو إلى يسوع وألقَوا ثيابهم عليه وركبا من فوقه | [7] وساقا الفَلُوَّ إلى يسوع وألقَوا عليه ثيابهم وركب عليه | [7] وساقا الفلو إلى يسوع فحملوا عليه ثيابهم وركب من فوق |

| Fās | BL | BSB | Ibn Ḥazm |
|---|---|---|---|
| *Matthew 4:1-22* | | | |
| | سَمعون والاخر<br>أندرياش وهما يُدخلان<br>شبكتهما في البحر<br>وكانا صيَّادَين | سَمعون المقَلّب<br>[الملقب] بيطُرُ والاخر<br>أندرياش وهما يُدخلان<br>شباكهما البحر<br>وكانا صيَّادَين | أحدهما يدعى شمعون<br>المسمى باطرة والاخر<br>اندرياس وهما يدخلان<br>شباكهما في البحر<br>وكانا صيادين |
| | [19] فقال لهما يسوع<br>اتَّبعاني وأجعلكما<br>صيّادي الادميين | [19] فقال لهما يسوع<br>اتَّبعاني أجعلكما<br>صيّادي الادميين | [19] فقال لهما تبعاني<br>اجعلكما صيادي<br>الادميين |
| | [20] فتخليّا من وقتهما<br>ذلك من شبكتهما<br>واتّبعاه | [20] فتخليّا وقتهما من<br>شباكهما واتّبعاه | [20] فتخليا وقتهما<br>ذلك من شباكهما<br>واتبعاه |
| | [21] ثم تحرَّك من ذلك<br>الموضع وبصر<br>بأخوين أيضًا وهما<br>يعقوب ويوحنا ابنا<br>سبذَاي في مركب مع<br>أبيهما يعدّان شَباكهم<br>فدعاهما | [21] ثم أتحرَّك من<br>ذلك الموضع وبصر<br>أيضًا بأخوين أيضًا<br>وهما يعقوب ويحيى<br>ابنا سبذَاي في مركب<br>مع أبيهما سَبَذَاي<br>يعدّون شَباكهم فدعاهما | [21] ثم تحرك من ذلك<br>الموضع وبصر<br>باخوين أيضاً هما<br>يعقوب ويوحنا بن<br>سبذاي في مركب مع<br>أبيهما يعدان شباكهما |
| | [22] فتخليا ذلك الوقت<br>من أبيهما وشباكهما<br>واتّبعاه | [22] وتخليا ذلك<br>الوقت من أبيهما<br>وشباكهما واتّبعاه | [22] فتخليا ذلك الوقت<br>من شباكهما ومن<br>أبيهما ومتاعهما واتبعاه |
| *Mark 11:1-7* | | | |
| [1] فلما بلغوا اروشليم<br>وبانثِية إلى جبل<br>الزيتون ارسل اثنين<br>من تلاميذه | [1] فلمَّا قربوا من<br>يَرُشلام وبثّانِيَة جوار<br>جبل الزيتون بعث<br>اثنين من تلاميذه | [1] فلمَّا قرُب من<br>يَرُشالِم وبثّانِيَة إلى جبل<br>الزيتون أرسل إثنين<br>من تلاميذه | [1] فلما بلغ المسيح<br>تتفيا إلى جبل الزيتون<br>أرسل إثنين من تلاميذه |

| Fās | BL | BSB | Ibn Ḥazm |
|---|---|---|---|
| | | *Matthew 4:1-22* | |
| | [12] فلما بلغه عن حبس يحيى خرج عن جلجال | [12] فلمَّا سمع يسوع بخبير يحيى توجَّه إلى جلجال | [12] فلما بلغه حبس يحيى بن زكريا تنحى الى جلجال |
| | [13] وتخلا من مدينة ناصرة وسكن قفرناؤم على الساحل في قسمة سَبَلون ونَبْتالِيمَ | [13] وتخلا من مدينة ناصرة وأقبل وسكن بقفرناحوم على الساحل في قسمة سَبَلون ونَبْتَلِيمَ | [13] وتخلى من مدينة ناصرة ورحل وسكن كفر ناحوم على الساحل في زابلون ونفتالي |
| | [14] ليتمَّ بذلك قول اشعيا النبي حيث قال | [14] ليتمَّ قول أشعيا النبي حيث قال | [14] ليتم قول اشعيا النبي حيث قال |
| | [15] أرض سَبلون ونَبْتالِيم وطريق البحر خلف الأردن | [15] أرض سَبْلون ونَبْتَلِيم وطريق البحر خلف الاردن | [15] أرض زابلون ونفتالي وطريق البحر خلف الاردن |
| | [16] وأجناس جلجال ومن كان بها في ظلمة يبصرون نورًا عظيمًا. ومن كان ساكنًا في ظلال الموت يطلع النور عليهم. | [16] وأجناس الجليلة الساكنون في الظلمت يبصرون نورًا عظيمًا. ومن كان ساكنًا في ظلال الموت يطلع النور عليهم. | [16] وجلجال الاجناس وكل من كان بها في ظلمة يبصرون نوراً عظيما ومن كان ساكناً في ظلل الموت يطلع النور عليهم |
| | [17] ومن ذلك الموضع ابتدا يسوع بالوصية فقال توبوا فقد تدانا ملكوت السماء. | [17] ومن ذلك الموضع ابتدا يسوع بالوصية وقال توبوا فقد تدانا ملكوت السماء. | [17] ومن ذلك الموضع ابتدأ يسوع بالوصية وقال توبوا فقد تدانى ملكوت السماء |
| | [18] وبيناه ماشيًا على ريف بحر جلجال إذ بصر بِأخوَين أحدهما | [18] وبيناه ماشيًا على ريف بحر جلجال إذ بصر بِأخوَين أحدهما | [18] وبينا هو يمشي على ريف البحر بحر جلجال إذ بصر بأخوين |

| Fās | BL | BSB | Ibn Ḥazm |
|---|---|---|---|
| *Matthew 4:1-22* | | | |
| | [6] وقال له ان كنت ولد الله فترام من موقفك فقد كتب بأنه يبعث ملائكته لحرزك وحملك في الأكف ليلا يولم الصفا قدمك. | [6] وقال له ان كنت ولد الله فتسبسب من فوق فقد صار مكتوبًا ان يبعث ملايكته فيرفدونك في الأكف ولا تعثر في الحجارة قدماك. | [6] وقال له ان كنت ولد الله فترام من فوق فانه قد صار مكتوباً بأنه سيبعث ملائكة يرفدونك ويدفعون عنك حتى لا يصيب قدمك مكروه |
| | [7] فأجابه يسوع وقال قد صار مكتوبا ألا تقيس السيد الاهك. | [7] فأجابه أيضا يسوع وقال قد صار مكتوبا ألا تقيس السيد الاهك. | [7] فأجابه يسوع وقال له قد صار مكتوباً أيضاً لا يقيس أحد العبيد إلهه |
| | [8] ثم عاد إليه وهو في أعلى جبل منيف فعرض عليه زخرف الدنيا وزينتها | [8] ثم أقبل اليه ابليس وهو في أعلى جبل منيف فعرض عليه زينة الدنيا وزخارفها | [8] ثم عاد اليه ابليس وهو في أعلى جبل منيف فأظهر له زينة جميع الدنيا وشرفها |
| | [9] وقال له أعطيك هذا اجمع ان سجدت لي | [9] وقال له اني املكك كل ما تراه ان سجدت لي | [9] وقال له اني سأملكك كل ما ترى إن سجدت لي |
| | [10] فقال له يسوع وقال ادبر يا شيطان فقد كتب لله الاهِك تسجد وإيَّاه وحده فاخدم | [10] فأجابه يسوع وقال تأخَّر يا شيطان فقد صار مكتوبًا للسيّد الاهِك تسجد وإيَّاه وحده تخدُم | [10] فقال له يسوع اذهب يا منافق مقهقراً فقد كتب أن لا يعبد أحد غير السيد إلهه ولا يخدم سواه |
| | [11] فتخلا منه فأقبلت الملايكة وتولت خدمته | [11] فتخلا عند ذلك إبليس منه وأحاطت الملايكة به وتولَّت خدمته. | [11] فتأيس عنه ابليس عند ذلك وتنحى عنه وأقبلت الملائكة وتولت خدمته |

# APPENDIX VI

Sample texts from Ibn Ḥazm compared with BSB, BL, and Fās

| Fās | BL | BSB | Ibn Ḥazm |
|---|---|---|---|
| | | *Matthew 4:1-22* | |
| | [1] وعند ذلك قاد الروح يسوع الى المفاز ليقيس إبليسُ فيه نفسَه | [1] وعند ذلك قاد الروح يسوع الى المفاز ليقيس إبليسُ نفسَه فيه | [1] فلحق يسوع يعني المسيح بالمفاز وساقه الروح الى هنالك ولبث فيه ليقيس ابليس نفسه فيه |
| | [2] فلما صام فيها أربعين يومًا بليالِها وجاع | [2] فلما أن صام أربعين يومًا بليالِها وجاع من بعدُ | [2] فلما ان مضى أربعين يوماً بلياليها جاع |
| | [3] وقف اليه الجسَّاس وقال له إن كنت ولد اللّٰه فامُر هذه الجنادل تصير لك خبزًا. | [3] أقبل الجسَّاس اليه وقال له إن كنت ولد اللّٰه فامُر هذه الجنادل لتصير خبزًا. | [3] فوقف اليه الجساس وقال له ان كنت ولد اللّٰه فأمر هذه الجنادل تصير لك خبزاً |
| | [4] فقال له يسوع بأن عيش المرء ليس في الخبز وحده الا في جميع وحي اللّٰه. | [4] فأجابه يسوع وقال قد صار مكتوبًا ان ليس عيش المرء في الخبز وحده ولكن في كل كلمة باثقة من فم اللّٰه. | [4] فقال يسوع قد صار مكتوباً بأن عيش المرء ليس بالخبز وحده ولكن في كل كلمة تخرج من فم اللّٰه تعالى |
| | [5] ثم عاد إليه في المدينة المقدسة وأوقفه على الهيكل | [5] ثم أقبل إليه إبليس في المدينة المقدسة وهو واقف في أعلى بنيان البيت | [5] وبعد هذا أقبل ابليس في المدينة المقدسة وهو واقف في أعلى بنيانها |

| *John* | | | |
|---|---|---|---|
| Leipzig | BL | León | BSB |
| **الباب الرابع عشر**<br>كلام بيلاط لليهود عن<br>المسيح وفي بربّان<br>وفي قَتْل يسوع ودفنه<br>وقيامه عن قبره<br>وظهوره لتلاميذه بعد<br>قيامته | **الباب الرابع عشر**<br>صلبه ودفنه وإحياه<br>وبعد ان قام عن الموتا<br>زار التلاميذ وعرض<br>يديه على طوماش<br>وصيد التلاميذ<br>واظهاره لهم على<br>الريف وبعد ان تغدّوا<br>امَرَ بيطر ان يرعى<br>الضان<br><br>تمت الابواب والحمد<br>لله | **الباب الرابع عشر**<br>في عذاب يسوع ودفنه<br>وقيامه عن القبر<br>وظهوره لتلاميذه بعد<br>قيامته واظهاره يديه<br>لطوما وحين تظاهر<br>للصيادين ولبيطر معهم<br>في البر وفي المائة<br>وثلثة وخمسين وقوله<br>لبيطر بعد الغداة ثلاث<br>مرات ارع ضاني | **الباب الرابع عشر**<br>كلام بيلاط لليهود عن<br>المسيح وفي بَربَّان<br>وفي قَتْل يسوع ودفنه<br>وقيامه عن القبر<br>وظهوره لتلاميذه بعد<br>قيامه |

| *John* | | | |
|---|---|---|---|
| Leipzig | BL | León | BSB |
| **الباب الحادي عشر**<br>حين غسل ارجل<br>التلاميذ وتلَّ يهوذا<br>للمسيح وجحود باطر<br>اياه وفي محبة<br>الاصحاب له وانه في<br>الاب والاب فيه وفي<br>حفظ العهود وعهود<br>(البرقليط) | **الباب الحادي عشر**<br>غسله لأرجُل التلاميذ<br>وعن يهوذا وجحود<br>بطرُ وانَّه في الأب<br>والأب فيه وامْره<br>بانتظار الروح البَرَقليط | **الباب الحادي عشر**<br>حين غسَل أرجُل<br>التلاميذ وتلَّ يهوذا به<br>وجَحْد بِيْطُرُ إيَّاه وفي<br>محبَّة الأصحاب وأنَّه<br>في الأب والأب فيه<br>وفي حِفظ عُهود الروح<br>البَرَقْلِيط | **الباب الحادي عشر**<br>حين غسَل أرجُل<br>التلاميذ وتلَّ به يهوذا<br>وجَحْد بِيْطُرُ إيَّاه إياه<br>وفي محبَّة الأصحاب<br>وأنَّه في الأب والأب<br>فيه وفي حِفظ العهود<br>وعُهود الروح البَرَقْلِيط |
| **الباب الثاني عشر**<br>في الكَرم وزَرَجونه<br>وفي المحبّة وفي وعْدِه<br>بالبرقليط وان كُلما<br>للاب فهو للابن وساير<br>الوصايا وقوله سياتي<br>وقت يظن كلمن قتَلَكم<br>أنَّه يتقرب بذلك إلى الله | **الباب الثاني عشر**<br>في الجِدَر المحقق وان<br>جميع ما للأب هو له | **الباب الثاني عشر**<br>في الدالية وزرَجونها<br>وفي المحبَّة وفي وعْدِه<br>بالبَرقليط وأنَّ كُل ما<br>هو للأب فهو للإبن<br>وساير الوصايا وقوله<br>سياتي وقت يظُنُّ كلُّمَن<br>قتَلَكم أنَّه يتقرَّب بذلك<br>إلى الله | **الباب الثاني عشر**<br>في الكَرْم وزرَجونه<br>وفي المحبَّة وفي وعْدِه<br>بالبَرقليط وأنَّ كُل ما<br>للأب هو للإبن وساير<br>الوصايا وقوله سياتي<br>وقت يظُنُّ كلُّ مَن قتَلَكم<br>أنَّه يتقرَّب بذلك إلى الله |
| **الباب الثالث عشر**<br>في ايصا يسوع<br>بتلاميذه عند الاب<br>وحين تلّ يهوذا<br>بالمسيح في ليلة العشا | **الباب الثالث عشر**<br>في وصيته التلاميذ إلى<br>الأب وتلّ يهوذا ليسوع<br>ومخاطبة بيلاط لليهود<br>عن يسوع وبربان | **الباب الثالث عشر**<br>في إيصاء يسوع<br>تلاميذه عند الأب واذ<br>تلّ يهوذا بيسوع وكلام<br>بيلاط لليهود عن يسوع<br>وعن بربان | **الباب الثالث عشر**<br>في إيصاء يسوع<br>تلاميذه عند الأب وتلّ<br>يهوذا بالمسيح في ليلة<br>العَشاة |

| *John* | | | |
|---|---|---|---|
| Leipzig | BL | León | BSB |
| عبد الذنْب وان يسوع<br>قبل إبرهيم وفي بروه<br>المكفوف منذ ايلاده | مَن أتا بخطيَّة فهو في<br>ملك الخطيَّة وقوله<br>كنت انا قبل ان يُخلق<br>ابراهيم وإبراه الأعمى | عبدُ للذنْب وأنَّ يسوع<br>قبْل إبراهيم هو وفي<br>البرء بُريِه المكفوف<br>منذ ميلاده | عبدُ الذنْب وأنَّ يسوع<br>قبْل إبرهيم وفي بُريِه<br>المكفوف منذ ميلاده |
| **الباب التاسع** | **الباب التاسع** | **الباب التاسع** | **الباب التاسع** |
| في الباب المراح وحين<br>مشا في يوم انجابه عند<br>هية البيت لله وقال انا<br>والاب واحد وفي إحياه<br>لازَر اخا مريم ومرتة | عن الباب وموضع<br>الضان واحياه لازر | في الباب وموضع<br>الضان وحين مشى في<br>يوم أنْجانيَة عِيد هيئة<br>البيت لله وقال أنا<br>والأب واحد وفي<br>إحيايه لازَرَ | في الباب وموضع<br>الضان وحين مشى في<br>يوم أنْجانيَة عِيد هيئة<br>البيت لله وقال أنا<br>والأب واحد وفي<br>إحيايه لازَرَ |
| **الباب العاشر** | **الباب العاشر** | **الباب العاشر** | **الباب العاشر** |
| حين دهَنَت مريم رِجلَ<br>يسوع ومسحتها<br>بشعرِها وركوب يسوع<br>للجحش وحين طلبوه<br>الروم الغريقيون ان<br>يلقوه وكلامه في حبّة<br>القمح التي تُزرع في<br>الارض وصوت منادي<br>من السما وان كثير من<br>القُواد امنوا بالمسيح<br>وليس كانوا يظهِرون<br>ذلك لاجل الفرزين | عن دِهان مريم رِجلَي<br>يسوع وركوبه الحمار<br>وإرادة الأجناس لرؤية<br>يسوع وقوله عن الحبَّة<br>إن لم تَمُت في الأرض<br>والصوت الذي اقبل من<br>السماء إلى يسوع<br>وايمان جماعة القوَّاد<br>به | حين دهَنَتْ مريم رِجلَي<br>المسيح ومسحتها<br>بشعرِها وركوب يسوع<br>على الفُلُو وحين اراد<br>الرُّوم الغِريقِيُّون أنْ<br>يرَوا يسوع وكلامه في<br>حبَّة البُر التي تُزرَع<br>في الأرض والصوت<br>المُنادي من السماء<br>ليسوع وأنَّ كثيرًا من<br>القُوَّاد أمنوا بيسوع<br>وليس كانوا يُظهِرون<br>ذلك لأجل الفَرَزيون | حين دهَنَتْ مريم رِجلَي<br>المسيح ومسحتهما<br>بشعرِها وركوب يسوع<br>الفُلُو وحين طلبوه<br>الرُّوم والغِريقِيُّون أنْ<br>يرَوه وكلامه في حبَّة<br>القمح التي تُزرَع في<br>الأرض وصوت مُنادي<br>في السماء وأنَّ كثيرًا<br>من القُوَّاد أمنوا<br>بالمسيح فليس كانوا<br>يُظهِرون ذلك لأجل<br>الفَرَزِّيين |

| John | | | |
|---|---|---|---|
| Leipzig | BL | León | BSB |
| **الباب السادس** | **الباب السادس** | **الباب السادس** | **الباب السادس** |
| في خمس خبز | عن الخمس خُبَز | في الخمس الخُبَز | في الخمس الخُبَز |
| والحوتَين واذ ارادت | والحوتَين واذ ارادوا | والحوتَين واذ اراد | والحوتَين واذ رادة |
| اليهود أن يقدموه ملكًا | تقديمه مَلكًا على انفسهم | اليهود أن يُقدِّموه مَلكًا | اليهود أن يُقدِّموه مَلكًا |
| وحين مشا يسوع على | ومشي يسوع على | واذ مشى يسوع على | وحين مشى يسوع على |
| البحر وفي المن | البحر ومخاطبته عن | البحر وقوله عن المنِّ | البحر وفي المنِّ |
| والخبز السماوي وحين | الخبز السماوي وإذ | والخبز السماوي وحين | والخبز السماوي وحين |
| زال عنه التلاميذ وقال | أمن التلاميذ وقوله | زال عنه التلاميذ وقال | زال عنه التلاميذ وقال |
| ان واحدًا منهم إبليس | واحد الاثني عشر | إنَّ واحدًا منهم إبليس | إنَّ واحدًا منهم إبليس |
| | شيطان | | |
| **الباب السابع** | **الباب السابع** | **الباب السابع** | **الباب السابع** |
| حين اوصا يسوع | عن العيد ومجي يسوع | حين أوصا يسوع | حين أوصى يسوع |
| الجماعة حين اقباله الى | في وسط العيد الى | الجماعة وقت إقباله | الجماعة وقت إقباله |
| البيت وقد مضا نصف | البيت وقوله لمن امن | إلى البيت وقد مضى | إلى البيت وقد مضى |
| ايام عيد الخِيام وامنت | به من الجماعة مَن | نِصفُ أيَّام عيد الخِيام | نِصفُ أيَّام الخِيم |
| به طايفة وندا وقال من | عطش فليقبل ويشرب | وءامنَتْ به طايفة | وأمنَتْ به طايفة ونادى |
| عطش فَلياتي ويشرب | واحتجاجه مع الأعوان | ونادى وقال مَن عطش | وقال مَن عطش فَليأتِ |
| وحين احتجوا اكابر | وعن المرأة المذنبة | فَليأتِ ويشرب وحين | ويشرب وحين احتجُّوا |
| اليهود على التلاميذ | وقول يسوع انا نور | احتجّ أكابر اليهود على | أكابر اليهود على |
| ونقوذمش وفي المرات | الدنيا | التلاميذ ونُقُوذِمُش | التلاميذ ونُقُوذِمُش وفي |
| العاهرة وقول يسوع | | وعن المرأة العاهرة | المرأة العاهرة وقول |
| انَّه نور الدنيا | | وقول يسوع أنَّه نور | يسوع أنَّه نور الدنيا |
| | | الدنيا | |
| **الباب الثامن** | **الباب الثامن** | **الباب الثامن** | **الباب الثامن** |
| حين سُيِل يسوع فقال | في سؤال الأكابر | حين سُيِل يسوع فقال | حين سُيِل يسوع فقال |
| أنا البدي وان كُلَّ مذنب | يسوعَ فاجابهم وقوله | أنا البدء وأنَّ كُلَّ مذنب | أنا البدء وأنَّ كُلَّ مذنب |

| *John* | | | |
|---|---|---|---|
| Leipzig | BL | León | BSB |
| البيت وقوله اهدموا هذا البيت وكلامه لنقُودمش في المعمودية وغير ذلك | الصرَّافين عن البيت وقوله اهدموا هذا البيت ومخاطبته لنقوذمش عن الاعماد | الصرَّافين مِن البيت وقولُه اهْدِموا هذا البيت وكلامه لِنُقُوذَمُش في المعمودية وغير ذلك | البيت وقولُه أهْدِم هذا البيت وكلامه لِنُقُوذَمُش في المعمودية وغير ذلك كثير |
| **الباب الثالث** | **الباب الثالث** | **الباب الثالث** | **الباب الثالث** |
| حيث عمد يَسوع المومنين وكَون يحيى بن زكريّا في عانون وانه كان يعمد ايضا ويقول ان المسيح ينبغي له ان يزداد وأنا [انتقص] | اعماد يسوع للمومنين وكون يحيى بن زكريا بِانون وقوله في يسوع ينبغي ان يستعلي وينبغي ان انقص | اذ عمَد يسوع بأرض يهوذا ويحيى بن زكريًّا في عانون وكان يُعَمِّد بها ويقول أنَّ المسيح ينبغي له أن يزداد وأنا أنتقِص | حيث عمَد يسوع المومنين وكَون يحيى بن زكريًّا في عانون وأنَّه كان يُعَمِّد أيضًا ويقول أنَّ المسيح ينبغي له أن يزداد وأنا أنتقِص |
| **الباب الرابع** | **الباب الرابع** | **الباب الرابع** | **الباب الرابع** |
| كلام يسوع مع المراة السامرية وقوله لا حرمة لنبي في وطنه وإحياه ولد القايد عن الموتا | في مخاطبته للمرأة السامريَّة وان النبي ليس يعدم حرمة الا في وطنه واحياه لإبنة القايد | كلام يسوع مع المرأة السامريَة وقوله لا حُرمة لنبي في وطنه وإحياه وَلَد القايد من الموت | كلام يسوع مع السامريَّة وقوله لا حُرمة لنبي في وطنه وإحياه وَلَد القايد من الموت |
| **الباب الخامس** | **الباب الخامس** | **الباب الخامس** | **الباب الخامس** |
| في بَروَة المريض المضطجع على غدير بيت صيدا ثمان وثلثين سنة وقوله اكشفوا الكُتب فلو كنتم صدقتم موسى | ابراه للرجل المريض منذ ثمانية وثلثين سنة بِصهريج بشيدا وقوله اكشفوا الكتب ولو صدَّقتم موسى لَصدَّقتموني | في بُرْءه المريض المضطجع على بركة بَتشيّذا منذ ثمان وثلثين سنة وقوله إكشِفوا الكُتب ولو كنتم صدقتم موسى لأمنتم بي | في بُرْيِه المريض المضطجع على غدير بَتْشيّذا منذ ثمانية وثلثين سنة وقوله إكشِفُ الكُتب فلو كنتم صدقتم موسى لأمنتم بي |

## Luke

| Leipzig | BL | León | BSB |
|---|---|---|---|
| | بيسوع وإعلامهما للتلاميذ وإظهار يسوع نفسه لهم وعرضُه عليهم الجراح وأكْلُه معهم الحوت والشوبة [والشربة] عسل وإذ اجتمعوا ليلا يوجدوا واوصاهم وتَرْكُه لهم في البيت حامدين لله عزَّ وجلَّ تمت الابواب بحمد الله والحمد لله رب العالمين | منزل الرجلين وميزهما ليسوع وعند كسر الخبز وإعلامهما التلاميذ وإظهار يسوع نفسه لهم واظهاره لهم الجراح وأكْلُه معهم الحوت والشهد وإذ اجتمعوا واوصاهم وتَرْكُهم في البيت حامدين لله تمت الابواب | بيسوع وإعلامهما التلاميذ وإظهار يسوع نفسه لهم وعرضُه عليهم الجراح وأكْلُه معهم الحوت والشربة عسل وإذ اجتمعوا ليلا يوخذوا وصَّاهم وتَرْكُه لهم في البيت حامدين |

## John

| Leipzig | BL | León | BSB |
|---|---|---|---|
| الباب الأول في سوال بني ~~اسرايل~~ لاوي الفرزين ليحيى بن زكريا ونَظَر يحيى إلى يسوع وتشميه خروف الله وقول اندرِياسْ لِباطِر وجدنا المسيح الباب الثاني حيث بدل الْما خمرًا وطرد الصرَّافين من | الباب الأول ارسال المستخرجين تلاميذهم يسئلون يحيى وإذ نَظَر يحيى إلى يسوع قال هذا خروف الله وقول بطره لأندرِياش وجدنا المسيح الباب الثاني اذ عمل من الماء خمرًا في العرس واخراجه | الباب الأول في سؤَال بني لاوي الفرزيّون ليحيى بن زكريا ونَظَر يحيى إلى يسوع وتسمِيَته خروف الله وقول أندرياش لبِيطُر وجدنا ماشِيَش يعني المسيح الباب الثاني حين بدَّل في الصنيع الْماء خمرًا وطرد | الباب الأول في سؤَال بني لاوي الفرزيِّين إلى يحيى بن زكريا ونَظَر يحيى إلى يسوع وتسمِيَته خروف الله وقول أندرياش لبِيطُر وجدنا المسيح الباب الثاني حين بدَّل الْما خمرًا وأدْرَدَ الصرَّافين مِن |

*Luke*

| Leipzig | BL | León | BSB |
|---|---|---|---|
| وقيامته وغير ذلك | بِيْطُر لأذنِ العبدِ وحَمْل | لأذنِ العبدِ وحَمْل | لأذنِ العبدِ وحَمْل |
| | يسوع إلى القايد وجَحْد | يسوع إلى دار قايد | يسوع إلى دار القايد |
| | بِيْطُرَ ثلاثاً وَمَرَّ به | القسيسين وجَحْد بِيْطُرَ | وجَحْد بِيْطُرَ ثلاثاً |
| | يسوع وصُلْح بِلاط مع | ثلاثا وَمَرْثة يسوع | وَمَرْثة يسوع وصُلْح |
| | هَرُودِس وإطلاق | وصُلْح بِيلاط مع | بيلاط مع هَرُودِس |
| | بَرَّبان وتَلُّ يسوع | هَرُودِس وإطلاق | وإطلاق بَرَّبان وتَلُّ |
| | مجلودًا وبُكاء النساء | بَرَّبان وتَلُّ يسوع | يسوع مجلوداً وبُكاء |
| | عليه وصلْبُه بين لصَّيْن | مجلوداً وبكى النسوة | النساء عليه وصلْبُه بين |
| | وشرْبه الخَلّ وكتاب | عليه وصلْبُه بين لصين | اللِصَّيْن وشرْبه الخَلّ |
| | المُلْك عليه وأحد | وشُرْبه الخَلّ وكتاب | وكتاب المُلْك عليه |
| | اللِصَّين أمن به فدخل | المُلْك عليه وان أحد | وأحد اللِصَّين أمن به |
| | الجنَّة ومن الساعة | اللصين أمن به فدخل | فدخل الجنَّة ومن |
| | السادسة إلى التاسعة | الجنَّة ومن الساعة | الساعة السادسة إلى |
| | أظلامَتِ الدنيا واطلاقَ | السادسة إلى التاسعة | التاسعة أظلامَتِ الدنيا |
| | يسوع الروح وإذ نَظَر | أظلمت الدنيا واطلاقَ | واطلاقَ يسوع الروح |
| | العريف إلى الجميع | يسوع الروح وإذ نَظَر | وإذ نَظَر العريف إلى |
| | حَمَدَ الله وطلَبُ يوسف | العريف إلى الجميع | الجميع حَمَدَ الله وطلَبُ |
| | لِبلاط في الجسد ودفنه | عظَم الله وطلَبُ يوسف | يوسف لِبيلاط في |
| | ولم يَجِدْنَه النِّسوة | الجسد ودفنه اياه وان | الجسد ودفنه ولم يَجِدْنَه |
| | | النِّسوة التاركات له في | النِّسوة. |
| | | الموضع لم يجدنه | |
| | **الباب الحادي** | **الباب الحادي** | **الباب الحادي** |
| | **والعشرون** | **والعشرون** | **والعشرون** |
| | إعلام النِّسوة بِرُؤيته | إعلام النِّسوة بِرُؤية | إعلام النِّسوة بِرُويته |
| | وتوجيهه إلى منزل | الملايكة فلم يصدق | وتوجيهه إلى منزل |
| | التلميذين ومعرفتهما | التلاميذ وتوجيهه إلى | التلميذين ومعرفتهما |

| *Luke* | | | |
|---|---|---|---|
| Leipzig | BL | León | BSB |
| التابوت وفي انقراض الدنيا وقدومه نفسه | كان لها سبعة أزواج وسُؤاله عن المسيح إن كان ابن داوُد وإنهاه عن العُلماء والمُصدِّقين ومدح الأرمل وعن خراب البيت وفِداء الدنيا ومجي المسيح في القُدرة ومَثَل الشجرة وأمْرُه بالسَّهَر | سبعة أزواج وسُؤاله عن المسيح إن كان ابن داوُد وإنهاه عن العُلماء والمُصدِّقين وعن خراب البيت وفناء الدنيا ومجيء المسيح في القُدرة ومَثَل الشجرة وأمْرُه بالسَّهَر | كان [لها] سبعة أزواج وسُواله عن المسيح إن كان ابن داوُد وإنهاه عن العُلماء والمُصدِّقين وعن خراب البيت وفنا الدنيا ومجي المسيح في القُدرة ومَثَل الشجرة وأمْرُه بالسَّهَر. |
| **الباب التاسع عشر** | **الباب التاسع عشر** | **الباب التاسع عشر** | **الباب التاسع عشر** |
| عندما احل يهوذا أن يتل بالمسيح واظهر يسوع سر معنا الخبز والكاس وقال لتلاميذه ان يبيعوا الثوب ويبتاعوا سيفًا وقوله قد اشاذن الشيطان لغربلتكم | عن دنو عيد الفطير وتَقَبُّض الفرصة منه يهوذا لِيَتُلَّهُ واتكا التلاميذ وأمْرُهُ إياهم لشريعة وإظهار المُدِلِّ عليه وقول بِيْطُرُ أنه لا يجحده وأمْرُهُ للتلاميذ بإبتياع السلاح وتوجيهه إلى جبل الزيتون ودُعاه وإلفاه التلاميذ رقودًا | عن دُنُو عيد الفطير وودخول الشيطان يهوذا ورمز التل ووعده بالدراهم واتكاء التلاميذ مع يسوع في العشاة واعلامه إياهم بِسِرِّ الخُبز والكاس وإظهاره المُدِلِّ عليه وقول بِيْطُرُ ألا يجحده وأمْرُهُ للتلاميذ بإبتياع السلاح وتوجهه إلى جبل الزيتون ودُعاؤه وإلفاه التلاميذ رقوداً | عن دُنوءِ عيد الفطير وتَقَبُّض الفريضة عنه يهوذا لِيَتُلَّهُ واتكاء التلاميذ وأمْرُهُ إياهم بِسِرِّ معنى الخُبز والكأس وإظهار المُدِلِّ عليه وقول بِيْطُرُ ألا يجحده وأمْرُهُ للتلاميذ بإبتياع السلاح وتوجيهه إلى جبل الزيتون ودُعاه وإلفاه التلاميذ رقوداً. |
| **الباب الموفي عشرون** | **الباب الموفي عشرين** | **الباب الموفي عشرين** | **الباب الموفي عشرين** |
| حين تل يهوذا بالسيد وقتل يسوع ودفنه | دُنوُّ يهوذا منه ودَلُّه عليه بالقُبلة وحين أبان | دُنو يهوذا منه ودَلُّه عليه بالقُبلة وإبان بِيْطُر | دُنوُّ يهوذا منه ودَلُّه عليه بالقُبلة وإبان بِيْطُر |

| *Luke* | | | |
|---|---|---|---|
| Leipzig | BL | León | BSB |
| | | للمَلِك الكافر وعن | للمَلك الكافر وعن |
| | | الإثنين الذين دعيا في | الإثنان اللذان دعيا في |
| | | البيت والا يُمنع | البيت ولا يُمنع الأطفال |
| | | الأطفال مِن الدنو منه | مِن الدنو منه ومَثَل |
| | | ومَثَل الملي والجمل | الملي والجمل وتَرْك |
| | | وتَرْك الجميع | الجميع. |
| **الباب السابع عشر** | **الباب السادس** | **الباب السابع عشر** | **الباب السابع عشر** |
| حين اعلم تلاميذه بما | **[السابع] عشر** | حين اعلَم التلاميذ بما | حين أعْلَمَ تلاميذه بما |
| ياتي عليه وابرا الاعما | إبراه للأعمى السايل | ياتي عليه وإبراه | يأتي عليه وإبراه |
| السايل ومدح رجاوش | ومدحه لصجاؤش وعن | للأعمى السايل ومدحه | للأعمى السايل ومدحه |
| وضرب مثل العشرة | العشرة قناطير وركوبه | لشجّاوُش وعن العشرة | لشجّاوُش وعن العشرة |
| قناطر وركوب فلو | فلوَّ الحمارة وبكايه | والقناطير وركوبه فلو | القناطير وركوبه فلو |
| الحمارة وتبكى على | على يَرُشلام وإخراج | الحمارة وبكاؤه على | الحمارة وبكاؤه على |
| يرشلام وسال بسلطن | الصرَّافين عن البيت | يَرشالم وإخراج | يَرُشالِم وإخراج |
| من يفعل هذا وكشف | وحين سُيل بسلطان مَن | الصرافين عن البيت | الصرَّافين عن البيت |
| عن الذين قتلوا ولد | يفعل هذا وسؤاله عن | ومُسايلته بسلطان مَن | ومُسايلته بسلطان مَن |
| صاحب الكرم | إعماد يحيى ومَثَل | يفعل هذا وسواله عن | يفعل هذا وسواله عن |
| | الكرم والأعوان | اعماد يحيى ومَثَل | إعماد يحيى ومَثَل |
| | وإرساله في اخِر ذلك | الكرم والأعوان وبعد | الكرم والأعوان |
| | ابنه والصخرة التي | ارسل ولده والصخرة | وإرساله ابنه في اخِر |
| | استسمجها البُناة | التي استسمجها البُناة | ذلك والصخرة التي |
| | | | استسمجها البُناة. |
| **الباب الثامن عشر** | **الباب الثامن عشر** | **الباب الثامن عشر** | **الباب الثامن عشر** |
| اذ قايسه في تادية | قياسهم له إن كان | قياسه عن غَرْم الجِزية | قياسهم له وإن كان |
| الخراج ومدح الارملة | يجوز غَرْم الجِزية | لِقَيصر وجوابه وعن | يجوز غَرْم الجِزية |
| التي القت القراطين في | لِقَيصر والمرأة التي | المرأة التي كان لها | لِقَيصر والمرأة التي |

| *Luke* | | | |
|---|---|---|---|
| Leipzig | BL | León | BSB |
| الباب الخامس عشر | الباب الخامس عشر | الباب الخامس عشر | الباب الخامس عشر |
| لا ينبغي للملح ان يفسد | المِلح لا يُستغنى عنه | لا ينبغي للمِلح أن يفسد | لا ينبغي للمِلح أن يَفسُد |
| ومثال الراعي الذي | ومَثَل التِسع والتسعين | وضربه المَثل للفرزيين | ومَثَل الراعي طالب |
| طلب الضالة الواحدة | نعجة وفَرَح المرأة التي | عن الراعي طالب | الضالَّة الواحدة وتَرْك |
| والمراة التي وجدت | وجدت درهمها وعن | الضالَّة وتَرْك التِسعة | التِسع والتسعين وفَرَح |
| الدينر المتلوف والرجل | الرَّجُل الذي قَسَمَ بين | والتسعين وفَرَح المرأة | المرأة التي وجدت |
| الذي قسم ماله بين | ولَدَيْه وعن الوكيل | التي وجدت الدرهم | الدرهم المتلوف وعن |
| ولديه وفي المنفق | المُدبِّر والكُتُب والنُّبوَّة | المتلوفة وعن الرجُل | الرَّجُل الذي قَسَمَ بين |
| الفاسد والذي وُفق | انتهت إلى يحيى وأنَّه | الذي قَسَمَ بين ولدَيْه | ولَدَيْه وعن الوكيل |
| للرشده والوكيل الذي | مَن تزوَّج مُطَلَّقة فهو | وعن الوكيل المُدبِّر | المُدبِّر والكُتُب والنُّبوَّة |
| يغنى عند سيده وقوله | يزني | والكُتُب والنُّبوَّة انتهت | انتهت إلى يحيى وأنَّه |
| منتهى النبوة الى يحيى | | إلى يحيى وأنَّه مَن | مَن تزوَّج مُطَلَّقة فهو |
| بن زكريا | | تزوَّج مُطَلَّقة فهو يزني | زاني. |
| **الباب السادس عشر** | | **الباب السادس عشر** | **الباب السادس عشر** |
| في الملي والعازر زان | | مَثَل المَليِّ والْعزار | مَثَل المَليِّ والْعَزَّار |
| الخدمة دَين لازم | | والمغفرة لذنوب الأخ | والمغفرة لذنوب الأخ |
| والعشرة مجذومين وان | | وأن يكون الإيمان مِثل | أن يكون الإيمان مِثل |
| ملك الله داخلنا ومثال | | حبَّة الخردل وعن | حبَّة الخردل وعن |
| الارملة الطالبة | | العشرة المبروصين | العشرة المبروصين |
| والقاضي الجاير | | وعن المُلك أنَّه يكون | وعن المُلك أنَّه يكون |
| والمصلين في البيت | | كما كان في أيَّام نُوحٍ | كما كان في أيَّام نُوحٍ |
| وان دخول الملي غير | | ولُوطٍ وعندها يوخَذ | ولُوطٍ وعندها يوخَذ |
| ممكن في (ملك) الله | | الواحد ويترك الاخر | الواحد ويترك الاخر |
| | | وحيثما كان الجثمان | وحيث ما كان الجثمان |
| | | هنالك تجتمع العِقبان | فهنالك تجتمع العِقبان |
| | | ومَثَل الأرمل الطالبة | ومَثَل الأرمل الطالبة |

| Luke | | | |
|---|---|---|---|
| Leipzig | BL | León | BSB |
| التينة التي لم تثمر وعمت الارض وبعد المراة الحدبا ثمانية عشر سنة ويقول ان هرودس في مثاب ثعلب | وطَلَبُ الحارز فيها وإبراه للمرأة إلى ثمان عشر سنة وانتهاره لصاحب الكنيسة ومَثَل حبَّة الخردل والخميرة المخفيَّة في الدقيق وأن يُدخل على الباب الضَّيِّق وقوله في هَرُودِس أنَّه ثعلب وأنَّه لا يُقتل نبيٌّ إلا بيَرُشلام | فيها ثمرة وطَلَبُ العامر فيها وإبراه للمرأة بعد ثمان عشرة سنة وانتهاره لمقدم الكنيسة ومَثَل حبَّة الخردل والخميرة المخفيَّة في الدقيق وأن يُدخل على الباب الضَّيِّق وقوله للفرزيون عن هَرُودِس الذي اراد قتله ثعلبٌ وأنَّه لا يُقتل نبيٌّ [إلا] بيَرُشالِم | فيها وإبراه للمرأة إلى ثمان عشر سنة وانتهاره لصاحب الكنيسة ومَثَل حبَّة الخردل والخميرة المخفيَّة في الدقيق وأن يُدخل على الباب الضَّيِّق وقوله في هَرُودِس أنَّه ثعلب وأنَّه لا يُقتل نبيٌّ إلا بيَرُشالِم. |
| **الباب الرابع عشر** | **الباب الرابع عشر** | **الباب [السادس] الرابع عشر** | **الباب الرابع عشر** |
| حين ابرا صاحب الجند في يوم سبت وحظ السابع ان يطعم المساكن مثل الذين اعتدوا عندما دعوا للعشا وامر ان يبغض كل محبوب لاجلي ومثال الذين ارادوا بنيان المجدل | إبراه للرَّجُل المُجَنِّ في يوم سبتٍ وقوله مَن منكم سقط له ثورٌ أو حِمارٌ في حُفْرة وقوله فيمَن دُعِي إلى العرس ومَثَل بُنيان القصر والمَلك | إبراه للرَّجُل المُجَنِّ في يوم سبتٍ وقوله لأهل الصنيع عن مرتبة العقود [القعود] وقوله ان يدعا المساكين للطعام وضربه للمثل في الرجل الذي أعد طعامًا ودعا اليه العمي والعرج بدلاً من المدعوين ومَثَل بُنيان القصر والمَلك | إبراه للرَّجُل المُجَنِّ في يوم سبتٍ وقوله مَن منكم سقط له ثورٌ أو حِمار في حُفْرة وقوله لِمَن دُعِي إلى العروس ومَثَل بُنيان القصر والمَلك. |

| *Luke* | | | |
|---|---|---|---|
| Leipzig | BL | León | BSB |
| **الباب الثاني عشر**<br>تحدثه عن الفرزين<br>والا يخافوا الذين<br>يقتلون الجسد وجوابه<br>لسايله انه ليس قام<br>الموازين وضرب مثل<br>الملي الذي له مانت له<br>النعمة الكثيرة وقوله<br>بيعوا ما تملكون وقال<br>لباطر طوبا للمتقين<br>الكريم وقوله تعلمون<br>امارات الصحو<br>والمطر | **الباب الثاني عشر**<br>في انتهاره للمستخرِج<br>وإحذاره مِمَّن يَملِك<br>إدخال جهنَّم بعد القتل<br>وقوله للتلاميذ أنتم<br>أشرف من العصافير<br>وجحْدُه لِمَن جَحَدَه وأن<br>لا يُغفَر لِمَن سبَّ روح<br>القُدُس وألا يفكروا فيما<br>يلفظون به وأنَّه لم يُقَدِّم<br>قَساماً ومَثَل المُعَمِّد<br>لنفسه وسلْب روحه<br>الليلة وألا يُفَكِّروا في<br>غد وأن يتصدَّقوا وأنَّه<br>لم يأت لأجل الصُلح<br>في الأرض | **الباب الثاني عشر**<br>في انتهاره للمستخرِج<br>وإحذاره ممن يَملِكُ<br>إدخال جهنَّم بعد القتل<br>وقوله للتلاميذ أنتم<br>أشرف من العصافير<br>وجحْدُه لِمَن جحده وألا<br>يُغفَر لِمَن سَبَّ الروح<br>القُدوس وألا يفكروا<br>فيما يلفظون به وأنَّه لم<br>يقدم قَسّاماً ومَثَل المُعِد<br>لنفسه وسلْب روحه<br>الليلة وألا نُفَكِّر في غد<br>وأن يباع الجميع<br>ويتصدَق به وان يسهر<br>وقوله لبيطر سقيًا لذلك<br>العبد الأمين المنفق<br>وقوله لم يات لإدخال<br>الصُلح في الأرض إلا<br>النار وقوله للجماعات<br>تعرفون امارات<br>السموات والارض | **الباب الثاني عشر**<br>في انتهاره للمستخرِج<br>وإحذاره مِمَّن يَملِك<br>إدخال جهنَّم بعد القتل<br>وقوله للتلاميذ أنتم<br>أشرف من العصافير<br>وجحْدُه لِمَن جَحَدَه وألا<br>يُغفَر لِمَن سبَّ روح<br>القُدُس وألا يفكروا فيما<br>يلفظون به وأنَّه لم يُقَدِّم<br>قَساماً ومَثَل المُعَمِّد<br>[المعد] لنفسه وسلْب<br>روحه تلك الليلة وألا<br>نُفَكِّر في غد وأن<br>يتصدَّقوا وأنَّه لم يأت<br>لإدخال الصُلح في<br>الأرض إلا النار. |
| **الباب الثالث عشر**<br>يامر بالتوبة من سبب<br>المقتولين من اهل<br>جلجال وتذكر مثل | **الباب الثالث عشر**<br>في الجلجالَيين<br>المقتولين وإنذاره<br>بالتوبة ومَثَل الشجرة | **الباب الثالث عشر**<br>في الجلجالَين المقتولين<br>وإنذاره بالتوبة ومَثَل<br>الشجرة التي لم يجد | **الباب الثالث عشر**<br>في الجلجالَين المقتولين<br>وإنذاره بالتوبة ومَثَل<br>الشجرة وطَلَبُ الحارز |

## Luke

| Leipzig | BL | León | BSB |
|---|---|---|---|
| جرحوه اللصوص الذي رحمه السامري وضمه ومدح حظ مريم عند مارتة وليس في غير من الاناجل | المتواضعين وأعطاه الأب المُلك على جميع الأشياء وقوله طوبا لأعينكم التي تُبصرن ما لم يروا الأنبياء ومَثل المجروح الذي رحمه السامريُّ ومدحُه لِمَرتَة سهم مريم | التلاميذ وحمْده للأب الذي أطلع المتواضعين وأعطهُ الأب المُلك على جميع الأشياء وقوله طوبى لأعينكم التي تُبصِر ما لم يُبصِر الأنبياء ومَثل المجروح الذي رحمه السامري ومدحُه لِمَرتَة سهم مريم | الذي أطلع المتواضعين وأعطاه الأب المُلك على جميع الأشياء وقوله طوبا لأعينكم التي تُبصِر ما لم يُبصِروا الأنبياء ومَثل المجروح الذي رحمه السامريُّ ومدحُه لِمَرتَة ومريم. |
| الباب الحادي عشر تعليمه الصلاة وضرْب مثل الملح على جاره ان يعطيه خبزًا واذ نفا الجني فقيل له ان (انه) نفاه بقايد الجن وذكر اية يونس النبي وملكة سبا وانه يجب على الانسان ان يعل بالصدقات داخل ضميره وذكر خبر الوضوا وما يوخذ به بنو اسرايل من قتلهم الانبيا من دم هابل الى ذكر دم زكريا | الباب الحادي عشر وصيَّته بالصلاة ومَثَل المُليح على جاره في طلبه منه الخُبز وقوله مَن طلب وَجَدَ ومَن إستفتح فُتح له وهَدمُه لسلطان الجِنِّ ورييسهم وقوله طوبا لِمَن سمع كلام الله وإعطاه الأية وملكة شبا واهل نِنَبا والشماعة على المنارة ومنارة الجسد عينان وإذ طلب إليه المُستخرِج أن يتغدَّى عنده ووصيَّته في غَسل الباطن | الباب الحادي عشر تعليمه الصلاة وضرْب مَثَل المُلح على جاره أن يعطيه خُبزاً وقوله مَن طلب وَجَدَ ومَن استفتح فُتح له وهَدمُه لسلطان الجِنِّ ورييسهم وقوله طوبى لِمَن سمع كلام الله وإعطاه اية يونس وملكة سبا واهل ننبا والسراج على المنارة ومنارة الجسد العينان وإذ طلب إليه المُستخرِج أن يتغدى عنده ووصيَّته في غَسل الباطن وزجره للمصدقين والعلما | الباب الحادي عشر تعليمه الصلاة وضرْب مَثَل المُلحِّ على جاره أن يعطيه خُبزاً وقوله مَن طلب وَجَدَ ومَن إستفتح فُتح له وهَدمُه لسلطان الجِنِّ ورييسهم وقوله طوبى لِمَن سمع كلام الله وإعطاه الأية وملكة سبا واهل نينَبا والشمعة على المنارة ومنارة الجسد العينان وإذ طلب إليه المُستخرِج أن يتغدَّا عنده ووصيَّته وغَسل الباطن. |

APPENDIX V — 370

| *Luke* | | | |
|---|---|---|---|
| Leipzig | BL | León | BSB |
| يمنع احد كلّمن اطلع | وإلياس والسحابة | لموسى وإلياس | وإلياس والسحابة |
| عليه عجوبة على اسمه | المنادية أنَّه إبن الله | والسحابة المنادية أنَّه | المنادية أنَّه إبن الله |
| وحين لم يتقبلوه | وإبراه للغلام المُجَنِّ | إبن الله وإبراه للغلام | وإبراه للغلام المُجَنِّ |
| السامرين وضرب مثل | وقوله سيُتَلُّ بابن | المُجَنِّ وقوله انه سيُتَلُّ | وقوله سيُتَلُّ بابن |
| الحراث الناطر وقوله | الإنسان ومن يكون | به وفكرة التلاميذ فيمن | الإنسان ومن يكون |
| للذين اراد ان يتبعوه | أكبر التلاميذ وألا يُمْنَع | يكن أكبرهم وألا يُمْنَع | أكبر التلاميذ وألا يُمْنَع |
| | من يُطْلع العجايب على | من يُطْلع العجايب على | من يُطْلع العجايب على |
| | اسمه وإذ لم يقبلوه | اسمه وإذ لم يقبلوه | اسمه وإذ لم يقبلوه |
| | السامريُّون وإرادة | السامريُون وإرادة | السامريُّون وإرادة |
| | التلاميذ أن ينزل عليهم | التلاميذ أن تنزل عليهم | التلاميذ أن ينزل عليهم |
| | النار وانتهاره لهم | النار وانتهاره لهم | النار وانتهاره لهم |
| | وقوله للذي أراد إتباعه | وقوله للذين أرادُ اتباعه | وقوله للذي أراد إتباعه |
| | ليس لابن الإنسان حيث | ليس لابن الإنسان حيث | ليس لابن الإنسان حيث |
| | يميل براسه وقوله | يميل برأسه وقوله | يميل برأسه وقوله |
| | للأخَر دَعِ الموتا | للاخَر دَعِ الموتا | للاخَر دَعِ الموتا |
| | يدفنون موتاهم وقوله | يدفنون موتاهم وقوله | يدفنون موتاهم وقوله |
| | للمُصدِّق مَن وضع يده | للمُصدِّق مَن وضع يده | للمُصدِّق وَمَن وضع |
| | على مِحراث ونظر | على مِحراث ونظر | يده على مِحراث ونظر |
| | خَلفَه فليس يستوجب | خَلفَه فليس يستوجب | خَلفَه فليس يستوجب |
| | مُلك الله | مُلك الله | مُلك الله. |
| **الباب العاشر** | **الباب العاشر** | **الباب العاشر** | **الباب العاشر** |
| حين اختار اثنين | في اختياره للإثنين | حين اختاره [اختار] | حين اختار إثنين |
| وسبعين تلميذًا للوصية | وسبعين الذين ارسل | إثنين وسبعين من | وسبعين تلميذًا للوصيَّة |
| وحين قايسه الرجل | ليتنبوا وانتهاره المَداين | تلاميذه للوصيَّة | وانتهاره للمَداين |
| التوراوي العالم | وانصراف التلاميذ | وانتهاره للمَداين | الكارهات وانصراف |
| وضرب له مثل الذي | وحمْده للأب الذي أطلع | الكارهات وانصراف | التلاميذ وحمْده للأب |

| *Luke* | | | |
|---|---|---|---|
| Leipzig | BL | León | BSB |
| وانتهر الريح وفي جند الجان في الخنازير وفي سيالة الدم من المراة وفي ابنة القايد المقول له يايرش الني احياها | للمرأة التي كان بها سِيالة الدم وإحياه لإبنة يايِرش | للمرأة التي كان بها سِيالة ادم [الدم] عندما كان ناهضًا لإقامة إبنة يَايِرُش وإحياه للجارية | التي كان بها سِيالة الدم وإحياه لإبنة يَايِرُش. |
| **الباب الثامن** | **الباب الثامن** | **الباب الثامن** | **الباب الثامن** |
| حين ارسل تلاميذه اذن ان يوصوا وأعطاهم كل سلطان ثم انصرفوا ثم اشبع خمسة الاف رجل من خمس خبز وحوتين وحين تظاهر يسوع (لبيطر) | إرساله للتلاميذ وإعطاه السلطان لهم وتعجُّب هَرُودِسَ فيه وإذ اشبع في المفاز من خمس خُبَز وحوتَين خمسة الاف رَجل وسُؤاله من ينزلونه الناس وإقرار بِيطُرُ له وقوله من وافقه اتباعي فَلَيُحْرِم نفسه شهواته ويحتمل المشقَّة وقوله ان في هاؤلاء الوقوف من لا يذوق الموت حتى يعاين مُلك الله | إرساله للتلاميذ للشرع وإعطاه السلطان لهم وتعجُّب هَرُودس فيه واذ اشبع في المفاز من خمس خُبَز وحوتَين كثرة من الخلق وسؤاله من ينزلونه الناس وإقرار بِيطُرُ انه المسيح وقوله من وافقه اتباعي فَلَيُحْرِم نفسه شهواتها ويحتمل صليبه وقوله ان في الوقوف هنالك من لا يذوق الموت حتى ير مُلك الله | إرساله للتلاميذ وإعطاه السلطان لهم وتعجُّب هَرُودِسَ فيه واذ شبع في المفاز من خمس خُبَز وحوتَين خمسة الاف رَجل وسُواله من ينزلونه الناس وإقرار بِيطُرُ له وقوله من [وافقه] اتباعي فَلَيُحْرِم نفسه شهواتها ويحتمل المشقَّة وقوله في هولا الوقوف من لا يذوق الموت حتى يعاين مُلك الله. |
| **الباب التاسع** | **الباب التاسع** | **الباب التاسع** | **الباب التاسع** |
| حين تصور في الجبل وابن الغلام المغترب وامر بالتواضع والا | صُعودُه إلى الجبل مع بِيطُر ويعقوب ويحيى ولمحادثته لموسى | في صُعودُه إلى جبل مع بِيطُر ويعقوب ويحيى وتبديل صورته | صُعودُه إلى الجبل مع بِيطُر ويعقوب ويحيى ومحادثته لموسى |

| Luke | | | |
|---|---|---|---|
| Leipzig | BL | León | BSB |
| | | وعن الشجرة الطيبة | وعن الشجرة الطيبة |
| | | وطعمُها طيب والرَّجل | وطعمُها طيبة والرَّجُل |
| | | الذي وضع أساس بيته | الذي وضع أساس بيته |
| | | على صخرة وعلى | على صخرة وعلى |
| | | رمل | رمل. |
| الباب السادس | | الباب السادس | الباب السادس |
| حين ابرا غلام القايد | | إبراهُ لغلام العريف | إبراهُ لغلام العريف |
| واحيا ولد الارمل | | واحياه لإبن الأرملة | واحياه لإبن الأرمل |
| الميت واقبلوا رسل | | وإرسال يحيى تلاميذه | وإرسال يحيى تلاميذه |
| يحيى يكشفوه وشهد | | إلى يسوع ومحادثة | إلى يسوع ومحادثة |
| يسوع بشهادة في يحيى | | يسوع عن يحيى | يسوع عن يحيى |
| وضرب مثل الصبيان | | والأحداث الذين | والأحداث الذين |
| الجالسين في الرحبة | | يجتمعون في الرحاب | يجتمعون في الرحاب |
| وغسلت المراة المذنبة | | والمرأة المذنبة التي | والمرأة المذنبة التي |
| رجل يسوع وضرب | | غسلت رِجلي يسوع | غسلت رِجل يسوع |
| المثل للذين كانوا | | بدموعها والمثل الذي | بدموعها ومَثَل الزرع. |
| يطلبونه في السفر من | | ضرب عنها وخبر | |
| الرجال والنسا لمثل | | النسوة اللاتي ابراهن | |
| الزرع وسكن رمز | | ومَثَل الزراع الذي بذر | |
| البحر من المركب | | زريعته في ارض | |
| | ومثل الزرع | طيبة وفي المحجر | |
| الباب السابع | الباب السابع | الباب السابع | الباب السابع |
| في القنديل فوق المنارة | عن الشَّماعة على | عن السراج على | عن الشَّماعة على |
| وفي الذين يعملون | المنارة وعن أمِّه | المنارة وعن أمِّه | المنارة وعن أمِّه |
| بكلام الله اذا اقبلت امه | وأقاربه وعصف البحر | وأقاربه وعصف البحر | وأقاربه وعصف البحر |
| واقاربه وهال البحر | وابراه المجن وابراه | وابراه للمِجَن وابراه | وللمِجَن وابراه للمرأة |

| *Luke* | | | |
|---|---|---|---|
| Leipzig | BL | León | BSB |
| | | ومكالمته من المركب | وانتهارِه إيَّاهم |
| | | وكثرة الحيتان ودعوته | ومكالمته من المركب |
| | | لِبِيْطُرَ ويعقوب ويحيى | وكثرة الحيتان ودعوته |
| | | وتنقيته للأبرص ودَعاه | لِبِيْطُرَ ويعقوب ويحيى |
| | | في المفاز | وتنقِيَته للأبرص ودَعاه |
| | | | في المفاز. |
| **الباب الخامس** | | **الباب الخامس** | **الباب الخامس** |
| حين ابرا المفلوج | | في غُفرانه للمفلوج | في غُفرانه للمفلوج |
| الـمدلا من السقف وامر | | الـمُدلَّى من السقف | والـمُدلَّى من السقف |
| لاوي المستخرج ان | | وبُرءُه له ودَعوته | وبَرءُه له ودَعوته |
| يتبعه وقال للفرزيين لا | | لِلاوي المستَخْرِج | لِلاوي المستَخْرِج |
| يحتاج الاصحا الى | | ومُشاكسة الذي تغد | ومُشاكسة الذي تغدًّا |
| الطبيب وحين هرس | | عنده وقول يسوع ليس | عنده وقول يسوع ليس |
| التلاميذ السنابل | | يحتاج الأصحًّا إلى | يحتاج إلى الطبيب |
| وابر[ا] في يوم سبت | | الطبيب وعن الصيام | الأصحًّا وعن الصيام |
| صاحب الكف اليابس | | ومَثَل الثوب والزقاق | ومَثَل الثوب والزقاق |
| واختار الحواريين | | والخمر وحكِّ التلاميذ | والخمر وحكِّ التلاميذ |
| وذكر صلاح قوم | | للسنابيل وإبراه للرجل | للسنابيل وإبراه للرجل |
| وشفا قوم غيرهم | | الأشلِّ في يوم سبتٍ | الأشلِّ في يوم سبتٍ |
| وضرب الامثال | | وصَلاتُه بالَّيل واختياره | وصَلاتُه بالَّيل واختياره |
| وفرض العهود | | للحواريين ومحادثته | للحواريين ومحادثته |
| | | للجماعات وعن | للجماعات وعن |
| | | السعادة والويل ومَثَل | السعادة والويل ومَثَل |
| | | الأعمى إذا قاده أعمى | الأعمى إن قاده أعمى |
| | | والمعلِّم والتلميذ وعن | والمعلِّم والتلميذ وعن |
| | | الجَذر والتِّبنة في العين | الجَرر والتِّبنة في العين |

| Luke | | | |
|---|---|---|---|
| Leipzig | BL | León | BSB |
| القيصري وعمد يحيى | | القيصري ونبوَّة يحيى | القيصري ونبوَّة يحيى |
| يسوع وكان يظَن انَّه | | المُعمد وحضُّه على | المُعَمِّد وحضُّه على |
| بن يوسف الذي كان بن | | التوبة ونبوته عن | التوبة ونبوَّته عن |
| علي | | يسوع وإعماده له | يسوع وإعماده ونزول |
| | | ونزول روح القدوس | روح القدس عليه في |
| | | عليه في صورة حمامة | صورة حمامة |
| | | والصوت المنادي في | والصوت المنادي في |
| | | السما في ابن الله الذي | السماء في ابن الله الذي |
| | | كان يُظَنُّ أنَّه ابن | كان يُظَنُّ أنَّه ابن |
| | | يوسف | يوسف الذي كان يظن |
| | | | بن علي. |
| **الباب الرابع** | | **الباب الرابع** | **الباب الرابع** |
| في مقايسة ابليس يسوع | | في حمْل يسوع إلى | في حَمْل يسوع إلى |
| وسبقته اياه وانصرافه | | المفاز وصومه أربعين | المفاز وصومه أربعين |
| الى جلجال ودخل | | يوماً ومُقايسة إبليس | يوماً ومُقايسته إبليس |
| ناصره في الجماعة | | لِيسوع وَسِبْقَتُهُ إياه | لِيسوع وَسِبْقَتُهُ إياه |
| وقرا كتاب شعيا ولما | | وتَوْجيهه ودخوله في | وتَوْجيهه إلى جلجال |
| خرج عنها ابرا انسانا | | كنيستهم وقِرَأته كِتاب | ودخوله في كنيستهم |
| مجنونا في يوم سبت | | أشْعِيا وان النبيّ لا يُعدَم | وقِرَأته كِتاب إشْعِيا وأنَّ |
| وابرا غيرهم كثيرا | | حُرْمَةً إلا في وطنه | النبيّ لا يُعدَم حُرْمَةً إلا |
| وحين تكلم من | | ودخوله قفرَناؤوم | في وطنه ودخوله |
| المركب | | وإبْراه للرجل الذي كان | قفرَناؤوم وإبْراه للرَّجُل |
| وجرفوا التلاميذ حيتان | | به الجنِّيّ في يوم سبتٍ | الذي كان به الجنِّيّ في |
| كثيرا ودعا بباطر | | وإبْراه لِخَتَنَة بِيْطُرَ من | يوم سبتٍ وإبْراه لِخَتَنَة |
| ويعقوب ويحيى وابرا | | المُوم ولغيرها من | بِيْطُرَ من المُوم |
| المجذام وصلا في | | الأمراض وإقرار الجِنِّ | ولغيرها من الأمراض |
| القفار | | له وانتهارِه لهم | وإقرار الجِنِّ له |

| Luke | | | |
|---|---|---|---|
| Leipzig | BL | León | BSB |
| الباب الاول | | الباب الأوّل | الباب الأوّل |
| حين بكم زكريا لما لم | | فيه نظَرُ زكريا للمَلَك | فيه نظَرُ زكريا للمَلَك |
| يصدق بقول الملك وانه | | عندما كان يقرب ولما | ولم يومن فبَكَمَ وفي |
| تكلم بعد ما ولدت | | لم يومن بَكَمَ وفي | الشابات وولادِها |
| اليشابات ونفست | | الشابات وحملها | وحمْلُ مريم روحِ |
| واخبر الملك الرعاة | | وولادِها وحمْلُ مريم | القُدُس وتسليمها على |
| بميلاد المسيح وختانه | | من روحِ القُدوس | اِليشابات واسم ولدها |
| في يوم ثامن | | وتسليمها على اِلشابات | يحيى وكتاب زكريا |
| | | واسم ولدها يحيى | ونبوّته عنه قُدّام السيّد |
| | | وكتاب زكريا ونبوته | وبعد أن ولدت مريم |
| | | عنه قُدام السيد وبعد ان | يسوع المولود |
| | | ولدت مريم يسوع | ووضعته في المَذوَد |
| | | المولود وضعته في | ومكالمة الملايكة |
| | | المَذوَد ومكالمة | للرُعاة وختانه في اليوم |
| | | الملايكة للرُعاة وختانه | الثامن. |
| | | في اليوم الثامن | |
| الباب الثاني | | الباب الثاني | الباب الثاني |
| بركة شيمون على | | أخْذ سَمعون الصالح | أخْذ سَمعون الصالح |
| المسيح وهو طفل | | ليسوع في يديه وبركته | ليسوع في يديه وبركته |
| واحتاج يسوع وهو ابن | | له ونبوّة حنّا النبية عن | له ونبوّة حنّا النبيّة عن |
| اثني عشر سنة | | يسوع وقعود يسوع مع | يسوع وقعود يسوع مع |
| | | العلماء في البيت | العلماء في البيت |
| | | ومكاشفته لهم وسَمْعه | ومكاشفته لهم وسَمْعه |
| | | منهم | منهم. |
| الباب الثالث | | الباب الثالث | الباب الثالث |
| في السنة الخمسة عشر | | في خمس عشرة سن | في خمس عشرة سنة |
| من ولاية طِباريوش | | من دولة طِباريوش | من دولة طِباريوش |

| Mark | | | |
|---|---|---|---|
| Leipzig | BL | León | BSB |
| | الدنيا وقدوم المسيح | ومَثَل شجرة التين وأنَّ | الدنيا ومجي المسيح |
| | سيدنا وأن يوم القيامة | لا يعلم يوم الحكم | ومَثَل شجرة التين إذا |
| | لا يعلمه أحد ولذلك | ووصيته ان يسهر | أورقت وأنَّه لا يعلم |
| | حضَّ على السَّهر | | أحد يوم القيمة ولذلك |
| | | | حضَّ على السَّهر |
| | **الباب الثاني عشر** | **الباب الثاني عشر** | **الباب الثاني عشر** |
| | في الدهن الذي صبَّته | في الدُّهن المصبوب | في الدُّهن الذي صبَّت |
| | مريم على رأس | على رأس يسوع وتلِّ | المرأة على رأسه وتلِّ |
| | المسيح واذ قال لبيطر | يهوذا بالسيد في أيد | يهوذا به في أيدي |
| | ستجحدني وحين صلّى | القسيسين واستعداده | القسيسين واستعداده |
| | يسوع ودلالة يهوذا | للعيد وقول السيد ان | للعيد وقوله لهم واحدٌ |
| | الاشكريوث عليه واذ | سيتل يه على يدي | منكم يَدُلُّ عليَّ وجُحُود |
| | تل به الى اليهود وغير | واحد منهم وجحد بِيْطُرُ | بِيْطُرُ له وصلوات |
| | ذلك | وصلاة يسوع | يسوع |
| | **الباب الثالث عشر** | **الباب الثالث عشر** | **الباب الثالث عشر** |
| | في حكومة قوّاد اليهود | في سؤال الأكابر | في سوال الأكابر |
| | واكابرهم على المسيح | ليسوع ومَرثتهم له | ليسوع ومَرثتهم له |
| | وانفاد القتل عليه وموته | وجَحدُ بيطُرُ له ثلاثاً | وجَحدُ بِطُرُ له ثلاثاً |
| | وقيامته وصعوده إلى | والبراة بيسوع إلى | والبرأة بيسوع إلى |
| | السماء | بيلاط وإطلاق بيلاط | بيلاط وإطلاق بَربَّان |
| | | لبربان والبراة بيسوع | وجَلْد يسوع والبرأة به |
| | | مجلودًا ليُصلَب وعذاب | ليُصلَب وملاقاته |
| | | يسوع ودَفْنُه وقيامه | للصليب ودَفْنُه وقيامه |
| | | عن الموتى ووصيّته | عن الموتا ووصيّته لهم |
| | | قيامته وصعوده | بعد قيامته وصعوده |
| | | إلى السماء | إلى السماء |

| Mark | | | |
|---|---|---|---|
| Leipzig | BL | León | BSB |
| | يبست وان تغفر | الأخ أن تغفر | وفي ذنب الأخ أن يغفر |
| | الذنوب لأخيك | | |
| | **الباب العاشر** | **الباب العاشر** | **الباب العاشر** |
| | إذ سئل بسُلطان مَن كان | إذ سألوه بسُلطان مَن | إذ سألوه بسُلطن مَن |
| | يطلع العجايب | يفعل هذه القدرة | يفعل هذا وسوالُهُ عن |
| | وسؤالُه اياهم عن | وسؤالُه عن إعماد | إعماد يحيى ومَثَل |
| | معمودية يحيى | يحيى ومَثَل الكَرْم | الكَرْم والحُرّاس |
| | وضرب مَثَل الكَرْم | والحُرّاس والدرهم | والدرهم الذي يودَّى |
| | ومتقبليه وفي الدينار | الذي يودى إلى قيصر | إلى قيصر والمرأة التي |
| | الذي امر بادائه إلى | والمرأة التي كانت | كانت نكَحَتْ السبعة |
| | قيصر وفي المرأة التي | تزوجت السبعة الإخوة | الإخوة وقولُه للمُصدق |
| | انكحها الإخوة السبعة | وقولُه للمُصدق ما أنتَ | ما أنتَ ببعيد من مُلك |
| | وسمى احد الفرزيين | بعيد من مُلك الله | الله وسوالُهُ عن المسيح |
| | انه قريب من مُلك الله | وسؤالُهُ عن المسيح أنَّه | أنَّه ابن داود وتحذيره |
| | وفي سؤالُه كيف جاز | ابن داود وتحذيره عن | عن العلماء وعن المرأة |
| | ان يُسمّى المسيح ولدًا | العلماء وعن الأرملة | التي ألْقَتْ الدانقين في |
| | لداؤد وهو ربُّه يقول | وتابوت الصدقة وتقانة | التابوت وخراب البيت |
| | داؤد نفسه فيه وسمّاه | البيت | |
| | الاهه وذكر الأرملة | | |
| | التي القت في التابوت | | |
| | الدانوق وفي خراب | | |
| | البيت | | |
| | **الباب الحادي عشر** | **الباب الحادي عشر** | **الباب الحادي عشر** |
| | في الدجاجلة والامرا | عن المسحاء الكذّابين | في الدجاجلة والمسيح |
| | الكذّابين وشهادة | وما يَلقَوا الشُّهدا من | الكذّاب وما يَلقَوا الشُّهدا |
| | الشُّهداء وانقراض | العذاب ومجيء المسيح | من العذاب وانقراض |

*Mark*

| Leipzig | BL | León | BSB |
|---|---|---|---|
| | | النَّجس إلاّ بالصلاة | النَّجس إلاّ بالصلاة |
| | | والدعاء والصوم | والصوم |
| | **الباب الثامن** | **الباب الثامن** | **الباب الثامن** |
| | امره بالتواضع والا | قوله من أراد ان | قوله من أراد يتقدَّمكم |
| | ينهر كل من اطلع | يتقدَّمكم فلْيَكُن خادمكم | فلْيَكُن خادمكم وألاّ يُمْنَع |
| | العجايب على اسم | وأن لاّ يُمْنَع من يطلع | من يطلع العجايب على |
| | المسيح وفي كاس من | العجايب على اسمه | اسمه وسقيُهُ كأساً من |
| | ماء بارد والا يطلق | وعن كاس من ما بارد | ماء باردٍ لسببي وفقع |
| | الرجل امرأته والا | لسببي وابقى العين | العين وقطع اليد |
| | يُدفع الأطفال عن اخذ | وقطع اليد والرِّجل | والرِّجل والمِلحُ لا |
| | البركة وان يبيع | والمِلحُ طيب وألا تُطلق | يُستغنى عنه ولا يُطَلِّق |
| | المومن جميع امواله | الزوجة وألا يُمنع | الرجل المرأة والأطفال |
| | ويتصدَّق بها وان الملي | الأطفال من الدنو منه | ألاّ يمنَعُ من الدنوا منه |
| | بالحرا ان يدخل في | وقوله للحَدَث أن يبيع | وقوله للحَدَث أن يبيع |
| | ملكوت السماء. وخبر | ماله ويتصدَّق به | ماله ويتصدَّ[ق] به |
| | الملح | والمليّ لا يَدخُل مُلكَ | والمليّ لا يَدخُل مُلكَ |
| | | اللهِ | اللهِ |
| | **الباب التاسع** | **الباب التاسع** | **الباب التاسع** |
| | في ما كان يجب عليه | فيما هو لاقٍ وفي طَلَبَة | فيما هو لاقٍ وفي طَلَبَة |
| | ان يلقاه من اليهود | والدة ابني سَبَذاي | والدة ابني سَبَذاي |
| | وطَلَبَة والدة ابني | وبرْءُهُ للأعمى | وَبَرْءُهُ للأعمى |
| | سَبَذاي يحيى ويعقوب | المُستعطِي جوارِ | المُستعطِي جوارِ |
| | وفي الأعمى الذي ابراه | الطريق وفَلْوُ الحِمارة | الطريق وفَلْوُ الحِمارة |
| | وفي فَلُو الحِمارة وفي | وإخراجه الصرَّافين | وركوبه إيَّاه وإخراجه |
| | إخراج الباعة من البيت | عن البيت والشجرة | الصرَّافين عن البيت |
| | وفي الشجرة التي | التي يبست وفي ذنوب | والشجرة التي تيبست |

| *Mark* | | | |
|---|---|---|---|
| Leipzig | BL | León | BSB |
| شبعوا منها خمسة | منها خمسة الاف رجل | وإقباله إلى التلاميذ | وإقباله إلى التلاميذ |
| الاف رجل وحيث مشا | وحيث مشى على الماء | وإبراه لأنواع | وإبراه لأنواع |
| يسوع على الما في | وإبراه أمراضًا كثيرة | الأمراض وما يدخل | الأمراض وما يدخل |
| البحر وحيث يقول ان | وحيث يقول ان الافعال | جوف الرجل لا ينجّسه | جوف الرجل لا ينجّسه |
| الافعال الخارجة عن | الخارجة عن الإنسان | | |
| الانسان هي التي | هي تنجس الإنسان | | |
| تنجس الانسان | | | |
| **الباب السابع** | **الباب السابع** | **الباب السابع** | **الباب السابع** |
| اذ ابرا ابنة المراة | اذ ابرا ابنة المراة | في ابراه لإبنة الكنعانية | إذ أبرا إبنة الكنعانية |
| السيرافية من الجن | الكنعانية من الجن | وحيث أبرا الأصم | وبُريه لها وحيث أبرا |
| واشفا الاصم والأبكم | وشفى الأصم والأبكم | الأبكم والسبع الخبز | الأصم الأبكم والسبع |
| وقال لاحدهما افتح | وقال لاحدهما افتح | والاربعة ألاف رجلٍ | خُبَز وخمسة ألاف |
| واشبع اربعة الاف | واشبع اربعة الاف | وطلبُ المصدّقين منه | رجلٍ وطلبُ المصدّقين |
| رجلٍ من سبع خبزات | رجلٍ من سبع خبز | ايةً وتحذيره من خميرة | منه ايةً ولا يعطَون |
| وحذّر من خميرة | وحذّر من خميرة | المصدّقين والهَرُودسين | وتحذيره من خميرة |
| الفريسيين وفتح عيني | الفَرَزيين وفتح عيني | والبُصاق الذي فتح به | المصدّقين |
| الاعما بريقه وانتهر | الأعمى ببصاقه وانتهر | عيني الأعمى وإقرار | والهَرُودسيين والبُصاق |
| بِطُرس بعد اعترافه | بِيطُرُ بعد اعترافه | بِيطُرُ أنَّه المسيح وقوله | الذي فتح به عيني |
| | انتهارًا شديدًاوبدَّل | لبيطر شيطان ومن لا | الأعمى وإقرار بِيطُرُ |
| | هيئته في الجبل وتكلم | يذوق الموت حتى | أنَّه المسيح وإنتهاره له |
| | مع موسى وإلياس وقال | يعاين ملك الله | إنتهاراً عنيفاً وبدَّل |
| | لا يمكن اخراج | ومكالمته مع موسى | هيئتَه في الجبل وتكلمه |
| | الأرواح النجسة الا | وإلياس في الجبل | لموسى وإلياس وسُواله |
| | بالصوم والصلاة | وسُواله عن إلياس | عن إلياس القادم إن |
| | | القادم إن كان هو يتقدم | كان هو الذي يتقدَّمُ |
| | | وقوله ليس يُقهَرُ الروحُ | وقوله ليس يُقهَرُ الروحُ |

| *Mark* | | | |
|---|---|---|---|
| Leipzig | BL | León | BSB |
| وتسكين البحر اذ دخل | الشماعة تحت القفيز | تحت إناء وعن الكيل | تحت إنا وعن الكيل |
| المركب ونفا اجناد | ومثل الزرع المتخالف | الحَسَنِ ومثل العُشُب | الحَسَنِ ومثل العُشُب |
| الابالس عن الرجل | نباته على حال موافقة | والسنابل وإكمال الطعم | والسنابيل وإكمال |
| المجن | الأرض ومثل حبة | فيها وعن حبَّة الخردل | الطعام فيها وحَبَّت |
| | الخردل وسكون البحر | وحيث رَقَد في المركب | [وحبَّة] الخردل وحيث |
| | اذ دخل ورقد في | وقيامه وامره للعصف | رَقَد في المركب وقيامه |
| | المركب ونفيه اجناد | وعن الجنيّ الذي كان | وتسخيره البحر |
| | الأبالس عن الرجال | اسمه جُنْدٌ | العاصف والجنيّ الذي |
| | المجنونين والقاؤها في | | كان اسمه جُنْدٌ |
| | الخنازير | | |
| **الباب الخامس** | **الباب الخامس** | **الباب الخامس** | **الباب الخامس** |
| وقت احيا ابنة ريس | في احياه لابنة القايد | في سيره لإحيا إبنة | في إحياه لإبنة القايد |
| الجماعة وقال لا حرمةً | وابرا المرأة من سيالة | القايد وبرءُه للمرأة التي | والمرأة الذي كان يسيل |
| لنبي في بلده وإرسل | الدم وقال لا حُرمةً | كان يسيل منها الدم | منها الدم فأبراها |
| الاثنا عشر حواريا | للنبي في وطنه وإرسل | وإحياؤه للجارية والنبيّ | وإحياه للجارية والنبيّ |
| بالعهود وفيما كان من | الإثني عشر حوريًا | انه لا يُعْدَم حُرمةً إلا | الذي لا يُعْدَم حُرمةً إلا |
| قتل يحنا بن زكريا | بالعهود وفيما كان من | في وطنه وإرساله | في وطنه وبَعَثَته الإثني |
| | قتل يحيى [بن زكريا] | للإثني عشر حوريًا | عشر تلميذاً وإعطاه لهم |
| | | وإعطاهم العهود وعن | السلطن وقتل يحيى |
| | | راس يحيى بن زكريا | وسَوق راسه في الطبق |
| **الباب السادس** | **الباب السادس** | **الباب السادس** | **الباب السادس** |
| حيث انصرفوا | حين انصرف | إنصراف التلاميذ إلى | إنصراف الحواريون |
| الحاربين [الحواريون] | الحواريون إلى يسوع | يسوع وفي الخمس | إلى يسوع وفي الخمس |
| الى يسوع وفي الخمس | وفي الخبز الخمس | الخبز والحوتين ومشي | خُبَز والحوتين ومشي |
| خبزات والحوتين حيث | والحوتين التي ارتوى | يسوع على البحر | يسوع على البحر |

| Mark | | | |
|---|---|---|---|
| Leipzig | BL | León | BSB |
| **الباب الثاني** | **الباب الثاني** | **الباب الثاني** | **الباب الثاني** |
| حيث ابرا ختنة بطرس | حيث ابرا ختنة بِيْطُرُ | إبراه لختنة بِيْطُرُ من | إبراه لختينة بِيْطُرُ من |
| من الموتا وغيرها | من المُوْم وغيرها مما | المُوْم وغيرها كثير | المُوْم وغيرها ممَّا |
| جماعة وحين امر لوي | ابرا وإبراه للأبرص | وإبراه للأبرص | أبراه وإبراه للأبراص |
| ان يتبعه والمفلوج وقال | والمفلوج وحين امر | والمفلوج وامر[ه] | والمفلوج ودعوته |
| لليهود لا يحتاج | يعقوب الفاي ان يتبعه | للاوي الفاي ان يتبعه | ليعقوب الفاءِ وأكله مع |
| الأصحا الى طبيب | وأكله مع المُستخرجين | وأكله مع المُستخرجين | المُستخرجين والمذنبين |
| | وتمرمر اليهود وقال | وتمرمر اليهود وقوله | ومشاكرة اليهود وقوله |
| | لليهود ليس يحتاج الى | ليس يحتاج الأصحَّا | ليس يحتاج الأصحَّا |
| | طبيب الأصحا وفي | الى لطبيب وعن صوم | للطبيب وصوم التلاميذ |
| | صيام التلاميذ | التلاميذ وبني العروس | وأصحاب العروس |
| | واصحاب العروس | وعن الزقاق والخمر | ومثل الزقاق والخمر |
| | وفي مثل الزقاق والخمر | | |
| **الباب الثالث** | **الباب الثالث** | **الباب الثالث** | **الباب الثالث** |
| حيث فركوا التلاميذ | حيث عرك التلاميذ | عن السنابيل التي | عن السنابيل التي أَكَلَ |
| السُنبل وإبرا الاشل | السنابيل وإبرا الرجل | عركها التلاميذ وعن | التلاميذ وعن الرجل |
| صاحب اليد اليابسة | الأشل صاحب الكف | الرجل الأشل وإقرار | الأسَل وإقرار الجِنّ |
| واختار الاثنا عشر | اليابس وتخيره الإثني | الجِنّ ليسوع واختياره | واختياره للإثني عشر |
| حوارياً وذكر بلزبول | عشر حوارياً وفي ذكر | للإثني عشر حوارياً | حوارياً وعن بَلسَبوب |
| ريس الابالس | بَلبسوب ريس الابالس | وعن بَلبسوب قايد | قايد الجِنِّ ورَباط الأيد |
| | ومن سبَّ روح القُدس | الجِنِّ ورباط الأيد وعن | ومن سبَّ روح القُدُس |
| | لا يُغفَر له | سبَّ الروح القُدوس لا | لا يُغفَر له |
| | | يُغفَر له | |
| **الباب الرابع** | **الباب الرابع** | **الباب الرابع** | **الباب الرابع** |
| جفوه لامه واخوته | جفوته لأمه وإخوته | عن والدته وإخوته | عن والدته وإخوته |
| وضرب مثل الزرع | ومَثَل الزراع وفي | ومَثَل الزراع والمنارة | ومَثَل الزرَّاع والمنارة |

| Matthew | | | |
|---|---|---|---|
| Leipzig | BL | León | BSB |
| | | وعن فدان الفخار وحكم بيلاط وفي بربان السارق | بُكاءً مُرّاً وحين بَرِئ يسوع الى بيلاط وفي تعلق يهوذا وخنق نفسِه وعن فدان الفخار وفي حكم بيلاط وفي برئان السارق |
| **الباب الثامن والعشرون** في مثلة اليهود بالمسيح ودفنه وقيامته ووصاياه وتعليمه وامرته بالمعمودية | **الباب الثامن والعشرون** في مثلة اليهود بالمسيح ودفنه وقيامته ووصاياه وتعليمه وامره بالمعمودية | **الباب الثامن والعشرون** في عذاب يسوع ودفنه وقيامته ووصاياه بعد ذلك وتعليمه وامره بالمعمودية | **الباب الثامن والعشرون** في عذاب يسوع وفي تغييره وقيامته ومواعظه ووصاياه بالدعاء |

| Mark | | | |
|---|---|---|---|
| Leipzig | BL | León | BSB |
| **الباب الاول** في يحيى بن زكريا المعمدان ومطعمه وملبسه وان المسيح عمده يحنا وقايس ابليس فسبق وحيث امر بطُرس وغيره يتبعوه وكيف ابرا انسان من الروح النجس | **الباب الأول** في يحيى المعمد وطعامه وملبسه وان المسيح عمَّده يحيى وقايسه ابليس وحيث امر بيطُر وغيره ان يتبعوه وكيف [ابرأ] انسانًا من الروح النجس | **الباب الأول** يخبر فيه عن يحيى المعمد وطعامه ولباسه وإعماد يسوع ومحنته ودعوته لبيطُرُ وأندِرياش ويعقوبَ ويحيى ان يتبعوه وعن الرجل الذي كان به الروح النجس وابراه يسوع | **الباب الأول** عن يحيى المعَمِّد وطعامه ولباسه وإعماد يسوع وشهادته ودعوته لبيطُرُ وأندِرياش ويعقوبَ ويحيى والرجل الذي كان به الروح النجس وكيف ابراه يسوع |

| *Matthew* | | | |
|---|---|---|---|
| Leipzig | BL | León | BSB |
| الباب السادس<br>والعشرون<br>في إدارة اليهود على<br>اخذ يسوع وما كان في<br>عشا المسيح | الباب السادس<br>والعشرون<br>في إدارة اليهود على<br>التقبض على يسوع | الباب السادس<br>والعشرون<br>في إدارة اليهود رأيهم<br>على اخذ يسوع<br>وتقبضهم عليه وعن<br>المرأة التي صبّت<br>الدهان على يسوع<br>وطلبة يهوذا المتوبةُ<br>على التل بيسوع وفي<br>العشاة وعن يهوذا الدال<br>عليه وقوله للتلاميذعن<br>قربته | الباب السادس<br>والعشرون<br>في إرادة اليهود على<br>التقبض على يسوع.<br>عن المرأة التي صبّت<br>الدهن على يسوع. واذا<br>طلب يهوذا المثوبةُ من<br>اليهود ليتُلّ يسوع<br>وقوله للتلاميذ على<br>العشاة عن يهوذا المدلَّ<br>عليه |
| الباب السابع<br>والعشرون<br>في علامه بطرس انه<br>سيجحد ثلاث مرات<br>وصلوة يسوع الى الاب<br>وغير ذلك عندما بلو به | الباب السابع<br>والعشرون<br>في اعلامه بيطْرُ أنه<br>يجحده ثلاثاً وصلاة<br>يسوع الى الأب وغير<br>ذلك عندما تلوا به | الباب السابع<br>والعشرون<br>في اعلامه لبيطْرُ أنه<br>سيجحده ثلاثاً قبل<br>صرخة الديك وصلاة<br>يسوع الى الأب واذ دَلَّ<br>يهوذا عليه بالقبلة<br>وقطع بيطْرُ الأذن واحد<br>من الاعوان وشهادات<br>الزور على يسوع<br>واستهزائهم به وجحد<br>بيطْرُ ثلاثا وبكاه بعد<br>ذلك وتعلق يهوذا في<br>وهق خنق به نفسه | الباب السابع<br>والعشرون<br>في قوله لبيطْرُ أنه<br>يجحده ثلاثاً قبل<br>صرخة الديك. في<br>دُعاءِ يسوع للاب واذ<br>تَلَّ به يهوذا بالقبلة واذ<br>أبان بطْرُ أذن عبد قايد<br>القسيسين واذ أقبل<br>شهود الزور على<br>يسوع وفي جلد يسوع<br>واستهزائهم به واذ<br>جحد بطْرُ ثلاث مرَّات<br>وبعد ذلك خرج وبكا |

| Matthew | | | |
|---|---|---|---|
| Leipzig | BL | León | BSB |
| **الباب الرابع والعشرون**<br>في انتهار المسيح للثوابتين وقوله الويل لكم يا معشر الفريسين والكتاب | **الباب الرابع والعشرون**<br>في انتهار المسيح المصدقين والعلماء وقوله (لهم) الويل يا معشر المصدقين والعلماء | **الباب الرابع والعشرون**<br>في توبيخ يسوع العلماء والمصدقين وقوله لهم عن الجمل والبعوض وعن غسل الكؤس والصحاف وعن القبور المبيضة وعن قبور الانبياء وغير ذلك كثيرٌ | **الباب الرابع والعشرون**<br>في عتابه للعلماء والمصدقين على تطوفهم في البر والبحر ليصرفوا أحداً الى الدين وعند الجمل والبعوض عن الكؤس والصحاف المغسولة والقبور المبيضة وقبور الانبياء غير ذلك كثيراً |
| **الباب الخامس والعشرون**<br>في علامة القيامة وفي قدوم المسيح والعشر عذارى والقناطير والضان عن اليمين والجديان عن الشمال | **الباب الخامس والعشرون**<br>في علامة اخر الايام وفي قدوم المسيح والعشر عذارى والقناطير وعن الضأن عن اليمين والجديان عن الشمال | **الباب الخامس والعشرون**<br>قوله يروشالم يروشالم وعن بنيان البيت وعلامات أخر الايام وعن قصر تلك الايام وعن المسحا الكذابين وعن قدوم المسيح وتقلّب العناصر وعن العشر عذارا والقناطير وعن الضأن عن اليمين والجديان عن الشمال وعن اعمالهم | **الباب الخامس والعشرون**<br>يروشالم يروشالم وعن خراب البيت وعلامات أواخر الايام وتقصير الايام وعن مسيحاء الكذب وأنبياء الكذب وعن قدوم المسيح وتحرك الطبائع وعن العشر عذرا والعشرة القناطير وعن الضأن عن اليمين والجديان عن الشمال وفي أعمالهم |

| *Matthew* | | | |
|---|---|---|---|
| Leipzig | BL | León | BSB |
| الكرم | مثل الولدين اللذين<br>ارسلهما ابوهما الى<br>الكرم | معمودية يحيى مثل<br>الولدين اللذين ارسلهما<br>والدهما الى الكرم وأن<br>كثير من المستخرجين<br>والقحاب يتقدم كثيرًا<br>من العلماء | سألهم عن معمودية<br>يحيى واذ ضرب لهم<br>مثلا في الرجل الذي<br>أرْسَل ولديه الى الكرم<br>وقوله أن المستخرجين<br>والقحاب يتقدمون كثيراً<br>من القسيسين والعلماء<br>في ملك الله |
| **الباب الثاني<br>والعشرون** | **الباب الثاني<br>والعشرون** | **الباب الثاني<br>والعشرون** | **الباب الثاني<br>والعشرون** |
| مثالة الكرم وعماره<br>اللذين قتلوا كل<br>المُرسلين اليهم ومثال<br>الذين كرهوا الاقبال<br>الى صنيع العرس | في مثل الكرم و عمّاره<br>الذين قتلوا المُرسلين<br>اليهم وفي مثل الذين<br>كرهوا الاقبال الى<br>صنيع العُرس | مثل الكرم و عمّاره<br>الذين قتلوا المُرسلين<br>اليهم ومثل الذين أندبوا<br>الى صنيع العُرس<br>وكرهوا الاقبال | مثل عمّار الكرم الذين<br>قتلوا المُرسلين اليهم<br>ومثل الذين كرهوا<br>الاقبال الى صنيع<br>العُرس |
| **الباب الثالث<br>والعشرون** | **الباب الثالث<br>والعشرون** | **الباب الثالث<br>والعشرون** | **الباب الثالث<br>والعشرون** |
| في درهم قيسر وفي<br>المرة التي تزوجت<br>السبعة اخوة إذ قايس<br>الفريسين يسوع وسالهم<br>ابن من هو المسيح | في دِينار قيصر<br>والمرأَة التي تزوَّجت<br>السبعة الاخوة وإذ<br>قايس المصدقون يسوع<br>وسألهم ابن من يكون<br>المسيح | في الكتاب والصورة<br>في دِينار قيصر وفي<br>المرأَة التي تزوَّجها<br>السبعة الاخوة وإذ<br>قايسه المصدقون وسأله<br>اياهم عن المسيح ابن<br>من هو وقوله للتلاميذ<br>والجماعات عن العلما<br>والمصدقين افعلوا ما<br>يقولون لا ما يفعلون | في عَلامة قيصر<br>وصورَتِه فِي الدينار<br>وعن المرأة التي<br>تزوَّجها السبعة الاخوة<br>وإذ قايسه الفرزيّون اذا<br>سألهم عن المسيح ابن<br>من هو. وقوله عن<br>الفرازيّون يقولون ولا<br>يعملون |

| *Matthew* | | | |
|---|---|---|---|
| Leipzig | BL | León | BSB |
| | والا ينتهروا الاطفال | الزوجة وفي الخصيان | الخصيان والا ينتهر |
| | عن البركة وانّ دخول | والا يدفع الاطفال عن | الاطفال عن البركة |
| | الملي ملكوت السموات | البركة وانّ الملي لا | وانّ الملي بالجزاء |
| | عسير | يدخل ملك السموات | يدخل ملكوت السموات |
| | | وان من يترك عن | ومن يتخلى عن جميع |
| | | جميع أهله وماله | ماله يضاعَفُ له مِائَة |
| | | يضاعَفُ له مائَة | ضُعف |
| | | ضُعف | |
| | **الباب الموفي عشرين** | **الباب العشرون** | **الباب الموفي عشرون** |
| | في ان الاوّلين يكونون | في ان الاوّلين يكونون | في ان الاوّلين يكونون |
| | اخرين ومثل العمالين | اخرين ومثل العمالين | اخرين ومثل العمالين |
| | في الكَرم وفي طلبة | في الكَرم وفي طلبة ابنا | في الكَرم المستأجَرين |
| | ابني سبداي وفي | سبذاي وفي المكفوفين | وفي طليبة ابني سبذاي |
| | المكفوفين الجالسين | الجالسين بجوار | وفي اوّل الاتكاء في |
| | جوار الطريق | الطريق | الصنيعات وفي |
| | | | المكفوفين الجالسين |
| | | | بجوار الطريق |
| **[الباب الحادي** | **الباب الحادي** | **الباب الحادي** | **الباب الحادي** |
| **والعشرون]** | **والعشرون** | **والعشرون** | **والعشرون** |
| في الحمارة وفلوها في | في الحمارة وجحشها | في الحمارة وفلوها واذ | في الحمارة وفلوها واذ |
| التينة اليابسة وحين | وحين أخرج الباعة من | أخرج التجار من البيت | طرد الباعة والمبتاعين |
| سالوه وقالوا له بسلطان | البيت وفي التينة | ومناداة الصبيان قائلين | عن البيت ومنادات |
| من تفعل هذا وفي | اليابسة وحين سألوه | هُشَعْنَا وفي شجرة التين | الاطفال هُشَعْنَا وفي |
| كشفه عن معمودية يحنا | بسلطان مَن يفعل هذا | التي يبست وحين سئل | شجرة التين اليابسة |
| ومثال الولدين اذ | وفي كشفه عن | بسلطان مَن يفعل هذا | وحين سألوه بسلطان |
| ارسلهما ابوهما الى | معمودية يحيى وفي | وفي سؤاله عن | مَن يفعل هذا واذا |

# APPENDIX V 352

## Matthew

| Leipzig | BL | León | BSB |
|---|---|---|---|
| | واذا ابرأ الغُلام المجنون المعيوب وفي الدينار في فم الحوت | موسى والياس واذ ناداه الصوت من السما وقوله للتَّلاميذ انه قد جاء الياس ولم يقبلوه واذا أبرأ الغُلام المصاب بالجن وعن الايمان بمقدار حبَّة الخردل وعن الدينار في فم الحوت | موسى والياس والصوت من السماء يقول له. وقوله للتَّلاميذ قد أتى الياس ولم يتقبَّل واذا برأ الغُلام المجنون وقوله عن الايمان مقدار حبَّة الخردل وعن الدنيا في فم الحوت |
| | الباب الثامن عشر حيث يامر بالتواضع كالصبيان والا تظلم صغيرًا من أصاغير المومنين الذين يبصر ملايكتهم وجه الله وان تعاتب الاخوان وتدمن المغفرة | الباب الثامن عشر حيث يامر بالتواضع كالصبيان والبراة عن اليد والرجل والعين وتحذيره عن اهتضام احد من أصاغر المومنين الذين يبصرون ملائكتهم أبدًا وجه الاب في السَمَواتِ وان نعاتب الاخوان وان ينبغي ان نغفر بعضناً لبعض سبعين في سبعة | الباب الثامن عشر حيث يأمُرُ بالتواضع كالصبي وفي البراة عن اليد والرجل والعين والا يشكِّك صغيراً من أصاغير المومنين الذين تبصَّروا ملائكتهم وجه الاب ابداً في السَّمَواتِ وان تعاتب الاخوان وان تغفر بعضاً لبعض سبعين في سبعة |
| | الباب التاسع عشر في مثل العبدالذي كان يخنق صاحبه في الماية دينار وفي الخصيان | الباب التاسع عشر مثل العبدالذي كان يخنق صاحبه لأجل المائة دينار وألا تطلق | الباب التاسع عشر في الذي يخنق لعبده في المائة الدِّينر ولا ينبغي ان تطلق الزوجة وعن |

| Matthew | | | |
|---|---|---|---|
| Leipzig | BL | León | BSB |
| | **الباب الخامس عشر** | **الباب الخامس عشر** | **الباب الخامس عشر** |
| | في ان الذي يخرج من | في غسل الايد وان | في غسل الايدي وفي |
| | أفواه الناس هو الذي | الذي يخرج من أفواه | الذي يخرج من أفواه |
| | ينجسهم وفي اخراج | الناس هو الذي ينجسهم | الناس هو الذي ينجسهم |
| | الجني عن ابنة المرأة | لا الذي يدخل في | لا ما يدخل في الانسان |
| | الكنعانية وفي تخليص | الانسان وفي اخراج | وفي اخراجه الجني |
| | غيرها كثير | الجني عن ابنة المرأة | عن ابنة المرأة |
| | | الكنعانية وفي برئه | الكنعانية وفي ابرايه |
| | | للعرج والعمي والبكم | العرج والعمي والبكم |
| | | جوار جلجال | في جوار بحر جلجال |
| | **الباب السادس عشر** | **الباب السادس عشر** | **الباب السادس عشر** |
| | في السبع الخبز | في السبع الخبز | في السبع الخبز |
| | والحيتان القليلة المفرقة | والحيتان القليلة المفرقة | والحيتان القليلة التي |
| | على اربعة الاف رجل | على اربعة الاف رجل | شبع منها اربعة الاف |
| | وفي تحذيره عن خميرة | وعن اية يونس النبي | رجل وعن اية يونس |
| | المصدقين وفي اقرار | وتحذيره عن خميرة | النبي وتحذيره له وقوله |
| | بيطر ان المسيح الله | الفرزيين وفي سقافة | من أراد اتباع السيد |
| | وفي انتهاره له بعد ذلك | بيطر وانتهاره له بعد | فليحتمل صليبه. وقوله |
| | انتهارًا عنيفًا | ذاك وقوله ينبغي لكل | أن من الوقوف من لا |
| | | واحد ان يحمل صليبه | يذوق الموتاء حتى |
| | | ممن يحب اتباع السيد | يرون ابن الانسان |
| | | وقوله أن في هولاء | مُقبلاً في مُلكِهِ |
| | | الوقوف من لا يذوق | |
| | | الموت حتى يرا ابن | |
| | | الانسان مُقبلاً في مُلِكِهِ | |
| | **الباب السابع عشر** | **الباب السابع عشر** | **الباب السابع عشر** |
| | حين تصوَّر في الجبل | حين تظهر في الجبل مع | إذا تظاهر في الجبل مع |

| Matthew | | | |
|---|---|---|---|
| Leipzig | BL | León | BSB |
| | **الباب الثالث عشر**<br>في مكالمته للجماعة<br>بالأمثال من القارب<br>وقوله لا حرمة لنبي في<br>وطنه | **الباب الثالث عشر**<br>في مكالمته للجماعات<br>بالأمثال من المركب<br>وذلك عن الزراع<br>والزريعة التي اتت<br>ببركتها للواحدة بمائة<br>وستين وثلاثين وعن<br>الزوان في القمح وعن<br>الخميرة المخفية في<br>الدقيق وتفسيره للتلاميذ<br>مثل الزوان وعن مثل<br>الكنز في الفدان وفي<br>الجوهرة العجيبة وعن<br>الشبكة في البحر وان<br>لا حرمة لنبي في وطنه | **الباب الثالث عشر**<br>في جلوس يسوع في<br>المركب ومكالمته<br>للجماعة متمثلا عن<br>الزراع والزريعة المائة<br>والستين فالثلاثين وعن<br>الزوان في القمح وعن<br>حبّة الخردل وعن<br>الخميرة المخفية في<br>الدقيق وتفسيره مثل<br>الزوان للتلاميذ ومثل<br>الكنز في الفدان وفي<br>الجوهرة الثمنية<br>(الثمينة) وفي الشبكة<br>الملقاة في البحر وقوله<br>ليس للنبي حرمة في<br>وطنه |
| | **الباب الرابع عشر**<br>في راس يحيى في<br>الطبق وفي الخمس<br>خبز والحوتين المفرقة<br>على خمسة الاف رجل<br>وفي مشي يسوع على<br>البحر واستنقاذه لبيطر<br>إذ غرق | **الباب الرابع عشر**<br>في راس يحيى في<br>الطبق وفي الخمس<br>الخبز والحوتين<br>المفرقة على خمسة<br>الاف رجل ومشي<br>يسوع على البحر<br>واستنقاذه لبيطر إذ<br>غرق وابراه في أرض<br>ينشاره لأمراض كثيرة | **الباب الرابع عشر**<br>في راس يحيى في<br>الطبق وفي الخمس<br>الخبز والحوتين لخمسة<br>الاف رجل وفي مشي<br>يسوع على الماء في<br>البحر واستنقاذه لبطر<br>إذ غرق وابرايه لكثير<br>من الامراض في<br>أرض يَنَشارَه |

*Matthew*

| Leipzig | BL | León | BSB |
|---|---|---|---|
| | في ارساله الحواريين | | |
| | بكل فهم وادب وانه قال | | |
| | لهم لم اتِ لإدخال السلم | | |
| | على الارض لاكن | | |
| | ليدخل السيف | | |
| | الروحاني | | |
| | **الباب الحادي عشر** | **الباب الحادي عشر** | **الباب الحادي عشر** |
| | في شهادة يسوع ليحيى | إذ بعث يحيى الى | إذ بعث يحيى الى |
| | ابن زكريا وفي ذمه | يسوع من الحبس وقول | يسوع من الحبس وقول |
| | للمداين الكارهات | يسوع للجماعات عن | يسوع للجماعة عن |
| | للإيمان وفي اعتراف | يحيى وفي (ذ)مه | يحيى وفي ذمه للمداين |
| | يسوع وإقراره لِلاب | للمداين الكارهات | الكارهات للتوبة وفي |
| | وان مضمد الله خفيف | للتوبة وفي اعتراف | اعتراف يسوع وإقراره |
| | | يسوع وإقراره لِلاب | لِلاب وان مضمد الله |
| | | وان مضمد الله خفيف | خفيف |
| | **الباب الثاني عشر** | **الباب الثاني عشر** | **الباب الثاني عشر** |
| | في عرك التلاميذ | في عرك التلاميذ | في عرك التلاميذ |
| | السنابيل وفي برء | للسنابل وفي ابراه ليد | للسنابل في أيديهم وفي |
| | المسيح ليد الأشل | الأشل اليابسة ونفيه | بُرءِه ليد الأشل اليابسة |
| | اليابس وفي نفيه الجني | للجن عن الرجل | وفي بُرْئه الاعماء |
| | عن الرجل الاعمى | الاعمى الاصم وفي | الابكم وفي هدْم الذين |
| | الاصم وهدْم الذين قالوا | هدْم الذين قالوا انه إنّما | قالوا إنّما يفعل هذه |
| | انه إنّما يفعل تلك | يفعل العجايب برئِيس | العجايب برأيِس |
| | العجايب برئِيس | الاباليس واذ اعطى | الاباليس واذ طلب منه |
| | الاباليس واذ اعطى | اليهود اية يونسَ وأهْل | الفرازيون اية يونسَ |
| | لليهود اية يونسَ وعند | نِنبًّا وكلامه لأمه | وأهْل نِنبًّا وعند محادثه |
| | مجانبته لأمه واخوته | واخوته | لأمه وأقاربه |

## Matthew

| BSB | León | BL | Leipzig |
|---|---|---|---|
| بحمل سريره ودعوته لمتاوش وتمرْمُر الفرازيين عليه لأُكله مع المستخرجين. وقوله ليس يحتاج الأصحاء الى الطبيب. وإذ أساله تلاميذ يحيى لم لا يصوم تلاميذه وفي ضربه لهم مثل الثوب والخلق والزقاق والخمر وعند سيره لاحياء ابنة القائد وإبراء المرأة من سيالة الدم وإذ فتح عيني الاعما ونفيه للمجني الاصم الابكم وقولهم ان يفعل ذلك بقايد الجنن | وحمل سريره ودعوته لمتاوش وتمرْمُر الفرزيين وقوله لهم لا يحتاج الأصحاء الى الطبيب وإذ ساله تلاميذ يحيى وقالوا له لم لا يصوم تلاميذك واذا ضرب لهم مثل الثوب والزقاق والخمر وفي برئه للمرأة من سيالة الدم عند سيره لاحيا ابنة القائد وإذ فتح عين الاعما ونفيه للجني الاصم الابكم وقولهم له ان بقايد الجن يستخرج الجن | وحمل محمله ودعوته لبيطر وقوله لا يحتاج الأصحاء الى الطبيب | |
| الباب العاشر في ارساله الاثنا عشر حَواريا بكل وصاء وتعليم وقوله لم اتِ لإدخال السلم في الارض لكن لإدخال السيف | الباب العاشر اذ ارسل الاثني عشر حَواريا بجميع التعليم | الباب العاشر في ضربه مثل الثوب والزقاق والخمر وفي برئه المرأة من سيالة الدم واحياه ابنة القايد التي ماتت وإذ فتح اعين العميان ونفيه الجن الاصم الابكم و | |

| Leipzig | BL | León | BSB |
|---|---|---|---|
| *Matthew* | | | |
| | المتنبين الكذابين وان<br>ليس كلمن قال يسيدي<br>يدخل ملكوت السماء<br>وفي البيت المبني على<br>الرمل والصخرة | المتنبين الكذابين وفي<br>البيت المبني على<br>الصخرة | البيت المبني على<br>الصخرة والرمل |
| | **الباب السابع** | **الباب السابع** | **الباب السابع** |
| | بُرؤه للمجذام و لغلام<br>العريف الذي اصابه<br>الفالج واذ ابرأ ختنة<br>بِيطْرُ من الموم وفي ما<br>ابرأ جماعة كثيرة<br>وقوله لرجل اتبعه د ع<br>الموتى يدفنون موتاهم | في بُر ءِ ه للابرص<br>عند نزوله من الجبل<br>وإبرئه لغلام العريف<br>المفلوج وابراه لختنة<br>بيطْرُ من الموم وابراه<br>لجماعات كثيرة وقوله<br>للذي أراد اتباعه من<br>العلما ليس لابن<br>الإنسان حيث يَميل<br>بِرَاسه وقوله لاخر دع<br>الموتى (يد)فنون<br>موتاهم | في بُر ءِ ه الابرص<br>عند نزوله من الجبل<br>وفي بُرءِه لغلام<br>العريف الذي أصابه<br>الفالج وإذ أبْرَ(أ) ختنة<br>بِطْرُ من الموم وغيرها<br>كثير وقوله للعالم الذي<br>أراد اتباعه ليس لابن<br>الإنسان حيث يَميل<br>بِرَاسه وقوله للاخر<br>اتبعني ودع الموتا<br>يدفنون موتاهم |
| | **الباب الثامن** | **الباب الثامن** | **الباب الثامن** |
| | في ركوبه المركب واذ<br>سكن رمز البحر ونفيُه<br>الجِن في بلد يرَشان | في انباه التلاميذ ليسوع<br>في المركب من النوم<br>واذ سكن رمز البحر<br>ونفيُه للجِن في بلد<br>يرَشان | في رقاده في المركب<br>وانبا التلاميذ له واذ<br>سكن رَمْزَ البحر ونفيُه<br>للجِن في بلد يرَشان |
| | **الباب التاسع** | **الباب التاسع** | **الباب التاسع** |
| | في المفلوج الذي ابراه | في المفلوج الذي أبراه | حيث أمَر المفلوج |

| Matthew | | | |
|---|---|---|---|
| Leipzig | BL | León | BSB |
| | | والسرقة والزنا | وفي القربان وفي الزنا |
| | | والبراءة من العين واليد | وفي العين واليد والبراة |
| | | وألا تطلق الزوجة إلا | منهما وألا تطلق |
| | | للزنا وفي الايمان وفي | الزوجة إلا للزنا وفي |
| | | العين والسن وفي محبة | الايمان وفي العين |
| | | الأعداء وفي الصدقة | والسن وفي محبة |
| | | | الأعداء وفي الصدقات |
| | **الباب الخامس** | **الباب الخامس** | **الباب الخامس** |
| | في تعليمه الصلاة | في تعليمه الصلاة | في الصلاة وكيف |
| | وبوصية الفرايض بين | والدعاء وعن صوم | يكون الدعاء وفي |
| | الباقية الا يفكر المفكر | والكنز في السما وأن | الصوم وفي الكنز في |
| | في المعيشة والكسوة | العينين منارة الجسد | السما وأن منارة الجسد |
| | | وأن لا يقدر على خدمة | هي العين وأن لا يقدر |
| | | سيدين وألا يفكر في | العبد على خدمة سيدين |
| | | المعيشة والكسوة وان | وألا يفكر في المعيشة |
| | | يقتدى بالطير والسوسن | والكسوة وقوله عن |
| | | الصحراوي | الطير والسوسن |
| | | | الصحري |
| | **الباب السادس** | **الباب السادس** | **الباب السادس** |
| | الا يقضي القاضي | ان لا يقضي القاضي | الا يحكم وفي الجدرة |
| | ليقضى عليه ولا يدين | فيقضى عليه وعن | والتبنة في العين وفي |
| | فيدان منه وفي الجوهر | الجدرة والتبنة في | الجوهر ألا يلقى بين |
| | ألا يلقى بين يدي | العين وفي الجوهر ألا | يدي الخنازير وفي |
| | الخنازير وفي الطلب | يلقى بين يدي الخنازير | الطلب والسعي |
| | والالحاح والسعي | وفي الطلب والسعي | والالحاح والقرع وفي |
| | والقرع وفي مهاجرة | والقرع وفي مهاجرة | الانبياء الكاذبين وفي |

# APPENDIX V

Comparative text of *capitula* in the different manuscripts

| Matthew | | | |
|---|---|---|---|
| Leipzig | BL | León | BSB |
| | الباب الاول | الباب الاول | الباب الاول |
| | ميلاد المسيح وهدية | فيه ميلاد المسيح وهدية | فيه ميلاد المسيح وهدية |
| | المنجمين وتغيب يسوع | المنجمين وتغيب يسوع | المنجمين وتغيب يسوع |
| | وقتل الاطفال | وقتل الاطفال | وقتل الاطفال المسيح |
| | الباب الثاني | الباب الثاني | الباب الثاني |
| | انصراف يسوع عن | انصراف يسوع عن | انصراف يسوع عن |
| | مصر إلى نازره | مصر إلى نازرة | مصر إلى نازَرَة |
| | ومعمودية يحيى له | واعماد يحيى بالاردن | ومعمودية يحيى في |
| | بالاردن | ومعمودية المسيح | الاردن ومعمودية المسيح |
| | الباب الثالث | الباب الثالث | الباب الثالث |
| | سبقة يسوع عندما | أن يسوع بعد بعد أن | في مقايسة إبليس |
| | قايسه ابليس ودعوته | صام أربعين ليلة قاسه | ليسوع بعد أن صام |
| | لبيطر واندرياش | ابليس ودعوته لبيطر | أربعين يوماً وأربعين |
| | ويحيى الصيادين | ويحيى الصيادين | ليلة ودعوته لبيطر |
| | وطوافه وبرءُه | وطوافه بجلجال وبرءُه | واندرياش ويحيى |
| | للأمراض المختلفة | لأمراض الادمين المختلفة | ويعقوب الصيادين |
| | | | وطوافه على جلجال |
| | | | وبرءُه لأمراض الناس المختلفة |
| | الباب الرابع | الباب الرابع | الباب الرابع |
| | في السعادة وسائر | في السعادة وسائر | في السعادة وسائر |
| | العهود | العهود وذلك في القتل | العهود وذلك في القتل |

Arabic way of speaking, and in this I refer to what the inquisitors of this Kingdom of Granada may order and command, before whom I intend to present this book so that they may see it and order that it be seen.

I got it from Mase Andrés, a doctor, resident of..., a new Christian of the Moors. And I have it in order to read it and to preach and to explain it to the new Christians and Moriscos so that they may believe it and understand [it] according to how the holy mother church holds it and believes it and all our Christian Religion, and to be of benefit to the souls of the aforementioned new Christians just as I hold and believe the precept(s) of our Lord Jesus Christ the living son of God. And I wrote this in the town of Sorbas on the 17th of May 1565."

God have mercy on whoever reads it and whoever invokes God's mercy on the one who wrote it down, Amen. It was compared with the Latin original, the translation of Jerome, the priest, scholar, and interpreter — may God be pleased with him.

b) Colophon by Francisco López Tamarid[2]

i) *Spanish text*[3]

Estos son los sanctos quatro euangelios de sanct matheo, sanct marcos, sanct lucas y sanct ihoan traduzidos de lo hebreo y lengua caldayca de sanct iheronimo, traduzido y sacado en lengua arabica al pie de la letra antiguamente en la ciudad de Cordoua, siendo de moros, por un moro que se nombro aben Velasco de Cordova, segun pareçe por el prologo del euangelio de sanct lucas que dize que lo traduxo de hebreo. E yo Francisco Tamarid los e leido y cotejado con los euangelios en lengua latina segun que los tiene la sancta madre yglesia con estos que estan en aravigo en este libro y los hallo y los he hallado al pie de la letra conformes sin discrepar cosa alguna que perjudique ni que sea contra nuestra sancta fee catholica, y a todo quanto basta y entiende mi entendimiento segun el frasis arabico, y en esto me remito a lo que los PP. inquisidores deste Reyno de granada ordenaren y mandaren, ante quien entiendo presentar este dicho libro para que sus mercedes lo vean y manden ver. Ego lo ove de mase andres medico vezino de...? christiano nuevo de moros: y Ego lo tengo para lo leer y predicar y declararlo a los christianos nuevos y moriscos que lo crean y entiendan segun lo tiene y cree la sancta madre yglesia y toda nuestra Religion Christiana, y para aprovechar a las animas de los dichos christianos nuevos asi como yo tengo y creo la ley de nuestro Señor Ihesu Christo hijo de Dios vivo. I escrevi esto en la villa de Sorbas a los diez y siete dias del mes de mayo de 1565. — *Francisco Lopez Tamarid*

ii) *English translation*[4]

"These are the four holy gospels of St. Matthew, St. Mark, St. Luke and St. John translated from the Hebrew and Chaldean language of St. Jerome, translated faithfully and published in Arabic in the city of Córdoba, being of the Moors, by a Moor who was called aben [Ibn] Velasco of Córdoba, as it appears in the prologue of the gospel of St. Luke, which says that he translated it from Hebrew.

And I, Francisco Tamarid have read and compared them with the gospels in Latin as the holy mother church has them, with these which are in Arabic in this book, and I find them — and I have found them — exactly in agreement without differing in anything that harms or is against our holy Catholic faith, and as far as my understanding understands and suffices according to the

---

[2] Prepandary of the Cathedral of Granada and one of four translators of the "Lead Tablets" (Alonso del Castillo, Miguel de Luna, Luis Fajardo, and Francisco López Tamarid).
[3] GARCÍA VILLADA, *Catálogo de los códices y documentos de la Catedral de León*, 64.
[4] Assistance of Dr. Karl Kobbervig is gratefully acknowledged.

# APPENDIX IV

Text and translation of two colophons in the León manuscript.

a) Arabic colophon of the León ms. and translation:

كان الفراغ من نسخه صبيحة اليوم التاسع عشر من يونيو الاعجمي من عام (....)[1]
من ميلاد المسيح وذلك من نسخة عتيقة مكتوبة في الرق كان في اخرها مكتوب
ما نصه تمَّ الجُزء الرابع مِن الإنجيل قَول يحيى بن سَبَذاي الحَواري مِمَّا وَضَع
إلى خمسين سنة مِن ارتفاع المسيح إلى السماء وبتمامه تَمَّتْ الأربعة الأناجيل
المُقدَّسة لِمثّا وَمَرْكُ وَلُوقا ويَحيى المشْتَمِلة في هذا الكتاب والحمد لله كثيرًا
كتبه عبْد عِبيد المسيح كلِمة الاب الأزليّ ميقال الأسقف بن عبد العزيز لعلي
بن عبد العزيز بن عبد الرحمن الجابري اسعده الله ووفقه وكمل على يديه يوم
الجمعة الثالث وعشرين من شهر يوليه من سنة خمس وسبعين وخمسماية والف
من تاريخ الصفر بمدينة فاس غرب العدوة في السنة الحادية عشر من رحلة
نصار(ى) الاندلس اليها جبرهم الله وكتبه في سنة سبع وخمسين من عمره رحم
الله من قرا فيه ودعا بالرحمة لكاتبه امين وقوبل من الأم اللطينية ترجمة يرونم
القس العالم الترجمان رضي الله عنه .

Copying [the text] was completed on the morning of the 19th day of June of the year.... of the birth of Christ, from an ancient copy on vellum at the end of which the following was written, "[This] terminates the fourth part of the Gospel, the word of the disciple John the son of Zebedee, set down fifty years after the ascension unto heaven. With its completion, the Four Holy Gospels according to Matthew, Mark, Luke, and John, contained in this book, are completed. Praise be to God abundantly. It was written down by the servant of the servants of Christ — the Word of the eternal Father — Mīqal ("Miguel"?] son of 'Abd al-'Azīz, for 'Alī son of 'Abd al-'Azīz, son of 'Abd al-Raḥmān al-Jābirī — may God grant him happiness and success. He completed it on Friday, the 23rd of July of the year 1575 of the chronology of *Ṣifr* [the Spanish Era] in the city of Fās, on the western side of the opposite shore [Morocco], in the eleventh year of the journey [deportation] of the Christians of al-Andalus — may God restore them — to it. He transcribed it when he was 57 years of age. May

[1] Undecipherable date formula.

# APPENDIX III

Text in Fās manuscript, pp. 14-15 (folios 17v-18r). This text deals with the computation of the date of Mary's conception of Jesus and appears immediately after the title of the Gospel according to Luke.

المصحف الثالث من الانجيل
الذي كتبه لوقا تلميذ
بولش الحواري باللغة اليونانية
في بلد اقاييه

حملت الشبات ليلة اربعة وعشرين من شتنبر اذ جا جبريل الى زكريا وكان في البطن ستة ايام من شتنبر الى اربعة وعشرين من يونيه وفي انجيل لوقا لما تم لالشبات ستة اشهر اقبل جبريل الى مريم فاذا اردنا ان نعرف مجي جبريل الى مريم نسقط شتنبر الشهر الذي حملت فيه اليشبات وناخذ منه ستة ايام فحملت في هذا الحساب في سبعة ايام باقيه من مرس فكان عيد مريم في مرس فصار فيه صيام وايام توبه وموت السيد وقيامته فيكون يوم ثا (sic) ثمانيه قبل الميلاد فيكون ايام القدوم وهي اربعين يومًا يقرا فيها كلام الانبيا الذين بشروا باقبال الله الى عباده وولاد العذرى وخبر المسيح واين يولد فاليوم الذي علق فيه في مثل ذلك اليوم مات وارتفع وناله العذاب

Elizabeth became expectant on the eve of the twenty-fourth of September when Gabriel came to Zachariah. He [John] was in the womb for six days of September and until the the twenty-fourth of June. According to Luke's Gospel, Gabriel came to Mary when Elizabeth was expectant for six months. If we want to know [the date of] Gabriel's visit to Mary we drop September, the month when Elizabeth became pregnant, keeping six days. According to this reckoning, she [Mary] became pregnant seven days from the end of March. Thus, the Feast of Mary falls in March, during which month there is fasting, days of penance, the death of the Lord, and his resurrection. That is eight days before the nativity. And then there are the days of expectation which are forty days during which are read the words of the Prophets who proclaimed God's coming to His servants, Mary giving birth, the story of Christ, where he was to be born, the day on which he was hung, which is the same as the day he died and ascended, and was tortured.

| | | |
|---|---|---|
| Fol. 64v | XVIII:19 | انظر حيث قال عيسى لا صالح الا الله وحده |
| Fol. 64v | XVIII:20 | انظر اكرم اباك وامك |
| Fol. 65r | XIX:17 | معناه طوبى لك واهلاً بك بخ بخ لك |
| Fol. 66r | XIX:46 | انظر قال لهم قد كتب ان بيتي هو بيت صلاة وانتم جعلتموه كهفًا للصوص |
| Fol. 67r | XXI:10 | انظر ستثور أمة على أمة وملك على ملك وتكون الزلازل العظيمة |
| Fol. 67v | XXII:19 | هذا جسدي |
| Fol. 68r | XXII:20 | هذا الكاس |
| Fol. 68r | XXII:42 | انظر في صلاته |
| Fol. 70r | XXIV:19 | انظر هناك يقول ان عيسى كان نبيًا |

*John*

| | | |
|---|---|---|
| Fol. 73r | II:6 | انظر الوضوء |
| Fol. 75v | V:18 | انظر حين قال له اليهود انه يدعي الله أبًا ويساوي نفسه بالله |
| Fol. 76r | V:45 | انظر في الشكاية |
| Fol. 82r | XI:42 | انظر حين قال عيسى ان الله بعثه |
| Fol. 82v | XII:13 | انظر كيف اخذوا اغصان النخيل |
| Fol. 83v | XII:44 | حين قال عيسى من امن بي ليس يومن بي إلا بالذي بعثني |
| Fol. 86r | XIII:14 | انظر هنا |
| Fol. 86v | XIV:10f. | انظر |
| Fol. 86v | XIV:15f | انظر البرقليط |
| Fol. 86v | XIV:26 | انظر |
| Fol. 84r | XV | موضع نظر ان شاء الله |
| Fol. 84v | XV:26 | في البرقليط |

| | | |
|---|---|---|
| Fol. 39v | XII:20 | انظر في السبعة الاخوة تزوجوا مع زوجة واحدة |
| Fol. 39v | XII:25 | انظر وقيامهم يوم القيامة لا ينكحون بل يكونون مثل المليكة في السماء |
| Fol. 40r | XIII:6 | انظر سياتون على اسمي ويقولون اني انا هو عيسى |
| Fol. 41v | XIV:22 | انظر في الخبز المبارك |
| Fol. 41v | XIV:25 | انظر حيث قال لا اشرب حتى اشربها في ملك ابي |
| Fol. 41v | XIV:30 | انظر قبل ان يصرخ الديك ستجحدني ثلاثًا |
| Fol. 43r | XV:34 | انظر حيث قال إلوء إلوء لما زبطاني |
| Fol. 43v | XVI:3 | انظر في بعث يسوع |
| Fol. 43v | XVI:17 | وهي سيماهم على اسمي |

## Luke

| | | |
|---|---|---|
| Fol. 47v | I:31 | انظر في حبلى مريم من يسوع |
| Fol. 48r | II:1 | وأن يكتبوا الجزية |
| Fol. 48v | II:14 | ممن يسكن الارض من الادميين |
| Fol. 50r | IV:1 | انظر تعرّض ابليس لعنه الله ليسوع |
| Fol. 50v | IV:41 | انظر حيث يقولون انت ابن الله فكان ينتهرهم ويمنعهم عن القول |
| Fol. 53r | VII:16 | انظر ان هذا نبي عظيم |
| Fol. 54r | VIII:5 | انظر مثل الزرع |
| Fol. 55v | IX:16 | انظر في الخمسة خبز والحوتين |
| Fol. 58v | XI:38 | انظر الوضوء |
| Fol. 59r | XII:10 | انظر من سبّ الروح القدس لا يغفر له |
| Fol. 63r | XVI:18 | انظر من طلق امراته وتزوج غيرها فهو فاسق |
| Fol. 63v | XVII:4 | انظر من اساء اليك من يومه سبعًا ورجع اليك من يزمه سبعة وندم فاغفر له |
| Fol. 63v | XVII:25 | انظر في ابن الانسان يمتحن على يدي اليهود كما كان في ايام نوح ولوط |
| Fol. 64r | XVII:29 | انظر كيف امطر الله من السماء على قوم لوط نار وكبريت وذهب بجميعهم |

# APPENDIX II

Marginal glosses in BSB

*Matthew*

| Fol. 7v | VI:12 | [1] |
| Fol. 21r | XXII:42 | انظر قول يسوع ما تقولون في المسيح وابن من هو |
| Fol. 22r | XXIV:4 | انظر في هذا الباب يوجد فيه كلام غريب |
| Fol. 22v | XXV:1 | انظر العشر عذارى خمس جاهلات وخمس عاقلات يخرجن للعرس بشماع |
| Fol. 23r | XXV:14 | ... واعطى قنطار من مال لعبيده (trimmed) |
| Fol. 23v | XXVI:8 | قالوا هذا الطيب (trimmed) |
| Fol. 24r | XXVI:26 | انظر الخبز الذي كسره واعطاه تلاميذه والكاس الذي شرب وقال كلوه هذا جسدي |
| Fol. 24v | XXVI:53 | ... لست قادرًا ان ... ابي فيعولني ... (trimmed) الف من الملايكة |
| Fol. 25v | XXVII:25 | انظر ما قالته اليهود علينا وعلى اولادنا |
| Fol. 25v | XXVII:33 | ... |
| | | (trimmed) به اليهود لعنهم الله |

*Mark*

| Fol. 31r | IV:3 | انظر هذا المثل كمثل الزرع |
| Fol. 31v | IV:31 | انظر مثل حبة الخردل |
| Fol. 32v | V:37 | انظر في احياء الجارية وهي ميتة |
| Fol. 34v | VII:21 | انظر الفجور |
| Fol. 35v | VIII:36 | انظر قال ما ينفع ربح الدنيا مع خسارة نفسه |
| Fol. 38v | XI:17 | انظر بيتي بيت صلاة وانتم جعلتموه كهفًا للصوص |

[1] Spanish *nosotros* ("we") as in *como nosotros perdonamos nuestros deudores* ("as we forgive those indebted to us").

[46] على اي شيء تصيحوني يسيّدي ولا تفعلوا الذي نقول لكم [47] كل من يجي لعندي يسمع كلامي ويَحرزوه نُمثّل له شبيهًا مثله [48] يشبّه للرجل الذي يبني داراً ويحفر حفرًا غميقًا [عميقًا] ويبدا البنيان على حَجَر ويجي ماء كثير ويدخل في الدار ولا يحرّكها لانها كانت مبنيّة على حَجَر. [49] لأن ذاك الذي يسمع ولا يفعل هو مثل البنيان الذي يبدا بنيانه على تُراب دون أساس اذا جاء عليها ماء هدمها بالحين ويعمل بها هدمًا كبيرًا.

فيا مساكين الذين يضحكون لان يكون حينئذ [26] فيا مساكين حينئذ تكونوا ملعونين اذا يكون الناس معكم هذه الاشياء كانوا يفعلون اباهم في الانبياء الذين من قبل

52v [27] نعم اسمعوا ما أقول لكم حبّوا لأعدايكم واعملوا خيرًا للذين * يبغضونكم [28] وقولوا خيرًا في الذي لا يقوله فيكم وارغبوا عزَّ الذي عدَّاكم [29] والذي يلطم في خدِّك فابسط له الاخر وذاك الذي ياخذ ثيابك أعطيها له [30] أعط كلّ ما يُطلب لك والذي ياخذ مالك لا تطلبه له [31] واعملوا معهم خيرًا واعملوا عنهم كل ما تحبّ تعملوا عن أنفسكم

[32] إن تحبّ للذي يحبّك أيّ جزاء تصبر لأن المذنبين يحبّوا للذين يُحِبّهم [33] وإن تقولوا خير في الذي يعمل معكم خيرًا أي جزاء تصبر لأن المذنبين يعملون كذلك [34] وإن تُسلف شيئا للذي أنت تصبر منه جزا فأي جزاء أنت تصبر منه لأن المذنبين يَرْبون مع المذنبين لأجل أن ينصفّون سوا [35] حبّ لاعدايك واعمل معهم خيرًا واسلف لهم ولا تصبر شيئًا منهم يكون لك ثواب كثير وتكون في أعلا الدرجات لأن الله يغفر ويرحم للذين يعملون خيرًا لِمن لا يشكره [36] كونوا رحماء كما هو أبيكم رحيم

[37] لا تحكموا في شيء ولا يَحكم عليكم في شيء لا تجعلوا لأحد ينصف شيئًا بغير حقّ ولا يجعلكم أحد تنصفوا شيئا إغفروا ويُغفَر لكم [38] أعطوا ويعطاكم كيلاً جيّدا مهزوزًا مليًّا تجعله في شكّك في الكيل الذي تُعطي يُعطاك

[39] وقال لهم مثلاً يقدر الأعمى يحمل أعمى اخر ولا يقعا في حُفرة [40] أو غير ذلك ليس متعلم أعرف من معلّمه ذاك يكون كاملا مثل الذي يكون مثل معلمه

[41] عَلش ترا الخشبة في عين أخيك ولا ترا الخشبة في عينك [42] لا تفسّر بهذا كيف تقول لاخيك اخي اتركني ننزع الخشبة من عينك وأنت لا تراها في عينك انت يا مُراي إنزِع الخشبة من عينك وبعد ذلك ترا تنزع الخشبة من عين اخيك

[43] ليس هي الثّمرة الطيبة التي هي تعمل طُعم سوء وليس هي الثّمرة سوء التي تعمل طُعم طيّب [44] كلّ ثمرة تُعرف بطعمها من الشوك لا تجمع تين ولا من العُليق يجمع عِنَب [45] الرجل الطيب من كنز قلبه يُعطي خيرًا والرجل السوء من كنز قلبه السوء يعمل سوء الفى لا يتكلّم الا بما في داخل القلب

52r * [VI] الباب السادس

[1] فلمّا جاوز يوم السبت يسوع بزرع فجمعوا من السنابيل وحبّبوها وأكلوا منها [2] فقالوا ليسوع بعض المصدِّقين لأجل شيء تفعلوا ما لا يحلّ لكم يوم السبت [3] فجاوبهم يسوع أما قرأتم ما فعل داوُود إذا جاع ومن كان معه [4] كيف دخل سُرادق السيِّد وأكل من خبز القربان وعطا للذي كان معه إذ ليس كان يحلّ له أكله ولا لأصحابه غير القسيسين [5] فقال لهم إن السيِّد ابن الإنسن هو سيِّد السبت

[6] فلمّا دخل في كنيستهم وفيها رجلٌ أشلّ [7] فحرزوه ان كان يصحِّح لأحد يوم سبت ليجدوا السبيل إلى شكيَّته [8] وهو يعرف نيَّتهم به فقال للرجل الأشلّ قُم وانزل في نصف المحضر فقام ونزل في نصف المحضر

[9] فقال لهم يسوع انا نسئلكم إن كان البُرء جيِّد يوم سبت أو لا ويحرز عيشه أو يخسره [10] فنظر يسوع إليهم وقال للرجل مُدَّ يدك فمدَّها ذلك الوقت وعادة [وعادت] صحيحة [11] فحينئذٍ تحيَّروا وقالوا واحد لاخر ما يكون العمل بيسوع

[12] وفي ذلك الأيام خرج إلى الجبل يعبد الله ويسهر اليل بدعائه لله [13] فلمَّا طلع الفجر نادى لتلاميذه فاختار اثنا عشر منهم وسمَّاهم الحواريّين [14] الأول سيمون الذي يُسمَّى بِذْرُه وأندريا أخوه ويعقوب ويحيى فلبّه وَبُرطُلمو متّى [15] وطومش يعقوب الِفي وسيمون الذي يسمى زلوط [16] اجّوذش يعقوب اجّوذش اسْقريُوط الذي دلَّ عليه

[17] فهبط معهم وبقا في الوطا وجميع تلاميذه وكثير من أناس من جُذا وبيت المقدس ومن سواحل البحر ومن نواح طِيري وسظوم [18] جاءو[ا] الكلّ لسمعه ويصحّون من أمراضهم والذين كانوا مجنونون من الجن مقذورون تصحّحوا [19] وكل الناس ارادوا يمسّوه لكي تكسيهم الصحّة من عنده

[20] فرفع عيناه إلى تلاميذه وقال لهم سُعِد الفقراء إن لهم ملئ السماء [21] سعد الذين جاعوا هناك تشبعوا سُعد الذين بكوا لان هناك تضحكوا [22] سُعد الذين يبغضونكم الناس إذا جنّبوكم ويتركون اسماكم مثل شيء مهجور لأجل ابن الإنسن [23] افرحوا في ذلك اليوم لان جزاكم يكون كبير في السماء إن ءَاباهم كانوا يفعلوان مثلهم في الأنبياء الذين جاؤ[وا] من قبل [24] فيا مساكين أنتم أهل الغنا الذين لكم أنسٌ لان أنتم في غناء [25] وحينئذ يكون لكم جوع

[17] فلمّا كان ذات يوم جالسًا يعظ والرهبان وعُلما الدين في الحضرة جلوسًا كانوا تألفوا من كل البلدان وجلجل ويهوذا وبيت المقدس وقدرة الله حاضرة لِتَصَحُّحهم [18] ألا ورجال مقبلين في رَجُل مقعود على عجلة وأراد أن يوَقِّفوه أمامه [19] ولم يجدوا منفذًا إليه من كثرة الناس فطلعوا فيه على سقف دار وهبَّطوه على صحن الدار
51v على سريره أمام المسيح [20] فلمّا رأى اليقين منهم قال له * يا رجل ذنوبك تركتك

[21] فلمّا سمع ذلك الرهبان وعلماؤهم فسَّروا وقالوا مَن هذا الذي يَكفُر مَن الذي يغفر الذنوب إلا الله [22] فلمّا عرف المسيح ظنَّهم قال لهم ما هذا الذي تُفسِّروا في قلوبكم [23] أيّ شيء أسهل ذنوبك تركتك أو تقوم من سريرك وتخرج [24] ولتعرف أن [ابن] الإنسن له مقدرة في الأرض لترك الذنب قال المسيح للمقعود قُم وخُذ سريرك وامش لدارك

[25] فقام بالحين والساعة أمامهم وأخذ سريره الذي كان عليه ومشا لداره صحيحًا شاكر الله ومعظمًا له [26] فخافوا جميعًا من كان في الحضرة وعظَّموا الله وقالوا نحن رأينا اليوم معجزة من معجزات الله

[27] ثم بعد ذلك خرج ورأى قابضًا يُقال له لبي جالسًا على مايدة القبض وقال له اتبعني واترك مالك [28] فترك جميع ما كان له واتبعه [29] ثم عمل له اللبي في داره كرامًا كبيرًا وأكلاً جميلاً وكان هناك كثير من القبَّاض من أصحاب اللبي القابض فأكلوا جميعًا معه [30] فعيَّبوا الرهبان والعلما أتباع المسيح لدار القابض وأكله مع هؤلائك في داره وتحدثوا عليه واحدًا مع اخر سِرًّا وقالوا لتلاميذه لم تاكل أنتم وتشرب مع القبَّاض والمذنبين [31] فجاوبهم المسيح وقال لهم ليس للأصحّا حاجة في الأطبَّاء إلا المرضى [32] لم نج ننصح لأهل الطاعة إلا لأهل المعاصي

[33] فجاوبوه وقالوا له لأي شيء تلاميذَ يحيى يصومون كثيرًا من الأيام ويصلون وكذلك مَتاع الرهبان وتلاميذك يأكلون ويشربون [34] فجاوبهم لعلّ العروس يصوم أولاده وخدَّامه لحضرته [35] وقد تجي أيام لا يحضر العروس ويصومون أولاده وخدَّامه

[36] وذكر لهم مثلاً لهذا لا يُرَقِّع أحدٌ ثوبًا جديدًا ببالي لأن الجديد يخرق البالي والثوب البالي لا ينبغي ترقيعه بجديد [37] ولا يجعل أحدٌ خمرًا جديدًا بوعاء بالي لأجل أن الخمر الجديد يهلك الوعاء البالي فينهرق الخمر ويهلك الوِعاء [38] إلا من عادة الخمر الجديد يجعل بوعاء جديد ويحترز الخمر والوعاء [39] والذي يشرب الخمر البالي بالحين يحب الخمر الجديد ويقول أطيب هو [من] البالي.

# APPENDIX I

Later text replacing missing folios 51 and 52 of BSB (Luke V:1b-VI:49b)

51r * [V] الباب الخامس

[1] كان محكومًا حين اجتماع الناس إليه لسَمع كلام الله وكان بِحَول مجمع ماء يُسَمَّى جِنزَرِيط [2] ورأى سفينتين قُرب مجمع الماء المذكور وصيَّادين الحوت الذين كانوا فيهما خرجوا لِغسل اغزُل الصِيادة [3] فحينئذ دخل في إحدى السفينتين التي كانت لشِمّوا ورغبه ان ينجبها شيئًا من الأرض التي كانت فيه فلمَّا جلس فيها وعظ من السفينة لِجُملة من الناس

[4] فلمَّا تمَّ من الوعظ قال لِشمُّوا أن يُدخِل سفينته لوسط البحر وأرسِلْ غزلك في البحر للصيادة [5] فجاوبه وقال له يا سيِّدي طول الليلة الفارطة أتعبنا أنفسنا ولم نصطادْ شيئًا فعلى قولِك أرسَلت الغزل في الماء

[6] فاصطدنا وأخذنا كثيرًا من الحوت حتَّى من كثرته تخرَّق الغزل [7] وأشاروا على الأصحاب الذين كانوا في السفينة الأخرى أن يدركوا ليعاونوهم على إخراج الحوت وجاءَو[ا] وأخرجوه وأملَوا منه السفينتين حتى كادتا تغرقا من كثرته [8] فلمَّا رأى ذلك شمّوا بِذرُه رمى نفسه بين رِجلي المسيح وقال نح عني فإنِّي رجل مذنبٌ [9] ودخل فيه وفي أصحابه خوف ووجل كبير لسبب كثرة الحوت الذي أخذوا [10] ومثل ذلك دخل الخوف والوجل ليعقوب ويحيى ابني زَبَذَي إذ كانا أصحابًا لِشمّوا وقال المسيح لشمّوا لا تخف إن من هنا تصطاد الناس [11] فأخرجوا السفينتين للأرض وتركوا كل شيء واتبعوه

[12] فلما كان في مدينة من المدن رأه رجل مبروص وسقط إلى الأرض يتضرَّع له ورغبه قائلا سيِّدي إن أردت وقدرت على صحَّتي [13] فمدَّ إليه يده ومسَّه قائلاً أريد صحتك والساعة شفا من البرص [14] وأمره أن لا يعلم أحدًا بذلك سوا أن يقف على الرَّاهب وتريه جسمك ويعلم بصحتك كما أمر موسى بإشهاد هَؤلائك

[15] ومع ذلك زاد تشنّع أمْره واجتمع إليه كثير من الناس ليسمعوه ويصحُّوا من مرضهم [16] فتنحَّا إلى الخلا ليتضرَّع ويرغب ويدْع

# APPENDICES

وَذَلِكَ كُلُّهُ يَومُ الحَد [الأحد] في العشر الأخر من شهر شوال موافقًا مع شهر أُغُشْت سنة ست وتسعين وسبعماية.

فرحم الله كاتبه وقاريه ومستمعه والداعي له بالرحمة أمين يارب العلمين.

وإذا كان الأوس من سبعة عشر إلى ثلاثة وعشرين فإنَّه يكون احترام اللحم في أربعة عشر من فبرير ويكون العيد في ثمانية وعشرين من مَرْس.

وإذا كان الأوس من ستة وعشرين إلى ثلاثين أو واحد فإنَّه يكون احترام اللحم في سبعة من مَرْس ويكون العيد في ثمانية عشر من أبريل.

وإذا كان الأوس خمسة وعشرين فإنَّه يكون احترام اللحم أربعة عشر من مَرْس ويكون العيد في خمسة وعشرين من أبريل.

## السبت

إذا دَخَلَتْ السنة يوم السبت ويكون الأوس من أربعة إلى تسعة فإنَّه يكون احترام اللحم في سبعة وعشرين من فبرير والعيد في عشرة من أبريل.

وإذا كان الأوس من إحدى عشر إلى سبعة عشر فإنَّه يكون احترام اللحم في عشرين من فبرير ويكون العيد في ثلاثة أيَّام من شهر أبريل.

وإذا كان الأوس من تسعة عشر إلى ثلاثة وعشرين فإنَّه يكون احترام اللحم في ثلاثة عشر من فبرير ويكون العيد في سبعة وعشرين من مَرْس.

وإذا كان الأوس خمسة وعشرين أو ستة وعشرين فإنَّه يكون احترام
97v اللحم في ثلثة * عشر من مارس ويكون العيد في أربعة وعشرين من أبريل.

وإذا كان الأوس واحد أو ثلاثة أو ثلاثين أو ثمانية وعشرين يكون احترام اللحم في ستَّة من مَرْس ويكون العيد في سبعة عشر من أبريل.

تمت الكرمة بحمد الله وحُسن عونه ونسخته [ونسخه] الكاتب من كتاب كتبها [كتبه] إبرهيم بن خير في اثنا عشر يومًا من شهر نبنبر سنة خمسة وأربعين ومائة وألف من تاريخ مولود المسيح السيِّد فادي العالَم وهو حينيذ بمدينة فاس والمدينة في هذا الان محسورة من الخوارج كان لها في هذا اليوم اثنين وأربعين يومًا. والسلام على مَن اتَّبع الهدى.

وإذا كان الأوس من خمسة وعشرين إلى ثلاثين فإنَّه يكون احترام اللحم في تسعة أيَّام من مَرس والعيد في عشرين من أبريل.

وإذا كان الأوس اثنين وعشرين أو ثلاثة وعشرين فإنَّه يكون احترام اللحم في تسعة أيَّام من فبرير والعيد في ثلاثة وعشرين من مَرس.

وإذا كان الأوس من واحد إلى ستة فإنَّه يكون احترام اللحم في يومين من مَرس والعيد في ثلاثة عشر من أبريل.

## الخميس

وإذا دخَلَتْ السنة بالخميس ويكون الأوس من ثلاثة إلى ثمانية يكون احترام اللحم في أوَّل يوم من مَرس والعيد في اثنا عشر من أبريل.

وإذا كان الأوس من تسعة إلى خمسة عشر فإنَّه يكون احترام اللحم في اثنين وعشرين من فبرير ويكون العيد في خمسة أيام من أبريل.

وإذا كان الأوس من سبعة عشر إلى اثنين وعشرين فإنَّه يكون احرام اللحم في خمسة عشر من فبرير ويكون العيد في تسعة وعشرين من مَرْس.

97r * وإذا كان الأوس من خمسة وعشرين إلى ثلاثين أو واحد فإنَّه يكون احترام اللحم في ثمانية أيام من مَرس والعيد في تسعة عشر من أبريل.

وإذا كان الأوس ثلاثة وعشرين فإنَّه يكون احترام اللحم في ثمانية أيام من فبرير ويكون العيد في إثنين وعشرين من مارْس.

## الجمُعة

إذا دَخَلَتْ السنة بالجُمعة ويكون الأوس من ثلاثة إلى تسعة يكون احترام اللحم في ثمانية وعشرين من فبرير والعيد في إحدى عشر من أبريل.

وإذا كان الأوس من إحدى عشر إلى خمسة عشر يكون احترام اللحم في واحد وعشرين من فبرير ويكون العيد في أربعة أيام من أبريل.

وإذا كان الأوس من عشرين إلى ثلاثة وعشرين يكون احترام اللحم في إحدى عشر من فبرير والعيد في خمسة وعشرين من مَرْس.

وإذا كان الأوس من خمسة وعشرين إلى ثمانية وعشرين فإنَّه يكون احترام اللحم في إحدى عشر من مرْس والعيد في اثنين وعشرين من أبريل.

وإذا كان الأوس واحد أو ثلاثة أو أربعة أو ثلاثين يكون احترام اللحم في أربعة أيام من مرْس والعيد في خمسة عشر من أبريل.

## الثلثا

إذا دَخَلَتْ السنة يوم الثلثا ويكون الأوس من ثمانية إلى إثنَي عشر يكون احترام اللحم في أربعة وعشرين من فبرير والعيد في سبعة من أبريل.

وإذا كان الأوس من أربعة عشر إلى عشرين فإنَّه يكون احترام اللحم في سبعة عشر من فبرير والعيد في أخِر يوم من شهر مارْس.

وإذا كان الأوس إثنين عشرين ثلاثة وعشرين يكون بدؤ الصَّوم في عشْرة أيَّام من فبرير والعيد في أربعة وعشرين من مَرْس.

96v * وإذا كان الأوس من خمسة وعشرين إلى ثمانية وعشرين فإنَّه يكون احترام اللحم في عشرة من مَرْس والعيد في واحد وعشرين من أبريل.

وإذا كان الأوس من واحد إلى ستة أو ثلاثين فإنَّه يكون احترام اللحم في ثلاثة أيَّام من مَرْس والعيد في أربعة عشر من أبريل.

## الأربعا

إذا دخَلَتْ السنة يوم الأربعا ويكون الأوس من ثمانية إلى أربعة عشر يكون احترام اللحم في ثلاثة وعشرين من فبرير والعيد في ستة من أبريل.

وإذا كان الأوس من خمسة عشر إلى عشرين فإنَّه يكون احترام اللحم في ستة عشر من فبرير والعيد في ثلاثين من شهر مارس.

# توطية قوانين الأسوس لمعرفة الصيام والعيد لكُلِّ سنة

بسم الله الرحمن الرحيم وله جزيل الحمد

[ألأحد]

إذا دخَلَتْ السنة بيوم الأحد ويكون الأوس من تسعة عشر إلى ثلثة وعشرين فإنَّه يكون بدؤ الصِّيام في إثنا عشر من فَبرير والعيد في ستة وعشرين من مَرس.

وإذا كان الأوس من ستة إلى إحدى عشر يكون بدؤ الصَّوم أعني إحترام اللحم في ستة وعشرين من فبرير والعيد في ستة أيَّام من أبريل.

وإذا كان الأوس من إثنَي عشر إلى سبعة عشر فإنَّه يكون احترام اللحم * في تسعة عشر يوم من فبرير والعيد في الثاني من شهر ابريل. 96r

إذا كان الأوس واحد أو ثلاثة أو أربعة أو ثمانية وعشرين أو ثلاثين يكون احترام اللحم في خمسة أيام من مرْس والعيد ستة عشر أبريل.

وإذا كان الأوس من خمسة وعشرين أو ستة وعشرين فإنَّه يكون احترام اللحم في إثنا عشر يوم من مرْس والعيد في ثلاثة وعشرين من أبريل.

الإثنين

إذا دخَلَتْ السنة بيوم الإثنين ويكون الأوس من ستة إلى إحدى عشر يكون احترام اللحم في خمسة وعشرين من فبرير والعيد في ثمانية من أبريل.

وإذا كان الأوس من أربعة عشر إلى تسعة عشر فإنَّه يكون احترام اللحم في ثمانية عشر من فبرير والعيد في أوَّل يوم من شهر أبريل.

تمَّت الأناجيل المشروعة في دَوْر العام بحمد الله وحُسن عونه ونبتدي بتوطية قوانين الأسوس لمعرفة الصيام والعيد لكُلِّ سنة باختصر [باختصار] التطويل إن شا الله وبالله التوفيق.

| | | |
|---|---|---|
| إنجيل تولية أسقُف | في الباب السادس عشر | من إنجيل مثًّا |
| إنجيل لطنيات شهر نبنبَر | في الباب الرابع عشر | من إنجيل مثًّا |
| إنجيل يوم عيد مَرْتين الأسقف | في الباب العاشر | من إنجيل مثًّا |

## أناجيل القطذيانُه

| | | |
|---|---|---|
| إنجيل الأحد الأوَّل من القطذيانُهْ | في الباب الثالث | من إنجيل مثا |
| إنجيل يوم الأحد الثاني منه | في الباب الثامن | من إنجيل مثا |
| إنجيل يوم الأحد الثالث منه | في الباب الثامن | من إنجيل مثا |
| إنجيل يوم الأحد الرابع منه | في الباب الثاني عشر | من إنجيل مثا |
| إنجيل يوم الأحد الخامس منه | في الباب الثالث عشر | من إنجيل مثا |
| إنجيل يوم الأحد السادس منه | في الباب الثالث عشر | من إنجيل مثا |
| إنجيل يوم الأحد السابع منه | في الباب الخامس عشر | من إنجيل مثا |
| إنجيل يوم الأحد الثامن منه | في الباب الثامن عشر | من إنجيل مثا |
| إنجيل يوم الأحد التاسع منه | في الباب التاسع عشر | من إنجيل مثا |
| إنجيل يوم الأحد العاشر منه | في الباب العشرون | من إنجيل مثا |
| إنجيل الأحد الحادي عشر | في الباب الحادي وعشرين | من إنجيل مثا |
| إنجيل الأحد الثاني عشر | في الباب الثاني وعشرين | من إنجيل مثا |
| إنجيل الأحد الثالث عشر | في الباب الثالث وعشرين | من إنجيل مثا |
| * إنجيل الأحد الرابع عشر | في الباب الرابع | من إنجيل لوقا 95v |
| إنجيل الأحد الخامس عشر | في الباب الرابع | من إنجيل لوقا |
| إنجيل الأحد السادس عشر | في الباب الرابع | من إنجيل لوقا |
| إنجيل الأحد السابع عشر | في الباب السابع | من إنجيل لوقا |
| إنجيل الأحد الثامن عشر | في الباب السادس عشر | من إنجيل لوقا |
| إنجيل الأحد التاسع عشر | في الباب السابع عشر | من إنجيل لوقا |
| إنجيل الأحد المُوفي عشرين | في الباب الرابع | من إنجيل مثا |
| إنجيل الأحد الحادي وعشرين | في الباب السادس | من إنجيل مثا |
| إنجيل الأحد الثاني وعشرين | في الباب السابع | من إنجيل مثا |
| إنجيل الأحد الثالث وعشرين | في الباب التاسع | من إنجيل مثا |
| إنجيل الأحد الرابع وعشرين | في الباب التاسع | من إنجيل مثا |
| إنجيل يوم أعراس | في الباب الثاني | من إنجيل يحيى |

| | | | |
|---|---|---|---|
| | إنجيل يوم الأحد الخامس منه | في الباب السابع | من إنجيل لوقا |
| | إنجيل يوم الأحد السادس منه | في الباب الثاني | من إنجيل مَرْكُش |
| | إنجيل يوم وُجُود الصليب | في الباب السابع عشر | من إنجيل لوقا |
| | إنجيل يوم ارتفاع السيِّد إلى السماء | في الباب الثاني عشر | من إنجيل يحيى |
| | إنجيل يوم الأحد بعد الإرتفاع | في الباب السابع | من إنجيل مَرْكُش |
| | إنجيل لطنيات البَنتقشتان | في الباب الثاني | من إنجيل يحيى |
| | إنجيل يوم البَنتقشتان | في الباب الحادي عشر | من إنجيل يحيى |
| | إنجيل يوم الأحد بعد البنتقشتان | في الباب السابع عشر | من إنجيل لوقا |
| | إنجيل يوم الحد الثالث من البنتقشتان | في الباب السابع عشر | من إنجيل متّا |
| 94v | * إنجيل الأحد الرابع من البنتقشتان | في الباب الرابع | من إنجيل لوقا |
| | إنجيل الأحد الخامس منه | في الباب السابع عشر | من إنجيل لوقا |
| | إنجيل الأحد السادس منه | في الباب الخامس | من إنجيل لوقا |
| | إنجيل الأحد السابع منه | في الباب السادس | من إنجيل لوقا |
| | إنجيل الأحد قبل ميلاد يحيي المُعَمِّد | في الباب الأوَّل | من إنجيل مَرْكُش |
| | إنجيل يوم ميلاد يحيى المُعَمِّد | في الباب الأوَّل | من إنجيل لوقا |
| | إنجيل يوم عيد بِيْطرش وبوْلُش | في الباب الثاني عشر | من إنجيل يحيى |
| | إنجيل يوم عيد يشته الشهيده | في الباب السادس | من إنجيل لوقا |
| | إنجيل يوم عيد روفينَه | في الباب العاشر | من إنجيل لوقا |
| | إنجيل يوم عيد فليج الشهيد | في الباب العاشر | من إنجيل يحيى |
| | إنجيل يوم عيد لورَنس الأرجدياقن | في الباب الخامس | من إنجيل متّا |
| | إنجيل يوم عيد أبلّيط الشهيد | في الباب السادس عشر | من إنجيل لوقا |
| | إنجيل يوم عيد يناش الشهيد | في الباب السابع | من إنجيل مَرْكُش |
| | إنجيل يوم عيد يَرُنسُ الأسقُف | في الباب العاشر | من إنجيل متّا |
| | إنجيل لطنيات شهر شُتنْبَر | في الباب الخامس عشر | من إنجيل لوقا |
| | إنجيل يوم عيد جبْريان الأسقُف | في الباب الرابع | من إنجيل متّا |
| | إنجيل يوم عيد ذَبح يحيى المُعمِّد | في الباب الرابع عشر | من إنجيل متّا |
| | إنجيل يوم عيد ميقايل المَلَك | في الباب الخامس وعشرين | من إنجيل متّا |
| | إنجيل يوم يوشت وإخَوَيه | في الباب العاشر | من إنجيل متّا |
| 95r | * إنجيل عيد قُشَما ودَميان | في الباب الثامن | من إنجيل لوقا |
| | إنجيل عيد شِرْبَنْد ويرمان | في الباب الخامس وعشرين | من إنجيل متّا |
| | إنجيل يوم تقديس الكنيسة | في الباب السابع عشر | من إنجيل متّا |

| | | | |
|---|---|---|---|
| إنجيل يوم الأربعا بعده للنُونَهْ | في الباب السادس | من إنجيل يحيى | |
| * إنجيل يوم الجُمعة بعده للنُونَه | في الباب السادس | من إنجيل يحيى | 93v |
| إنجيل الأحد الثالث من الصيام | في الباب الرابع | من إنجيل يحيى | |
| إنجيل يوم الأربعا بعده للنُونَهْ | في الباب السادس | من إنجيل يحيى | |
| إنجيل يوم الجُمعة بعده للنُونَهْ | في الباب السابع | من إنجيل يحيى | |
| إنجيل الأحد الرابع من الصيام | في الباب السابع | من إنجيل يحيى | |
| إنجيل يوم الأربعا بعده للنُونَهْ | في الباب السابع | من إنجيل يحيى | |
| إنجيل يوم الجُمعة بعده للنُونَهْ | في الباب الثامن | من إنجيل يحيى | |
| إنجيل الأحد الخامس من الصيام | في الباب التاسع | من إنجيل يحيى | |
| إنجيل يوم الأربعا بعده للنُونَهْ | في الباب التاسع | من إنجيل يحيى | |
| إنجيل يوم الجُمعة بعده للنُونَهْ | في الباب العاشر | من إنجيل يحيى | |
| إنجيل الأحد السادس وهو يوم النخيل | في الباب العاشر | من إنجيل يحيى | |
| إنجيل يوم الإثنين بعده للترسيه | في الباب السابع | من إنجيل يحيى | |
| إنجيل يوم الثلثا بعده للترسيه | في الباب السابع | من إنجيل يحيى | |
| إنجيل يوم الأربعا بعده للترسيه | في الباب العاشر | من إنجيل يحيى | |
| إنجيل يوم الأربعا للنُونَه | في الباب السادس والعشرين | من إنجيل متّا | |
| إنجيل يوم الخميس بعده للترسيه | في الباب الثاني عشر | من إنجيل يحيى | |
| إنجيل ليلة عشاء السيِّد | في الباب السادس والعشرين | من إنجيل متّا وفيه من غيره | |
| إنجيل يوم الصّلوفيَّة لِلطّرسيه | في الباب العشرون | من إنجيل لوقا | |
| إنجيل ذلك اليوم للنُونه | في الباب السابع وعشرين | من إنجيل متّا وفيه مِن غيره | |
| * إنجيل ليلة الفصح | في الباب الثامن وعشرين | من إنجيل متّا | 94r |
| إنجيل يوم الفَصح | في الباب الرابع عشر | من إنجيل يحيى | |
| إنجيل يوم الإثنين بعد الفَصح | في الباب الثالث عشر | من إنجيل مَركُش | |
| إنجيل يوم الثَّلثا بعد الفَصح | في الباب الحادي والعشرين | من إنجيل لوقا | |
| إنجيل يوم الأربعا بعد الفَصح | في الباب الحادي وعشرين | من إنجيل لوقا | |
| إنجيل يوم الخميس بعد الفَصح | في الباب الحادي وعشرين | من إنجيل لوقا | |
| إنجيل يوم الجُمُعة بعد الفَصح | في الباب الرابع عشر | من إنجيل يحيى | |
| إنجيل يوم السبت بعد الفَصح | في الباب الرابع عشر | من إنجيل يحيى | |
| إنجيل يوم الأحد ثامن الفَصح | في الباب الرابع عشر | من إنجيل يحيى | |
| إنجيل يوم الأحد الثالث منه | في الباب الخامس | من إنجيل يحيى | |
| إنجيل يوم الأحد الرابع منه | في الباب الرابع | من إنجيل يحيى | |

| | | |
|---|---|---|
| إنجيل يوم شَنْت إشْتابَن أوَّل الشهداء | في الباب الثالث وعشرين | من إنجيل متَّا |
| إنجيل يوم شَنْت يُوان الحواري الإنجيلي | في أخِر باب | من إنجيل يحيى |
| إنجيل شَنْت يعقوب أخي السيِّد | في الباب العاشر | من إنجيل يحيى |
| إنجيل يوم قَتْل الأطفال الثلحِمين | في الباب التاسع عشر | من إنجيل متَّا |
| إنجيل يوم خِتان السيِّد | في الباب الأوَّل | من إنجيل يحيى |
| إنجيل اللطِنيات التي قبل الأبفانيَة | في الباب الأوَّل | من إنجيل يحيى |
| إنجيل يوم ظُهور النجم وعيد الأبفانِيَة | في الباب الأوَّل | من إنجيل متَّا |
| إنجيل يوم شَنْت يُلْيان الشهيد وغيره | في الباب العاشر | من إنجيل متَّا |
| إنجيل يوم عيد الأربعين شهيدًا | في الباب الثامن عشر | من إنجيل لوقا |
| 93r * إنجيل يوم الأحد الأوَّل بعد الأبفانية | في الباب الثاني | من إنجيل لوقا |
| إنجيل يوم الأحد الثاني | في الباب الرابع | من إنجيل لوقا |
| إنجيل يوم الأحد الثالث | في الباب الحادي عشر | من إنجيل لوقا |
| إنجيل يوم الأحد الرابع | في الباب الثاني عشر | من إنجيل لوقا |
| إنجيل يوم الأحد الخامس | في الباب الثاني عشر | من إنجيل لوقا |
| إنجيل يوم الأحد السادس | في الباب الرابع عشر | من إنجيل لوقا |
| إنجيل يوم الأحد السابع | في الباب الخامس عشر | من إنجيل لوقا |
| إنجيل يوم الأحد الثامن | في الباب الخامس عشر | من إنجيل لوقا |
| إنجيل يوم الأحد قبل احترام اللحم | في الباب السادس عشر | من إنجيل لوقا |
| إنجيل يوم فرقتُوش الأسقُف | في الباب الثاني عشر | من إنجيل لوقا |
| إنجيل يوم شنت بنجنت الدياقن | في الباب السابع عشر | من إنجيل لوقا |

إنجيل يوم تولية بيطُر الحَواري ويُقال أيضًا في يوم تولية أسقُف في الباب السادس عشر لوقا

# أناجيل الصيام

| | | |
|---|---|---|
| إنجيل يوم احترام اللحم | في الباب الرابع | من إنجيل يحيى |
| إنجيل يوم الأربعا بعده للنُونَه | في الباب الثالث | من إنجيل متَّا |
| إنجيل يوم الجُمعة بعده للنُونَه | في الباب السادس | من إنجيل يحيى |
| إنجيل الأحد الثاني من الصيام | في الباب الثامن | من إنجيل يحيى |
| إنجيل يوم الأربعا بعده للنُونَهْ | في الباب السادس | من إنجيل يحيى |
| إنجيل يوم الجُمعة بعده للنُونَهْ | في الباب السادس | من إنجيل يحيى |
| إنجيل الأحد الثالث من الصيام | في الباب الرابع | من إنجيل يحيى |

# [قراءات الانجيل المشروعة]

## بسم الله الرحمن الرحيم وله جزيل الحمد

فُسِّر في هذا الباب الأناجيل التي اسْتُخرِجَتْ مِن الأناجيل لِتُقرأ على العامَّة في الكنايس المُقدَّسة في أيَّام الفُصوحات والأحاد والصِّيام وأعياد القدِّيسين والقِدِّيسات في دَوْر العام كُلِّه فإذا طَلَبَها الطَّالِب لها يجِدُها في أيِّما باب كانت مِن الأربعة الأناجيل على ما يقع نَصُّه تَحْتُ بِلا مَؤونة ولا كُلفَةٍ إن شاء الله.

### أناجيل الأدْبَانْتُهْ

| | | |
|---|---|---|
| إنجيل يوم الأحد الأوَّل منه | في الباب الثالث | من إنجيل لوقا |
| إنجيل يوم الأحد الثاني منه | في الباب الحادي عشر | من إنجيل مَتَّا |
| إنجيل يوم الأحد الثالث منه | في الباب الحادي عشرين | من إنجيل مَتَّا |
| إنجيل يوم الأحد الرابع منه | في الباب العاشر والحادي عشر | من إنجيل مَرْكُش |
| * إنجيل يوم الأحد الخامس منه | في الباب السادس عشر | من إنجيل لوقا 92v |
| إنجيل يوم الأحد السادس منه | في الباب الأوَّل | من إنجيل مَركُش |
| إنجيل شَنْتِ إِجشكلي | في الباب التاسع عشر | من إنجيل متَّا |
| إنجيل يُوشتْ زمان وغيره من الشهاداء | في الباب الرابع | من إنجيل متَّا |
| إنجيل شَنْتِ شَطُربين الأسقُف | في الباب السابع عشر | من إنجيل لوقا |
| إنجيل شَنْتِ أنْدرياش الحَواري | في الباب السابع | من إنجيل مَركُش |
| إنجيل شَنْتَ لُوقاذيَة | في الباب الثاني عشر | من إنجيل مَركُش |
| إنجيل شَنْتْ أوْلاليَة | في الباب الخامس وعشرين | من إنجيل متَّا |
| إنجيل شَنْتُورُم يُشْتْ وأبْند | في الباب العاشر | من إنجيل لوقا |
| إنجيل يوم شَنْت مَرية البتُول أمّ السيِّد | في الباب الأوَّل | من إنجيل متَّا |
| إنجيل يوم ميلاد المَسيح المُسَلِّم | في الباب الأوَّل | من إنجيل لوقا |

92r ثَمَّ قَول أوشابِيُوش عن أفرِيقان كان * كان ناطان وَملخي أخَوان وكانت لهما إمرأة واحدة في زمانَين كان اسمها إشْتا وكان لِمَلْخِي وناطان مِن تلك المرأة وَلَدان كان اسم وَلَد ناطان لِزَوج الأوَّل يعقوب فَمات ناطان وتزَوَّج مَلخِي إشتا فكان له منها ولَدٌ يُقال له عَلِي فصار يعقوب وعَلِي أخَوَين لأمٍّ مِن بطنٍ واحدٍ وليس مِن والدٍ واحدٍ فَنَسَب مَثًّا يوسفَ خطيب مريم إلى يعقوب إلى ناطان بن لاوي ونَسَبَ لوقا يوسف إلى إلى ناثان إلى لاوي ثمَّ عَطَف فَنَسَبَهُ إلى مَلخِي الذي هو وَلدُ عَلِي فَنَسَبَهُ أوَّلاً إلى رَبيبه ناطان بن لاوي كما يُنسَبُ الرَّبيب إلى الرَّبيب ثم عَطَفَ به إلى مَلخِي الذي كان أباه بالحقيقة فيأتي مَلخِي ثالثًا بالحقيقة وخامسًا بالنسبة إلى ناطان بن لاوي. وكان ناطان عَرَضَ له ما عَرَضَ لِيوسف كان ابن أخَوَين كان قد تزوَّجا أمَّه الواحد لاواي ومات ولم يَدَع ولَدًا فتزوَّجها العَزار فوُلِدَ له منها ناطان فَنَسَبَهُ لوقا إلى لاوي أخي العِزار الذي كان زوجها أوَّلاً وَنَسَبَهُ مثًّا إلى أخي لاوي ألعَزار الذي وُلِد مِن صُلْبِه ناطان هذا.

تمَّ الباب

مِن نسلِه فلمَّا تزوَّجها مَلخِي وَلَدًا [وُلِدَ] له منها وَلَدٌ يُقال له عَلِي فصار يعقوب وعَلِي مِن نسل أبوَين مُختلفَين كان أخَوان مِن بطنٍ واحدٍ ووالِدَةٍ وليس مِن زريعة صُلبٍ واحد فقام يعقوب أخو عَلِي وتزوَّج امرأة أخيه عَلِي لا ندري اسمها وكان عَلِي قد مات وَلَم يَدَع أولادًا وفَعَل ذلك يعقوب لأنَّ التوراة أمَرَتْه بذلك فوُلِدَ له مِن تلك المرأة الأمل [الأرمل] يوسف الذي كان خطيب مريم فصار يوسف وَلَدَ عَلِي الميِّت على حَسْب سُنَّة التوراة ثمَّ صار يوسف بالطبع والزريعة ابن يعقوب كما كَتَب متَّا فأحيا يعقوب نسل أخيه.

ونَسَبَ لوقا يوسف إلى عَلِي الميِّت كما أمَرَت التوراة لأنَّ لوقا إنَما وَصَفَ نسبة التوراية التي بها كان المسيح ابن يوسف ووَصَف متَّا نسبة الصُّلْب والزريعة التي منها كانت مريم العذرى فَكِلتا النِّسبتَين صادقتان فعلى هذا الترتيب تستقيم النِّسبة التي وصفها متَّا القايل يعقوبُ وَلَدَ يوسف وتستقيم النِّسبة التي وصفها لوقا الحواري القايل وكان يظُنٌّ به أنَّه ابن يوسف ابن يعقوب الذي كان يظُنٌّ به أنَّه ابن عَلِي المظنون به ابن مُلَحلِي [مَلخِي] لأن لوقا الحَواري أراد بهذا الوصف أن يلتزم طريق التبنِّي الذي فرَضَتْه التوراة في المَوتاء وليست حقيقة التناسل في المسيح أن يكون يوسف على سبيل ما هو قبله في التوراة فجاء بالتناسُل الظنِّي غير الحقيقي الذي لم يَلِد منهم واحدٌ صاحبَه بل جميع تلك الطريقة إضافة غير حقيقة ولذلك لم يهبِط بالنسبة كما هبط متَّا لاكنَّه صَعَد حتَّى بَلَغ أدَمَ وأضاف أدَام إلى رَبِّه وخالِقِه.

قال أفريقان فهذه المقالة لم نبتدعْها مِن قِبَل أنفسنا على البديهة ولا اللَّفناها [ألَّفْناها] مِن ذاتنا ولا مِن غَير مُعلِّمينا لاكن رَوَينا‌ها عن أقارب المسيح على طريق اللُّحْمَة لِيظهَر بذلك شرَف نِسبته للناس عامَّة ونعْلمه بأنَّ ذلك الوصف حقٌّ يقين البَتَّة وقايم صحيح في حقيقة الواجب والسُّنَّة.

الطِّباع وخيط السُّلالة والدم فالنَّسْل واحد الذي يهبِط مِن سُلَيمَن والذي يهبِط من ناطان أخيه فَناطان بن داود منه نَزَلَتْ النِّسبة التوراويَّة وسُنَّة إحياء الموتاء التي كان يلتزمها مَن مات ولم يترُك أولادًا فكان الرَّجُل يتزوَّج المرأة بعد موت أخيه فكُلُّ مَن وُلِد مِن الزوج الثاني كان يُضاف إلى المَيِّت فكان ابن المَيِّت بالمجاز والسُّنَّة وليس ابن الحيِّ على أنَّه بالحقيقة ابن الحيِّ ولذلك صارت النِّسبَتان نازِلتان حتَّى بلغَتا يوسف خطيب مريم على خطَّيْن معتَدِلَين فظاهرهما مُختَلِف وباطنهما مُتَّفِق واحدٌ صادقتان.

ولِكَيما يكون قولنا واضحًا ظاهرًا لذلك وصفْنا اتِّفاق كِلتَي النِّسبتَين فنقول أمَّا النِّسبَة التي وصَفَ متَّا النازلة مِن داود وسُلَيمَن خيْطِ الملوك فإنَّا نَجِد في أخِر تلك النِّسبة ناطان غير ناطان بن داود فقال متَّا أنَّه تَوَلَّد منه يعقوب ولَدُ يُسوف [والِد يوسف]. فأمَّا لوقا الذي اجتَلَب النسبة مِن ناطان بن داود فإنَّه جَعَل في مكان ناطان الثالث مَلخِي إذ قال يوسف المنسوب إلى عَلِي المنسوب إلى مَلخِي فواجب علينا أنْ نُوضِحَ لأيِّ شيء قال متَّا أن يوسف كان أبوه يعقوب النازل مِن عِرق سُلَيمَن بن داود.

وقال لوقا أنَّ يوسف بن عَلِي على حسْب النِّسبة النازلة مِن ناطان بن داود والأمرُ واحدٌ وذلك أنَّ يعقوب وَعَلِي أخَوان وكان أبُوا أحدِهما يُقال له ناطان وأبو الأخَر مَلخِي قد تولَّدا مِن نَسلَين مُختلفَين صارا جميعًا أجدادًا لِيوسف هذا فَهُما على حَسْب هذه الصفة التي أصِف كان ناطان الموجود في خَيط لوقا والموجود أيضًا في خيَط متَّا وكان مَلخي المَوجود في خَيط لوقا دُون خَيط متَّا وُلِدَ لهما مِن امرأة واحدة كانا تزوَّجاها في زمانَين مُختلفَين كان اسمها إشتا كانت زوجةً لهما جميعًا وَوُلِد لهُما منها ولدان لِكلِّ واحد منهما وَلَدٌ لأنَّ ناطان النازل مِن خَيط سُلَيمَن * كان قد تزوَّجها أوَّلاً فمات وترك 91v
ولَدًا واحِدًا كان اسمه يعقوب فبعد موت ناطان لأجل أنَّ التوراة لا تمنع الأرمل أن يتزوَّجها زوجٌ أخَر مَلخِي مِن بيت ناطان ومِن رهطه وليس كان

الدم والنسبة الفرضية التوراويَّة هي التي فرضها موسى عن الله وذلك أن يُولِد الرجُل إمرأته ولدًا وقد كان للمرأة زوجٌ مات عنها فوُلِد لها مِن الثاني ولَدٌ أو إبنةٌ فيُسمَّى ذلك الولدُ ابن الرجُل الميِّت الذي لم يَلِدهُ ويُنسَب إلى غير أبيه لِيحيى بذلك اسمَ الميِّت ولا يضمحلُّ أمْرُهُ كالَّذي نُسِبَ المسيح إلى يوسُف وقيل إنَّه ولَدُه لو لم يكن مِن سَلالته ولا مِن زريعته فالمسيح هو ابن داود إذ كان يوسف مِن ذُرِيَّة داود. فأوجبت التوراة أن ينكح الرجُل إمرأةً كان لها زوجٌ فمات عنها ولم يَدَعْ ولدًا فالولد المَولود مِن الزوج الثاني يُنسَب إلى الرجُل المَيِّت ولا يُنسَب إلى أبيه الباقي فيولَدُ مِن زريعة غيره ويُنسَب إلى غير الزريعة التي تناسل منها وغير الأب الحقيقي وذلك إذا مات الرجُل وله إمرأة ولم يَدَعْ ذُرِيَّة فليَقُم أخو الميِّت ويتزوَّجها ليُقيمَ نسلَ أخيه فما وُلِد منها للباقي مِن وَلَدٍ أو إبنة نُسِبَ إلى الميِّت وقيلا [وقيلَ] له فُلان بن فُلان ولا يُسمَّى ابنُ الحيِّ فإنَّ اليهود ليس كانت تومِن بالقيامة ولا تُصَدِّق بالحَشر فكانوا يُقيمون النسلَ للمَوتاء ويُجْبِرونه بالخَلَف كان الباقيين يقوم مقام المَوتاء وكانوا يُقِرُّون بالقيامة بالتَّشْبيه والمِثال أعني كان المَيِّت قام في الولد المولود ألاّ تذهب الذُرِيَّة ويضمحِلُّ النَّسْل إذا كانت الأبدان عندهم تتلاشى وتَعْدُمُ.

فلمَّا كانت سُنَّة التناسُل عند اليهود على هذَين الوجهَين أولاد السُّلالة والطَّبع وأولاد فرايِض التَّوراة للإجبار والخُلوف ذلك بأن يُضاف الأولاد إلى غير أبايهم وأوجبَت التوراة أن يُنسَبوا إلى مَن لم يَلِدهُم كان مِن كِلَي
91r الحَوارِيِين متَّا ولوقا أن يجتلبا النِّسبتَين للمسيح جميعًا نِسبة الطبع * ونسبة فرض التوراة وإضافتها لِيُكمِلا الشرطَين لأنَّ المسيح أضِيف إلى يوسف ولم يكن أباه بالطبع وكان أباه على واجب التوراة وكما نُسِب أدَمُ إلى الله لِخَلقه إيَّاه فعلى هذا المذهب صدق متَّا وصدق لوقا وذلك أنَّ لوقا إتَّبع نِسبة الإضافة التوراويَّة التي وضعها موسى لِلخُلوف وإحياء أسم الميِّت فاتَّبع نِسبة

# [ردّ أوشابيوش]

## بسم الله الرحمن الرحيم ولواهب العقل الحمد

قال أوْشابِيُش أسقُف بلد القيسارِيَّة[1]

إنَّ متَّاوُش الحواري ولوقا صاحبه وصفا نسبَة المسيح على الإختلاف حتِّى قال كثيرٌ مِن الناس أنَّهما إتَضادًّا في النِّسبتَين وخالف أحدهما صاحبَه. قال كثيرٌ من المومنين الجاهلين بحقايق الأشياء أنَّ وَصْفَهما مُحالٌ لا يُمكَن وأَجَبُوا الخطاء في ذلك عليهما فالواجب علينا أن نَجتَلِب في هذا الموضع الرواية التي رَوَيْناها في تاليف النِّسبتَين واتِّفاقهما وصِدقِ مَعناهما وأنَّ كِليهما صادقان فنقول أنَّ أفْرِقان [Africanus] العالِم كَتَبَ تفسير * هذا الإختلاف 90v
في كتابه إلى أرشْتِيذان [Aristides] الذي ألَّف فيه اختلافات الأناجيل في النسبتين اللتَين كتبهما لوقا وخالف فيها متَّا وعاتب بالإحتجاج بعضَ الجهَلة الذين ضلُّوا سبيلاً عن الحقِّ وغاب عنهم سِرّ المعنى ومكتومه ولم يفهموا قَوامه وصحيحه فأمَّا قوله واحتجاجه الذي وضعه في ذلك فقد وصفناه في كتابنا هذا بِخاصٍّ كما كتَبَه أفرِقان لفظًا لفظًا.

قال أفرِقان أنَّ النسبة عند قبيلة إسرايِل أن تكون على وجهَين فالوجه الواحد على جاري الطبع والوجه الثاني على جاري فرايض التوراة وهي الإضافة والإنتماء. فالنسبة الطبيعية هي التي تكون مَن السُّلالة الأدميَّة ودعوة

[1] Eusebius Pamphilus (Bishop of Cæsarea), *Church History* [CPG 3495], Chapter VII: *The Alleged Discrepancy in the Gospels in Regard to the Genealogy of Christ*. Trans. Arthur CUSHMAN MCGIFFERT, in *A select Library of Nicene and post-Nicene Fathers of the Christian Church. Second Series, Vol. 1, Eusebius. Church History, Life of Constantine the Great, and Oration in Praise of Constantine*, Oxford, New York, 1890.

# ADDENDA

## I

## ردّ أوشابيوش

## ARABIC TRANSLATION OF EUSEBIUS' CHURCH HISTORY CH. VII: THE ALLEGED DISCREPANCY IN THE GOSPELS IN REGARD TO THE GENEALOGY OF CHRIST

## II

## قراءات الانجيل المشروعة

## GOSPEL LECTIONARY

## III

## توطية قوانين الأسوس لمعرفة الصيام والعيد لكُلّ سنة

## TABLE FOR THE COMPUTATION OF THE BEGINNING OF LENT AND THE DATE OF EASTER

تمَّ الجُزء الرابع مِن الإنجيل قَول يحيى بن سَبَذاي الحَواري مِمَّا وَضَع إلى خمسين سنة مِن ارتفاع المسيح السيِّد إلى السماء والحمد لله كثيرًا.[425] وبتمامه تَمَّتْ الأربعة الأناجيل المُقدَّسة لِمتَّى وَمَرْكُ وَلُوقا ويَحيى المشْتَمِلة في هذا الكتاب الذي كتبه أبو عُمَر الدِّياقُن بن يُوان بنُ عَيْشون لإبرهيم بنِ خَير بنُ عبْد عبِيد المسيح كلِمة الله الحيِّ الأزليّ بمدينة فاس حرَسها الله وكَمُل على يديهِ يَومَ الجُمُعَة في ثلاثين يومًا مِن شهر مارْس سنة خمسة وأربعين وماية وألفٍ مِن تاريخ المسيح السيِّد.

والحمد للهِ كثيرًا كما هُوَ أهْلَهُ

[425] León تم الانجيل الرابع والحمد لله كثيرًا

أَتُحِبُّني فقال له نعم يسيِّدي أنتَ تعلَم أَنِّي أَحِبُّك فقال له إِرْعَ
خِرفاني [17] ثمَّ قال له ثالثة يا سَمعون بن يحيى أَتُحِبُّني فحزِن بِيْطُر
لمَّا قال له ثالثة * تُحِبُّني وقال له يسيِّدي أنتَ تَعلم الجميع وأَنِّي 90r
أَحِبُّك فقال له إِرْعَ ضاني [18] أمين أمين أقول لك إذ كُنتَ حَدَثًا[417]
كُنْتَ تحتزِم وتسير حيثما شِئتَ[418] فإذا شِخْتَ سَتَمُدُّ يدَيك ويحزِمُك
غيرُك ويقودُك حيث لا تُريد [19] قال يعني الموت الذي يُشرِّفُه اللّٰه
به. ولمَّا قال هذا قال له إتبعني [20] فالتَفَتَ بِيْطُرُ ونَظَر إلى التلميذ[419]
الذي كان يُحبُّه يسوع تابعًا له وهو الذي كان اتَّكا في العَشاء على
صدره فقال له يسيِّدي مَن هو الذي يتُلُّ[420] بِك [21] فلمَّا رأَوْه[421] بِيْطُر
قال ليسوع يسيِّدي وما مَسير هذا إليه[422] [22] فقال له يسوع إنِّي
أَحِبُّ أن يكون بِحالِه[423] حتَّى أتي فَما علَيك أنتَ إتبعني [23] فخرج
هذا الكلام في الإخوة وظنُّوا أَنَّه لا يموت ذلك التلميذ ولم يَقُل
يسوع أَنَّه لا يموت وإنَّما قال أَحِبُّ أن يكون بحاله حتَّى أتي فما
عليك

[24] وهذا التلميذ هو الذي يوَدِّي الشهادة في هذا وكَتَبَ هذا عنه وتعلَمُ أنَّ شهادته حقٌّ. [25] وبها أشياء كثيرة فعَلَها يسوع مِمَّا لو أرَدْنا كِتابه لم يَحْمِله الدنيا أسفارًا.[424]

[417] BNM شابا
[418] BNM تريد
[419] BNM ورأى ذلك التلميذ
[420] BNM يغدر
[421] BNM and León راه
[422] BNM قال ليسوع يا سيد وهذا ماذا
[423] BNM اريد ان يبقى هكذا حتى اتي
[424] BNM وثم امور اخرى كثيرة صنعها يسوع ما اقدر لو كتبت احادا ان الدنيا تسع الكتب التي لها ان تكتب; León مما لو كتبت فراد لم تحمله الدنيا اسفارا

الريف[409] ولَم يُميِّزوا[410] أنَّه كان يسوع [5] فقال لهم يا غِلمان عندكم طعام[411] فأجابوه وقالوا لا [6] فقال لهم ألقُوا الشبَكة عن يمين المركب فَتَصِبوا فألقَوا الشبكة ولم يقدروا على جَرِّها مِن كثرة الحيتان [7] فقال ذلك التلميذ الذي كان يُحِبُّه يسوع لِبِيْطُر ألسيِّد هو وإنَّ سَمعون بِيْطُرَ لمَّا سمع أنَّه السيِّد إحتزم قميصه فإنَّه كان عُريانًا ثمَّ ترامى في البحر [8] ثمَّ أقبل غيره مِن التلاميذ في المركب وليس كانوا على بُعدٍ مِن الأرض إلاّ على مِقدار مائتي ذِراعٍ يَجُرُّون شبكة الحِيتان [9] فلمَّا نزَلوا في الأرض نظروا إلى جَمْرٍ وحوْتٍ موضوع مِن فوقها وخُبزٍ [10] فقال لهم يسوع هاتوا مِن الحيتان التي أصبْتُم الان [11] فدَخَل بِيْطُرُ وجرَّ الجرَّافة[412] إلى الأرض مَحشوَّةً بِحِيتانٍ عظيمة[413] عددها ماية وثلثة وخمسون ولم تنشقّ الجرَّافة على كَثْرَتها [12] فقال لهم يسوع أقبِلوا[414] وتغدُّوا وليس كان واحدٌ مِن المُتَّكين يجتري أن يُكاشفه مَنْ أنتَ عارفين بأنَّه السيِّد [13] وأقبَل يسوع وأخذ الخُبز وأعطاهم مِن الحوت كذلك [14] فهذه مرَّة ثالثة ترائى يسوع لتلاميذه بعد ما قام عن الموتاء.

[15] فلمَّا تغدُّوا قال يسوع لِسَمعون بِيْطُر يا سَمعون بن يحيى[415] أتُحِبُّني أكْثر مِن هاؤلاء فقال له نعم يسيِّدي أنتَ تعلَم أنِّي أحِبُّك فقال له إرْعَ خِرفاني [16] ثمَّ قال له أيضًا يا سَمعون بن يحيى[416]

[409] BNM الساحل

[410] BNM يعرف التلاميذ; BL ولم يعرفه التلاميذ

[411] BL صيد; BNM ادام

[412] BNM (and further) الشبكة

[413] BL and BNM جليلة

[414] BNM تعالوا

[415] BNM (here and following two verses) سمعون يحنى; see Matthew XVI:17 and John I:42.

[416] BL ends here.

عليكم [27] ثمَّ قال لِطوما[394] أدخِل إصبَعَك هنا وأبصِر يدَي[395] وَهاتْ يدَك أدخِلها إلى جنبي ولا تكن كافِرًا[396] بل كُن مومنًا [28] فأجاجه [فأجابه][397] وقال له سيِّدي وَإلاهي [29] فقال له يسوع إنَّك رأيتني فأمَنْتَ فطوبا لِلَّذين لم يرَوْنني فأمَنوا[398]

[30] وقد فعَلَ يسوع عجايب كثيرة بمَحضَر تلاميذه ما لَم تُكتَب في هذا المُصحَف[399] [31] وإنَّما كُتِبَ هذه لتومنوا أنَّ يسوع المسيح هو ابن اللّٰه[400] وإذا أمَنتُم تنالوا الحياة على اسمه.

[XXI] [1] وبعد هذا ترَى[401] أيضًا يسوعُ للتلاميذ على بحر الطَبَرَياذِيَة[402] وهكذا ترائى لهم [2] وذلك أن كان سَمعون بِيطُرُ وطوماش المُقَلَّب[403] بِدِيْدِمُشْ وَنَطَنَهال[404] الذي كان مِن كنعان جِلجال وابنا سَبَذاي وغيرهم مِن تلاميذه إثنان[405] [3] فقال لهم سَمعون بِيْطُرُ أسيرُ وأصطاد[406] فقالوا له ونَسيرُ نحن معك فخرجوا وصعدوا في مَرْكَب فَلَم يَصِروا[407] في تِلكَ الليلة شيئًا [4] فلمَّا أصبَح لهم[408] وقف يسوع في

[394] BL and BNM لِطوماش
[395] BL هات اصبعك وتبصّر كفي
[396] BL and BNM متشككا
[397] BNM and León فاجاب; Ibn Ḥazm فقال له
[398] BL فسعيًا لمن امن بي ولم يرني; BNM and León سعد الذين لم يروا وامنوا
[399] BL and BNM الكتاب
[400] BL and BNM بان يسوع هو المسيح ابن اللّٰه
[401] BL ترآى (Ibn Ḥazm تراءى); BNM اظهر يسوع ايضًا نفسه
[402] BL تباريادش; طبرية; Ibn Ḥazm الطبرية
[403] León المُلقَّب
[404] BNM وطوماش الذي يقال له المشكك ونطنال
[405] Ibn Ḥazm وهم يصيدون في مركب في البحر
[406] BL ونصطاد
[407] BL and León يصيبوا; BNM ياخذوا
[408] BNM واذ كان الغدو

[19] ولمَّا كان عشيّ ذلك اليوم واحِد السبت[379] وكانت أبواب
ذلك الموضِع حيث كانوا التلاميذ مُجتمعون مَخلُوقةً[380] لأجل خوفهم
لليهود أقبل يسوع ووقف في وسَطهم وقال لهم ألسَّلام عليكم[381]
[20] ولمَّا قال لهم ذلك عَرَض عليهم اليَدَين والجَنْب[382] ففرَح
التلاميذ عند رؤيتهم للسيِّد. [21] ثمَّ قال لهم (ايضا)[383] ألسَّلام عليكم
كما أرسلَني الأب وأنا أرسِلُكم [22] ولما قال هذا نفخ وقال تقبَّلوا
الروح القُدُّوس [23] مَن غفرْتُم لهم ذنوبَهم فقد غُفِرَتْ لهم ولِمَن
عَقَلتُم ذنوبهم تكونُ معقولة.[384]

[24] وإنَّ طُماش[385] واحِد الإثنَي عَشَر المُقلَّب[386] بِدِيْدُمَش[387] ليس كان
معهم[388] إذ أقبَلَ يسوع[389] [25] فقال له التلاميذ الأخَرون رأيْنا السيِّد فقال
لهم لَين أُبصِر[390] في يدَيْه ألْصاقَ المسامير[391] وأدخِل إصبَعي في مَوضِع
المسامير وأدخِل يدي في جنبِه لا أمَنتُ.[392]

[26] وبعد ثمانِيَة أيَّام كانوا أيضًا التلاميذ داخل الموضع وطُماش[393]
معهم فأقبَل يسوع * والأبواب مُغلَقَة ووقَف في الوَسَط وقال ألسَّلام 87v

379 BL عشية ذلك الاحد; BNM واذ كان المساء لذلك اليوم يوم الاحد
380 BNM مغلقة; León مغلوقة
381 BNM السلم لكم
382 BNM and Ibn Ḥazm عرض عليهم يديه وجنبه (BNM واذ قال هذا عرض)
383 BNM and León; BL وقال لهم ثانية
384 BL and BNM ومن ابقيتم ذنوبهم فقد بقيت
385 BL and BNM طوماش; Ibn Ḥazm طوما
386 León أَلمُلَقَّب; BL الذي يدعا; BNM الذي يقال له
387 *Didymus*. BNM المتشكك; omitted in BL
388 Ibn Ḥazm لم يكن حاضرًا في هذا الظهور
389 BL وكان ذلك الوقت قد غاب واحد الاثني عشر الذي يدعا طوماش عن اصحابه
390 BL, Ibn Ḥazm, and León لئن لم ابصر; BNM ان لم ارَ
391 BL اتر; BNM اثار
392 BNM لا اؤمن
393 BL, BNM, and León وطوماش

موضوعة [7] والسَّبَنِيَّةَ[368] التي كانت على رأسه ليس مع الشِّقَق مَوضوعًا بَل مخْزولةً مَلفُوفةً في مَوضِع واحِدٍ [8] فعند ذلك دخَلَ التلميذ الذي جاءِ أوَّلاً إلى القُبرِ فأبصَر وآمَن [9] وليس كان يدري بعد أنَّ الكُتُب أخْبَرَتْ بقيامته عن الموتاء [10] فتوجَّها معًا.[369]

[11] فوقَفَتْ مريم خارجِ القبر باكيةً فبَيناها تبكي تمايَلَتْ ونظَرَتْ في القبر [12] وأبصَرَتْ مَلِكين قاعِدَين[370] مُبَيَّضَيْن[371] الواحد عند الرأس والأخر عند القَدَمَين حيث كان وُضِعَ جَسَد يسوع [13] فقالا لها يامرأة لِمَ تَبْكين قالت لهما لأنَّه نزعوا[372] سَيِّدي ولستُ أدري أين وضعوه [14] فلمَّا قالتْ هذا تأمَّلَتْ خَلْفَها وبَصُرَتْ يسوع واقِفًا ولم تعْلَم أنَّه يسوع [15] فقال لها يسوع يامرأة لِمَ تبكين مَن تُريدين[373] فَظَنَّتْ أنَّه الجَنَّان فقالت له يسيِّدي إن كُنتَ أنتَ أخذتَه[374] قُل لي أين وضعتَه وأنا أُخُذه[375] [16] فقال لها يسوع يا مَريم فالتفتتْ وقالت له ربَّاني[376] وترجمتُه يا مُعَلِّم [17] قال لها يسوع لا تمُسِّني لَم أصعَد بعدُ إلى أبي إذهبي إلى إخوتي وقولي لهم إنِّي صاعدٌ[377] إلى أبي وأبيكم إلى إلاهِي وإلاهكم. [18] فأقبَلَتْ مريم المجدلانيَّة وأخبرَتْ[378] التلاميذ إنِّي رأيتُ السيِّد وهذا ما قال لي

368 BL الثوب الذي كان على راسه
369 BNM الى مسكنهما
370 Ibn Ḥazm منتصبين
371 BL and BNM ملكين عليهما ثياب بيض
372 BL ذهب بسيدي; BNM حملوا سيدي
373 BNM تطلبين
374 BL ذهبت به; BNM حملته
375 BL and BNM لاحمله
376 BL وقالت يا معلم; BNM وقالت له يا ربوني ومعناه يا معلم; Ibn Ḥazm وقالت معلمي
377 Ibn Ḥazm ذاهب
378 BL واعلمت; BNM وبشّرت

وألُواش[355] نحوَ مائة رَطْل [40] فأخذ جسد يسوع ولفّه[356] في إزار مع الحُنوط[357] كَسُنَّة اليهود في الدفن [41] وكان في الموضع الذي صُلبَ جِنانٌ وفي الجنان قبرٌ جديدٌ ليس كان وُضِعَ فيه أحدٌ [42] فجعلا فيه يسوع لأجل بَرَشَّفا اليهود[358] ولما كان القبر قريبًا.

[XX] الباب الرابع عشر يحيى

[1] ففي أوَّل السبت الذي كان هو يوم الأَحَد[359] أَقْبَلَتْ مريم المجدلانيَّة صُبحًا والظُّلُمات لم تنحلَّ[360] إلى القبر وأبصَرَتْ الصخرة مقلوعة عن القبر[361] [2] فَجَرَتْ وأَقْبَلَتْ إلى بيطُرَ[362] وإلى التلميذ الأَخَر الذي كان يُحبُّه يسوع. * وقالتْ لهما نَزَعوا[363] السيِّد من القبر ولسنا ندري أين وضعوه [3] فخرج بيطُرُ وذلك التلميذ الأَخَر وأقبلا[364] إلى القبر[365] [4] وكانا يُسرِعان جميعًا فسبق التلميذ الأَخَر بيطُرَ في الجَرية وأقبل قبلَه إلى القبر [5] ولمَّا تمايل بَصرُ بالشِّقَّقِ مَوْضوعةٍ[366] ولم يدْخُل [6] ثمَّ أَقْبَلَ سَمعون بيطُرُ في طَلَبه ودخل في القبر وأبصَر الشِّقَقِ[367] 87r

---

[355] *Aloe(s)*. BNM فساق ممزوجا من مر وصبر
[356] León ولفاه
[357] BNM فاخذوا جسد يسوع وربطوه بلفايف
[358] *Parasceve*. BL لضيق الوقت ; BNM لأجل تهيئة اليهود
[359] ففي يوم الاحد Ibn Ḥazm ; ويوم الاحد BNM ; وفي غداة الاحد BL
[360] غدوة وكانت الظلمات بعد BNM ; عند انفجار الصبح BL
[361] الحجر منزوعا عن القبر BNM ; الصخرة قد رفعت عن القبر BL
[362] فرجعت الي شمعون باطرة Ibn Ḥazm ; فجرت واقبلت الى سمعون بطر BNM
[363] نزع سيدي BNM ; حملوا Ibn Ḥazm ; ذهبوا بالسيد BL
[364] BNM واتيا القبر
[365] Ibn Ḥazm فنهض باطرة والتلميذ الاخر الى القبر
[366] واذ انحنى راى اللفايف موضوعة BNM ; فلما اومى اليه أبصر الكفن موضوعًا BL
[367] اللفايف Ibn Ḥazm ; الاكفان BNM

[28] وبعد أن علِمَ يسوع الكُلَّ قد انقضى وتمَّ لِيَكمُلَ الكتاب قال أعْطَشُ [29] وكان هنالك انيَّة موضوعة مَمْلُوَة خَلاً فأخذوا الإشفَنْجِيَة[345] وَمَلَوْها خَلاًّ وطرحوا فيه زابًا[346] ثُمَّ أهدوا إلى فيه [30] فلمَّا ذاق يسوع الخَلَّ قال قد تَمَّ وَأوْما برأسِه وأسْلَمَ الرُّوح.

[31] وَإنَّ اليهود لِلَّذي كان بَرَّشفا وكيلا تبقى الأجساد في الصليب في يوم سبتٍ فقد كان ذلك السبت عظيمًا رَغبوا إلى بِلاط أن تُكْسَر سُوقُهُم[347] وَيُنزَعُ[348] مِن الصليب [32] فأقبلَ المَلَطِيُّون وكسروا ساقي المصلُوبَين معه [33] وإنَّهم لَمَّا أقبَلوا إلى يسوع ورأَوْه بعدُ مَيِّتًا لم يكسروا ساقَيْه [34] إلاّ أنَّ واحِدًا مِن الأعوان فتح جَنبَه بالرُّمح وخرج منه مِن ساعته دَمٌ وماءٌ [35] وَمَن رأى ودَّ[349] الشهادة وشَهادَتُه حقٌّ وهو يعلم أنَّه يقول الحقَّ كيما تومِنوا أنتم [36] وإنَّما كان هذا لِيَتِمَّ الكتاب أنْ لا يُهَشَّمُ[350] منه عَظْم [37] وقد يقول كتابٌ أخَر سينظرون إلى مَن ألْصَقُوهُ[351]

[38] وبعد هذا رغبَ يُسُوف[352] الأرمازي[353] لأنَّه كان مِن تلاميذ يسوع المُستَترين لأجْلِ مخافة اليهود إلى بِيلاط لِيَقْبِض[354] جَسَد يسوع فأذِن بِقَبْضِه فأقبَل وأخَذَ جَسَد يسوع [39] وقد كان أقْبَل نُقُوذَمُش ذلك الذي كان جاء إلى يسوع لَيْلاً قبْلَه فحمَل مع نفسه أخلاط المُرِّ

[345] *Spongia* BNM جفافة

[346] *Hyssopus*, Heb. *ezob*. Not mentioned in BNM.

[347] BNM أفخاذهم

[348] León وينزعوا

[349] León ودّى; BNM أدى

[350] BNM لا تكسرون منه عظما

[351] BNM طعنوا

[352] BNM and León يُوسُف

[353] BNM من ارماثية

[354] BNM ان يحمل; León لياخذ

الموضع الذي يُقال له كَلْبارِيَةَ[338] وَبالعِبرانيَّة غُلغُثَّا[339] [18] حيث صلبوه ومعه غَيرُه إثنان مِن هنا وهُناك ويسوع في الوسْط

[19] فكتَب بِيلاطُ رُقعةً وجعلها فوق الخشبة وكان كَتَب فيها يسوع النَّاصريّ مَلِك اليهود [20] وإنَّ كثيرًا مِن اليهود قَروا الرُّقعةَ لأنَّ الموضِع الذي صُلِب فيه يسوع كان قريبًا مِن المدينة وكان مكتوبًا بالعِبرانيَّةِ والرُّوميَّةِ[340] واللَّطِينيَّةِ أمير اليهود [21] فقال مُقدَّمُوا[341] اليهود لِبيلاطِ لا تكتُب أمير اليهود بل أكتُب أنَّه قال إنِّي أمير اليهود [22] فأجابهم بِيلاطُ وقال الذي كَتَبْتُ قد كَتَبْتُ.

[23] وإنَّ المَلَطِّيِّينَ[342] لمَّا صلبوا يسوع أخذوا ثيابه وقسموها على أربعة أقسام لِكُلِّ مَلَطِيٍّ قِسمٌ وقَمِيص[343] وكان القميص غير مُخَيَّط مَنسوج كُلُّه مِن فوق [24] فقال بعضُهم لِبعض لا نشُقُّه لَكِنْ إقترِع بنا * عليه لِمَن 89v
يَصير لِيَتِمَّ الكتاب الذي يقول قسموا ثيابي لأنفسهم وعلى ثوبي ضربوا القُرعَة ففعل المَلَطِيُّون كذلك

[25] وكانت تقف جُوار صليب يسوع والدته وأخْتُ والدته مريم كِلوبًّا ومريم المجدلانيَّة [26] ولمَّا بَصُر يسوع بوالدته والتلميذ الذي كان يُحِبُّ يسوعُ[344] واقِفًا قال لأمِّه أيتها المرأة هذا وَلَدُكِ [27] ثمَّ قال بعد ذلك للتلميذ هذه والدَتُكَ ومِن تلك الساعة تقبَّلها التلميذ مكان والدتِه

[338] *Calvaria*. BNM موضع الجمجمة

[339] BL موضع يقال له بالعبرانية غلغطا وترجمته اجرد

[340] BNM واليونانية

[341] BNM اساقفة

[342] *Milites*. BNM الفوارس

[343] BNM الجبة

[344] León كان يحب (without يسوع); BNM كان يحبه

[8] فلمَّا سمِع بِيلاطُ هذا القَول إزداد خَوفًا [9] ثمَّ دخَل أيضًا في البَرَطُورِيُهْ[327] وقال لِيسوع[328] مِن أينَ أنتَ فلَم يُجِبْهُ يسوع (بكلمة)[329] [10] فقال له أما تُكَلِّمُني أما تَعْلَم أنِّي قادرٌ على صَلبِكَ وقادِر على إطلاقِك [11] فأجابه يسوع وقال ما كان يكون لك عليَّ سُلطان لو لَم تُعطاه مِن العُلى ولذلك صار ذَنْب الذي تَلَّ بي إليكَ عظيمًا[330] [12] ولأجل هذا السبب كان بِيلاطُ يُرِيدُ تَرْكَه فكانت اليهود تصيح وتقول إنْ أنتَ أطلَقْتَ هذا لَتكون[331] صديقًا لِقَيْصَر[332] كلُّمَن إدَّعى أنَّه أميرٌ فهو مُخالِفٌ لِقَيْصَر

[13] فلمَّا سمِع بِيلاطُ هذا الأقوال أخرج يسوع خارجًا وجلس مشهورًا في مَوضِع الجُند في مَوضِع يُقال له بالروميَّة لِطُشْتَرَاطُشْ[333] وبالعِبرانيَّة غَبَّطا[334] [14] وكان يوم الجُمعة الذي يُقال لها بَرشِّفا[335] الفصح نحوَ الساعة السادسة وقال لليهود هذا مِلكُكم [15] فصاحت اليهود خُذه أصْلُبْهُ أصْلُبْه[336] فقال لهم بِيلاطُ هل أصلُبُ مَلِكَكم فأجابه قُوَّاد القسِّيسين وقالوا ليس لنا مَلِك غيرُ قيصَر [16] فعند ذلك بَرِيَ به إليهم لِيُصْلَب فأخذوا يسوع وقادوه [17] فحمَلَ لنفسه الخشبة[337] وخرج إلى

327 *Praetorium*. BL الى مقعده; BNM موضع الحكم

328 BL وقال لياشوا

329 León; BL بشيء; BNM فلم يعطه يسوع جوابا

330 BL لذلك من برئ بي اليك له ذنب اعظم ذنبًا BNM ;ولذلك الذين بروا بي اليك اعظم

331 León لا تكون

332 BL ان اطلقته فليس انت من اخوان قيصر

333 Greek *Lithostrotos*, erroneously transcribed by BNM as لقشطراطوش

334 Aramaic *Gabbatha*. BL and BNM (erroneously) غلغطا and غُلغُثَّا (*Golgotha*), respectively.

335 *Parasceve*. Missing in BL and BNM.

336 BL يصيحون قائلين أزل أزل أصلبه BNM ;وقالوا ازح منه واصلبه

337 BL صليبه; BNM here and elsewhere الصليب

وُلدتُ لهذا ولِهذا أقبلتُ في الدنيا أن نوَدِّي الشهادة للحقِّ كلُّ مَن كان مِن الحقِّ يسمع صوتي [38] فقال له بيلاطُ وماذا الحقُّ فلمّا قال هذا خرج أيضًا إلى اليهود وقال لهم أمّا أنا فَلَستُ أجِدُ فيه شيًا [39] وَمِن السُّنَّةِ³¹⁸ أن أطلِق لكم واحدًا في الفِصح فَتُريدوا أن أنطلِقَ³¹⁹ لكم مَلك اليهود [40] فصاحوا أجمعون وقالوا ليس هذا ولكن بَرَّبان وكان برَّبا[ن] لصًّا.

[XIX] [1] فعند ذلك أخذ بيلاطُ يسوع وأدَّبَه بالسياط [2] وإنَّ الأعوان نظَّموا³²⁰ إكليلاً مِن شوكٍ وجعلوه على رأسه ولفُّوه بثوب فِرِفيري³²¹ [3] وكانوا يأتون إليه ويقولون ألسلام عليك يأمير اليهود وكانوا يلطمونه [4] ثمَّ خرج بيلاطُ أيضًا خارجًا وقال لهم إنِّي أسوقه إليكم خارجًا لِتعرفوا أنِّي لم أجِد فيه سَبَبًا مِن الأسباب.³²² [5] فخرج يسوع خارجًا وعلى رأسه * إكليل الشَّوك مَلبوسًا بالثوب الفِرفيري 89r وقال لهم هذا الرجُل³²³ [6] فلمَّا بصُروا به القسِّيسون³²⁴ والأعوان صاحوا قايلين أصلُبه أصلُبه فقال لهم بيلاطُ خُذوه أنتم واصلُبوه وأمّا أنا فَلَستُ أجِد فيه شيًا [7] فأجابته اليهود وقالوا نحن لنا ناموس³²⁵ وعلى حَسْبِ الناموس³²⁶ ينبغي له أن يموت لأنَّه جعل نفسه وَلَدَ الله.

---

³¹⁸ BL وقد تعودت ; BNM and León العادة
³¹⁹ BL, BNM, and León أطلقَ
³²⁰ BL وحمل الاعوان على راسه شوكًا ; BNM وولف الفوارس
³²¹ Purpurea. BL and BNM ارجوان
³²² BL لم اجد عليه ربية
³²³ BNM هذا هو الانسان
³²⁴ BNM الاساقفة
³²⁵ BL كتاب ; BNM here and again توراة
³²⁶ BL ان كتابنا يوجب عليه القتل ; BNM وبحسب التوراة يجب ان يموت

[25] وكان بِيْطُرُ واقفًا يصطلي فقالوا له أَلَيس أنتَ أيضًا مِن تلاميذه فجَحَد وقال لَستُ أنا [26] فقال واحدٌ مِن الأعوان الكوهِن خَتَن الرجُل الذي قطع أذنَهُ أَلَمْ أراكَ معه في الجِنان [27] فجَحَد أيضًا بِيْطُرُ وصرخ الديك مِن ساعته.

## الباب الثالث عشر يحيى

[28] فساقوا يسوع في البَرْطُورِيُهْ وهو مقعد السلطان إلى كَيْفاش[316] وكان عند الصُّبح ولم يدخَلُوهُم في المقعَد لِيَلاّ يتنجَّسوا لِيَاكُلُ الفِصْح [29] فخرج إليهم بِيلاط خارجًا وقال لهم أَيَّة شَكِيَّة ترفعون على هذا الرجُل [30] فأجابوه وقالوا له لَو لَم يكُن هذا ظالمًا[317] ما كُنَّا نَبْرا به إلَيكَ [31] فقال لهم بيلاطُ خذوه أنتم واحكموا عليه على حسْبِ ناموسِكم فقالت اليهود لا يجوز لنا نحن أن نقتُل أحدًا [32] لِيتِمَّ كلام يسوع الذي قال وعنى به أَيَّة مَيْتة يموتها

[33] ثمَّ دخلَ أيضًا بِيلاطٌ في المقعد ودعا يسوع وقال له أنتَ مَلِك اليهود [34] فقال له يسوع أتُراك تقول هذا مِن ذاتِك أو أخبَرَك عنِّي غيرُك [35] فقال بِيلاطُ أتُراني أنا يهوديٌّ أهل جنسك والمُقدَّمون القسِّيسون بَرَوا بِكَ إليَّ فما الذي فعلتَ [36] فقال يسوع مُلكي ليس هو مِن هذه الدنيا ولَو كان مُلكي مِن هذه الدنيا لَحارَب عنِّي أعواني حتَّى لا يُتَلُّ بي إلى اليهود والان ليس مُلكي مِن هاهُنا [37] فقال بِيلاطْ فأنتَ إذًا مَلِكٌ فأجاب يسوع وقال أنتَ تقول أنِّي أنا مَلِك وأنا إنَّما

[316] There is confusion in all the manuscripts regarding the movement of Jesus. Instead of his being led from the house of Caiaphas to the Praetorium, the manuscripts speak of him being led to Caiaphas at the Praetorium.

[317] BL لو لم يجترم شيئا

[12] فأخذ العِرافة والجُندِيُّون وأعوان اليهود يسوع وقمَّطوه[308] [13] وساقوه إلى حنَّا أوَّلاً وكان خَتَنَ[309] كَيْفا[ش] الذي كان كُوهِن[310] تلك السنة. [14] وكَيفاش هذا هو الذي كان أشار على اليهود بالرأي وقال أنَّه يجب أن يموت رجُلٌ واحِدٌ عن الأمَّة

[15] وكان سَمعون بِيطُرُ يتَّبِع يسوع وتلميذٌ أَخَرُ وكان ذلك التلميذ الأَخَر مِن معارف الكوهِن فدخل مع يسوع في دار الكوهِن [16] ووقف بِيْطُرُ عند الباب خارجًا فخرج ذلك التلميذ الأَخَر الذي كان مِن معارف الكوهِن وكلَّم الأمَة البوَّابة فأدخَلَتْ بِيْطُرَ [17] فقالتْ الأَمَة البوَّابة لِبِيْطُرَ أَلَيس أنتَ مِن تلاميذ هذا الرجل فقال لا [18] وكان العبيد والأعوان وُقوفًا يصطلون للجَمْر[311] فإنَّه كان بَرْدٌ شديدٌ وكان بِيْطُرُ معهم واقِفًا يصطلي

[19] ثمَّ إنَّ الكوهِن سأل يسوع عن تلاميذه وتعليمه[312] [20] فقال يسوع أنا خاطبتُ الدنيا جَهارًا أبدًا وأوْصَيتُ في الجماعات[313] وفي البيت الذي كان يجتمعون فيه جميع اليهود ولم أتكلَّم بشيء في السَّتير[314] [21] فَلِمَ تُكاشفني إكشِفْ الذين سمعوا ما قُلتُ لهم فإنَّهم يعلِمون ما أنا قُلتُه [22] فلمَّا قال هذا لَطَمَه واحدٌ مِن الأعوان الوُقوف وقال له هكذا تُجاوِب الكُوهِن [23] فقال له يسوع إن كُنتُ أخطأتُ في القَوْل فَوَدِّ الشهادة عن الخَطاء * وإنْ كُنْتُ أحْسَنتُ[315] فَلِمَ تَلْطُمُني 88v
[24] فبعثَه حنَّا مقموطًا إلى كَيفاش الكوهِن

308 BNM وربطوه
309 BNM صهر كيفا; León والد امرأة قيفا
310 BL قايد القسيسين; BNM اسقف (here and throughout this episode).
311 BL عند الكانون
312 BL عن تلاميذه وسيرته وعلومه
313 BNM في الشنوغة
314 BL وما اخفيت شيئا من كلامي; BNM في الخفي; León في الستر
315 BL اصبت

عرِفتُك وهؤلاء عرِفوا أنَّك أنتَ بعثتني [26] وقد عرَّفتُهم باسمك وسوف أعرِف[297] أن تكون فيهم المحبَّة التي بها أحببتني وأنا فيهم.

[XVIII] [1] ولِمَ[298] قال هذا يسوع خرج مع تلاميذه خلْف خَنْدَق
88r جَذْرُون وكان هنالك جِنان دخل هو فيها وتلاميذه * [2] وكان يهوذا المُدِلُّ عليه عارفًا بذلك المكان بِأنَّ يسوع كثيرًا أما[299] كان يرِدُه مع تلاميذه [3] وإنَّ يهوذا لمَّا أخذ العِرافة والأعوان مِن عند القسِّيسين والفَرزيِّين أقبَل إلى هنالك ومعه لَنْتُرْنات[300] وشِماعٌ وسِلاحٌ [4] وإنَّ يسوع (علِم)[301] كلَّما كان أتيًا عليه فتقدَّم إليهم وقال لهم مَن تُريدون [5] فأجابوه وقالوا يسوع النَّصِريَّ[302] فقال لهم أنا هو وكان يهوذا الدالُّ عليه واقفًا معهم. [6] فلمَّا قال لهم أنا هو قَهقروا إلى خَلفٍ وسقطوا[303] في الأرض. [7] ثمَّ سألهم وقال مَن تُريدون فقالوا يسوع النَّصِريّ[304] [8] فقال لهم يسوع قد قُلتُ لكم أنا هو فإنْ كنتم إنَّما تُريدونني فخَلُّوا هاؤلاء ينطِقوا[305] [9] لِيتِمَّ القول الذي قال إنَّ الذين وهبتهم لي لم أتْلِف منهم واحدًا

[10] وكان عند بِيْطُرَ سيفٌ فَسَلَّهُ وضرب عبد الكوهِن[306] وأبان أذنَه اليُمنى وكان اسم المملوك مَلكُوش[307] [11] فقال يسوع لِبِيْطُرَ أدخِل السيف في الغَمْد أَلَسْتُ أشْرَبُ كأسًا أعطانيها الأب

[297] BL وسازيدهم معرفة
[298] BL, BNM, and León ولَمَّا
[299] BL and León ما
[300] *Lanternae*. BNM بمصابيح
[301] BL لما علِم León ;واذ كان يسوع عالما BNM ;علم يسوع ما كان لاقيا
[302] BL, BNM, and León الناصري
[303] BL, BNM, and León وتساقطوا
[304] BL, BNM, and León الناصري
[305] León ذروا هؤلا يذهبوا BNM ;فاطلقوا سبيل هاؤلاء BL ;ينطلقوا
[306] BL وضرب هامة مملوك قايد القسيسين
[307] BNM ملك

وهبتَهم لي ان يكونوا واحدا كما نحن[289] [12] اذ كنت معهم كنت انا احفظهم على اسمك حرست من وهبت لي حتى لم يتْلَف منهم واحد إلاّ ابن التّلَف[290] أنْ تَتِمَّ الكُتب [13] والان أتوجَّه إليك وهذا ما أقول في الدنيا ليكون سروري فيهم كاملاً [14] وأنا ودَّيتُ إليهم كلامك[291] والدنيا أبغضَتْهم لأنَّهم ليسوا مِن الدنيا كما أنِّي لستُ مِن الدنيا [15] ولستُ أرغب أن تنزَعَهم عن الدنيا ولكن أن تحرُسَهم مِن المكروه [16] وليسوا مِن الدنيا كما أنِّي لَستُ مِن الدنيا[292] [17] فقدِّسهم في الحقِّ فإنَّ كلامك هو الحق [18] فكما بعثتني أنتَ في الدنيا وأنا أرسِلُهم في الدنيا [19] وأنا أتقدَّس لسببهم أن يكونوا هم مُقدَّسين بالحقِّ

[20] ولستُ أرغبُ في هاؤلاء فقط ولكنْ في الذين يومنون بي لكلامهم [21] أن يكونوا أجمعين واحدًا[293] كما أنتَ يأبتاه فيَّ وأنا فيك أن يكونُ[294] هُم فينا واحدًا لتومن الدنيا أنَّك أنتَ بعثتني [22] وأنا قد أعطيتُهم الشرف الذي أعطَيتَنيه أن يكونوا واحدًا كما نحن واحدًا [23] أنا فيهم[295] وأنتَ فيَّ أن يكونوا كاملين في واحد ولِتعرِف الدنيا أنَّك أنتَ بعثتني وأنَّك أحببتَهم كما قد أحببتني [24] يأبتاه أحِبُّ أن يكون الذين وهبتهم لي معي حيث أنا أن يرَوا شَرَفي الذي وهبتَه لي لأنَّك أحببتني قَبْل خلْق الدنيا[296] [25] يأبتاه الصالح لم تعرِفْك الدنيا وأنا

289 BL كما امرنا واحد

290 BL ابن الخبيث; BNM ابن الخسران

291 BL انا اعطيتهم كلامك; BNM وقد بلغتهم رسالتك

292 The remaining 3 pages of Fās are deteriorated beyond legibility.

293 BL لتكون امة واحدة

294 BNM and León يكونوا

295 BL اكون انا فيهم

296 BNM قبل اقامة العالم

في خاصَّته وتتركوني وحدي ولستُ أنا وحيدًا لإن الأب معي [33] هذا ما قُلتُ لكم لتتحابَبوا مِن سببي[284] سَتَمُرُّ بكم شدايدٌ في الدنيا لكِنْ أَمَنوا فإنِّي غالبُ الدنيا.[285]

## [الباب الثالث عشر]

[XVII] [1] فلمَّا قال هذا يسوع رفع عَينَيه إلى السماء وقال يأبتاه قد ان الوقت فشرِّف وَلدَك لكيما يُشرِّفك ولدُك [2] فكما أعطيته السلطان على كُلِّ اللحْم فاجعل له سبيلاً أنْ يَهَبَ لِكُلِّ ما أعطيتَه الحياة الدايمة [3] وهذه الحياة الدايمة أن يَعرفك[286] إلاهًا * واحِدًا حقًّا 85v
والذي أرسلتَه يسوع المسيح [4] فأنا شرَّفتُك على الأرض وأوعَبتُ[287] العمَل الذي وهبْتَ لي أن أعمله [5] فالان شرِّفني أنتَ يأبتاه عند نفسك التشريف الذي هو عندك مِن قَبْل خَلق الدنيا [6] فإنِّي أوضحتُ اسمَك للناس الذين وهبتَهم لي مِن الدنيا كانوا لك وأعطيتَهم لي فحفَظوا كلامَك [7] والان عرَفوا أنَّ كُلَّما أعطيتني هو مِنكَ [8] لأنَّ الكلام الذي أعطيتَنيهِ أعطَيتُهم وتقبَّلوه ووَعَوْه وعلموا يقينًا أنِّي منك خرجتُ وأمنوا أنَّك أنتَ أرسلْتني [9] فأنا أرغب (اليك)[288] عنهم ولستُ أرغب عن الدنيا إلاّ عن الذين وهبتهم لي فإنَّهم لك [10] وكُلُّ ما هو لي هو لكَ والذي هو لكَ هو لي وقد تشرَّفتُ فيهم [11] ولستُ في الدنيا وهم في الدنيا وأنا أنطلِق إليكَ يأبتاه المُقدَّس إحفَظْهم على اسمِك مَن قد

[284] BNM ليكون لكم السلم فيّ

[285] BNM ولاكن اتكلوا وثقوا انا Fās ;يكون لكم في الدنيا ضيق لاكن ثقوا انا غلبت الدنيا غلبت العالم

[286] BNM, Fās, and León يعرفوك; BL يومنوا انك

[287] BL and BNM واكملت

[288] BL; BNM ارغبك

ما هذا الذي يقول لنا قليلٌ لسنا ندري ما يقول [19] فعلِم يسوع أنَّهم كانوا يُريدون مُكاشفته وقال لهم أتُراكم تتنازعون فيما بينكم أنِّي قُلتُ قليل ولن ترونني وأيضًا قليلٌ وترَونني. [20] أمين أمين أقول لكم أنَّكم تَبْكون وتعُولون وتفرح الدنيا وأنتم تحزنون إلاّ أنَّ حُزنكم يعود سُرورًا [21] فإنَّ المرأة إذا نَفَسَتْ تَحزَن بأنَّ وقتها قد دنا فإذا وَلَدَتْ غُلامًا لَيْسَتْ تَذكُر بعدُ الشِّدَّةَ لأجل سرورها بِوَلادِ غُلام[281] في الدنيا [22] وأنتم الان تحزنون ثمَّ أيضًا أراكم وتفرح قلوبكُم وسروركم لا ينزعه أحدٌ عنكم. [23] وفي ذلك اليوم لا تسئلوني عن شيء أمين أمين أقول لكم كلَّما سألتم الأب على اسمي يُعطيكموه [24] وإلى الان لم تسألوا شيئًا على اسمي فَسْألوا وتأخذوا لِيكْمُل فرحُكم

[25] وإنما قُلتُ لكم هذا مُتمثِّلاً سيأتي وقتٌ لأكَلِّمُكم [لا أكلمكم] فيه بالأمثال بل أخبِرُكم جَهارًا عن الأب وعلى التصريح [26] وفي ذلك اليوم تسئلون على اسمي ولَسْتُ[282] أقول لكم إنِّي أرغَبُ إلى الأب فيكم [27] فإنَّه يُحبُّكم لأنَّكم أحببتموه[283] وأمنتم أنِّي أنا مِن الله خرجتُ [28] خرجتُ مِن الأب وأقبَلْتُ في هذه الدنيا ثمَّ أترُكُ الدنيا وأسيرُ إلى الأب

[29] فقال له تلاميذه الان تتكلَّمُ صَراحًا ولا تتكلَّم بِمَثَل الان [30] علِمنا أنَّك تعلَم الكُلَّ ولستَ تحتاج إلى أن يُكاشفك أحد ففي هذا نُومِن أنَّك أقبَلْتَ مِن عند الله. [31] فأجابهم يسوع وقال الان تومنون [32] قد تدانا الوقتُ الذي تَفترِقون فيه ويذهب كُلُّ واحد منكم

[281] BL بالمولود الذكر; BNM انسان
[282] BNM والان
[283] BNM, Fās, and León احببتموني; BL لحبكم لي

هذا لكيما إذا جاءت ساعتهم[272] تتذكَّروا أنِّي أنا أخبرتُكم ولم أقُل لكم هذا في البدي لأنِّي كنتُ معكم [5] والان أسير إلى الذي بعثني ولا أحدٌ مِنهم[273] يسئلني أين تسيروا[274] [6] وإذ قد قُلتُ لكم هذا ستحتشي قلوبكم حُزنًا [7] لكن أقول لكم الحقَّ أنَّه ينفعكم إن أنا سِرتُ وإن لم أسيرُ[275] لم ياتِكم البَرَقْلِيطُ وإن سِرتُ سأرسله إليكم [8] وإذا قدِم فهو يُعاتب الدنيا عن الذَّنْب وعن العدل وعن الحُكم [9] فأمَّا عن الذَّنْب فلأنَّهم لم يومنِوا بي [10] وأمَّا عن العدل فبأنِّي سايرٌ إلى الأب ولم[276] ترَونني بعدها. [11] وأمَّا عن الحُكم فَبِأنَّ يُحكَم على أرْكُون[277] هذه الدنيا

[12] وعندي أشياء كثيرة أقولها لكم إلاَّ أنَّكم لستم تقدرون الان أن تتحمَّلوها [13] فإذا قَدِم ذلك الروح الحقُّ[278] هو يُعلِّمُكم اليقين أجمع[279] ولن يتكلَّم مِن قِبَله بل إنَّما ينطِق بكُلِّ ما سمِع ويُعلِّمُكم بالمُستقبلات[280]
85r [14] وهو يُعظِّمني * لأنَّه ياخُذ مِنِّي ويُخبِركم [15] وكُلُّ ما هو للأب فهو لي ولذلك قُلتُ لكم بأنَّه ياخُذ منِّي ويخبِركم [16] قليلٌ بعدُ ولا ترَونني ثمَّ قليلٌ وترَونني لأنِّي ساير إلى الأب

[17] فقال تلاميذه بعضهم لبعض ما هذا الذي يقول لنا قليلٌ ولا ترَونني ثمَّ قليلٌ وترَونني وإنِّي سايرٌ إلى الأب [18] وكانوا يقولون أيضًا

272 BL سلطانهم
273 All mss. except BSB منكم
274 BNM, Fās, and León تسير; BL اين اذهب
275 BNM and León أسر; BL ان لم اذهب
276 Fās and León ولن; BL ولا
277 BL صاحب; BNM رئيس
278 BL الروح الصادق; Fās روح اليقين
279 BNM يعلمكم كل الحق
280 BL بما يكون; BNM بما هو ات; Fās بالكاينات

اخترتكم مِن الدنيا ولذلك تُبغضُكم[259] الدنيا [20] فاذكروا عهدي الذي قُلتُه لكم[260] ليس العبد أكبر[261] مِن سيِّده فإن كانوا أتْبَعوني فسَوف يتبَعونكم[262] وإن كانوا حفظوا[263] كلامي فسيحفظون كلامكم [21] وإنّما يفعلون هذا بكم لأجل اسمي لأنّهم لا يعرفون الذي بعثني [22] لو لَم اتِ وأكَلِّمهم[264] لم يكن لهم ذَنْب والان لا عُذرَ لهم في ذَنبِهم [23] فَمَن أبغضني يُبغِض أبي[265] [24] ولو لم أفعل فيهم أفاعيلاً لم يفعلها أحد غيري لم يكن لهم ذَنْب والان قد أبصَروا وأبغضوني وأبغضوا (أبي)[266] [25] لكن لِيَتِمَّ القول المكتوب في كتابهم[267] أنّهم أبغضوني باطِلاً[268] [26] فإذا جاء البَرَقْلِيْطُ الذي أنا باعِثه إليكم مِن عند الأب روح الحقِّ[269] المُنبَثِق مِن الأب هو يُوَدِّي الشهادة عنِّي [27] وأنتم تُوَدُّون الشهادة لأنّكم منذ البدي معي.

[XVI] [1] وإنّما قُلتُ لكم هذا ألاّ تَشكُّوا[270] [2] وسيخرجوكم عن الكنايس[271] وسيأتي وقتٌ يظُنُّ كلُّ مَن قَتَلكم أنّه يتقرَّب بذلك إلى الله [3] وإنّما يفعلوا ذلك لأنّهم لم يعرفوا الأب ولا عرَفوني [4] وقُلتُ لكم

[259] BL عادتكم

[260] BL فاذكروا كلامي الذي القيت اليكم

[261] BL اشرف

[262] BL وان كانوا اضطهدوني Fās ;ان طالبوني فإياكم يطالبون BNM ;فان اتبعتموني سيتبعونكم فسوف يضطهدونكم

[263] BL وان حفظتم

[264] BL ولو لم اقبل منذرًا لهم

[265] Verse is omitted in BL.

[266] All mss. except BSB.

[267] BNM دينهم

[268] BL and Fās انهم ابغضوني (يكرهونني BL) بلا ذنب

[269] BL روح اليقين Fās ;الروح الصادق

[270] BL الا تفتتنوا BNM and Fās ;ليلا يواقعكم التشكيك

[271] BNM الشنوغات

بعد أنقيا لأجل القول الذي قُلتُ لكم [4] كونوا فيَّ وأنا فيكم فكما لا يقدِر الغُصن أن يأتي بثمرة من ذاته إلاّ أن يكون في الجُذْرة كذلك تكونون أنتم إن لم تكونوا فيَّ [5] فأنا الجُذر وأنتم الأغصان[253] فمَن كان فيَّ وأنا فيه هو الذي يأتي بطُعم كثيرة لأنَّكم لا تقدرون أن تفعلوا شيئًا مِن دوني [6] ومَن لم يكن فيَّ يُلقًى خارجًا كالغُصن ويَيبس ويجمعونه ويُدخلونه في النار ويحترق [7] فإن كنتم فيَّ وكلامي فيكم كُلَّما أردتم سألتموه وتَمَّ لكم [8] وفي هذا يتشرَّف أبي أن تأتوا بثمرةٍ كثيرةٍ وأن تكونوا تلاميذي [9] فكما أحبَّني الأب كذلك أحِبُّكم فاثبتوا في محبَّتي [10] إن حفَظتم عهودي تكونون في محبَّتي كما حفَظتُ أنا عهود أبي وصِرتُ في محبَّته [11] إنَّما قُلتُ لكم هذا ليكون سروري فيكم ويَكمُلُ سروركم

[12] فهذا عهدي أن تُحِبُّوا بعضِكم بعضًا[254] كما أحببتُكم [13] فلا موَدَّةَ لأحدٍ أعظمُ مِن هذه مَن يجعل نفسَه عن إخوانه[255] [14] وأنتم إخواني[256] إن فعلتم ما أمُرُكم به [15] ولستُ أدعوكم[257] بعد عبيدًا لأنَّ العبد لا يدري ما يصنع سيِّده وقد دعَوتكم[258] إخوانًا لأني أعْلمتُكم بكُلِّ ما سمعتُه مِن أبي [16] ليس أنتم اخترتموني بل أنا اخترتُكم وجعلتُكم أن تسيروا وتأتوا بطُعْم ويبقى طُعمُكم لكي ما أنَّ كُلَّما سألتم الأب على إسمي وَهَبَهُ لكم.
84v [17] هذا ما أوصيكم أن تُحِبُّوا بعضكم بعضًا * كما أحببتكم

[18] وإن كانت الدنيا تبغِضكم فاعلموا أنَّها بغضتني قبلكم [19] ولو كنتم مِن الدنيا لأحبَّت الدنيا ما كان لها ولكن لستم مِن الدنيا بل أنا

253 BNM انا هو العريش وانتم الزراجين
254 BL لتتحابوا فيما بينكم; BNM ان تتحابّوا
255 BNM احبائه
256 BNM and Fās وانتم احبائي
257 Ibn Ḥazm أسميكم
258 Ibn Ḥazm سميتكم

[22] فقال له يهوذا ليس الإشْكَريُوث[244] يسيِّدنا لِمَ وجب أن تُرينا نفسَك وليس لأهل الدنيا [23] فأجابه السيِّد وقال له مَن أحبَّني يحفظُ كلامي وأبي يُحبُّه وسنُقبِل إليه ونلبث[245] عنده [24] ومَن ليس يُحبُّني ولا يحفظ أقوالي والكلام الذي سمعتم ليس هو لي بل هو للأب الذي بعثني [25] قد قُلتُ لكم هذا وأنا لابِثٌ عندكم [26] والبَرَقْليط الروح القُدُّوس الذي يُرسِلُه الأب على اسمي هو يَعلَم بالكُلِّ ويشرَح لكم كلَّما قُلتُه لكم[246]

[27] أهَبُكُم صُلحي وأعطيكم سَلَمي[247] * وليس كما تُعطي الدنيا أنا 84r
أعطيكم فلا تجزَع قلوبكم ولا تفزَع [28] أما سمعتم أنِّي أنا قُلتُ لكم سأذهب وأقبِل إليكم لو أحببتموني لفَرَحتم بِمسيري إلى الأب فإنَّ الأب أكبر[248] منِّي [29] والأن قُلْتُ لكم قبل أن يكون لكيما تُومِنوا إذا كان [30] ولستُ أتكلَّم بعد معكم كثيرًا سيأتي أرَكُونُ[249] هذا العَلَم ولا يكون له فيَّ شيء [31] إلاّ لكيما تفهم الدنيا أنِّي أحِبُّ الأب وأنِّي أفعل كالذي أمرَني به الأب ووهَبَه لي مِن عنده. قوموا وانطَلِق بِنا.

## [XV] الباب الثاني عشر يحيى

[1] أنا الجُذْر الحقيقيّ وأبي الحرَّاث[250] [2] وكلُّ غُصنٍ[251] فيَّ لا يأتي بثمرة[252] يقطعه ومَن أتا بثمرة يُنَقِّيه لكي ما ياتي بثمرةٍ أكثر [3] وأنتم

[244] Fās يهوذا الاشكريوت

[245] BNM ونبقى; Fās ونمكث

[246] BNM هو يعلمكم الجميع ويلقنكم جميع ما اقول لكم

[247] BL سلمي; Fās السلم اترك لكم سَلمي اعطيكم; BNM فاوصيكم بالصلح وامركم بالصلح اهب لكم وسلمي اعطيكم

[248] BL اعظم

[249] BL صاحب; BNM رئيس

[250] BL الصنّاع; BNM انا العريش الحق وابي هو العامر

[251] BNM زرجونة

[252] BL بطعم (and subsequently)

مِن أحدٍ يأتي إلى أبي إلاّ عليَّ [7] ولو عرفتموني لعرفتم أبي ومِن الأن عرِفتموه ورأيتموه [8] فقال له فِلِبُّش يسيِّدنا أظهِر لنا[236] الأب ويكفينا[237] [9] فقال له يسوع طول هذا الزمان كنتُ معكم ولم تعرفوني يا فِلِبُّش مَن راني فقد رأى الأب فكيف تقول أنتَ أظهِر لنا الأب [10] أما تومِن أنِّي أنا في الأب والأب فيَّ والكلام الذي أقوله لكم لستُ أقوله مِن قِبَلي فإن الأب يسكن فيَّ وهو يفعل الأفاعيل [11] أما تومنون أنِّي في الأب والأب فيَّ ولكن أمِنوا لأجل تلك الأفاعيل [12] أمين أمين أقول لكم مَن أمَن بي سيفعَل الأفاعيل التي أفعلها أنا وسيفعل أعظم منها فإنِّي أنا ساير إلى الأب [13] وكلّما سألتموه على اسمي فذلك أفعالُه[238] لكيما يتشرَّف الأب في الإبن [14] ومهمى[239] سألتم باسمي فذلك أفعلُه.

[15] فإن كنتم تُحِبُّوني فاحفظوا عهودي [16] وأنا أرغب إلى الأب وسيُعطيكم بَرَقْليطًا أخَرَ ليكون معكم في الأبد [17] روح الحقّ الذي لا يقدر العالَم أن يناله لأنَّه لا يراه ولا يعرافه[240] وأنتم تعرفونه لأنَّه سيَلبَث عندكم ويكون فيكم[241] [18] لسْتُ أدَعْكم أيتامًا[242] سأتيكم [19] وقليل بعد في الدنيا[243] لا تراني وأنتم ستَرَونني لأنِّي أحيا وأنتم ستَحيَون [20] في ذلك اليوم أنتم ستعرفون أنِّي أنا في أبي وأنتم فيَّ وأنا فيكم [21] فَمَن كانت عنده عهودي وحفظها هو الذي يُحِبُّني ومَن أحبَّني يُحِبُّه أبي وأنا أحِبُّه وأظهِر له نفسي

236 BNM and Ibn Ḥazm أرنا

237 Verse omitted in Fās; added by a later hand in the margin.

238 Fās and León افعله; BNM ذلك افعل

239 Fās ومهما; BNM and León وكلما

240 Fās and León يعرفه

241 Fās سيكون عندكم ويمكث فيكم

242 BNM لن اترككم ايتاما; Fās لا اترككم يتامى

243 BNM وقليل بعد والدنيا; Fās عما قليل ولا تراني الدنيا بعد

أوعِيَة[233] أنَّ يسوع قال له إبتاع لنا ما نحتاج إليه ليوم العيد أو أن يعطي شيئًا للمساكين

[30] فلمَّا قبض يهوذا اللُّقمة خرج مِن ساعته وكان ليلاً [31] فلمَّا خرج قال يسوع الأن تشرَّف ابن الإنسان والله تشرَّف فيه [32] فإن كان الله تشرَّف فيه والله شرَّفه بذاته فإلى الأبد يُشرِّفه[234] [33] يا بَنِيَّ قليلاً بعد أكون معكم وتطلبوني وكما قُلتُه لليهود أن حيث أسير أنا لستُم تقدرون أنتم أن تاتوا هنالك والأن أقول لكم [34] أعطيكم عهدًا جديدًا أن تتحاببوا[235] بعضُكم بعضًا كالذي أحببتكم [35] وفي هذا يعلم الناس أنَّكم تلاميذي إن كانت لكم محبَّة في ذات بينكم

[36] فقال له سَمعون بِيطُرُ يسيِّدي أين تسير فأجابه يسوع وقال حيث أسير أنا لستَ تقدِر الأن أن تتبعني سوف تتبعني بعد حين [37] فقال له بِيطُرُ يسيِّدي كيف لا أقدِر أن أتبعك الأن وأجعل نفسي عنك [38] فقال له يسوع نفسك تجعل عني. أمين أمين أقول لك لا يصرُخ الديك حتى تجحدني * ثلاثًا. 86v

[XIV] [1] لا تفزعنَّ قلوبكم أتومنون بالله فآمِنوا بي [2] فإنَّ في بيت أبي منازل كثيرة عَسِيت أن أقول لكم أنِّي أتوجَّه أن أعِدَّ لكم موضعًا [3] وإن مضَيتُ وأعددْتُ لكم مَوضِعًا سأنصرف أيضًا وأخُذكُم إلى نفسي لتكونوا أنتم حيث أنا [4] وأنتم تعلَمون أين أسيرُ أنا وتعرفون الطريق [5] فقال له طُوماش يسيِّدنا ما نعلم حيث تذهب وكيف نقدر أن نعرِف الطريق [6] فقال له يسوع أنا هو الطريق والحقُّ والحياة ليس

[233] León خبايا

[234] BNM وسريعًا يشرفه; Fās عن قريب يشرفه

[235] BNM and León ان تحبوا بعضكم بعضا

[12] وبعد ما غَسَل أرجُلَهم أخذ ثيابه فلمَّا اتَّكى قال لهم أتعْلَمون
86r ما فعلتُ بكم [13] أنتم تدعونني يا مُعَلِّم يا سيِّد ونَعم * ما تقولون لأنِّي
هو هو [14] فإن كُنتُ أنا السيِّد والمُعَلِّم غسَلتُ أرجُلَكم فينبغي لكم
أن تغسِلوا أرجُلِ بعضِكم بعض [15] فقد أعطيتكم أسوَة أن تفعلوا أنتم
كما فعَلتُ أنا بِكُم. [16] أمينً أمين أقول لكم ليس العبد أكبَر مِن سيِّده
ولا الرَّسول أكبر مِن الذي أرسَلَه [17] فإن كنتم تعرفون ذلك فَسُقيًا لكم
إن فعلتم به [18] لستُ أقول عنكم أجمعين أنا أعرِف الذين اخترتهم
ولكن لِيَتِمَّ الكتاب مَن ياكُل خُبزي يرفع عليَّ كَعْبَه. [19] مِن الأن أقوله
لكم مِن قَبْلِ أن يكون لِتومنوا إذا كان أنِّي أنا هو. [20] أمين أمين أقول
لكم مَن قَبِلَ الذي أرسِلُه كما أرسلتُه فإيَّايَ يقبل ومَن قَبِلني يقبله[230]
الذي بعثني

[21] فلمَّا قال يسوع هذا جَزَع مِن الروح وشهِد وقال أمين أمين
أقول لكم إنَّ واحدًا منكم يَتُلُّ بي [22] فكان التلاميذ ينظروا
بعضهم إلى بعض يَشْكُون فيمن كان يقول عنه. [23] وكان أحد
التلاميذ مَتَّكيًا في حجْر يسوع وكان يسوع يُحِبُّه [24] فأشار إليه
سَمعون بيطُرُ وقال له مَن الذي يقول عنه [25] فلمَّا اتَّكا ذلك
التلميذ على صدر يسوع قال له يسيِّدي مَن هو [26] فأجابه يسوع
وقال هو الذي أناوِلُه الخُبز المصبوغ ولمَّا صبَغ الخُبزَ أعطاه ليهوذا
الإشْكَرِيوث[231] [27] وبعد اللقمة عندها دخل فيه الشيطان فقال له
يسوع ما أنتَ فاعِله فافعلْه سريعًا [28] ولم يعرف (أحد المتَّكين
لأي معنا قال ذلك)[232] [29] فكان بعضهم يظنُّون لما كان ليهوذا

[230] BNM and Fās يقبل
[231] BNM يهوذا سمعون الاشكريوت
[232] Fās; BNM وهذا لم يعلم احد من المتكئين أي شيء قاله له

أتكلَّم مِن ذاتي ولكن الأب الذي بعثني أعطاني عهدًا وأمرًا أقول به وأتكلَّم به [50] وأعلَم أنَّ عهْده وأمْره حياة دايمة. فكُلُّ ما أتكلَّم به فكما قاله الأب لي أتكلَّم.

## [XIII] الباب الحادي عشر يحيى

[1] وقبل يوم الفصح العظيم[224] علِم يسوع أن قد تدانا وقتُه لِيخلِف من هذا العالَم إلى الأب وإذ أحبَّ أولياءه الذين كانوا في الدنيا أحبَّهم إلى الإنقراض [2] ولمَّا أن أعِدَّت العَشاة وقد كان إبليس أدْخَل في قلب يهوذا الإشكَريُوثِ أن يَتلَّ به [3] وعلِم أنَّ الأب قد بَرِي بالكُلِّ في يدَيه وأنَّه خرج مِن عند الله وهو سايرٌ إلى الله [4] قام عن العَشاة وخلع[225] ثيابه وأخذ مَنديلاً واحتزمه[226] [5] وألقى ماءً في طِشْتٍ[227] وبدا أن يغسِل أرْجُل التلاميذ ويمسح بالمنديل الذي كان احتزمه[228] [6] فأقبَل إلى سَمعون بِيْطُرُ فقال له بِيطُرُ يسيِّدي أنتَ تغسِل رِجلَيَّ [7] فأجابه يسوع وقال له ألذي أفعلُه أنا لستَ تعرفه أنتَ الأن ستعرفه بعد ذلك [8] فقال له بيطُرُ لستَ تغسِل رِجليَّ أبدًا فقال له يسوع لَين لم أغسِلكَ لا يكون لك معي حظٌّ [9] فقال له سَمعُون بِيطُرُ يسيِّدي ليس رِجليَّ فقط بَل ويدَيَّ ورأسي [10] فقال له يسوع مَن كان طاهرًا[229] لن يحتاج إلا لِيغسِل رِجْلَيه لكنْ هو طاهر كلُّه وأنتم أنقياء وليس جميعكم [11] وقد كان علِم الذي يتَلِّي به ولذلك قال لستم أتقياءَ كلُّكم

[224] BL وقبل اليوم الاعظم من العيد
[225] BNM وضع
[226] BL واحتزم بثوب; Fās وتناول الشفقة فاحتزم بها
[227] BL ركوة
[228] BL ويمسحها بالثوب; Fās ويمسحها بالشفقة
[229] BNM من هو مغسول

يموت [34] فقالت له الجماعة قد سمعْنا نحن مِن الكتاب[217] أنَّ المسيح يبقى في الأبد وكيف تقول أنتَ ينبغي لإبن الإنسان أن يُرفَعَ فمَن هذا إبن الإنسان [35] فقال لهم يسوع فيكم بعد نُور يسيرٌ فامشُوا ما كان لكم نُورٌ لا[218] تَخطَفكُم الظُلُمات ومَن مشى في الظُلُمات لا يدري حيث يسير [36] فما دام لكم النُّور فأمِنوا بالنُّور لتكونوا بني النُّور. قال يسوع هذا ثمَّ اختفى عنهم

[37] فكم أعجوبة فَعَلها يسوع قُدَّامهم ولم يومنوا به [38] لِيتِمَّ قَول أشْعِيا النبيّ الذي قال يسيِّدي مَن ذا الذي يومِن لِسَماعنا ولِمَن يظهر ذِراع اللّٰه [39] ولذلك لَم يقدِروا أن يؤمنوا لأنَّ أشْعِيا قال أيضًا [40] عمَّى
83v أعْيُنهم وقَصَحَ قلوبَهم[219] * ألاّ يَرَو بأعْيُنهم ولا يفهموا بقلوبهم ويرجعون فأبْريهم [41] هذا ما قال أشْعِيا عندما رأى شرفه ويتكلَّم عنه [42] ولكن قد أمَن به كثير مِن القُوَّاد وكانوا لا يعترفون به لأجل الفَرَزِّيين ألاّ يخرجوا عن الكنيسة[220] [43] وأحبُّوا شرف الناس أكثر مِن شرف اللّٰه[221]

[44] وإنَّ يسوع نادى وقال مَن أمَن بي ليس يومِن بي إلاّ بالذي بعثني. [45] ومَن رأني فقد رأى الذي بعثني [46] أنا نُورٌ أقْبَلْتُ في الدنيا وكُلُّ مَن أمَن بي لا يمكُثُ في الظُلُمات [47] ومَن سمِع كلامي ولم يحفظه أنا لَستُ أحكُم عليه فإنِّي لَم أتِ لأحكُم على الدنيا وأعاقبها إلاّ لأسَلِّم الدنيا[222] [48] فمَن أطْرَحني ولَم يقبل كلامي فيها مَن يعاقِبها[223] الكلام الذي تكلَّمتُ به هو الذي يعاقبه في اليوم الأخِر [49] لأنِّي لم

[217] BNM الدين

[218] BL and BNM ليلا

[219] BL وقسا قلوبهم; BNM واقسى; Fās وشدّ قلوبهم

[220] BNM الشنوغة

[221] BNM احبوا عزة الناس اكثر من عزة اللّٰه

[222] Fās لكن إلى تبليغ اهل الدنيا; Ibn Ḥazm لاكن ان اسلم على اهل الدنيا

[223] BNM فثم من يعاقبه; Fās فله من يحكم عليه

كانت معه الشهادة إذ دعا لازَرَ من القبر وأقامه عن المَوتاء [18] ولذلك أقبلَتْ الجماعة تِلقاه لأنَّهم سمعوا أنَّه أطْلَع تلك الأية[213] [19] فقال الفَرَزيُّون بعضهم لِبعض أمَا ترَوْن أنَّا لم ننتفع بفِعلنا هذا جميع الدنيا تمُرُّ وَراهُ.

[20] وكان بعض الأجناس مِن الذين كانوا صَعَدوا أن يُعَيِّدوا في اليوم العظيم [21] فدنا إوليك القوم إلى فِلِبُّشْ الذي كان مِن بَثْشَيذا بِجلجال وطلبوا إليه قايلين يسيِّدنا نُريد أن نرا يسوع [22] فأقْبَل فِلِبُّشْ وأعلَم أنْدرِياش ثمَّ إنَّ أنْدِرياش وفِلِبُّش أعلما يسوع [23] فأجابهما يسوع وقال قد انَ الوقت أن يتشرَّف ابن الإنسان [24] أمين أمين أقول لكم إن لم تَمُتْ حبَّة القمح إذا وقعَتْ في الأرض تبقى وَحدَتُها وإن ماتتْ تأتي بفاكهة كثيرة [25] ومَن أحبَّ نفسه فَلِيُتْلِفْها ومَن أبغضَ نفسه في هذه الدنيا سيُحرِزها في الحياة الدايمة [26] فكُلُّمَن يَخدُمني فلْيتبعني وحيث أنا فثَمَّ يكون خادمي ومَن يخدُمني سيُكرِمُه أبي [27] والأن قد جَزَعَتْ نفسي فماذا أقول يأبتاه سلِّمني مِن هذا الوقت ولكن لذلك جِئت إلى هذا الوقت [28] يأبتاه شرِّف إسمَك فأقبَل صوتٌ مِن السماء وقال له قد شرَّفتُ ثمَّ سوفَ أُشرِّف [29] وكانت تقول الجماعة الواقفة إذ سمِعَت رَعدًا صار وبعضهم كانوا يقولون مَلَكٌ كَلَّمه [30] فقال لهم يسوع لَم يأتِ هذا (الصوت)[214] لسببي بل لأجلِكم [31] والأن هو حُكْم الدنيا والأن يُدفَع أرْكُون[215] هذا العالَم خارِجًا [32] وأنا إن رَفَعْتُ عن الأرض سأجْبِد[216] الكلَّ إلى نفسي [33] وكان يقول هذا لِيدُلَّهم أيَّ موتٍ

[213] BL تلقاه لما بلغهم عن اعجوبته

[214] BL, BNM, and Fās.

[215] ἄρχων, *princeps*. BL قايد الدنيا; BNM حكم الدنيا

[216] BL and Fās سأجبذ; BNM اجذب

[XII] [1] وإنَّ يسوع أقبل إلى بثّانية حيث كان مات لازَرَ الذي أحياه يسوع قبل العيد بستة أيَّام [2] فعمَلوا له بها عشاء وكانت مَرتة تخدُمهم وكان لازَرَ أحد المُتَّكين معه [3] فأخذَتْ مريم رَطْل دُهْن ثمين نَرْد بشتقي ودهنَتْ به رِجْلَي يسوع ومسحَتْ رِجْلَيه بِشَعْرِها فاحتشى البيت مِن رِياح الدُهْن [4] فقال واحد مِن تلاميذه يهوذا الاشْكَرِيوث الذي دلَّ عليه بعد ذلك [5] كيف لَم تَبِع هذا الدُّهان بثلث ماية دِرهَم[210] وتُعطيه للمساكين [6] فقال هذا ليس أنَّه كان مُعتنيًا للمساكين لكنَّه كان سارقًا وكانت له خبايا وكان يحمل كلَّ ما أهدي إليه [7] فقال يسوع دعْها لِكيما تحفظه في يوم دفني [8] سيكون المساكين أبدًا معكم وأمَّا أنا فَلَسْتُ أكون معكم أبدًا

[9] فعرفَتْ جماعة كثيرة من اليهود خَبَر مَجيه هنالك فأقبلوا وليس لأجل يسوع فقط إلاّ لِيَرَوا لازَرَ الذي أقامه يسوع من المَوتاء [10] فأدْبَر قُوَّاد القسِّيسين رأيهم على قَتْل لازَرَ [11] لأنَّ كثيرًا مِن اليهود كانوا يسيرون بسببه ويومنون بيسوع

[12] وفي يوم أخَر لمَّا انتهى إلى الجماعة الكثيرة التي كانت أقْبَلتْ لليوم العظيم قُدوم يسوع إلى يَرُشالِم [13] أخذوا أغصان النخيل وبرَّزوا تلقاه وصاحوا هُشَعْنا[211] تبارك القادم على اسم السيد مِلك إسرايل [14] فوجد يسوع جحشًا وركبَه كما كُتِب [15] لا تخافي يابنة صَهْيُون هذا أميرُك مُقبلاً راكبًا على فُلُوِّ حِمارة[212] [16] ولم يهتدي إلى هذا ذلك الوقت تلاميذُه ولا عَرِفوه إلاّ حين * تشرَّف يسوع عند ذلك تذكَّروا 83r
أنَّ هذا كان مكتوبًا عنه وذلك ما فَعَلوا به [17] فودَّت الجماعة التي

210 Fās مثقال
211 BL وقالوا بارك لنا يسيدنا
212 Fās على ابن اتان

الرجل يُطلع عجايبًا كثيرة[204] [48] إن تركناه هكذا سَيُومِن به الكُلُّ ويأتي الرُّمانيُّون ويستسلِبوا مَوضعنا وقبيلنا[205] [49] وإن واحدًا منهم يُقال له كَيْفاش كان كُوهِن[206] تلك السَّنة فقال لهم ما تعلمون شيئًا [50] ولا تُفكِّرون (في صلاحكم)[207] أنَّه يحسُن بنا أن يموت رجُلٌ واحدٌ عن الأمَّة ولا يهلَك الرهط كلُّه [51] ولم يقُل هذا مِن ذات نفسه إلاّ أنَّه لمَّا كان كُوهِن[208] تلك السنة * نبَّأ[209] أنَّ يسوع سيموت 82v
عن الأمَّة [52] وليس قطّ عن الأمَّة لكِن لِيجمع أولاد الله المفترقين في واحدٍ

[53] ومِن ذلك الوقت فكَّروا أن يقتلوه [54] ويسوع ليس كان يمشي بعد ظاهِرًا عند اليهود لكنَّه مضى إلى بلدة جُوار المفاز إلى مدينة يقال لها أفْرام ومكث بها مع تلاميذه.

## الباب العاشر يحيا

[55] وكان قد تدانا عيد اليهود وصعَد كثيرٌ إلى يَرُشالِم مِن البَلَد قبل الفِصح أن يتقدَّسوا [56] وكانوا يطلبون يسوع وكانوا يتكلموا بعضُهم إلى بعض واقفين في البيت ويقولون ماذا تظنُّون به إذ لَم يأتِ إلى يوم العيد [57] وقد كان الكهنة والفَرزيُّون عهَدوا عهدًا أنَّ كلّمن عرف موضعه لِيُعلِم به ويتقبَّضوا عليه.

[204] Verse omitted in BL.

[205] BL اهل رومة ويسلبون مكانتنا والامة; BNM ويجولوا بيننا وبين شرفنا وموضعنا وملكنا; León ويستلبوا

[206] BL اسقف تلك السنة; BNM مقدمهم على التقديس

[207] BL; BNM فانه يصلح بكم

[208] BL اسقف تلك السنة; BNM اسقف ذلك العام; Fās حل في درجة التقديس

[209] BL نطق روح القدس على لسانه

المقبلين معها باكين إهتزّ[195] بالروح وفزَع في ذاته [34] وقال أين وضعتموه فقالوا له يسيِّدنا أقْبِل وتُبصِر [35] فدَمَع[196] يسوع [36] فقالت اليهود ماذا كان يُحِبُّه[197] [37] وقال بعضهم أما كان يقدِر هذا الذي فتح عَينَي الأعمى (منذ ولاده)[198] ألّا يموت هذا

[38] ثمَّ إنَّ يسوع أيضًا إهتزَّ[199] في ذاته وأقبل إلى القبر وكان القبر كهفًا وحجرٌ موضوع عليه [39] فقال يسوع إنزَع[200] الحجَر فقالت له مَرتَة أخت الميت يسيِّدي قد ينْتَنَّ فإنَّ له بعد أربعة أيَّام [40] فقال لها يسوع ألَم أقُل لك إنَّك إن أمنتِ ترا[201] قدرة الله [41] فنزعوا الصخرة[202] ورفع يسوع بصَره إلى السماء وقال يأبتاهُ لك الحمد فإنَّك سمِعتني [42] وأنا كُنتُ أعلمُ أنَّك أبدًا تسمعني إلّا أنِّي إنَّما قُلتُ ذلك لأجل الأمَّة الواقفة مِن حولِ لِيومنوا أنَّك بعثتني [43] فلمَّا قال هذا القول صاح صيحة عظيمة يالازَرَ أخرُج خارجًا [44] فخرج ذلك الوقت الذي كان ميتًا ويداه ورِجلاه مربوطتان بالأكفان وكان وجهه مربوطًا بالسَّبنِيَة[203] فقال لهم يسوع حُلُّوه ودَعَه ينطلق

[45] وإنَّ كثيرًا مِن اليهود الذين كانوا أقبلوا إلى مريم وبَصَروا ما فعل يسوع أمنوا به [46] وبعضٌ منهم توجَّهوا إلى الفَرزيِّين وقالوا لهم ما فعل يسوع [47] فجَمَع الكهنة والفرَزيُّون جمعًا وقالوا ماذا نصنع فإن هذا

195 BL دمع; Fās تحمحم بالروح

196 Fās فاستعبر يسوع; verse omitted in BL (implied in preceding verse).

197 BNM انظروا كيف كان يحبه

198 Fās; BL على انه ولد من دونهما; BNM المولود اعمى

199 Fās تحمحم في ذاته; BNM اهتز باكيًا في نفسه; skipped in BL.

200 Fās and León انزعوا; BL اقلعوا الصخرة; BNM ارفعوا الحجر

201 BL ترين; BNM تري عزة الله; Fās ترين عظمة الله; León تري

202 BNM and Fās الحجر

203 BL قد كان ميتًا مربوط اليدين والرجلين بكفنه ومغطا الوجه منه

[17] فأقبل يسوع ووجدَه بعد مقبورًا مُنذ أربعة أيَّام [18] وكانت
بَثَّانِيَة جُوار يَرُشالِم بِمقدار مِلَيْن[190] [19] وكانت جماعة كثيرة مِن
اليهود قد أقبلوا إلى مارْتَة ومَريم لِيُعَزُّهما عن أخيهما [20] فلمَّا
سمِعتْ مارْتَة أنَّ يسوع مُقْبِل أسرَعتْ إليه وكانت مريم في البيت
جالسة [21] فقالت مَرتَة ليسوع يسيِّدي لو كُنتَ هنا ما كان يموت
أخي [22] ولاكِن الأن أعلَمُ أنَّ كُلَّما سألتَ مِن الله أعطاكَهُ الله.
[23] فقال لها يسوع سيقوم[191] أخوك [24] فقالت له مَرتَة أعلَمُ أنَّه
سيقوم في يوم القِيَمة في اليوم الأخِر[192] [25] فقال لها يسوع أناهُبَبوه[193]
القيامة والحياة مَنْ أمَن بي وإن مات يحيا [26] وكُلُّ مَن يحيا ويومِن
بي لا يموت في الأبد أتومنين بهذا [27] فقالت مرتاتة[194] نعَم يسيِّدي
أنا مومِنة أنَّك أنت المسيح بنُ الله الحيِّ * الحيِّ الذي أقبَلْتَ إلى 82r
هذه الدنيا

[28] ولمَّا قالت هذا مضتْ ودعَتْ أختها مريم سِرًّا وقالت إنَّ
المُعلِّم حاضِر ويدعوك [29] فلمَّا سمعتْ ذلك قامت مُسرعة وأقبَلَتْ
إليه [30] وليس كان بعد أقبَلَ يسوع إلى الحِصن وإنَّما كان في الموضع
الذي تلقَّتْه فيه مارتَة [31] فلمَّا أبصر اليهودُ الذين كانوا مع مريم في
البيت مُعزِّين لها أنَّها قامت مُسرعة وخرجَتْ إتَّبَعوها قايلين إنَّها تسير
إلى القبر لتبكي فيه [32] فلمَّا بلغَتْ مريم إلى الموضع الذي كان فيه
يسوع ونظرَتْ إليه ترامت إلى رِجليه وقالت له يسيِّدي لو كُنتَ هنا
ليس كان يموت أخي [33] وإنَّ يسوع لمَّا بَصُر بها باكيةً واليهود

190 BNM بنحو خمسة عشر غلوة; Fās على قدر خمسة عشر ميلا; verse omitted in BL.

191 BL سيحشر

192 BL يحشر عند انقراض الدنيا

193 León أنا هو; BL انا الحشر والحياة; Fās انا القيامة والحياة

194 BL مرتة; Fās مرته; León مارتة

الأب فيَّ وأنا في الأب[189] [39] فأرادوا التقَبُّض عليه فخرج مِن أيديهم [40] وتوجَّه أيضًا خلفَ الأردُون إلى الموضع الذي كان يُعَمِّد فيه يحيى أوَّلاً ولبِث فيه [41] فأقبل إليه كثيرٌ وقالوا له إنَّ يحيى لم يُطلع أية وكلّما قاله يحيى في هذا المكان كان حقًّا [42] وأمن به كثيرٌ.

81v [XI] [1] وكان مريض واحد يقال له لازر مِن بَثّانية * مِن حِصْن مريَمَ ومارتَةَ أختها [2] وكانت مريم هذه التي دَهَنَتْ السيِّد بالدّهان ومسَحَتْ رِجلَيه بشعرِها وكان أخوها لازر المريض [3] فبعثتا أختاه إلى يسوع تقولان له يسيِّدنا قد مرِض الذي كُنتَ تُحِبُّه [4] فقال يسوع اذ سمع ذلك هذه العِلَّة ليست للموت إلاّ لعَظَمَة اللّٰه أنْ يتشرَّف ابن اللّٰه بسببه [5] وكان يسوع يُحِبُّ مارتَةَ وأختَها مريَمَ ولازَرَ [6] فلمَّا بلغَه أنَّه إعتلَّ لبِثَ عند ذلك في ذلك الموضع يومَين [7] وبعد ذلك قال لتلاميذه إنطَلِق بِنا أيضًا إلى يهوذا [8] فقال له التلاميذ يا مُعَلِّم أما كانت اليهود تُريد رَجْمَك وأنتَ أيضًا تسير هنالك [9] فأجابهم يسوع وقال أليس للنهار إثنتي عشر ساعة ومَن مشى في النهار لا يعثُرُ لأنَّه يرى نورَ هذه الدنيا [10] وإن هو مشى ليلاً يعثَرُ لأنَّه ليس فيه نور [11] فقال هذا ثُمَّ بعد ذلك قال لهم إنَّ لازَرَ صَديقَنا يرقُد ولكنِّي أسير أن أنبِّهه مِن الرُّقاد [12] فقال تلاميذه يسيِّدنا إن كان يرقُد فهو سالِمٌ [13] وكان يسوع قد قال عن موته وهم ظنُّوا أنَّه إنَّما قال ذلك عن رُقاد النوم [14] فعند ذلك قال لهم يسوع صراحًا إنَّ لازَرَ ماتَ [15] وأنا فارحٌ لِسببكم لتومنوا أنِّي ليس كُنْتُ حاضرًا هنالك ولكن إنهَض بِنا إليه [16] فقال طُماش المُدْعى دِيدُمُش لأصحابه التلاميذ إنطَلِق بنا نحن ونموت معه

[189] Ibn Ḥazm لتعلموا أني في الأب والأب فيّ

في إصطوان سُلَيمَن [24] فأحاط به اليهود وقالوا له إلى متى تنزِع قلوبنا[180] إن كُنتَ أنتَ المسيح فأعلِمنا بذلك علانية [25] فأجابهم يسوع وقال قد أعْلمتكم فلم تُومِنوا والأعمال التي أعمل على اسم أبي هي تشهد لي [26] وإنَّكم لا تومِنوا لأنَّكم ليس مِن ضاني [27] وضاني تسمع لي وأنا أعرفها وتتبعني [28] (واورثها الحياة الدايمة ولا تتلفن عني في الابد ولا ينزعها عني احد)[181] [29] والذي أعطاني أبي هو يفوق جميع الأشياء ولا يقدر أحد أن ينزَع شيئًا مِن يد أبي [30] أنا والأب واحدٌ.

[31] فأخذ اليهود الحجارة لِيرجُموه [32] فقال لهم يسوع قد أطلعتُكم على أفعال صالحة كثيرة مِن عند أبي فلأيِّ فِعلٍ ترجُمونني [33] فأجابته اليهود وقالت لسنا نرجُمُك لعملٍ صالح إلاّ للشتيمة ولأنَّك إنسان وتدَّعي الربوبيَّة[182] [34] فأجابهم يسوع وقال أما قد كُتِب في كتابكم[183] أنا قُلتُ وأنتم الِهةٌ (وبني العلي كلكم)[184] [35] فإنْ كان سمَّى الله الذين أوحى إليهم الهة ولا (سبيل)[185] إلى تحريف الكتاب وتبديله[186] [36] فكيف تقولون فيمن بارك عليه الأب[187] وبعثه إلى الدنيا تَشتُم إذ قُلتُ أنِّي إبن الله [37] فإن كُنتُ لا أفعالُ[188] أفعال الله فلا تُصدِّقوني [38] فإن كنتُ أفعلُ وتكرهون تصديقي فأمِنوا بالأفعال التي ترَون ولتعلَموا وتُومِنوا بأنَّ

[180] BL تخنقنا; BNM حتّام تعلق انفسنا; Fās تنزع نفوسنا; León تقطع قلوبنا

[181] Fās; BNM وانا اعطيها الحياة الدايمة ولا تهلك الى الابد ولا يختطفها احد من يداي; León وانا اهبها الحياة الدايمة ولا تتلف في الابد ولا يستلبها احد من يدي

[182] BNM تجعل نفسك الاهًا; León الالاهية

[183] BNM في دينكم; Fās and Ibn Ḥazm في كتابكم الزبور حيث يقول

[184] Fās and Ibn Ḥazm.

[185] Fās, León, and Ibn Ḥazm.

[186] BNM ولا يمكن ان ينقص الكتاب

[187] Ibn Ḥazm بارك الله عليه

[188] BNM, Fās, Ibn Ḥazm, and León أفعل

الصالح يجعل نفسه عن ضانه [12] والأجير والذي ليس راعيًا الذي
ليست له الضَّان إذا نظر إلى اللبِّ[169] مُقبلاً يتخلاّ من الضَّان ويهرُب
عنها فيسمع اللُّب ويُفرِّق الضَّان[170] [13] فالأجير يهرُب لأنَّه أجير ولا
يُعنِيه مِن الضَّان شيء [14] أنا الراعي الصالح الذي أعرِف ضاني
81r وتعرفني ضاني[171] * [15] فكما عرفني الأب كذلك أنا نعرف[172] الأب
وأجعل نفسي عن ضاني [16] ولي ضان أُخَر ليست مِن هذه الرَّحْل[173]
فينبغي لي إن أسوقها لِتسمع كلامي فيكونُ ذَودًا واحدًا وراعيًا واحدًا.
[17] وإنَّما يُحبُّني الأب لأنِّي أزهِق[174] نفسي ثمَّ أسترجعها[175] [18] وليس
ينزعها أحدٌ منِّي إلاّ أنِّي أخرِجها[176] عنِّي وأنا أملِك إخراج نفسي[177]
وأملِك استرجاعها[178] وهذا العهد أخذته مِن أبي [19] فتحاربت اليهود
لهذا الكلام [20] وكان يقول كثير منهم هو مُجِنٌّ وقد إختبل فلأيِّ شيء
تسمعون منه [21] وكان يقول بعضهم ليس يقوى المجنون على هذا
الكلام وهل يقدِر الجِنُّ على فتح أبصار العُمي

[22] فلمَّا كان في اليوم الذي فُرِغَ فيه ببِنيان البيت بِيَرُشالِم الذي
يقال له أنجانِيَة[179] وذلك في الشتاء [23] وكان يسوع ماشيًا في البيت

[169] BNM السبع; Fās الديب

[170] BL ويفترس [الديب] Fās ;فيختطف السبع ويفرق الضان BNM ;فيشبع اللب منها ويفرقها فيسمع اللب الضان ويفرقها León ;منها ويفرقها

[171] BL يعرف ضانه Fās ;واعرف التي لي وتعرفني التي لي BNM ;يعرف ضاني وتعرفني ضاني أميز ضاني ويميزني ضاني León ;وتعرفه ضانه

[172] All other mss. اعرف

[173] BL النسل; Fās المزاج

[174] BL أسلم; BNM اضع; Ibn Ḥazm أميت; León اجعل

[175] BNM and León اخذها

[176] BL اسلمها; BNM اضعها

[177] BL and Fās املك اخراجها

[178] BNM لي سلطان ان اضع نفسي ولي سلطان ان اخذها ثانيًا

[179] *Encaenia*. BL عيد تقديس البيت BNM ;انجانيه فيما تقادم Fās ;ببنيان البيت فيما تقادم

[39] فقال له يسوع إنَّما أتيت إلى هذه الدنيا لكيما يُبصِر مَن ليس كان[162] ويُطَمَّس على المبصِرين[163] [40] فسمع ذلك مَن كان معه مِن الفرزيِّين وقالوا له هل نحن مطموسون[164] [41] فقال يسوع لو كنتم مطموسين لم يكن قِبَلكم ذَنْب ولكن إذ تدَّعون البصر فقد بقي عليكم ذَنْبُكم.

## [X] الباب التاسع يحيى

[1] أمين أمين أقول لكم مَن لم يَدخُل على الباب إلى مُوضع الضان ودخل على غيره فهو لِصٌّ سارق [2] ومَن دخل على الباب فهو راعي الضَّان [3] وله يفتح البوَّاب وتسمع الضَّان صوته وهو يدعوها باسمايها ويُخرِجها [4] ثمَّ يتقدَّمها ويتبعه الضَّان لمعرفتها بكلامه[165] [5] وليست تتبع غيره[166] لكنَّها تهرب عنه لأنَّها تجهل كلام الأباعِد[167] [6] هذا المَثَل ضربه لهم يسوع ولم يفهموا ما قال لهم

[7] ثمَّ قال لهم يسوع أمين أمين أقول لكم أنا هو باب الضَّان [8] فالقادمون الذين قدِموا كلُّهم هم لصوص وسُرَّاق إلاّ الضَّان لم تسمع لهم. [9] فأنا الباب مَن دخل عليَّ يَسلَم ويدخُل ويخرُج ثم يعود ويجِد مرعى [10] وإنَّما اللِّصُّ فليس يُقبِل إلاّ لِيَسرق (شيا)[168] ويقتُل ويُتلِف وأنا إنَّما قدِمتُ لتحيا وتزداد خيرًا [11] أنا الراعي الصالح والراعي

162 Fās لكيما يبصر كلمن كان لا يبصر
163 BNM وليصِر عُميًا الذين يبصرون; León ليعمه المبصرون
164 BNM عُميٌ; León عميان
165 BNM واذا أخرج الضَّان الخاصَّة يمشي امامها وتتبعه الضَّان لانَّها تعرف صوته; León فإذا ساق ضانه الخاصة يتقدمها وتتبعه الضَّان لأنها تجهل صوت الأباعد
166 BNM اما الاجنبي فلا تتبعه
167 BNM الاجانب
168 BL and Fās.

الذي تقولان أنَّه وُلِد أعمى فكيف يُبصِر الأن [20] فأجاب والداه وقالا
نعلم أنَّ هذا هو ولدُنا وأنَّه وُلِد أعمى [21] ولسنا ندري كيف يُبصِر
الأن ولا ندري مَن فتح عينيه فكاشِفوه عن خَبَره لأنَّه قد بلغ مِن العُمر
مبلغًا يتكلَّم به عن نفسه [22] وإنَّما قال هذا والداه خوفًا مِن اليهود
لأنَّهم كانوا قد تقدَّموا للناس وأوجبوا على مَن أقرَّ أنَّه المسيح أن يخرُج
عن الكنيسة [23] ولأجل ذلك قال أبواه أنَّ له السِّنّ فإيَّاه اكشِفوا

[24] ثمَّ دعَوا الرجُلَ الذي كان أعمى وقالوا له إخنَع لله نحن نعلم
أنَّ هذا الرجُل مُذنِب [25] فقال لهم لستُ أعرِف إن كان مُذنِبًا إنَّما
أعرِف واحدة أنِّي كنتُ أعمى والأن أُبصِر [26] فقالوا له ما فعَل بِك أم
كيف فتحَ عَينَيك [27] فقال لهم قد قُلتُ لكم بعد وسمِعتم فَلِمَ تُريدون
تسمعون ثانية أتُراكم تُحِبُّون أن تكونوا له تلاميذًا [28] فَلعِنوه وقالوا أنت
تكون تَلمِيذه وأمَّا نحن فإنَّا تلاميذ موسى [29] ونحن نعلم أنَّ الله كلَّم
80v موسى وأمَّا * هذا فلسنا نعرِف مِن أين هو [30] فأجابهم الرجُل وقال
وفي هذا العَجَب أنَّكم لا تعرفون مِن أين هو وفتَح لي عَينَيَّ [31] وقد
علِمنا أنَّ الله لا يستجيب للمُذنبين إلاّ مَن كان وليّ الله وفاعِل لإرادته
فإيَّاه يستجيب [32] فما سُمِع قَطُّ في الدنيا بِمَن فَتَح بَصَر إنسان وُلِد
أعمى [33] فلو لم يكن هذا مِن عند الله لَما قَوِيَ على هذا الفِعل
[34] فقالوا له مِيلادُك كلُّه في الذنوب[161] وأنتَ تُعِظُنا فأخرجوه خارِجًا
عن أنفسهم

[35] فبلغ يسوع طردهم له فلمَّا لَقِيَه قال له أنتَ تومِن في إبن الله
[36] فأجابه ومَن هو يسيِّدي كي أومِن به [37] فقال له يسوع قد
رأيتَه وهو الذي يُكَلِّمك [38] فقال له أومِن يسيِّدي وترامى وسجد له

[161] Fās ميلادك كله من نجاسة

أعمال[157] الله فيه [4] وأنا ينبغي لي أن أعمل عَمَل الذي بعثني ما كان نهارًا وسياتي الليل حين لا يقدِر أحدٌ أن يعمل شيئًا [5] فما كُنتُ في الدنيا فأنا نور الدنيا [6] فلمَّا قال هذا بَصَق في الأرض وعمَل طِينًا مِن البَصاق وحمَلَ الطين * على عينيه [7] وقال له إذهب واغسِل في غدير 80r
شِلُوَا[158] الذي ترجَمَته الرسول فانطلق وغسَل وأقبل مُبصِرًا

[8] فلمَّا نظر إليه جيرانه الذين كانوا يرَونه أوَّلاً فقيرًا[159] مكفوفًا قالوا ألَيس هذا الذي كان يقعُد ويستعطي[160] [9] فبعضهم كان يقول أنَّه هو وبعضهم كانوا يقولون لا بل هو شِبهَه وكان يقول هو إنِّي أنا هو [10] فقالوا له كيف انفتَحتْ عَيناك [11] فأجابهم وقال ذلك الرجل الذي يقال له يسوع عمَل طينًا وحمله على عينَيَّ وقال لي إذهب إلى غدير شِلوَا واغسِل فمضَيتُ وغسلتُ وأبصرْتُ [12] فقالوا له أين ذلك الرجل فقال لا أدري

[13] فساقوه إلى الفرزيِّين ذلك الذي كان أعمى [14] وكان إذ عمَل يسوع الطين وفتح عينيه يوم سبتٍ [15] ثمَّ إنَّ الفرزيِّين كاشفوه كيف أبصَرَ فقال لهم حمَل طينًا على عَينَيَّ فغسَلْتُه وها أنا أبصِر [16] فقال بعض الفرزيِّين ليس هذا الرجل مِن الله الذي لا يحفظ السبت وكان غيرهم يقول كيف يقدر رجُل مُذنِب أن يفعل هذه الأعجوبة فكانت بينهم منازعة [17] ثمَّ قالوا للأعمى أيضًا وأنتَ ما تقول في الذي فتح عَينَيك فقال لهم هو نبيٌّ [18] فلم يُصدِّقوه أنَّه كان أعمى حتَّى بعثوا في أبوَيه [19] وكاشفوهما عنه وعن أمره وقالوا لهما أتُرا هذا ولدكما

[157] BL قدرة
[158] *Siloa*. BL شليح; Fās سليح
[159] BL المستعطي; BNM مُكديًا; Fās يستعطي
[160] BNM يُكدي

تصدِّقونني [47] وَمَن كان مِن الله فهو يسمع كلام الله ولذلك أنتم لا
تسمعون لأنَّكم لستم مِن الله

[48] فأجابوه اليهود وقالوا ألَيس قد صدَّقنا في قولك[153] أنَّك سامريٌّ
وأنَّك مُجِنٌّ [49] فأجابهم يسوع وقال أنا لسْتُ مُجِنٌّ لكنِّي مُكْرِم لأبي
وأنتم تَهينوني [50] وأنا لستُ أطلبُ تشريفي ولكن ثَمَّ مَن يطلب ذلك
ويحكم فيه. [51] أمين أمين أقول لكم مَن تحفَّظ بكلامي لا يرا موتًا[154]
في الأبد [52] فقالت له اليهود الان عرفنا أنَّك مُجِنٌّ قد مات إبرهيم
ومات الأنبياء وأنتَ تقول مَن تَحفَّظ بكلامي لا يذوق الموت في الأبد
[53] أتُراك أعظم مِن أبينا إبرهيم الذي مات ومات الأنبياء مَن تنزَل
نفسَك [54] فأجابهم وقال إن كنتُ أنا أشرِّف نفسي فما شرفي بشيء
وإنَّما يشرِّفني أبي الذين [الذي] تقولون أنَّه إلاهنا [55] ولم تعرفوه وأنا
أعرفه وإن قُلتُ أنِّي لا أعرفه كنتُ كاذبًا مثلكم لكنِّي أعرفه وأتحفَّظ
بكلامه [56] وإنَّ إبرهيم أباكم إرتاح لِيرى يَومي فرأى وفرح [57] فقالت
اليهود لَم تبلغ مِن العمر خمسين سنة وقد رأيتَ إبرهيم. [58] فقال لهم
يسوع أمين أمين أقول لكم قبل أن يكون إبرهيم كُنتُ أنا [59] فأخذوا
الحجارة أن يلقوها عليه فخرج يسوع عن البيت وأخفى نفسه.

[IX] [1] وبيناه ذاهبًا بَصُر برَجُل أعمى منذ ميلاده[155] [2] وكاشفه
تلاميذه عنه وقالوا يا مُعَلِّم[156] مَن أذنبَ هذا أم أبواه أن وُلِد أعمى
[3] فأجابهم يسوع وقال ما كان هذا لِذنْبه ولا لِذنوب أبوَيه إلاّ لِتظهر

[153] BL and León قولنا; BNM السنا نقول صوابًا; Fās اليس قد احسنا اذ قلنا
[154] Fās الموت; BL لا يموت ابدًا; BNM فلا يرى الموت الى الابد
[155] BL كان قد ولد من غير عينين
[156] BL يا رباني; BNM يا ربي

[32] وتفهمون الحقَّ والحقُّ يُحرِّركم [33] فأجابوه وقالوا نحن مِن نَسل إبرهيم ولسنا في مملكة أحد فكيف تعدنا بالحُرِّية [34] فأجابهم يسوع وقال أمين أمين أقول لكم كلُّمَن أتا بخطِيَّة فهو في مُلكِ الخطيَّة [35] والمملوك ليس ثابت في البيت أبدًا والولد هو الثابت في الأبد [36] فإن حرَّركم الولد كنتم أحرارًا حقًّا [37] وأنا عالم بأنَّكم مِن نسل إبرهيم ولكنَّكم تُريدون قَتلي لأنَّه لا تَعلِق بكم وصِيَّتي [38] وأنا أعلِمُكم ما رأيت عند الأب وأنتم إنَّما تفعلون ما رأيتم مِن أبيكم [39] فأجابوه وقالوا إنَّما أبونا إبرهيم فقال لهم يسوع[146] إن كنتم بني إبرهيم فافعلوا أفعال إبرهيم[147] [40] والان تريدون قتلي وأنا إنسان ودَّيتُ[148] لكم الحقَّ الذي سمعتُه عن الله ولم يفعل إبرهيم هذا [41] غير أنَّكم تفعلون أفعال أبيكم فقالوا * فقالوا له لسنا أولاد زِناء وأما نحن بَنوا[149] 79v
الله وحده [42] فقال لهم يسوع لو كان الله أبوكم لَحَبَبتموني[150] لأنِّي مِن الله خرجتُ وأقبلتُ ولم أقبِل مِن ذاتي ولكن هو بعثني [43] فمالكم لا تميِّزون قولي ولا تقدرون على سَمع كلامي[151] [44] وإنَّما أنتم مِن الأب الشيطان وتحبُّون[152] إتمام شهوات أبيكم لأنَّه مِن البدي كان قَتَّالاً ولم يثبت على الحقِّ لأنَّه ليس فيه الحقّ فإذا قال باطلاً إنَّما يقول ذلك مِن ذاته لأنَّه كاذب وأبوه كاذب [45] وأنا أقول لكم الحقَّ ولا تُصدِّقونني [46] فَمَن ذا منكم يعاتبني على الذَّنب فإن كنت أقول الحقَّ فَلِمَ لا

[146] BL ياشوا
[147] BL فاقفوا اثره
[148] Ibn Ḥazm أديت
[149] Fās and León بنو; BNM لنا اب واحد الله
[150] BL لحفظتموني; BNM لكنتم تحبونني; Fās لاحببتموني
[151] BL لا تقبلون; Fās لا تعرفون مقالتي لانكم لا تطيقون; BNM لا تحملوا وصيتي وتعجزون وصيتي وتعرضون
[152] BL, BNM, and Fās وتريدون

الشهادة عن نفسي ويشهد لي أبي الذي بعثني [19] فقالوا له أين أبوك
فأجابهم يسوع وقال لا تَعرِفونني * ولا تعرِفون أبي ولو عَرِفتموني لَعَرفتم 79r
أبي [20] كان هذا مِن قوله بِمَوضع حيث كان تابوت الصَّدَقة وكان
يُوصي في البيت ولم يتعلَّق به أحدٌ لأنَّه لم يكُن دنا وَقتُه.

## الباب الثامن يحيى

[21] ثمَّ قال يسوع سأذهب وتتفقَّدوني وتموتون في ذَنْبكم ولا تبلغون إليَّ حيث أسير أنا [22] فقالت اليهود أتُرا يَقتل نفسه إذ يقول إلى حيث أسير أنا لا تقدرون أنتم البلوغ إليه [23] فقال لهم أنتم مِن الأسفل[142] وأنا مِن الأعالي أنتم مِن هذه الدنيا وأنا لستُ مِن هذه الدنيا [24] ولذلك قُلتُ لكم أنَّكم تموتون في ذنوبكم فإن لم تومنوا أنِّي أنا هو تموتوا في ذَنْبكم [25] فقالوا له مَن أنتَ فقال لهم يسوع أنا البدء الذي أناديكم[143] [26] وعندي فيكم أشياء كثير(ة)[144] أقولها وأحكم عليكم بها ولكن الذي بعثني هو الحقُّ وما سمعتُ أنا منه أوَدِّيه في الدنيا [27] ولم يشعروا لوصفه أن كان يُسمِّي اللّٰه أبًا[145] [28] ثمَّ قال لهم يسوع إذا رفعتم ابن الإنسان فعند ذلك تعلمون أنِّي أنا هو ولستُ أفعل شيًا مِن قِبَلي ولا أقول إلاّ ما علَّمني به الأب [29] والذي بعثني هو معي وليس يَدَعني وحيدًا لأنِّي أفعل إرادته أبدًا

[30] ولمَّا قال هذا أمنتْ به جماعة [31] فقال يسوع لِمَن أمن مِن اليهود إن سمعتم كلامي وتحفَّظتم بوصيتي كنتم لي تلاميذًا

[142] BL انتم ارضيون

[143] BL اخاطبكم; BNM, Fās, and León اكلمكم

[144] Fās and León; BNM لي ان اتكلم فيكم كثيرًا

[145] BL ولم يشعروا انه كان يدعي الله أبًا; BNM ولم يعرفوا انه يقول لهم في الله اب; Fās ولم يفهموا ان كان يسمي الله ابا; León ولم يشعروا لكلامه وانه انما كان يسمي الله اباه

هذه المرأة الأن وهي تفسِق [5] وقد أمَرَنا موسى في الكتاب أن يُرجَمَ مَن فَعَل فِعلها فما تقول أنتَ [6] وكانوا يقولون هذا مُجرِّبين له ليجدوا سبيلاً إلى بغْيِه فأومى يسوع برأسه وجعل يكتب بإصبعه في الأرض [7] فلمَّا أكثرُ[134] عليه بالسؤال اعتدل قايمًا وقال لهم مَن مِنكم لا ذنْب له فليبتدي برَجمها [8] ثمَّ أومى برأسه ثانية وجعل يكتب في الأرض [9] فلمَّا سمعوا ذلك منه خرجوا[135] واحدًا واحدًا وبدا بالخروج[136] أكابرهم وبقي وحده والمرأة واقفة في الوسْط [10] فاعتدل يسوع وقال لها يامرأة أين الذين كانوا يطلبونك[137] لم يعاقبك منهم أحد فقالت له لا يسيِّدي [11] فقال لها يسوع ولا أعاقبك أنا فاذهبي ولا تذْنبِ[138] بعدها.

[12] ثمَّ قال لهم يسوع أنا نور الدنيا مَن اتَّبعني لا يمشي في الظُلمات ولكنَّه ينال نور الحياة [13] فقال له الفَرَزيُّون أنتَ تشهد لنفسك ما شهادتك مقبولة [14] فأجابهم يسوع وقال إن كنتُ أشهد لنفسي فشهادتي حقٌّ لأنِّي أعلَم مِن أين أقبلتُ وإلى أين أذهب وأنتم لا تعرفون مِن أين أقبلتُ[139] ولا أين أذهبُ [15] وأنتم إنَّما تحكمون بما يحكم به اللَّحمِيُّون[140] وأنا لا أحكم على أحد [16] وإن حكمتُ فحُكمي عدل لأنِّي لستُ وحيدًا ولكنِّي أنا وأبي الذي بعثني [17] وقد كُتِبَ[141] في تَوراتِكم أنَّ شهادتَي رَجُلَين مقبولة [18] فأنا هو الذي أوَدِّي

134 Fās and León أكثروا; BNM فلما الحوا سائلين إياه
135 Fās تسللوا
136 BNM مبتدين من المشايخ; Fās وابتدا بالتسلل
137 BNM يشكون بك
138 BNM and León تذنبي; Fās ولا تفسقين بعدها
139 Fās اجي
140 BNM تحكمون على مذهب اللحم; León بحسب اللحم تحكمون
141 Ibn Ḥazm وقيل

مِن بطنه (كما قال)[128] الكتابُ أنهارٌ مِن ماءٍ حيٍّ [39] وإنَّما قال هذا عن الروح الذي ينزَل على مَن أمن به ولم يكن يَنزَل الروح بعد على أحدٍ لأنَّ يسوع ليس كان بَلَغَ شرفَه [40] فقال بعض الجماعة إذ سمعوا ألفاظه هذه هذا نبيٌّ حقًّا [41] وبعضُهُم كانوا يقولون هذا هو المسيح وبعضهم كانوا يقولون هل مِن جِلجال يأتي المسيح [42] أَلَيس يقول الكتاب أنه مِن نسل داود مِن حِصْن بَثلاحِم حيث كان داود يأتي

78v المسيح [43] فتحاربت الجماعة * عليه [44] وبعضهما[129] أرادوا التقبُّض عليه فلم يمُدْ أحد يده إليه

[45] وانصرف الأعوان إلى القُوَّاد والفرزِّين فقالوا لهم كيف لم تقبلوا به [46] فقال الأعوان ما سمعنا مِن الأدميين أنصَف منه [47] فقال لهم الفرزِّيون وأنتم أيضًا مخدَعون [48] أتُرا أمن به أحدٌ مِن القُوَّاد والفرزِّيين [49] إنَّما أمن به مِن الجماعة مَن يجهل الكتاب[130] وهم ملعونون [50] فقال لهم نَقودَمُش الذي كان أقبل إليه لَيْلاً وكان أحد المُصدِّقين [51] أتُرا كتابنا يحكم على أحدٍ قبل أن يُسمع منه أوَّلاً ولا يعلَم ما خبره [52] فأجابوه وقالوا وأنتَ صِرْتَ جِلجاليًّا إكشف الكتب وتَرا أنَّه (ليس)[131] يقوم نبيٌّ مِن جِلجال [53] فانصرف كلٌّ واحد إلى بيته.

[VIII] [1] ولحِق يسوع بِجبل الزيتون [2] وانصرف بالصباح إلى البيت فأقبَلَتْ إليه العامَّة وقعد يُوصيهم [3] وأقبل المُصدِّقون والعُلماء بامرأة قد فَسَقتْ[132] وأوقفوها[133] في الوسط [4] وقالوا له يا مُعلِّم أُخِذت

[128] All mss. except BSB.

[129] BNM وكان منهم من يريد León; وبعضهم Fās; وبعض منهم كانوا يريدون اخذه

[130] BNM الجماعة التي لم تعرف الدين

[131] León; BNM ليس يكون نبيا قايما من جلجال Fās; ان نبيًا لا يقوم من جلجال

[132] BNM ماخوذة بالزنا

[133] BNM and Fās ووقفوها

موسى فلأيِّ شيء تغضبون عليَّ إذ أبرَيتُ إنسانًا كلَّه مِن جميع أمراضه في يوم سبتٍ [24] لا تحكموا بالوجوه بل أحكموا بالعدل

[25] فقال بعض أهل يَرُشالِم أَلَيس هذا الذي يريدون اليهود قَتْلَه [26] وها هوذا يتكلَّم جَهارًا ولا يقولون له شيئًا أتُرا القُوَّاد علموا أنَّ هذا هو المسيح حقًّا [27] ولكن نحن نعلم هذا مِن أين هو والمسيح إذا قَدِم ليس يعلم أحدٌ مِن أين هو. [28] فأعلن يسوع في البيت صوته مُوصِيًا وقال قد عرفتموني وتعرفون مِن حيث أنا ولم أتِ مِن ذاتي ولكن الذي بعثني هو الحقُّ وأنتم تجهلونه [29] وأنا أعرفه[125] فإن قُلتُ أنِّي أجهله أكون كاذبًا مثلكم أنا أعْلَم بِأنِّي منه[126] وهو بعثني [30] فأرادوا التقَبُّض عليه ولم يمُدْ أحدٌ يده إليه لأنَّه لم يكن دنا وقته [31] فأمن به مِن الجماعة كثير وكانوا يقولون أتُرا المسيح إذا قدِم يُحدِث مِن العجايب فوق ما يُحدِث هذا

[32] فسمع قولهم هذا فيه المُصدِّقون والقُوَّاد وتمرمروا له فبعث القُوَّاد والمُصدِّقون أعوانًا لِيتَقبَّضوا عليه [33] فقال يسوع سأمكُثُ زمانًا معَكم وأذهب إلى الذي بعثني [34] فتطلبوني ولا تجدونني وحيث أنا لا تقدرون البلوغ إلى مكاني [35] فقال بعض اليهود لِبعض إلى أين يذهب فلا نجده أتُرا يَدخُل الا إلى جناس[127] المُفترَقة لِيُعَلِّمهم [36] أو ماذا يُريد بقوله ستطلبونني ولا تجدونني ولا تقدرون على البُلوغ إلى مكاني

[37] وفي أخِر أيام العيد وهو اليوم الأعظم وقف يسوع وأعلن بصوته وقال مَن عطَشَ فليُقبِل إليَّ ويشرب ماءً حيًّا [38] ومَن أمن بي سيخرج

[125] BNM واما انا فاعلمه; BL and Fās لست اجهله

[126] BNM اعلمه لاني منه

[127] BL, Fās, and León الأجناس; BNM هل يسير الى جناس المتفرقة ويعلم الاجناس

[5] وكان إخوته لا يومنون به [6] فقال لهم يسوع لم يتدانا زماني وزمانكم حاضِرٌ أبدًا [7] ليست تستثقلكم الدنيا وهي تستثقلني لشهادتي عليها وقولي فيها أنَّ أفعالها قبيحة [8] فاصعدوا أنتم لهذا العيد فإنِّي لستُ بصاعد لهذا العيد لأنَّه لم يكمَل زماني [9] ولمَّا قال هذا بات بجِلجال

[10] ثمَّ توجَّه إلى العيد بعد توجُّه إخوته خفيًا [11] فطلبته اليهود في يوم العيد وقالت أين هو [12] وتمرمرت الجماعة كثيرًا مِن سببه فبعضهم كان يقول هو صالح وبعضهم كان يقول لا ولكنَّه يخدع الجماعات [13] ولم يكن أحد يقدر أن يَعرَض دونه جهرًا خوفًا من عقوبة اليهود.

[14] فلمَّا أنصَفَتْ أيَّام العيد صعد يسوع إلى البيت وجعل يُوْصي فيه [15] ويعجبون اليهود له ويقولون كيف يعرف هذا الكُتُب مِن غير أن يتعلَّمها [16] فأجابهم يسوع وقال ليس عِلمي لي إنَّما هو لِلَّذي بعثني [17] فمَن وافقه إتمام إرادته سيَعلَم إن كان هذا العِلم مِن اللّٰه أو مِن ذاته[123] [18] فَمَن نطق مِن ذاته إنَّما يطلب بذلك شرف بَدَنِه ومَن
78r طلب شرف باعثه فهو الصادق وليس فيه كَذْب * [19] أما أتاكُم موسى بالكتاب وليس منكم أحدٌ يُتِمُّ الكتاب فَلِمَ تُريدون قَتلي

[20] فأجابته الجماعة وقالت أنتَ مُجنٌّ[124] ومَن الذي يريد قَتْلك [21] فأجابهم يسوع وقال أتَيتُ بأمرٍ واحدٍ وعجبتم له [22] ولذلك أتاكم موسى بالخَتان ليس أنَّه مِن موسى إلاّ مِن الأباء وأنتم تختِنون إنسانًا في السبت [23] فإن كان يحِلُّ الخِتان في السبت لِيَلاّ يُخالف كتاب

[123] BL, BNM, and Fās ذاتي; León من قِبلي

[124] BNM جن بك; Fās مجنون

وليس في اللحم منفعة[116] وإنّما كلامي هذا الذي قُلتُه لكم هو روحٌ وحياةٌ [64] ولكن فيكم مَن لم يومِن (وكان يعلم يسوع مِن البدي مَن يومن)[117] به ومَن يدلُّ عليه [65] وكان يقول لأجل ذلك قُلتُ لكم أنّه لا يُقبِل إليّ إلاّ مَن أذِن له بذلك أبي [66] فَمِن أجل ذلك ارتدّ جماعة مِن التلاميذ وذهبوا عنه

[67] فقال يسوع للإثني عشر أتُراكُم منطلقين أيضًا [68] فأجابه سَمعون الذي يُدعا بِيطُر وقال يسيِّدي إلى مَن نذهب وعندك كلام الحياة الدايمة [69] وقد علِمنا وأمنّا أنّكَ المسيح ابن الله [70] فأجابهم يسوع وقال إنّما تخيّرتكم إثني عشر وأحدكم شيطان [71] وكان يقول ذلك في يهوذا[118] الإشْكِريُوث وهو الذي كان دلّ عليه وكان أحد الإثني عشر.

## [VII] الباب السابع يحيى الحَواري

[1] وبعد هذا كان يسوع يطوف بِجِلجال ويَكْرَه الطَّوَفان بأرض يهوذا لأن اليهود تُريد قتْله [2] وكان ذلك في جُوار عيد اليهود الذي يُدعى شنُوفابِيَه[119] [3] فقال له إخوته[120] أخرج مِن هاهنا واذهب إلى يهوذا لِيُعاين تلاميذك إلى عجايبك التي تطلع [4] فليس يختفي أحدٌ بِفِعل يُريد أن يُطلع عليه فإذا تُطلع هذا[121] فأطلع على نفسك أهل الدنيا[122]

116 BL شفاعة; BNM واللحم لا يغني شيئا

117 BL, BNM, Fās (reading الاول, in gloss, instead of البدي), and León. Added later in margin in BSB.

118 BNM يهوذا سمعون

119 *Scenopegia*. BNM سنُفاجيا; Fās عيد الخيام

120 BL اقاربه (and subsequently).

121 BNM ان كنت تفعل هذا; Ibn Ḥazm فإذا كنت تريد هذا

122 BNM فأظهر نفسك للعالم

الأب إلاّ مَن كان مِن الله هو ينظُر إلى الأب. [47] أمين أمين أقول لكم
مَن أمَن بي ينال الحياة الدايمة [48] أنا خُبز الحياة [49] قد أكَل أباوكم
المَنَّ في المفاز وماتوا أجمعين [50] وهذا الخبز النازل مِن السماء مَن
يأكُل مِنه لن يموت [51] أنا الخُبز الحيُّ النازلِ مِن السماء (مَن أكَلَ)[109]
مِن هذا الخبز يعيش في الأبد والخُبز الذي أُعطي أنا عن حياة الدنيا
هو لحمي

[52] فاشتكس اليهود فيما بينهم وقالوا كيف يقدر هذا أن يُطعمنا
لحمَه [53] فقال لهم يسوع أمين أمين أقول لكم لَين لَم تاكلوا لحم
ابن الإنسان وتشربوا دمه لا تنالوا الحياة الدايمة [54] فَمَن أكَل لحمي
وشرب دمي ينال الحياة الدايمة وأنا أُقيمه في اليوم الأخِر[110] [55] فلحمي
هو طعام مُحَقَّقٌ[111] ودمي هو شراب صادق[112] [56] فَمَن أكَل لحمي
وشرب دمي كان فيَّ وكُنتُ فيه [57] فكما بعثني الأب الحيُّ وأنا أحيا
بالأب وَمَن أكلني يُحيا بي [58] فهذا هو الخُبز النازل مِن السماء
وليس كما أكل أباوكم المَنَّ وماتوا فَمَن أكَل هذا الخُبز يعيش في
الأبد. [59] قال هذا في كنيسة[113] وأوصاهم بِقَفرَناؤوم

[60] فقال جماعة مِن تلاميذه إذ سمعوا هذا منه هذا القول
شاقٌّ جِدًّا[114] ومَن ذا يقدر على سماعه * [61] فعلِم يسوع في ذاته ما 77v
اشتكس فيه التلاميذ وقال لهم لِهذا يواقعكم التشكيك [62] كيف لَو
رأيتم ابن الإنسان صاعدًا[115] حيث كان أوَّلاً [63] إنَّما يُحيِي الروحُ

[109] Fās. BNM لكيما ان اكل احد منه; León من يأكل
[110] Ibn Ḥazm يوم القيامة
[111] BNM حقًا طعام; Fās and Ibn Ḥazm طعام صادق
[112] BNM حقًا شراب
[113] BNM في الشنوغة
[114] BNM هذا الكلام عويص
[115] BL قاعدًا

وقال إنَّما عَمَلُ اللّٰه أن تومنوا بالذي بعثه [30] فقالوا له وما أَيَتُكَ التي تُرينا ونومن بِكَ [31] قد أَكَل أباؤنا المَنَّ[104] في المفاز على حال ما كُتِبَ * أنَّه أطعمهم خُبزًا سماويًّا 77r

[32] فقال لهم يسوع أمين أمين أقول لكم لم يُعطيكم موسى خُبزًا سماويًّا ولكنَّ أبي يُعطيكم خُبزًا سماويًّا مُحقَّقًا [33] وإنَّما هو خُبز اللّٰه النازل مِن السماء والذي يُعطي الحياة للدنيا [34] فقالوا له يسيِّدنا هَب لنا أبدًا هذا الخُبز [35] فقال لهم يسوع أنا هو خُبز الحياة فَمَن أتا إليَّ لَم يجوع ومَن أمن بي لَم يعطش[105] أبدًا [36] ولكنِّي قد قُلتُ لكم أنَّكم رأيتموني ولم تومنوا [37] فكلُّ مَن أعطاني أبي لا بُدَّ له أن يُقبِل إليَّ ومَن يأتِ إليَّ لستُ أُلقِهِ خارجًا [38] لأنِّي إنَّما نزلتُ مِن السماء لأُتِمَّ إرادة[106] الذي بعثني وليس إرادتي. [39] وإنَّما إرادة أبي الذي بعثني ألاّ أُتْلِف مِن الذي أعطاني شيًا ولكن لأُقيمه في اليوم الأَخِر [40] فهذه إرادة أبي الذي بعثني في أن يعطي مَن نظر إلى الولد وأمن به الحياة الدايمة وأنا أقيمه في اليوم الأَخِر

[41] فتمرمر اليهود[107] عليه إذ قال أنا الخبز النازل مِن السماء [42] وقالوا أَلَيس هذا يسوع ابن يوسف الذي نعرف نحن أباه وأمَّه فكيف يدَّعي أنَّه نزل مِن السماء [43] فأجابهم يسوع وقال لهم لا يتمرمروا[108] فيما بينكم [44] ليس يقدر أن يقبل إليَّ إلاّ مَن جنَّده الأب الذي بعثني وأنا أقيمه في اليوم الأَخِر [45] وقد كُتِب في قول الأنبياء ويكونون أجمعون تلاميذ اللّٰه فَمَن سمع مِن الأب وتعلَّم يُقبِل إليَّ [46] لَم ينظُر أحدٌ إلى

[104] BNM المنّ والسلوى

[105] BNM لا يجوع and لا يعطش; León لن يجوع and لن يعطش

[106] Ibn Ḥazm ارادة ابي الذي بعثني

[107] BNM فكان اليهود يتململون

[108] León تتمرمروا; BNM لا تتململوا

[16] فلمَّا أمسى لهم نزل تلاميذه إلى البحر [17] وركِبوا مركبًا وتوجَّهوا فيه إلى ريف قفرَناؤوم فاظلامَ[97] عليهم الليل قبْل أن يُقدِم عليهم يسوع [18] وعصف بهم البحر ورمَزَ [19] فلمَّا أن كانوا في البحر على مِقدار ثلثة أميال أو أربعة وهم يَقْذِفون[98] بَصَروا بِيسوع ماشِيًا على الماء حتى تدانا مِن المركب فجَزِعوا [20] فقال لهم أنا هو لا تخافوا [21] فأرادوا إدخاله في المركب فاستقام المركب في السير حتى بلغوا إلى الموضع الذي أرادوا إليه.[99]

[22] وفي يوم أخر تفقَّدت الجماعة التي كانت خلفَ البحر يسوع وكانت قد علمتْ أنَّ تلاميذه توجَّهوا في مركب إلى قَفرَناؤوم ورأوا أن لم يكن بها غير مركب واحد وأن يسوع لم يدخل مع تلاميذه في المركب وأنَّ التلاميذ وَمَضَوا وُحُودَهم[100] [23] أقبَلَتْ مراكب أخرى مِن تَبارياذِش[101] في جُوار الموضع الذي أكلوا فيه الخُبز حامِدين للسيِّد [24] فلمَّا رأتْ الجماعة أنَّ يسوع لم يكن هنالك ولا تلاميذه ركِبوا في تلك المركب وتوجَّهوا إلى قفرَناؤوم طالبين لِيسوع [25] فلمَّا ظفَروا به خلف البحر قالوا له يا مُعلِّم متى جِيتَ هنا [26] فأجابهم يسوع وقال لهم أمين أمين أقول لكم إنَّما تطلبوني[102] لأكْلِكُم الخبز وشبْعِكم منه وليس لِما رأيتم مِن العجايب [27] فاستعمِلوا[103] ليس الطعام الذي يفنى بل الذي في الحياة الدايمة الذي يعطيكم ابن الإنسان فهذا أعطاه الأب اللّٰه [28] فقالوا له ماذا نفعل لِنعمل عمل اللّٰه [29] فأجابهم يسوع

[97] León فأظلم; BNM وقد كانت الظلمات

[98] BNM واذ قذفوا نحو خمس وعشرين او ثلاثين غلوة

[99] BNM وفي الحين كان المركب في الارض التي كانوا يسيرون اليها

[100] BNM وحدهم; Fās مضوا لانفسهم

[101] BNM طبرية

[102] BL and Fās تحبونني

[103] BL and Fās فارغبوا; BNM فاعملوا

موسى لصدَّقتموني لأنَّه قد كُتِب لكم عنِّي في الكتاب [47] فإذا لم تُصدِّقوا كتابه كيف تُصدِّقون كلامي.

## [VI] الباب السادس يحيى

[1] وبعد هذا أجاز يسوع بحر جِلجال الذي يُدعى تِبَارِيادْش[96]
[2] وكانت تتبعه جماعة عظيمة للعجايب التي كان يطلع في المرضا
[3] فصعَد يسوع في الجبل وقعد فيه مع تلاميذه [4] وكان ذلك في
جُوار عيد اليهود [5] فلمَّا رفع يسوع بصَرَه ونظَر إلى الجماعة العظيمة
النازعة إليه قال لِفِلبُّش مِن أين نبتاعوا [نبتاع] خُبزًا لإطعام * هاؤلاء 76v
[6] وكان يقول ذلك مُجرِّبًا له لأنَّه كان يعلم ما هو فاعل [7] فقال له
فِلبُّش ليس يكفيهم خبزٌ بمايتي درهَم على أن يُصيب كلُّ واحد منهم
يسيرًا [8] فقال له أحد تلاميذه وهو أنْدرِياش أخو سَمعون [9] إنَّ هاهنا
غلامًا معه خمس خُبَز شعير وحوتَين ولكن هذا يسير لِمِثل هذه
الجماعة [10] فقال يسوع أمُرُوا الناس بالإتِّكاء وكان في ذلك الموضع
حشيش كثير فاتَّكَتِ الجماعة وكان عددها خمسة ألاف [11] فأخذ
يسوع الخُبز فلمَّا حَمِدَ الله برَيَ به إلى المتَّكين وبريَ إليهم مِن الحوتَين
بحاجتهم [12] فلمَّا شبعوا قال لتلاميذه إجمعوا ما بقي مِن الكُسور لِيَلاَّ
يَتلِف [13] فجمعوا ذلك وملوا منه إثنتي عشرة سلَّة مِن بقيَّة الخمس
الخُبَز الشعير التي شبِعتْ منه الجماعة [14] فلمَّا بصُرَت الجماعة بهذه
الأعجوبة قالت هذا النبيّ حقًّا الذي هو قدِم إلى الدنيا [15] فلمَّا أيقن
يسوع أنَّهم قد أرادوا الإجتماع إليه وتقديمه مَلِكًا على أنفسهم تنحَّا
أيضًا إلى الجبل وحده

[96] BNM الذي بطبرية

خيرًا[90] يُقام للحياة ومَن فعل شرًّا[91] يُقام للحُكم[92] [30] لستُ أقوى أن أفعل مِن قِبَلي[93] شيئًا لكنّي أحكُمُ بما أسمع وحُكمي عدلٌ لأنّي لستُ أنفّذ إرادتي إلاّ إرادة أبي الذي بعثني

[31] فإن كنتُ أشهد لنفسي فشهادتي غير مقبولة [32] ولكن غيرِي يشهد لي وأنا أعلمُ أنَّ شهادته في حقٍّ [33] أنتم قد بعثتم إلى يحيى وودَّى إليكم شهادة الحقِّ [34] وأنا لستُ أخذ الشهادة عن أدمي وإنَّما أقول هذا لتسلموا [35] فهو كان منارة متقّدة مُضيَّة وأنتم فرحتم ساعة واحدة بنوره [36] وأنا لي شاهد أعظم مِن شهادة يحيى وذلك أنَّ الأفعال التي ملّكني أبي شهادة إتمامها فتلك الأفعال تشهد لي بأنَّ الأب بعثني [37] والأب الذي بعثني هو شاهد لي لم تسمعوا قطّ صوته ولم تُبصِروا شخصه [38] ولا ثبتت فيكم كلمته لأن الذي بعَثَ لا تومنون به [39] فأكشفوا[94] الكُتُب التي تظُنُّون بها دَرْك الحياة (الدايمة)[95] فإنَّها ستشهد لي [40] وأنتم تكرهون الإقبال إليَّ لِتَرِثوا الحياة.

[41] لستُ أتَقبَّل تشريف الأدميين [42] وقد علِمتُ أنَّكم لا تُحبُّون الله [43] فقد قدِمتُ على اسم أبي ولم تتقبَّلوني فإن جاء غيري على اسمه ستقبلونه [44] وكيف تومنون وأنتم إنَّما مذهبكم تشريف بعضكم بعضًا ولا رأي لكم في تشريف الله وحده [45] فلا تظنُّوا أنِّي أشتكيكم عند الأب الذي يشتكيكم هو موسى الذي تثقون به [46] فلو صدَّقتم

[90] BNM الذين عملوا الصالحات
[91] BNM الذين عملوا السيئات
[92] Fās يحشر للعقوبة
[93] BL, Fās, and Ibn Ḥazm من ذاتي; BNM من نفسي
[94] BNM تصفحوا
[95] BL, BNM, and Fās.

اليهود أنَّ يسوع كان أبراه [16] ومِن أجل ذلك كانت اليهود تتبع يسوع لأنَّه كان يفعل مِثل هذا في السبت [17] فأجابهم يسوع وقال إنَّ أبي يعمل إلى اليوم وأنا أعمل [18] ولهذا كانت تُريد اليهود قَتْلَه أكثر لأنَّه ليس كان يَفْسَخ عليهم قطُّ سُنَّة السبت[85] ولكنَّه كان يدَّعي الله أبًا ويُساوِي نفسه بالله

[19] فأجابهم يسوع وقال أمين أمين أقول لكم ليس يقدر الولد أن يفعل شيئًا مِن قِبَله إلاّ ما قد عاين مِن فِعْل أبيه فما فَعَل مِن شيء فَعَلَ الولَد مِثله فالأب يُحِبُّ الولَدَ [20] وقد عرَّفه بجميع ما يفعل وسَيَطْلع أفعالاً أعظم مِن هذه لِتَعْجبوا [21] فكما يُحيِي الأب الموتا ويقيمهم كذلك يُحيِي الوَلَدُ مَن وافقه [22] وما يحكُم الأب على أحدٍ لأنَّه أعطى جميع الحُكْم إلى الولد[86] [23] لِيُكْرِمَ جميع الخَلْق الولد * كإكرامهم 76r
الأب. فَمَن لم يُكرِم الولَدَ لم يُكرِم أباه الذي بعثه.

[24] أمين أمين أقول لكم مَن يسمع كلامي وأمن بالذي بعثني ينال الحياة الدايمة ولا يُحْكَم عليه ولكنَّه يسير مِن مَوت إلى حياة [25] أمين أمين أقول لكم ستأتي ساعة وها هي هذه يسمع الموتى فيها صوت ابن الإنسان[87] ومَن سمع عاش [26] فكما احتوى الأب الحياة في ذاته كذلك ملك ولده الإحتوا على الحياة في ذاته [27] وأعطاه سلطانًا وملَّكه الحكومة لأنَّه ابن الإنسان[88] [28] فلا تعجبوا مِن هذا لأنَّه سيأتي وقتٌ يَسمع فيه كلُّ مَن في القبور صَورته[89] [29] ويقومون فَمَن فعل

[85] BNM لانه لم يكن يحل السبت فقط; Ibn Ḥazm لأنه ليس كان يفسخ عليهم سنة السبت فقط

[86] BL and Fās لأنه بري بالحكم الى ولده; BNM بل اعطى الابن الحكم اجمع; Ibn Ḥazm لأنه يرد الحكم الى سليله

[87] BL, BNM, Fās, and León ابن الله

[88] Ibn Ḥazm وملكه الحكومة والسلطان والحياة كما هي للأب لأنه ابن الانسان

[89] BL صَوته; BNM, Fās, and León صوت ابن الله

75v * 
## الباب الخامس من إنجيل يحيى

[54] فهذه الأية الثانية[81] التي أطلع بجِلجال بعد إقباله مِن أرض يهوذا.

[V] [1] وبعد هذا كان عيد اليهود وصعد يسوع إلى يَرُشالِم [2] وكان بِيَرُشالِم بِركَة[82] التجربة[83] الَّتي تُعرَف بالعبرانيَّة بَتشَيّذا وكان لها خمسة اصطوانات[84] [3] كان يجتمع بها جماعة عظيمة مِن المرضا والعُمي والعُرْج ومَن شُلَّت يداه وَيَبَسَتْ مُنتظرين تحريك الماء [4] وكان ينزل مَلَك اللّٰه في زمن ما في البِركَة فَيُحرِّك الماء فَمَن كان ينزل أوَّلاً في البِركة بعد تحريك الماء كان يَبْرأ من مرَضه كاين مَن كان [5] وكان بها إنسان مريضًا منذ ثمانٍ وثلثين سنة [6] فلمَّا بصُر به يسوع مضطجعًا وعلِم طول عِلَّته قال له أتُحِبُّ أن تبرأ [7] فأجابه المريض وقال له يسيِّدي ليس لي مَن يُسرِع بي الى البركة وقت تحريك الماء وبينا أنا أريد إليها سبقني غيري [8] فقال له يسوع قُم واحمِل سريرك وانطلِق [9] فصَحَّ الرجُل ذلك الوقت واحتملَ سريره وتوجَّه به وكان ذلك يوم سبتٍ

[10] فقالت له اليهود ليس يحلُّ لك في يوم سبتٍ حَمْلُ سريرك [11] فأجابهم وقال الذي أبراني هو قال لي إحتمِل سريرك وانطلِق به [12] فكاشفوه وقالوا مَن هذا الذي أمَرَك بِحمْل سريرك والإنطلاق به [13] وكان ذلك الذي بَري يجهل يسوع فخرج يسوع عن الجماعة إلى موضع [14] وبعد ذلك لقِيَه يسوع في البيت وقال له صَحَحْتَ فلا تَذنَبْ فيأتي عليك ما يكون أضرّ بك [15] فانطَلَقَ ذلك الرجل وأعلَمَ

[81] BL الثالثة
[82] BL صهريج
[83] BNM تعمل فيها الذبايح
[84] BNM سقايف

[38] وأنا أبعثكم لحصاد ما لم تعملوا[78] فغيركم شَخَص فيه[79] وأنتم دخلتم على عملهم

[39] فأمن به مِن تلك المدينة جماعة من السامرين لقَوْل المرأة القايلة أنَّه أعلمني بكُلِّ ما فعلته [40] فلمَّا بلغ إليه أهل سَمَرية ورغبوا إليه في أن يلبث عندهم فلبث عندهم يومين [41] وكان الذين أمنوا مِن أهلها بكلامه أكثر مِن الذين أمنوا بسبب المرأة [42] وكانوا يقولون للمرأة لسنا نومنوا لأجل قولكِ[80] لأنَّا قد سمعنا وأيقنَّا أنَّ هذا مُسلِّم الدنيا حقًّا

[43] وبعد يومين خرج منها وألحَقَ بجِلجال [44] فشهد يسوع أنَّه لم يُكرَم أحدٌ مِن الأنبياء في وطنه. [45] فلمَّا قدِم جِلجال تقبَّله الجِلجاليون إذ علِموا فِعْله بيَرُشالِم في العيد وكانوا قد حضروا ذلك العيد [46] ثمَّ بلغ إلى كنعان بجِلجال حيث صنع من الماء خمرًا وكان بقفرناؤوم قايد قد اعتلَّ ولدُه [47] فلمَّا بلغه قُدوم يسوع مِن أرض يهوذا إلى جِلجال توجَّه إليه واستغاثه في أن ينزل معه ويُبري ولده لأنَّه كان قد أشرف على الموت [48] فقال له يسوع إن لم ترَوا العجايب والأيات لن تومنوا [49] فقال له القايد يسيِّدي إنزل قبل أن يموت ولدي [50] فقال له يسوع إنطلق فإنَّ ولدك باقٍ فأمن الرجل بِقَول يسوع له وانطلق [51] فبيناه بالطريق أقبل إليه بعض عبيده وبشَّروه بإفاقة ولده [52] فكاشفهم عن الوقت الذي أفاق فيه فقالوا له أمس في الساعة السابعة خرج عنه المُوم [53] فعلِم الوالد أنَّه هو كان الوقت الذي قال له فيه يسوع إبنك باقٍ فأمن هو وجميع أهل بيته.

[78] BNM تتعبوا انتم فيه; Fās تزرعوا

[79] BNM اخرون تعبوا

[80] BL and Fās لسنا نومن بخبرك; BNM لا نومن بعد لاجل كلامك; León لسنا نومنوا لأجل قولكِ

نعلم فإنَّ السلامة هي مِن اليهود [23] ولكن سيأتي وقتٌ وهو هذا يُصلِّي فيه إلى الأب المُصلُّون المُحِقُّون بالرُّوح والصدق وإنَّما إرادة الأب فيمن صلَّى إليه كذلك[73] [24] فالله روح ومَن صلَّى إليه ينبغي أن يُصلِّي له بالروح والصدق[74] [25] فقالت له المرأة أعلمُ أنَّ المسيح قادم فإذا قدِم هو يعرِّفنا بجميع الأشياء [26] فقال لها يسوع أنا هو الذي أُحدِّثكِ

[27] وعند ذلك أقبلَ تلاميذه وعجِبوا مِن محادثته للمرأة ولم
75r يكاشفه أحد عن خبره وحديثه لها [28] فتركت المرأة * جرَّتها وتوجَّهت إلى المدينة وقالت لِمَن لقيَت مِن أهلها [29] أقبِلوا وأبصِروا رجلاً أعلمَني بكلِّ ما فعلتُ[75] أتُراه المسيح [30] فخرجوا عن المدينة وأقبلوا إليه

[31] وفيما بين ذلك رغِب إليه التلاميذ وقالوا يا مُعلِّم كُلْ [32] فقال لهم أنا عندي طعام للأكلِ تجهلونه أنتم [33] فكان يقول التلاميذ بعضُهم لبعض أتُرا أهدا إليه أحدٌ طعامًا [34] فقال لهم يسوع إنَّما طُعمي في إتمام إرادة الذي بعثني وفي إكمال عمله [35] ألَستُم تقولون أن بينكم وبَين طِيب الزرع[76] أربعة أشهُر فأنا أقول لكم إرفعوا أبصاركم وتَبْصُروا البُلدان أنَّها قد إبْيَضَّت وطاب زرعُها[77] [36] ومَن حصد فلَهُ أجرُه ويجمع طعامه في الحياة الدايمة ليفرح الزرَّاع والحصَّاد معًا [37] وأنا أقول لكم أنَّ الزرَّاع غير الحصَّاد

[73] Fās من صلا اليه كذلك بالاخلاص عبادة مخلصة

[74] BL وصدق نيته

[75] Fās فعلتُ من حداثتي

[76] Fās الحصاد

[77] Fās حصادها

لها يسوع اسقني مِن هذا الماء [8] وكان قد توجَّه تلاميذه إلى المدينة ليبتاعوا خُبزًا[67] [9] فقالت له المرأة السامريَّة كيف تسئلني أن أسقيك وأنت يهوديٌّ وأنا امرأة سامريَّة وليس يجامع اليهود السامريِّين[68] [10] فأجابها يسوع وقال لو علِمْتِ حقَّ الله ومَن ذا الذي يستسقيكِ لَرَغِبتِ إليه في أن يعطيكِ ماءً حيًّا [11] فقالت له المرأة يسيِّدي ليس معك إناءٌ تستقي به والبِير بعيدة الرشا ومِن أين عندك ماء حيَّة [12] أتُراك اعظم من أبينا يعقوب الذي استنبط لنا هذه البير وشرب هو منها وأولاده ومشاشيته[69] [13] فأجابها يسوع وقال كلُّ مَن شرب مِن هذا الماء فهو يعطش ثانية [14] ومَن شرب مِن الماء الذي أعطيه أنا ليس يعطش في الأبد ولكن يصير الماء الذي أعطيه فيه عَينًا فوَّارة[70] في الحياة الدايمة [15] فقالت له المرأة يسيِّدي أمُرْ لي بهذا الماء (ليلا)[71] أعطِش وأقبل هاهُنا مُستقية [16] فقال لها يسوع إذهبي وادعوني زوجك[72] وأقبِلي هنا [17] فأجابت المرأة وقالت ليس لي زوج فقال لها يسوع قُلتِ الحقّ أنَّه لا زوج لك [18] قد كان لك خمسة أزواج وهذا الذي معك ليس هو زوجك قُلتِ الحقّ [19] فقالت له المرأة أرا أنك نبيًّا [20] وأباؤنا إنَّما صلُّوا في هذا الجبل وأنتم تقولون أنَّ موضِع الصلاة بِيَرُشالِم حيث تجوز الصلاة [21] فقال لها يسوع أيتها المرأة صدِّقيني أنَّه سيأتي وقتٌ لا يُصلَّى فيه إلى الأب في هذا الجبل ولا في يَرُشالِم [22] وأنتم تعبدون ما تجهلون ونحن نعبد ما

67 BL ما يقتاتون به; BNM اطعمة
68 BNM لان اليهود لا يعاشرون الشامريين
69 BL, Fās, and León وماشيته; BNM وانعامه
70 BL and Fās جارية
71 BL, Fās, and León; BNM الا
72 Fās and León وادعوا زوجك; BNM فادعي بعلك

يختلفون إليه [27] فأجابهم يحيى وقال ليس يقدِر الإنسان أن يُصيب شيئًا إلاّ أن يُعطاه مِن السماء [28] وأنتم شُهودي أني قد أقررتُ عندكم أنني لستُ المسيح إلاّ أني مبعوث قُدَّام المسيح[66] [29] فمَن كانت له عروسة فهو عروس وصديق العروس إذا وقف بين يديه وسمع كلامه فرِح فرحًا لأجل كلام العروس وهذا قد كَمُل فرحي [30] فينبغي له أن يستعلي وينبغي لي أن أنتقِص [31] فَمَن أقبل مِن العُلى فهو فوق الأشياء ومَن كان أرضِيًّا فهو أرضِيٌّ ومَساقُه أرضِيٌّ ومَن أقبل مِن السماء فهو فوق الأشياء [32] وإنَّما شهِد بِما سمِع ورأى وليس يَقبل شهادته أحدٌ [33] فَمَن قَبِل شهادته يؤمِن بأنَّ اللّٰه هو الحقّ [34] فمَن بعثه اللّٰه إنَّما ينطِق بكلام اللّٰه وليس يَرْزُق اللّٰه الرُّوح بِكَيل [35] وقد رضِي الأب عن الوَلَد وبَرِيَ في يده بجميع الأشياء [36] فمَن أمَن بالولَد ينال الحياة الدايمة ومَن كفَر بالوَلَد ليس يرى الحياة بل يكون عليه سَخَط اللّٰه باقِيًا.

## [IV] الباب الرابع من إنجيل يحيى

[1] فلمَّا انتهى إلى يسوع أنَّه بلَغ إلى المُصدِّقين أنَّ يسوع اتَّخذ تلاميذًا فوق عدد تلاميذ يحيى [2] وهو يُعَمِّد وإن كان يسوع لَم يُعَمِّد أحدًا غير تلاميذه [3] خرج عن يهوذا ورجَع إلى جِلجال
74v [4] وكان طريقه * على شَمَرِيَة [5] فأقبَل إلى مدينة شَمَرِيَّة تُدعا شِقار في جُوار المَوْرِث الذي أعطى يعقوب لابْنِه يوسف [6] وكان فيه بير يعقوب. فنزل يسوع على البير وقد مسَّه كلل السَّفَر وكان نحو الساعة السادسة [7] فأقبلَتْ إمرأة من شَمَرِية تريد استِقاء الماء فقال

[66] BL مبعوث بين يديه; BNM مبعوث قبله

[13] ولا يصعد إلى السماء إلاّ مَن نزل مِن السماء إبن الإنسان الذي هو مِن السماء[61]

[14] فكما رفع موسى الثُّعبان في المفاز كذلك ينبغي لإبن الإنسان أن يُرفَع [15] لِيلاّ يتلَف مَن أمَن به بَل ينال الحياة الدايمة. [16] وكذلك أحبَّ اللّٰه الدنيا أن أعطى وَلَده الفَرْد عن الدنيا * ولا يهلك مَن أمَن به 74r
بَل ينال الحياة الدايمة [17] لَم يبعث اللّٰه وَلَدَه إلى الدنيا لِيحكُم عليها إلاّ لِتَسلَم الدنيا بِه [18] فمَن أمَن به ليس يُحكَم عليه ومَن لَم يُومِن به يُحكَم عليه لأنَّه لم يُومِن باسْم الفريد ابن اللّٰه [19] وهذا هو الحُكْم أنَّ النور أقبَل إلى الدنيا وفضَّل اَلناس الظلُمات على النُّور وذلك لِسوء أفعالهم [20] فكُلُّ مَن أتى بِفاحِشة يكرَه النُّور ولا يَبلُغ (إلى النور)[62] لِيَلا يُطَلِّع على أفعاله [21] وَمَن فعل حقًّا[63] نَزَع إلى النور لِيُعرَف مِن فِعله إنَّما أراد به وجهَ اللّٰه.

## الباب الثالث يحيى الحواري

[22] وبعد هذا أقْبَل يسوع وتلاميذه إلى أرض يهوذا ومكث فيها معهم وعمَّد بها [23] وكان يحيى يُعمِّد بموضع يقال له أنون[64] في جُوار شلِيم لأنَّه كان بها مياه كثيرة وكانت تنزَع إليه الجماعات للإعماد [24] قبل أن يُحبَس يحيى [25] فوقعت المنازعة[65] بين تلاميذ يحيى واليهود في الطُّهر [26] وأقبلوا إلى يحيى وقالوا له يا مُعلِّم إنَّ الذي كان معَك خلف الأردُن الذي شهِدتَ له ها هُوَ ذلك يُعَمِّد والناس

[61] BL and BNM في السماء
[62] All mss. except BSB.
[63] BL خيرًا
[64] BNM بأرنون
[65] BL فوقع الشرّ; BNM فكانت مسئلة

بضمايرهم [25] ولم يكن يوافقه أن يكون أحدٌ يُوَدِّي الشهادة عن
الإنسان فإنَّه كان عالِمًا بما كان في الإنسان.

[III] [1] وكان رجُلٌ مِن المُصدِّقين يُدعى نِقوذَمُشْ مُقَدَّم اليهود
[2] قد أقبل إليه ليلاً وقال له يا مُعلِّم نَعلَم أنَّ اللّٰه بعثك مُعلِّمًا وليس
أحد يقدِر على فِعل هذا العجايب التي تَفعل إلاّ مَن كان اللّٰه معه.
[3] فأجابه يسوع وقال له أمين أمين أقول لك مَن لم يُولَد ثانيةً ليس
يقدر أن يرا مُلكَ اللّٰه. [4] فقال له نَقُوذَمُش كيف يقدر المرء إذا كان
شيخًا أن يُولَد أيقدِر أن يدخل في بَطن أُمِّه ثانيةً ثُمَّ يُولَد. [5] فأجابه
يسوع وقال أمين أمين أقول لك مَن لم يُولَد مِن الماء والرُّوح القدس
لا يقدر أن يدخل مُلك اللّٰه [6] فكُلُّ مَن توالد مِن لحم فهو لحم ومَن
توالد مِن رُوح فهو رُوح [7] فلا تعْجَب إذ قُلتُ لك ينبغي لكم أن تُولَدُ
ثانية [8] والرُّوح يتنفَّس[54] حيث يشاء وتَسْمعُ صوته ولا تدري مِن أين
يأتي أو حيث يمضي وكذلك كلُّ مَن وُلِد مِن رُوح فهو رُوح.
[9] فأجابه نَقُوذَمُش وقال كيف يُمكن أن يكون هذا [10] فقال له
أنتَ مُعَلِّم في إسرايل وتجهل هذا [11] أمين أمين أقول لك إني لاكلِّمك[55]
إلاّ بِما أعلَم ولا أشهد إلاّ بما رأيتُ[56] ولسْتُم تقبلون شهادتي [12] فإذا
حدَّثتُم[57] بالأرضيَّات[58] لم تُومِنوا وكيف تومِنوا لَو حدَّثتم[59] بالسماوِيّات[60]

[54] BNM يوحي
[55] Fās and León لا أُكلِّمك
[56] BL لا نكلمك الا بما نعلم ولا نشهد الا بما رأيت; BNM انما بما نعلم نتكلم وبما شاهدنا نشهد
[57] BL, Fās, and León حدَّثتكم; BNM ان قلت لكم
[58] BL بالارضية; Fās بارضية
[59] BL, Fās, and León حدَّثتكم; BNM ان قلت لكم
[60] BL بالسماوية; Fās بسماوية

الماء فدعا صاحبُ المجلس العروسَ [10] وقال له إنَّما السُّنَّة عند أهل الصنيعات أن يَسْقوا الشراب الطيِّب أوَّلاً فإذا طاب القوم سُقُوا من غيره[49] وأنتَ أبقَيْتَ الشراب الطَّيِّب في الأخِر[50] [11] هذا أوَّل العجايب التي فعلها يسوع بِكَنعان في جِلجال وأظهرَ قُدرته وأمَن به تلاميذه

[12] وبعد هذا نَزَل إلى قَفرَناؤُوم هو وأُمُّه وإخْوته[51] وتلاميذه ولَبَثوا بها أيَّامًا يسيرة [13] فتدانا عيد اليهود وصَعَد يسوع إلى يَرُشالِم [14] ووجَدَ في البيت قَوْمًا يبيعون بقرًا وضأنًا وحمامًا وموايد الصرَّافين [15] فعَمَل مِن حِبال[52] شِبه سَوْطٍ وأخرجهم به أجمعين عن البيت
وما كان فيه من الضأن والبقر * وهدمَ موايد الصرَّافين وفرَّق النحاس 73v
[16] وقال لباعة الحمام أخرجوا هذه عن البيت ولا تجعلوا بيت أبي بيت تجارة [17] فتذكَّر تلاميذه قَول النبي الذي قال غِيرَة بيتك أكلَتْني

[18] فأجابه اليهود وقالوا له أيَّة علامة تُظْهِر لنا إذ تفعل هذا [19] فأجابهم يسوع وقال إهدموا هذا البيت وفي ثلثة أيَّام أقيمُه [20] فقالت اليهود بُنِي هذا البيت في ستٍّ وأربعين سنة وأنت تقيمه في ثلثة أيَّام [21] وإنَّما كان يقول لهم عن بيت جسده [22] فتذكَّر التلاميذ هذا القول بعد قيامة[53] عن الموتاء وأمنوا بالكُتُب وبالكلام الذي قال لهم يسوع.

[23] وبيناه بيَرُشالِم في العيد في اليوم المُقدَّس أمن على اسمه جماعة إذ بَصُرَتْ بعجايبه [24] وكان يسوع لا يطمئن إليهم لمعرفته

[49] BNM واذا سكروا حينئذ يضع الذي هو ادنى
[50] BL وانت رفعت الخمر BNM ;وانت خالفت السنة وابقيت الشراب الاشرف في الاخر الطيبة الى الان
[51] BL واقاربه
[52] BL and Fās حبال الحلفا
[53] BL قيامته; León قيامه

والأنبياء في الوحي وهو يسوع بن يوسف الناصري [46] فقال له نطنهال أتكون من ناصِرَة بَرَكَتُهُ[45] فقال له فلبُّش أقْبِل وتُبْصِر

[47] فبَصُر يسوع نطنهال مُقبِلاً إليه وقال عنه هذا اسرايلي حقًّا ليس فيه غُشٌّ [48] فقال له نطنهال مِن أين عرفتني فأجابه يسوع وقال رأيتك تحت شجرة التين قبل أن يُكلِّمك فِلبُّش [49] فأجابه نطنهال وقال يا مُعلِّم أنت ابن الله أنت ملك إسرايل [50] فأجابه يسوع وقال أمنتَ إذ قُلتُ لك رأيتك تحت شجرة التين سَتَرا أعظمَ مِن هذا. [51] ثمَّ قال لهم أمين أمين أقول لكم ستَرَوْن السما مفتوحة وَمَلَيِكة الله صاعدين وهابطين على ابن الإنسان.

## [II] الباب الثاني مِن إنجيل يحيى

[1] وفي اليوم الثالث صنع عُرسٌ بِكنعان جِلجال وكانت بها أُمُّ يسوع حاضرةً [2] فدُعي يسوع وتلاميذه إلى العُرْس [3] فلمَّا عَجَزَهم الشراب قالت أُمُّ يسوع له ليس عندهم شراب [4] فقال لها يسوع مالي ولَك أيتها المَرأة لَم يتدانَ وقتي [5] فقالت أُمُّه للخَدَمة[46] إفعلوا ما أمَرَكم به من شيء [6] فكان عندهم سِتٌّ جِراتٍ رُخام بكر فيها الما لِيتوضَّا به اليهود على حال سُنَّتهم وكانت تحمل كُلُّ جَرَّة مِن الكيل الذي يُدعى ماطَرَش[47] إثنين أو ثلاثة [7] فقال لهم يسوع إمْلوا هذه الجَرَر ماء فَمَلَوها إلى أفواهها [8] فقال لهم يسوع إستَقُوا منها الان واذهبوا به إلى صاحب المجلس فذهبوا به [9] فلمَّا ذاق المقَدَّم الماء الذي كان صار خَمرًا ولم يعلم مِن أين كان وعلِم ذلك الخَدَمة[48] الذين تَوَلُّوا سَوْق

45 BL, Fās, and León بركة; BNM امن ناصرة يمكن ان يكون شيء من الخير

46 BL للمتولين; Fās للمتولين الخدمة

47 *Metretas*. BL مطراش; Fās ماطروه; omitted in BNM.

48 BL السايقون; BNM الخدماء; Fās السقاة

رأيتَ روحًا نازلاً وعليه مُقيمًا هو الذي يُعَمِّد بروح القُدُس [34] وأنا رأيت وشهدتُ بأنَّ هذا ابن الله.[34]

[35] وفي يوم أخَر كان يحيى[35] واقفًا ومعه تلميذان مِن تلاميذه [36] فبَصُر بيسوع (ماشيا وقال هذا خروف الله [37] فسمع ذلك منه التلميذان واتبعا يسوع)[36] [38] فالتفَتَ إليهما يسوع إذ رأهما يتَّبعاه وقال لهما ما الذي طلبتُما فقالا له يا مُعلِّم[37] أين مَسْكَنك [39] فقال لهما أقبِلا وأبصِرا فتوجَّها معه وأبصرَ[38] مسكَنه وباتا عنده[39] ذلك اليوم وكانوا في الساعة العاشرة [40] وكان أحد التلميذَين اللَّذَين سمعا مِن يحيى واتَّبعاه أنْدِرياش أخو سَمعُون المُسمَّى بِيْطر [41] فلقي أخاه سمعون أوَّلاً وقال له وجَدْنا مَشِّيَش[40] الذي تفسيره المسيح [42] ثمَّ أقبَلَ به إلى يسوع فلمَّا بَصُر به يسوع قال أنت سمعون بن يونا[41] وأنتَ تُسمَّى جافاش[42] وترجَمَتُه بِيْطُرُ.[43]

[43] وبالغَدِ أراد الخروج إلى جِلجال فظَفُرَ بِفلبُّش فقال له يسوع إتبعني [44] إلى فِلبُّش كان [وكان فِلبُّش] مِن بَتّشَيْذا[44] مدينة أنْدِرياش
وبِيْطُرُ [45] فلقي فَلبُّش نطَنهال وقال له و * جدنا الذي وصَفَه موسى 73r

[34] Ibn Ḥazm سليل الله

[35] Ibn Ḥazm يحيى بن زكريا المعمد

[36] BL, BNM, Fās, and León.

[37] BNM يا ربي وترجمته يا معلم

[38] Fās and León. Ibn Ḥazm ورأيا

[39] BL فاتيا وعاينا اين كان يقيم واقاما هناك BNM ;فتوجها معه وباتا عنده

[40] BL, Fās, and Ibn Ḥazm المسيح; BNM المشيح الذي ترجمته المسيح; León ماشيش الذي فسره المسيح

[41] BL يونش; BNM يُحنا; see Matthew XVI:17, John I:42 and John XXI:15-17.

[42] *Cephas*. BNM and Fās صفا

[43] Fās and Ibn Ḥazm وترجمته الحجر

[44] BL and León بَتّشَيْذا; BNM بتشايد; Fās بتصيدا

## الباب الأوَّل يحيى

[19] وهذه شهادة يحيى إذ بَعَث إليه اليهود مِن يَرُشالِم القسيسين[27] واللاويين ليكاشفونه[28] عن نفسه من أنت [20] فأقرَّ ولم يجحد وقال لستُ أنا المسيح [21] فسألوه وقالوا (من انت اتراك إلياس فقال لا فقالوا انت نبي فاجابهم وقال لا [22] فقالوا)[29] له أخبِرنا مَن أنتَ لِنُعلِم بذلك الذين بعثونا إليك ماذا تقول عن نفسك [23] فقال أنا صوتُ مُنادٍ في المفاز أقيموا سبيل السيِّد كما قال أشعيا النبي [24] فقال له المبعوثون مِن عند المُصدِّقين [25] فلأيِّ شيء تُعمِّد إن كنتَ لستَ المسيح ولا إلياس ولا نبي [26] فأجابهم وقال أنا إنَّما أعمِّد في الماء وقد وقف في مَوسَطتكم مَن تجهلونه [27] هو القادم بعدي الذي صار أمامي[30] الذي لستُ أستوجِب حَلَّ شِراك خُفَّيْه. [28] كان هذا مِن قوله في بثَّانِيَة خَلفَ الأردُن حيث كان يُعَمِّد يحيى.

[29] وفي يوم أخَر بَصُرَ[31] يحيى بالمسيح[32] مُقبلاً إليه فقال هذا خروف الله هذا اَلمُذْهِبُ بِذَنْب الدنيا [30] هذا هو الذي قُلْتُ عنه أنَّه سيُقْبِل بعدي رجُل صار قُدَّامي[33] لأنَّه كان قبلي [31] وكُنْتُ به جاهلاً وإنَّما أتَيتُ مُعمِّدًا بالماء لكيما أُظهِره لبني إسرايل [32] ثمَّ شهد يحيى وقال رأيتُ روحًا نازلاً من السماء مِثل حمامة وسكَن عليه [33] وكُنْتُ به جاهِلاً ولكن الذي أمَرَني بالإعماد في الماء هو قال لي على مَن

[27] Ibn Ḥazm الكهنة

[28] BNM ليسئلوه

[29] BL, BNM, Fās, Ibn Ḥazm, and León; text omitted in BSB.

[30] BL المخلوق قبلي; BNM الذي صار قبلي

[31] Ibn Ḥazm ويومًا اخر رأى

[32] BNM and Fās يسوع

[33] BL خلق قبلي وهو اشرف مني

[6] كان رجُل مُرسَل مِن الله يُسمَّى يحيى [7] قد بُعِثَ نذيرًا ومُبَشِّرًا
بالنُّور ليهتدي الناس على يديْه [8] ولم يكن هو النُّور إلاّ أن يُوَدِّي
الشهادة عن النور [9] وكان نُورًا صادقًا[15] الذي يُنير كُلَّ إنسان مُقبِل في
هذه الدنيا [10] فإنَّه كان في الدنيا وبه خُلقت الدنيا ولم يعرفْه أهل
الدنيا[16] [11] قدِم إلى خاصَّته فلم يتقبَّلوه [12] فمَن تقبَّله منهم أعطاهم
سُلطانًا أن يكونوا أولاد الله أوليك المومنون باسمه [13] الذين لم يتولَّدُ[17]
من دَم ولا شهوة اللحم ولا باهِ[18] الرَّجُل ولكن توالدوا من الله[19]

[14] فالتحَمَت الكلمة[20] وسكَنَت فينا ورأينا عَظَمَتها كعَظَمَة وَلَد الله
الفَرْد[21] المحشوّ رضوانًا وصِدقًا [15] فوَدَّى يحيى الشهادة ونادى وقال
هذا هو الذي قُلْت أنَّ الذي يقْدِم بعدي صار قُدَّامي لأنَّه كان قبلي[22]
[16] وقد أخذنا أجمعين من كماله وامتنانًا بامتنان[23] [17] لأنَّ على يدي
موسى أُعطي الكتاب وبيسوع المسيح خُلِق الحقُّ والرِضى. [18] ألله
لم يُبْصره[24] أحَدٌ * قطّ[25] ما عدا ما وصَفَ عنه الوَلَد الفَرْد الذي هو في 72v
حِجر[26] أبيه.

[15] BL وأما النور الخالص; BNM كان النور الحق
[16] BNM وفي العالم كان العالم به كان والعالم لم يعرفه (sic); Ibn Ḥazm كان في الدنيا وبه خلقت ولم يعرفه أهل الدنيا
[17] BL, Fās, Ibn Ḥazm, and León يتوالدوا; BNM الذين لا من الدماء ولا من ارادة لحم
[18] So in Fās. BL شهوة; BNM ارادة رجل; Ibn Ḥazm ولا بإة رجل
[19] So in Ibn Ḥazm. BL ولكن بإرادة الله; BNM بل من الله
[20] BNM والكلمة صارت لحمًا; Ibn Ḥazm فالتحمت الكلمة والكلمة كانت بشرًا
[21] BNM وراينا عزتها كعزة المولود الفرد من الاب; Ibn Ḥazm وراينا عظمتها كعظمة ولد الله
[22] BL كان مخلوقًا قبلي
[23] BL وقد اعطينا اجمعون من بركته الرضا
[24] Ibn Ḥazm لم يره
[25] BNM لم ير الله احد قط
[26] BL حضانة

الباب الثاني عشر في الكَرْم وزَرَجونه وفي المحبّة وفي وعْدِه بالبَرقليط وأنَّ كُل ما للأب هو للإبن وساير الوصايا وقوله سياتي وقت يظُنُّ كلُّ مَن قتَلَكم أنَّه يتقرَّب بذلك إلى اللّٰه.

الباب الثالث عشر في إيصاء يسوع تلاميذه عند الأب وتلّ يهوذا بالمسيح في ليلة العَشاة.

الباب الرابع عشر كلام بيلاط لليهود عن المسيح وفي بَربَّان وفي قَتْل يسوع ودفنه وقيامه عن القبر وظهوره لتلاميذه بعد قيامه.

تمَّت الأبواب[11]

## إبتداء إنجيل يحيى بن سَبَذاي الحَواري[12]

بسم اللّٰه الرحمن الرحيم وبه أستعين[13]

[I] [1] في البدي كانت الكلمة والكلمة كانت عند اللّٰه واللّٰه كان الكلمة [2] هذه كانت في البدي عند اللّٰه [3] بها خُلِقَت الأشياء ومِن دونها لم يُخلَق شي [4] فالّذي خُلِق هو حياةٌ فيها والحياة كانت نُور الأدميين[14] [5] والنُّور يُضيء في الظُلُمات والظُلُمات لم تتخطّفه.

[11] BL تمت الابواب والحمد لله; omitted in Fās.

[12] BL ابتداء انجيل يحيى الحواري بن سبداي على بركة اللّٰه وحسن عونه; BNM بسم الاب والابن والروح القدوس الاه واحد امين بدء الانجيل المقدس بحسب يحيى الحواري; Fās المصحف الرابع من الانجيل كتبه يحيى بن سبذاي في بلد اسيه لاساقف تلك الناحية اخر من كتب والحمد لله; León بسم الاب والابن وروحهما القدوس الرحمان الرحيم ابتداء انجيل يحيى ابن سبداي الحواري

[13] Fās بسم اللّٰه الرحمن الرحيم

[14] BL فالذي خلق بها حياة نور الادميين; BNM وما كان كان فيها حياة والحياة كانت نور الادميين; Fās فالذي خلق منها هو حياة والحياة كانت نور الادميين; Ibn Ḥazm فالذي خلق فهو حياة فيها

الباب الخامس في بُرْيِه المريض المضطجع على غدير[9] بَتْشيّذا منذ ثمانية وثلثين سنة وقوله إكشِفُ الكُتب فلو كنتم صدقتم موسى لأمنتم بي.

الباب السادس في الخمس الخُبَز والحوتَين واذ رادة [أرادت] اليهود أن يُقدِّموه مَلكًا وحين مشى يسوع على البحر وفي المنِّ والخبز السماوي وحين زال عنه التلاميذ وقال إنَّ واحدًا منهم إبليس.

الباب السابع حين أوصى يسوع الجماعة وقت إقباله إلى البيت وقد مضى نِصفُ أيَّام الخيم وأمنَتْ به طايفة ونادى وقال مَن عطش فَليأتِ ويشرب وحين احتجُّوا أكابر اليهود على التلاميذ ونُقوذِمُش وفي المرأة العاهرة[10] وقول يسوع أنَّه نور الدنيا.

الباب الثامن حين سُيِل يسوع فقال أنا البدء وأنَّ كُلَّ مذنب عبدُ الذنْب وأنَّ يسوع قبْل إبرهيم وفي بُريِه المكفوف منذ ميلاده.

الباب التاسع في الباب وموضع الضان وحين مشى في يوم أنْجانيَة عِيد هيئة البيت لِلّه وقال أنا والأب واحد وفي إحيايِه لازَر.

الباب العاشر حين دهَنَتْ مريم رِجلَي المسيح ومسحتهما بشعرِها وركوب يسوع الفُلُو وحين طلبوه الرُّوم والغِريقِيُّون أنْ يرَوه وكلامه في حبَّة القمح التي تُزرَع في الأرض وصوت مُنادي في السماء وأنَّ كثيرًا من القُوَّاد أمنوا بالمسيح فليس كانوا يُظهِرون ذلك لأجل الفَرَزِيِّين.

الباب الحادي عشر حين غسَل أرجُل التلاميذ وتلَّ به يهوذا وجَحْد بِيْطُرُ إيَّاه * إياه وفي محبَّة الأصحاب وأنَّه في الأب والأب فيه وفي 72r
حِفظ العهود وعُهود الروح البرَقْلِيط.

[9] BL صهريج
[10] BL المذنبة

فيتَّفق من ذلك قوله الذي قاله المسيح في كتاب الإعلان أنا الألف والياء أعني أوَّل الأحرف وأخِرها الكلمة الأولى بالجوهر والأخِرة بالوِلاد الزماني الدايمة بلا بَدء ولا فناء وهذا يحيى الذي لمَّا فهم (وقت)[7] وفاته دعا جميع تلاميذه وأتباعه بِبَلد أفْسُوسَ قايلاً بعجايب المسيح الكثيرة التي شاهدها ثمَّ نزل في لَحْد قبره بعد أن صلَّى ورقد مع أبايه فلم يتغيَّر بَدَنه مَيِّتًا كما لم يتدنَّس حيًّا وهو الذي كَتَب إنجيلَه بعد جميع الثلاثة حَواريين الذين كتبوا ذلك وكذلك وَجَب لِبِكرٍ مثله.

تمَّ المصدر

أبواب الفهرسة[8]

71v * الباب الأول في سوَال بني لاوي الفرزيِّين إلى يحيى بن زكريا ونَظَر يحيى إلى يسوع وتسمِيَّته خروف الله وقول أندرِياش لبِيْطُر وجدنا المسيح.

الباب الثاني حين بدَّل الْما خمرًا وأدْرَدَ الصرَّافين مِن البيت وقولُه أهْدِم هذا البيت وكلامه لِنُقُوذَمُش في المعمودية وغير ذلك كثير.

الباب الثالث حيث عمَد يسوع المومنين وكَون يحيى بن زكريًّا في عانون وأنَّه كان يُعَمِّد أيضًا ويقول أنَّ المسيح ينبغي له أن يزداد وأنا أنتقِص.

الباب الرابع كلام يسوع مع السامريَّة وقوله لا حُرمة لنبي في وطنه وإحياه وَلَد القايد من الموت.

[7] BL, Fās; León يوم

[8] BL ترجمة المصحف الرابع من الانجيل الذي كتبه بالرومية يحيى بن سبداي الحواري في بلد اشية وقد فصلنا ابوابه على اربعة عشر بابًا

# [إنجيل يحيى]

## بسم الله الرحمن الرحيم ولواهب العقل الحمد[1]

قال يَرُونِم القسُّ[2] هذا يحيى المبَشِّر واحدٌ من تلاميذ المسيح[3] الذي إصطفاه اللّٰه بِكرًا وصرفه عن النكاح بعد أنَّه كان أراد الإعْراس الذي قامت له شِهدتان في الإنجيل أنَّه بِكرٌ الواحدة أنَّه سُمِّي بِحبيب اللّٰه دون غيره من أصحابه والثانية أن المسيح أوصاه بِأُمِّه مريم وقت سيره للصَّلب ليَحْرِز البِكرُ بِكرًا والدليل أيضًا أنَّه كان بِكرًا قَوله في أوَّل إنجيله أنَّ الكلمة صارت لُحمة يعني[4] تجسِّدَتْ وأنَّ النور لا تتخطَّفه الظلُمات وأنَّ أوَّل الأيات الأية التي فعلها المسيح في عُرْسه لِيُظْهِر بذلك المؤمنين عفافه وأنَّه بِكْر وأنَّ تأويل ذلك أنَّ المسيح أراد استِدعاه فَلينبغي أن ينبذ خَبْر النكاح وأن يبدل الحالات (الاوايل البالية وتُطل الحالات)[5] الجديدة التي يقِيمُها المسيح.

كَتَب يحيى هذا الإنجيل بِبَلد أشية بعدما كَتَب كتاب الوحي الإعلان المعروف بِابِقَلِبْشِيْنَ في جزيرة بَثْمُوس فَعَل ذلك لتكون عبارته كما أنَّ موسى ذَكَر الكلمة في أوَّل التوراة إذ قال بالبَدء خلَق اللّٰه السماء والأرض وأنَّ ذلك أوَّل المصاحِف كذلك ذَكَر يحيى هذا في أخِر الكتب الذي هو هذا في البلد[6] كانت الكلمة

[1] BL بسم الله الرحمن الرحيم وبه استعين; León بسم الله الرحمن الرحيم وله جزيل الحمد
[2] The attribution is omitted in BL.
[3] BL تلاميذ الله
[4] End of missing text in Fās (see Luke XXIV:27).
[5] BL, Fās (with some erasure), and León.
[6] Fās البدئ; León البدء

تَمَّ الإنجيل الثالث[608] الذي كتبه لوقا السُّرياني تلميذ الحواريين (في بلد اقاييه)[609] بعد ارتفاع المسيح السيِّد إلى السماءِ إلى إثنين وعشرين سنة ثُمَّ ترجمَّه شِيْمنْ وَعُقاب من الُّروميَّة إلى اللغة اللطِينيَّة لِعَجم رُومة وغيرهم.

والحمد لله ربِّ العالمين كما هو أهْلُهُ

71r * يتلوه الإنجيل الرابع كتبه يحيى الحَواري بِاللِّسن الرومي بأشِيَة إلى خمسين سنة بعد ارتفاع المسيح السيِّد إلى السماء وتووفي [وتوفي] بمدينة أفسُوس إلى ثمانية وستين سنة بعد ارتفاع المسيح السيِّد إلى السماء.[610]

[608] León تم الجزء الثالث من الانجيل
[609] BL; remaining text omitted in BL until يتلوه الانجيل الرابع
[610] Missing folios in Fās, including ending of Luke and beginning of John.

وظنُّوه رَوْحًا[601] [38] فقال لهم لِمَ فزَعتم وواقعتْ الظنون قلوبكم[602]
[39] تَبَصَّروا يديَّ وقدميَّ فإنِّي أنا هو جُسُّوا وابصَروا لأن الرَّوح[603]
ليس له لحمٌ ولا عظْمٌ كما ترونني. [40] فلمَّا قال هذا عَرَض عليهم
يديه ورِجلَيه [41] فبيناهم مشَكِّكين ومتعجِّبين فَرَحًا قال أعِندكم
هنا شيء يوكَل [42] فأقبلوا إليه بقطعة حوت مشويٍّ وشربة[604] عسل
[43] فلمَّا أكل بين أيديهم بَريَ إليهم بالبقيَّة [44] وقال لهم هذا
هو الكلام الذي ألقيته إليكم إذ كنتُ معكم بأنَّه ينبغي أن أُتِمَّ كلّ
ما تنبَّا به موسى والأنبياء وأنزِل في الزُّبور[605] عنِّي. [45] وعند ذلك
بَصَّرهم[606] وفتح عقولهم ليفهموا الكُتُب [46] وقال لهم هكذا كُتِب
وهكذا كان ينبغي للمسيح أن يُلقى ويقوم في الثالث عن الموتا
[47] لِيُدعى جميع الأجناس إلى التوبة على اسمه وغفران الذنوب
ويُبتدا بذلك من يَرُشالِم [48] وأنتم الشهود على هذا الأمر [49] وأنا
باعث إليكم بما وعَدَكم بما في[607] فلا تخرجوا عن المدينة حتَّى
تنزل عليكم القدرة مِن العُلاء

[50] ثمَّ أخرجهم خارجًا إلى بَثانِيَة ورفع يديه وبارك عليهم [51] وبيناه
يُبارك عليهم إرتفع عنهم وصعد إلى السماء [52] فسجدوا وانصرَفوا
إلى يَرُشالِم فارحين فرحًا عظيمًا [53] وكانوا أبدًا في البيت حامدين
ومُمَجِّدين لله.

601 Ibn Ḥazm شيطانًا

602 BNM لِم انتم مشروهون وترتقي الفكر الى قلوبكم

603 Ibn Ḥazm الشيطان

604 BL وسورة; BNM ومشط

605 BNM المزامير

606 BL فتح لهم الفهم ليفهموا الكتب; BNM بقول الانبياء وفهموه

607 BL and León به أبي; BNM وانا ارسل وعد ابي اليكم

وأقبلنَ إلينا وزعَمنَ أنَّهُنَّ أبصرنَ ملَيكة وبشَّروهنَّ بقيامته [24] ثمَّ توجَّه مِن بعد[593] أصحابنا إلى القبر ووجدوه كما وَصَفْنَ النِّسوة ولَم يَرَوا[594] فيه [25] فقال لهما يا جُهَّال ومَن قد عجِز عن فَهم مقالة الأنبياء (قلوبهم)[595] [26] أما كان هذا واجبًا أن يلقاه المسيح وكذلك يدخُل في عظَمته[596] [27] ثمَّ بدا يُفَسِّر النُّبوَّة لهما وابتدا ذلك مِن موسى وجميع الأنبياء حتَّى استوعب مساقهم فيه

[28] وتدانَوا من الحِصن الذي أرَدُ [أرادا][597] إليه وشبَّه لهما بأنَّه يُريد
70v قُدامًا[598] [29] فرغبا إليه وقالا له بِت معنا فإنَّه قد تدانا اللَّيل * ومال النهار فعدَّل معهما [30] فلمَّا اتَّكأ معهما أخذ خُبزًا وبارك عليه وكسَرَه وبرِيَ به إليهما [31] وذهبتْ الغَشاوة عن أبصارهما وعرفاه ثمَّ ارتفع عنهما[599] [32] وقال بعضهما لبعض أما كانت تحترق قلوبنا إذ كان يُحدِّث بالطريق ويُفهِّمنا الكُتُب. [33] فقاما ذلك الوقت وانصرفوا إلى يَرُشالِم فوَجدَ الأحد عشر مُجتمعين ومَن كان معهم [34] وهم يقولون قد قام السيِّد حقًّا وتراءَ لِسَمعون [35] ثمَّ قصَّا عليهم خبرهما وكيف عرفاه عند كَسْر الخُبز لهما

[36] وبَينَهم يخْوضون في هذا وقف يسوع في وسَطهم وقال ألسلام عليكم [37] أنا هو فلا تخافوا فجزَعوا جِداًّ[600] وارتعبوا

593 BNM من بعض اصحابنا ;Fās بعض ممن لنا
594 BL, Fās, and León يروه ;BNM واما هو فلم يجدوه
595 Fās and Ibn Ḥazm. BNM ويا بطيئي القلوب الى الايمان بجميع ما تكلم به الانبياء
596 BL, Fās, and Ibn Ḥazm يبلغ الى عظمته ;BNM يدخل هكذا في عزته
597 BL and León اراد ;BNM كانوا يسيرون اليه
598 BL الى امام ;BNM فاظهر انه يسير الى ابعد
599 BNM وعرفاه ثم غاب عن اعينهم ;Ibn Ḥazm فلم يعرفاه حتى ارتفع عنهما وغاب
600 BNM فشرهوا

# الباب الحادي والعشرون لوقا

[9] وانصرفن من القبر وأعلمنَ بجميع هذا الإحدى عشر وغيرهم [10] وكانت مريم المجدلانية ويُحنا ومريم أمّ يعقوب وغيرهنَّ من صواحبتهنَّ اللاتي وصفنَ هذا للحَواريين [11] وكانوا يُكذِّبون هذا ولا يُصدِّقونه[587] [12] فقام بيطُرُ وأسرع جريًا إلى القبر وأوما إليه وبَصُر بالكَفَن وحده وانصرف متعجبًا مِمَّا كان من ذلك.[588]

[13] وكان رجُلان من أصحابهم قد إنطلقا ذلك اليوم إلى حِصْن يُقال له أماؤوس على سبعة أميال ونِصف من يَرُشالِم [14] وهما يتحدَّثان على الطريق بهذا الحَدَث [15] فبينا هما في الحديث يكشف بعضهما بعضًا إذ تدانا منهما يسوع وسايرهما [16] وأخذ أبصارهما لِيَلاّ يعرفاه [17] فقال لهما ما هذا الذي تخوضان فيه وتحزنان له [18] فأجابه أحدهما الذي يُدعى كلُوبَّاس[589] وقال أنت وحدك غريب بيَرُشالِم إذ تجهل ما كان بها هذه الأيَّام [19] فقال لهما وما ذلك فقالا له مِن خبَر يسوع الناصريّ الذي كان نبيًّا مُقتدرًا في أفعاله وكلامه عند الله وعند الناس[590] [20] وكيف استجمع قُوَّاد القسِّيسين وأكابرًا[591] على قتله وصلْبهم إيَّاه [21] ونحن كنَّا نرجوا أن يكون مُفدِي إسرايل ولهذا منذ ثلثة أيام [22] وقد أجْزعْنَنا[592] نِسوة مِن نِسايِنا إنطلقنَ إلى القبر في السَّحَر [23] وَلَم يجِدنَ فيه جِثمانه

[587] BNM فظهرت لهم هذه الكلمات كهذيان ولم يكونوا يصدقونهن
[588] BNM مما طرأ
[589] BNM اقلاوباش
[590] BNM جميع الامة
[591] Fās and León وأكابرنا; BNM ورؤساؤنا
[592] BL and Fās ارجفنا; BNM افزعننا

مُنتظرًا لِمُلك الله. [52] فبلَغ إلى بيلاط وسأله جُثمان يسوع [53] فأنزله ولفَّه في رِداء وأدخلَه في قبرٍ منحوت لم يكن فيه غيره قَبلَه [54] وكان ذلك عشِيّ الجُمعة والسبت داخل [55] فاتَّبعنه النِّسوة القادمات معه من جِلجال حتَّى أبصرنَ القبر وحضرنَ دفنه [56] ثم انصرفنَ وأعددنَ حُنوطًا وطيبًا ودِهانًا واسترحْنَ في السبت لِحال العهد.

[XXIV] [1] فلمَّا انفجر الصُّبح يوم الأحد صُبحًا جِدًّا[574] أقبلن إلى
70r القبر حاملات الحنوط الذي * أعدَدْنَ له[575] [2] فوجدنَ الصخرة[576]
مقلوعة[577] من القبر [3] ودخلنَ فيه ولم يجدنَ جثمان السيِّد يسوع[578]
[4] فبَيْنا هنَّ مُتحيِّرات[579] من هذا إذ وقف إليهنَّ رجُلان في ثيابٍ ناصعة[580]
بَياضًا [5] فلمَّا جزَعنَ منهما وأَمَيْنَ[581] بوجوههنَّ إلى الأرض[582] قالا لهُنَّ
لِمَ تطلُبنَ حيًّا مع الموتاء[583] [6] ليس هو هنا لأنَّه قد قام[584] فتذكَّرنَ قوله
لكُنَّ[585] وهو معَكُنَّ بجلجال [7] إذ قال ينبغي لإبن الإنسان أن يُبرأ به في
أيدي المذنبين[586] ويُصْلَب ويقوم في الثالث [8] فتذكرن كلامه

574 BNM ويوم الاحد صبحًا; Ibn Ḥazm فلما انفجر الصبح يوم الاحد بكرة جدًا
575 BL اقبلن الى القبر وقد حملن الطِيب الذي اعددن له; BNM اتين القبر وحملن الحنوط الذي كن اعددن; Ibn Ḥazm اقبل النسوة الى القبر يحملن حنوطًا
576 BNM, Fās, and Ibn Ḥazm الحجر
577 BL الصخرة قد رفعت عن مدخل القبر; BNM مقلوبًا; Fās and Ibn Ḥazm مقلوعًا
578 BL جثمان يسوع; Fās جثمان السيد ياشوا; Ibn Ḥazm فلم يجدن السيد
579 BNM متحيرات الذهن; Ibn Ḥazm فتحيرن
580 BL مشرقة; BNM ساطعة; Fās مبرقة; Ibn Ḥazm بيض
581 BL واومأن; BNM واطرقن بوجوههن; León وأومين
582 Verse clipped this far in Ibn Ḥazm.
583 BL, Fās, and Ibn Ḥazm حيًا بين اموات (BL الاموات); BNM الحي مع الاموات
584 Ibn Ḥazm قد قام ليس هو هاهنا
585 BNM فذكرن كيف كلمكنّ; Fās فتذكرون لقوله لكم; omitted in Ibn Ḥazm.
586 BL and Fās قوم مذنبين; BNM الناس المذنبين

ليشربه [37] ويقولون له إن كُنتَ مَلِك اليهود فسلِّم نفسك [38] وكان قد كُتِب على رأسه في الصليب بالرُّوميَّة والعجميَّة والعبرانيِّة هذا مَلِك اليهود.

[39] وكان واحد اللصَّين المصلوبَين معه يسُبُّه ويقول إن كُنتَ أنت المسيح فسلِّم نفسَك وسلِّمنا [40] فأجابه الأخَر وكَسَر عليه وقال أما تخاف الله وأنت في هذا العِقاب[569] [41] أمَّا نحن فقد كُوفينا بما استوجبنا وهذا لا ذَنْب قِبَله. [42] ثمَّ قال ليسوع يسيِّدي أذكرني إذا أتيتَ في مُلكِك[570] [43] فقال له يسوع أمين أقول لك أليومَ تكون معي في الجنَّة.

[44] وكان ذلك في الساعة السادسة فأظلامتْ[571] جميع الدنيا حتَّى إلى الساعة التاسعة [45] وكُسِف بالشمس وانشقَّت حجَلة البيت في وسطها [46] ثمَّ دعا يسوع بصوت عالٍ وقال يأبتاهُ في يديك أوصي بروحي[572] فلمَّا قال هذا لَفَظَتْ نفْسُهُ [47] ولمَّا بصُر العريف بما كان حمِد الله وقال حقًّا إنَّ هذا كان رجُلاً صالحًا [48] وكلُّ مَن كان خرج من الجماعات لينظر إليه لمَّا بصَروا بالعجايب إنصرفوا نادمين وهم يضربون صدورهم. [49] وكان أصحابه واقفين على البُعد ومعهم النِّسوة اللاتي كُنَّ اتَّبعنه من جِلجال ناظرين إلى العجايب

[50] فأقبل رجُل يُقال له يوسف وكان رجُلاً صالحًا تقِيًّا [51] لَم يُساعِد اليهود[573] في أفعالهم واستجماعهم من أرْمازيَة مدينة يهوذا وكان

[569] BL في اخر عمرك; Fās and Ibn Ḥazm في تلك العقوبة بعينها; BNM في اخر عمرك وفي هذا العقاب

[570] BL, Fās, and Ibn Ḥazm نلت ملكك

[571] León فأظلمت

[572] BL استودعك نفسي; BNM اودع روحي

[573] BL القتلة; BNM وهو لم يكن وافق رأيهم وافعالهم

فعل هذا مِن شرٍّ لَم أجْربْ[562] عليه شيئًا يستوجِب الموت وإنَّما ينبغي
أن أوَدِّبه وأطلقه [23] فعند ذلك أكثروا عليه بالصياح ورغبوا إليه في
صلبه [24] حتَّى أجابهم بيلاط إلى مسئلتهم [25] وأطلق لهم الذي كان
حُبِس لدم أصابه وأتمَّ في يسوع مسئلتهم

[26] فلمًّا انطلقوا به حَمَلوا صليبه على إنسان من أهل القيروان
يُدعى سَمعون مُقبِل مِن قرية [27] واتَّبعته جماعة عظيمة وفيها نساء
يبكين عليه ويَلتَدِمْنَ له [28] فالتفتَ إليهنَّ يسوع وقال يا بنات يَرُشالِم
لا تبكين عليَّ بل إبكينَ على أنفُسكنَّ وعلى أولادِكُنَّ. [29] ستأتي أيَّام
يُقال فيها طوبى للعاقرات والبطون التي لم تلِد والثدي التي لم تُرضِع
69v [30] وعند ذلك تقولون للجبال استُرونا وللكُرا[563] غطُّونا * [31] لأنَّه قد
فُعِل هذا بالعود الأخضر فما ظنُّكم يفعل باليابس [32] وكان يُساق أيضًا
سارقان عابثان[564] لِيُصلبا معه

[33] فلمَّا بلغوا إلى الموضع الذي يُدعا الأجرَد صلبوه فيه وصلبوا
اللصَّين[565] الواحد عن يمينه والأخَر عن شماله [34] فقال يسوع
يأبتاه إغفِر لهم لأنَّهم يجهلون ما يفعلونه[566] فقسموا ثيابه واقترعوا[567]
عليها [35] وكانت الجماعة واقفة منتظرة. وكان يستهزي به القُوَّاد
والفرزيُّون[568] ويقولون قد سلَّم جماعة فليُسلِّم نفسه إن كان المسيح
حبيب اللّه [36] وكان يَزْري به أيضًا الجنديُّون ويرفعون إليه خَلاًّ

[562] BL, BNM, and Fās أجد
[563] BL ويا قرون; BNM وللفجاج; Fās ويا قرونها; León وللكدا
[564] BL أيضًا عابثان
[565] BL العابثين; Fās السارقين; Ibn Ḥazm السارقين العابثين
[566] BL يجهلون فعلهم; Fās and Ibn Ḥazm يجهلون ما يصنعون ولا يدرون فعلهم (Fās يصنعونه)
[567] BL and Fās واستهموا
[568] BL وكان يزدرون به القواد ويقول بعضهم لبعض; BNM وكان الرؤساء يزدرون به معهم قايلين; Fās والشواذ

ما استبان لي قِبَل هذا الرجل رِيبة [5] فازدادوا له شَكيَّة وقالوا يُشَعِّث الجماعة[557] ويوصي في جميع[558] بَلَد يهوذا مِن جِلجال إلى هُنا [6] فلمَّا سمع بيلاط بجِلجال سألهم إن كان مِن أهل جِلجال [7] فلمَّا علم أنَّه مِن طاعة هَرودِس بعثه إلى هَرودِس وكان في تلك الأيَّام بِيَرُشالِم

[8] فلمَّا بصُر هَرودِس بِيسوع إرتاح لذلك جِدًّا وكان قد تشوَّق إلى رؤيته منذ زمانٍ كثير لِما يبلغه عنه وكان يرتجي أن يُريه[559] مِن بعض أياته [9] فكاشفه عن أشياء كثيرة ولَم يُجِبْه بشيء [10] فوقف قُوَّاد القسِّيسين والعلماء وأكثروا بشكيَّته عنده [11] فاختفره هَرُودِس وأصحابُه واستهزا به وألقا عليه بياضًا وصرفه إلى بيلاط [12] واصطلحا مِن ذلك اليوم هرودِس وبيلاط لأنَّهما كان قبل ذلك مُتعادين

[13] فدعا بيلاط إلى قُوَّاد القسِّيسين والأكابر[560] والعامَّة [14] وقال لهم أتيتموني بهذا الرجُل وزعَمتُم أنَّه يُشعِث الجماعة وقد كاشفتُه بمحضركم فلم أجِد قِبَله شيئًا مِمَّا بَغَيْتُمونه به[561] [15] وقد بعثته إلى هَرودِس فلم يَرَه أهلاً للقَتْل [16] غير أنِّي أوَدِّبه وأطلِقُ سبيله [17] وكان عليه أن يُطلِق لهم في كُلِّ عيد واحدًا [18] فصاحت الجماعة كُلُّها معًا وقالت أقتُل هذا وأطلِق بَربَّان [19] الذي كان حُبِس لِدَم أصابه وشتاتٍ أوقعه في المدينة. [20] ثمَّ أعاد الكلام عليهم بيلاطً لِيُطلِق يسوع [21] فازدادوا صِياحًا وقالوا أصْلِبهُ أصْلِبهُ [22] فقال لهم ثالثًا وما

557 BL and Fās بني عمّنا ;BNM يحرك الامة
558 Fās ويهيّج
559 BL يوريه ;BNM كان متشوّقا منذ زمان كثير الى رؤيته
560 BL and Fās واكابر اليهود ;BNM رؤساء القسيسين والقوّاد والأمة
561 BL and Fās مما تذكرون ;BNM مما تشكون منه

إليه غيرها وقال وأنتَ من أصحابه فقال بيطُرُ أيها الرجل ما أنا منهم[553] [59] وبعد ساعة واحدة قام غيره يُحَقِّق ويقول حقًّا أن كان هذا معه نَعَمْ وأنَّه جلجالي [60] فقال بيطُرُ يا رجُل ما أعرِف مِمَّا تقول شيئًا فصرخ الديك قبل إتمامه الكلام [61] فتأمَّل السيِّد والتفتَ بيطُرُ فتذكَّر بيطُرُ قول السيِّد الذي قال له ستجحدني قبل صراخ الديك ثَلثًا [62] فخرج بيطُرُ خارجًا وبكا بُكاء مُرًّا .

[63] وكانوا المُمسِكون لِيسوع يستهزؤن به ويضربونه [64] ثمَّ غطُّوه وكانوا يلطُمون وجهه ويقولون نبِّنا يا مَسيح بِمَن يضربك [65] وكانوا يتناولونه كثيرًا بالشَّتم [66] فلمَّا أصبح إستجمع مشايخ الأمَّة[554] وقوَّاد القسِّيسين والعلماء واقبلوا به إلى محفلهم [67] فقالوا له إن كُنتَ المسيح فاعلِمنا فقال لهم إن أعلمتكم لَم تُصدِّقوني [68] وإن سألتكم لم تُجيبوني ولا تمهلوا لي [69] ومِن الان يكون ابن الإنسان جالسًا على يمين عظَمَة الله [70] فقالوا له أنتَ إذًا ابن الله فقال أنتم تقولون أنِّي أنا هو [71] فقالوا قد إستغنينا عن طلب الشهادة عليه هذا قد سمعنا مِن فمه.

[XXIII] [1] فتوجَّهوا أجمعون إلى بِيْلاط [2] فبَدَوا يَبغونه قايلين إنَّا وجدنا هذا يُشَغِّب بني * عَمِّنا[555] ويمنعهم عن أداء الجزية[556] لقيصر ويزعم أنَّه المسيح وأنَّه مَلِك [3] فسأله بيلاط وقال أنت مَلِك 69r
اليهود فأجابه وقال أنتَ قُلتَه [4] فقال بيلاط لِقُوَّاد القسِّيسين الجماعة

553 BNM فقال بطر يإنسان لست
554 BL and Fās اكابر بني اسرايل
555 BNM يضرّ امتنا; León جنسيتنا
556 BL and Fās الخراج

فأطال صلاته حتى سال العَرَق منه وتساقط نُقطه كتساقُط الدم وانسكب[546] في الأرض [45] وإذ إنفتَل عن الصلاة وأقبلَ إلى تلاميذه ووجدهم رقودًا من شِدَّة الحُزن [46] فقال لهم لِمَ ترقدون قوموا وادعوا ألاّ يواقعكم التشكيك.

## الباب العشرين لوقا

* [47] فبيناه يقول هذا أقبلتْ الجماعة وفي مُقدِّمتهم واحد الإثني 68v
عشر الذي كان يُدعا يهوذا فدنا من يسوع ليُقَبِّلَه[547] [48] فقال له يسوع يا يهوذا أبالقبلة تدُلُّ على ابن الإنسان [49] فلمَّا بصُر من كان حوله[548] بالأمر وفهموه قالوا يسيِّدنا أتذّان لنا بمُحاربتهم [50] ثم ضرب أحدهم هامة مملوك قايد القسيسين فأبان أذنه اليُمنى [51] فقال يسوع أمسِكوا أمسِكوا الان[549] ثم مسَّ الأذن[550] وأبراه في العاجل [52] وقال للقادمين عليه مِن عند قُوَّاد القسِّيسين وأكابر البيت[551] والمشايخ خرجتم إليّ بالرماح والعُصي كما يُخرَج إلى اللصِّ [53] وقد كنتُ عندكم كلّ يوم في البيت فما مدَدتم إليَّ يدًا ولكن هذا وقتكم وسلطان الظلمات

[54] فتقبَّضوا عليه وبلّغوه إلى دار قايد القسِّيسين فاتَّبعه بيطرُ على البُعد [55] فأوقدوا نارًا في وسْط الدار وجلسوا حولها وكان بيطرُ بينهم [56] فلمَّا أبصرتْه أمَة وتأمَّلته عند ضوء النار[552] قالت وهذا كان معه [57] فقال لها جاحدًا ماعْرَفه يأيتها المرأة. [58] وبعد حين نظر

546 BL كتساقط نقط الدماء; Fās and Ibn Ḥazm كتساقط نقط الدم اذا انسكب في الارض

547 Fās adds وكان قد اعطاهم امارة وقال لهم من قبّلته هو هو

548 BL and Fās من حوله من اصحابه

549 BNM ذروا حتى الان

550 BL لصق الاذن; BL and Fās add في موضعه; BNM ولما مسّ اذنه ابراها

551 BL and Fās اليهود; BNM وعرفاء البيت

552 BL and Fās الكانون; BNM الى الضوء

[31] ثمَّ قال السيِّد يا سَمعُون يا سَمعُون قد استأذن ا[الشيطن لِغر] بلَتِكُمْ كما يُغربل القمح[536] [32] غير أنِّي قد رغِبتُ فيك ألاّ يقطع إيمانك فإذا اهتَديْتَ فثبِّتْ إخْوتَك[537] [33] فقال له يسيِّدي قد أجْمعتُ على أن أسير[538] معك في الحبس والموت [34] فقال له يا بيطُرُ أنا أقول لك[539] أنَّه لا يصرُخ الدِّيك هذه الليلة حتَّى تجحدني ثَلَثًا وأنَّك لم تعرفني.

[35] ثم قال لهم إذ بعثتكم بِلا غِرارة[540] ولا مخلاة ولا أخفاف هل عجِزَكم شي فقالوا لا [36] فقال لهم لكن مَن كان معه الان خريطة[541] فلياخُذ إليها مخلاة ومن لم يكن معه فَلَيَبع ثوبَه ويبتاع سيفًا.[542] [37] وأنا أقول لكم أنَّه سيأتي عليَّ ما كُتِب وقد تمَّ حيث قال ويُحتَسَب مع المُجرمين[543] لكن كلَّما كُتِب عنِّي سيتمُّ [38] فقالوا يسيِّدنا إنَّ هاهُنا سيفان فقال لهم يَكفيكم

[39] ثمَّ خرج على حال ما كان تعوَّد إلى جبل الزيتون فاتبعه التلاميذ [40] فلمَّا بلغ إلى موضع منه قال لهم أدعوا ألاّ يواقعكم التشكيك [41] ثمَّ تنحَّا عنهم على قدر رَمية الحَجَر ووضع رُكبتيه ودعا [42] وقال يأبَتَاهُ إن كان يُوافقك فَأزِح عنِّي هذه الكاس ولكن لستُ أسئلك أن تفعل شيئتي إلاّ شيئتك[544] [43] فتراءا له ملَكٌ من السماء مُقويًّا له[545] [44]

[536] Blank in BSB. BL, Fās, and León قد استاذن الشيطن لغربلتكم كما يغربل البر (BL يغربل القمح)

[537] BL and Fās فإذا اهتديت فاهد اصحابك

[538] BL and Fās اصير

[539] BL, Fās, and Ibn Ḥazm اعلمك

[540] BL and Fās زاد

[541] BL عرارة [غرارة]

[542] BL سلاحًا

[543] BL and Fās حيث قال بأني أصلب (in Fās احسب) مع المذنبين

[544] Ibn Ḥazm يا أبي كل شيء عندك ممكن فاعفني من هذه الكأس لكن لا أسأل إرادتي لكن إرادتك

[545] BL مقوّيًا له ومحرّضًا; Fās and Ibn Ḥazm معزيًا له

يكمُل‎[527] في مُلك الله. [17] فأخذ كأسًا وحمد الله وقال خُذوها واقسَموها بينكم. [18] وأنا أقول لكم انّي لستُ أشرب من جنس الزَّرَجون‎[528] إلى قدوم مُلك الله. [19] ثمَّ أخذ خُبزًا وحمَد الله وكسَره وأعطاهم إيَّاه وقال هذا جسدي الذي جُعِل عنكم.‎[529] فافعلوا هذا لتِذكار فِعلي. [20] ثمَّ أخذ الكاس بعد * أنْ تعشَّى وقال هذه الكأس هي دمي والعهد الجديد الذي يُهرَق عنكم. [21] ولكنَّ اليدان اللتان تدُلّان عليّ هاهما معي في المايدة [22] وسيلقى ابن الإنسان ما قد حُتِم به عليه ولكن الوَيح للمَرء الذي يدُلُّ عليه [23] فجعلوا يتكاشفون عمَّن يفعل هذا منهم

[24] ثمَّ خاضوا فيمن هو أكبرُهم [25] فقال لهم إن ملوك الأجناس يمِلكون مَن تحتهم ويُدعَون سادةً [26] فلا تتشبَّهوا بهم ولكن مَن تقدَّم منكم فَلْيكن خادم أصحابه [27] ولكن مَن تظنُّوه أشرف ألمُتَّكي أم الخادم (اما المتكي اكبر غير اني فيما بينكم كالخادم)‎[530] [28] وأنتم الذين صبرتُم معي في امتحانات كثيرة.‎[531] [29] فأنا ألْخِصُ لكم المُلْك‎[532] على ما لَخصَّه لي أبي‎[533] [30] لتطعَموا وتشربوا على مايدة‎[534] في المُلك وتجلسون على عُروش حاكمين على اثنتي عشر سِبطًا من وَلَد‎[535] إسرايل

---

[527] BL حتى يكمل ما قدّر علي; Fās حتى يكمل ويتم; León حتى ياتي
[528] BL من سيل هذا الجنس; Fās من هذا الجنس; León من جنس الدالية
[529] BL and Fās الذي جعلته لكم فدية
[530] BL, Fās, and León.
[531] BL and Ibn Ḥazm في جميع مصائبي; Fās معي مصابي
[532] BL, Fās, and Ibn Ḥazm فاني الخص لكم الوصية
[533] BL and Fās على ما لخصها لي أبي; Ibn Ḥazm على حال ما لخص لي الملك ابي
[534] BL, Fās, Ibn Ḥazm, and León مائدتي
[535] Ibn Ḥazm بني

[XXII] [1] فتدانا عيد الفطير الذي يُدعى الفِصح

## الباب التاسع عشر لوقا

[2] وكان قُوَّاد القسِّيسين والعلماء يطلبون كيف يقتلونه ويخافون [3] فدخل الشيطان إلى يهوذا إشكَرِيُوت واحد الإثني عشر [4] فانطلق إلى قُوَّاد القسِّيسين وأكابر اليهود ووعدهم بالدلِّ عليه مُفرَدًا [5] ففرحوا لذلك ووعدوه بمثوبةٍ [6] وأخذوا مِيعاده وصار مُقتَنِصًا لِيَتُلَّ به مُفرَدًا وليس بمحضر الجماعة

[7] فتدانا يومُ عيد الفطير الذي كان يجِب عليهم فيه ذبيحة العيد [8] فبعث يسوع بيطُرُ ويحيى وقال لهما إذهبا أعِدَّا لنا الفصح لناكله [9] فقالا له أين يوافقك أين نُعِدّ لك [10] فقال لهما إذا دخلتما المدينة سيتلقّكُما إنسان بيده كَرَّة[521] مملُوَةً ماءً فاتْبعاه إلى البيت الذي يدخل فيه [11] وقولا لصاحب الدار المُعلِّم يقول لك أين المنزل الذي ناكل فيه العيد[522] مع تلاميذه [تلاميذي] [12] فعند ذلك يَعْرِض عليكم غُرفة عظيمة مفروشة فأعدّا لنا فيها [13] فتوجَّها ووَجَدا الأمر كما وَصف لهما وأعدَّا الفِصح[523]

[14] فلمَّا كان في الوقت الذي يُبتدا فيه بالعيد إتَّكى والإثني عشر حواريًّا معه [15] فقال لهم تشوَّقت تَشْوّقًا إلى موَاكلتكم[524] في هذا العيد قبل أن تُلاقي[525] [16] وانا أقول لكم أنِّي لاطعْمَهُ[526] مِن وقتي هذا حتى

[521] BL, Fās, and León جرة
[522] BL and Fās أعيّد فيه
[523] BL and Fās واعدا له الفصح فيها
[524] BL مجامعتكم; Fās الاكل معكم
[525] León يُتلا في; BL and Fās قبل ان يجار علي
[526] BL, Fās, and León لا اطعمه

والمُرضِعات في تلك الأيام لأنَّه سيكون ضِيق عظيم على الأرض وسَمُّه على هذه الأمَّة [24] فيقتلون بالرماح (ويسبون)[518] ويُبدَّد سبيهم في جميع الأجناس وتملك الأجناس يَرُشالِم حتى يَكمُل زمان[519] الأمم. [25] ثمَّ تكون علامات في الشمس والقمر والنجوم وتنزل في الأرض شدَّة على الناس مِن الجزَع ودوي البحر وعصف الأمواج [26] حتى ييئس الخلق من الرعب ومِمَّا يتواقع نزوله على أهل الدنيا ويتحرَّك عِظامات السموات [27] وعند ذلك يبصرون ابن الإنسان مُقبِلاً في سحابة بقُدرة عظيمة وعظَمة جليلة [28] فإذا بصُرتم هذا قد بدا فانظروا وارفعوا رؤسكم فإنَّه قد قرُبت فديتكم.

[29] وضرب لهم مثلاً وقال إذا بصُرتم شجرة التين وجميع الشجر [30] قد أطلعتْ فواكهها أيقنتم أنَّه قد تدانا الصيف [31] وكذلك إذا رأيتم ما وصفْته لكم فاعلموا أنَّه قد تدانا مُلك الله [32] أمين
67v أقول لكم لا تنقرض هذه الأمَّة حتى يكون جميع * ما وصفْت لكم [33] وستذهب السماء والأرض ولا يذهب كلامي [34] فتحفَّظوا ولا تثقُل قلوبكم في الثمل والسكر وعنايات[520] هذه الحياة فيُفاجيكم ذلك اليوم [35] لأنَّه يطرُق على غفْلة كالوهن والحَبالة كلّ مَن كان ساكنًا على جميع وجه الأرض [36] فاسهروا أبدًا وادعوا بأن تَنقُذوا من هذه الشدايد كلّها التي هي كاينة ولتجدوا سبيلاً إلى الوقوف بين يدي ابن الإنسان. [37] فأوصى أيَّامًا في البيت وكان يخرج بالليل إلى جبل الزيتون وكانت الجماعة تدلَج البيت لِتسمع وصيَّته.

[518] BL.
[519] BL وفا الامم
[520] BL والشهوات وعنايات هذه الحياة ;Fās وشهوات هذه الحياة

تجزعوا[507] سيأتي كثير على إسمي ويقولون إنِّي أنا هو[508] وقد قرُب الزمان فلا تتبعوهم [9] فإذا بلغكم عن حروب وخِلعان فلا تفزعوا لأنَّه ينبغي أن يكون هذا قبل تداني القيامة. [10] فعند ذلك قال لهم سَتَثُور أمَّة على أمَّة ومَلك على مَلك [11] وتكون الزلازل العظيمة في موضع[509] وينزل الوبأ والجوع وتطلع في السماء عَلَمات مُفزِعات [12] وقبل هذا كلِّه يضعون عليكم أيديهم ويتبعوكم ويبرو[510] بكم في الجماعات ويقذفون بكم في السجون وتُساقون إلى الملوك والقُوَّاد لأجل اسمي [13] ليكون ذلك شاهدًا لكم [14] فلا تُفكِّروا فيما تُجيبونهم به [15] فإنِّي سأهبكم فاهًا وعِلمًا[511] حتى لا يقدر أعداؤكم على مُراجعتكم ولا مواقفتهم[512] [16] وسيُبرا بكم (اباؤكم)[513] وإخوتكم وأختانكم[514] وإخوانكم وَيَقتُلُ منكم [17] وتُبغِضكم العامَّة لأجل اسمي [18] ولا تذهب شعرة من رؤوسكم [19] فتواضعوا كم[515] بتواضعكم تربحون أنفسكم [20] وإذا رأيتم عسكرًا وقد أحاط بيَرُشالِم فعند ذلك أيقنوا أنَّه قد تدانا خرابها [21] وعندها مَن كان بأرض يهوذا يهرب إلى الجبال (ومن كان فيها يخرج عنها)[516] ومَن كان حولها لا ينزع (اليها [22] لانها)[517] أيام انتقام ليَكمُل كلّما كُتِب [23] فالويح للحبالى

[507] BL and Fās لا تُخدعوا

[508] BL and Fās ويدعي كل واحد منهم انه انا

[509] BL and Fās في مواضع كثيرة

[510] BL, Fās, and León ويبرون

[511] BL and Fās فاني سانطق افواكم واثر علمكم

[512] Fās مخالفتكم; BL موافقتكم; León مواقفتكم

[513] BL, Fās, and León.

[514] BL واحباؤكم

[515] BL and León لأنكم; Fās فبصبركم تملكون انفسكم

[516] BL and Fās; León لا يخرج عنها

[517] BL, Fās, and León.

وإله يعقوب [38] فليس هو إله الموتى بل إله الأحيا لأنَّهم أحياء بين يديه [39] فأجابه بعض المصدقين وقالوا يا مُعلِّم حسنًا ما قُلتَ [40] فَلَم يقدِم بعد ذلك أحدٌ على مكاشفته

[41] فقال لهم كيف تقولون أنَّ المسيح ابن داوُد [42] وقد قال داوُد في الزبور قال السيِّد لسيِّدي أقعُد على يميني [43] حتى أجعل أعداك كُرسِيًّا لقدمَيك [44] فهذا داوُد يدعوه سيِّدًا فكيف هو ولده

[45] فعند ذلك أَسْمَعَ الجماعة وقال لتلاميذه [46] لا تتشبهوا بالعلماء الذين يتدثَّرون بالكُساء الشريفة ويرغبون أن يبتدوا بالسلام في الرحاب[504] والتقدُّم في الكنايس وأوَّل الإتِّكاء في الصنيعات[505] [47] ألذين يَسبَعون بيوت الأرامل بإطالتهم الصلوات فهم ينالون العذاب الأكْبَر.

[XXI] [1] فتأمَّل وبصُرَ بالأملياء يُلقون صدقاتهم في تابوت الصدقة [2] وبَصُر بأرمَل ضعيفة قد ألقتْ قطعتَي فلسَين صُفر [3] وقال حقًّا أقول لكم إنَّ هذه الأرمل الضعيفة أرْبَتْ على كلِّ مُتصدِّقٍ [4] لأنَّ جميع هؤلاء إنَّما ألقَوا في صدقاتهم لله إنَّما ألقى قليلاً مِن كثير[506] وهذه على فَقرها ألْقتْ جميع ما تملِكه.

[5] فقال له بعض مَن كان في البيت ما أحسن حجارة هذا البيت وأشرف عمَلُه فقال [6] هذا الذي تبصرون ستأتي أيَّام لا يُترَك * فيه 67r
حجَر على حَجَر ما لا يُهدَم. [7] فكاشفوه وقالوا يا مُعَلِّم متى يكون هذا أو ما تكون العلامة إذا كان ذلك. [8] فقال لهم أبصروا لا

[504] BL and Fās في الجماعات
[505] BL وينزلون في صدور مجالس البِيع
[506] León انما القوا في صدقاتهم لله مما فضل لهم

66v على[494] طريق الله * والحقّ[495] [22] هل تجوز لنا غَرم الجزية لقيصر أم لا
[23] فعلِم قُبْح ضميرهم[496] وقال لهم لا تجرِّبونني [24] أعرضوا عليَّ
الدرهم لأعرِف صورته ونَقْشَه[497] فأجابوه وقالوا إنما فيه صورة قيصر[498]
[25] فقال لهم ما كان لقيصر فأعطوه لقيصر وما كان للّهِ فأعطوه للّهِ
[26] فلم يجدوا في كلامه مُعْلقًا[499] يبغونه به قدَّام الجماعة فسكتوا عنه
مُتعجِّبين من جوابه

[27] فأقبل إليه بعض المُكذِّبين بالقيامة فكاشفوه[500] [28] وقالوا يا مُعَلِّم إنَّ موسى أمَرَنا في كتابه[501] إذا مات لأحدنا (أخ وترك)[502] إمرأة ولم يكن له وَلَدٌ أن يتزوَّج أخوه إمرأته لِيُحيِي ذريَّة أخيه [29] وكان سبعة إخوَة وتزوَّج أوَّلهم فمات ولَم يَدَع ولدًا [30] فتزوَّجها الثاني ومات عنها بلا ولدٍ [31] ثمَّ تزوَّجها الثالث وجميع السبعة وماتوا ولم يَدعوا ولدًا [32] وفي أخِرهم ماتت المرأة [33] فإذا قام الناس في القيامة لِمَن تكون منهم وقد تزوَّجها سبعتهم [34] فقال لهم يسوع إنَّما ينكح ويتزوَّج بَنو هذه الدُنيا [35] وأمَّا المستوجبون لذلك العالم والقيام عن الموتى فلا يتزوَّجون ولا ينكحون [36] ولا يموتون ويكونون[503] أمثال المليكة وهم أولاد الله إذ هُم بنو القيامة [37] ومِن الدليل على قيامة الموتا ما قاله الله لِموسى في الزعرور أنا السيِّد إله إبرهيم وإله إسحق

[494] Blank in BNM-L omitting وتحضّ على
[495] BNM-L بالحق; Fās علمنا صدقك واستقامتك وانت لا تبالي في الحق بشريف ولا وضيع
[496] Blank in BNM-L omitting ضميرهم
[497] Blank in BNM-L omitting لأعرف; followed by صورت [صورة] ونقش
[498] BNM-L فاجابو[ا] وقالوا قيصر
[499] Blank in BNM-L omitting يجدوا في كلامه مُعْلقًا
[500] Blank in BNM-L omitting بالقيامة فكاشفوه
[501] BNM-L موسى كتب لنا اذا
[502] León; Fās ان مات اخ لاحدنا وترك امراة
[503] BL and Fās والصالحون منهم يكونون

إذا بصَروا به يحتشمون منه [14] فلمَّا رأه الأعوان أداروا في أنفسهم وقالوا هذا الوارث تعالَوا نقتُلُوهُ[481] لِنَحتوي على الميراث [15] فأخرجوه من[482] الكرْم وقتلوه فما يصنع بهم صاحب الكرْم [16] أما يقبِل ويقتُل هاؤلاء الأعواني[483] ويُوَكِّل بالكرْم غيرَهم فلمَّا سمعوا ذلك قالوا حاشى للّٰهِ[484] [17] فالتَفَتَ[485] إليهم وقال لهم وما فَسْرُ هذا[486] الذي صار مكتوبًا إذا حَيْثُ قال[487] الحجَر الذي كرهه البُناةُ[488] قد صار في رأس الرُّكْن [18] فمَن سقط على ذلك الحجَر ينكسر ومَن سقط عليه الحجَر يتفتَّت [19] فأراد[489] قُوَّاد القسِّيسين والعلماء التقبُّض عليه ذلك الوقت[490] وخافوا الجماعة وشعروا وعِلموا[491] أنَّه إنَّما ضرب هذا المثل لهم.

## الباب الثامن عشر لوقا

[20] فدسُّوا عليه مُرايين[492] لِيَقيسوه بشيء ويُظهِرون الصلاح له رَصدًا ويسخِطون من سببه عليه السلطان [21] فكاشفوه وقالوا يا مُعَلِّم قد عِلمنا أنَّك تقول الحقّ[493] وتُوصي به وأنَّك لا تقبل المناظِر بل تحُضُّ

481 Fās تعالوا اقتلوه بنا

482 BNM-L عن

483 BL, BNM-L, and León الاعوان; Fās العمار

484 BL قالوا يعيذ الله من هذا

485 BNM-L فهو التفت

486 BNM-L وقال ما هو هذا

487 BNM-L omits إذا حَيْثُ قال

488 BNM-L البنات

489 Fās فاداروا

490 Blank in BNM-L omitting التقبُّض عليه [ذلك] الوقت

491 BNM-L وخافوا الجماعة علموا

492 In BNM-L and Fās the rest of the verse is erased, and is written over by a later hand in Fās مرايين يرتصدونه ليجدوا اليه السبيل في لفظة يبغونه بها عند

493 Blank in BNM-L omitting تقول الحق

66r * [45] ثمَّ دخل في البيت وجعل يخرج منه الباعة والمبتاعين [46] ويقول لهم قد كُتِب إن بيتي هو بيت صلاة وأنتم جعلتموه كهفًا لِلُّصوص [47] وكان يُوصي في البيت كُلَّ يوم فاستجمع قُوَّاد القسِّيسين والعلماء ومُقدِّموا الأُمَّة على أن يُتلِفوه[475] [48] ولم يجدوا سببًا وكانت العامَّة تتشوَّق إلى سمع كلامه.

[XX] [1] فبيناه يومًا يُوصي الأُمَّة في البيت ويُبشِّرهم أقبل قوَّاد القسِّيسين والعلماء مع المشايخ [2] وقالوا له عَلِّمنا بسُلطان مَن تفعل هذا أو مَن ملَّكك هذا السلطان [3] فأجابهم وقال إنِّي أكاشفكم[476] عن أمر فأجبوني فيه [4] إعماد يحيى كان سماوِيًّا أم مِن الأدميين[477] [5] ففكَّرُّوا وقالوا إن قُلنا أنَّه سماوِيًّا سيقول لنا كيف لَم تُومنوا به [6] وإن قُلنا مِن الأدميين سترجمنا الجماعة لتصديقهم بنبوَّة يحيى [7] فتجاهلوا له وقالوا لا نعلَموا[478] [8] فقال لهم يسوع ولا أنا أعلِمكم بسلطان مَن أفعل هذا

[9] ثم جعل يقول للجماعة هذا المثل رجلٌ إغترس كرمًا ووكَّل به أعوانًا وتغرَّب عنه زمانًا كثيرًا [10] وبعد حين بعث غلامًا إلى أعوانه[479] لِيبْرُوا إليه بغلَّة الكرْم فضربوه وأرجعوا فارغًا [11] فأعاد إليهم غُلامًا ثانيًا فضربوه أيضًا وتَعْتقُوه وأرجعوه فارغًا [12] ثمَّ بعث إليهم ثالثًا فجرحوه[480] وطردوه [13] فقال سيِّد الكرْم ما أنا صانع سأبعث ولدي الحبيب لَعلَّهم

[475] BL على ازاحه منه; BNM يلتمسون اهلاكه; Fās على الراحة منه
[476] BNM اسئلكم
[477] BL and Fās ام بدعة ادمية; BNM ام من الناس
[478] BL, Fās, and León لا نعلم; BNM بأنهم يجهلون من اين كان
[479] Fās العمارين
[480] BL فاخرجوه; Fās فخرجوه

منه ما يُرا أنَّه عنده [27] ولكن أعداي اوليك الذين كرَهوا مُلكي أقبِلوا بهم هنا واقتلوهم قُدّامي.

[28] فلمَّا فَرَغ هذا توجَّهَ صاعدًا إلى يَرُشالِم [29] فلمَّا تدانا من بَثفيا وَبَثانية في جُوار جبل الزيتون بعثَ اثنَين من تلاميذه [30] وقال لهما إذهبا إلى الحِصن الذي يقابلكما فإذا دخلتماه ستجدان فيه فُلوًّا حمارة مربوطًا صَعْبًا لم يركَبْه أحدٌ بعْد فحُلاّه وأقبِلا به [31] فإن سألكما[474] أحدٌ عن حَلِّه فقولا له أنَّ السيِّد يُريد تسخيره [32] فتوجَّه الرسولان ووجدوا الفُلوَّ واقفًا كما قال لهما [33] فلمَّا حلاّه قال لهما أصحابه لِمَ حَلَلتما الفُلُوَّ [34] فقالا لهم لأنَّ السيِّد يحتاج إليه [35] فأقبلا به إلى يسوع وألْقَوا ثيابهم على الفُلوّ وجلَّسوا يسوع مِن فوق [36] ثُمَّ توجَّهوا وجعلوا يبسُطون ثيابهم على الطريق [37] فلمَّا قرُب مِن أخر جبل الزيتون جعَلَتْ الجماعة الهابطة معه تفرح وتُمجِّد الله بصوتٍ عظيم على جميع ما كانوا رأَوا من العجايب [38] ويقولون تبارك المَلِك القادم على اسم السيِّد ألصُّلحُ في السماء والعِزَّة في العَلاء [39] فقال له بعض المُصدِّقين يا مُعلِّم إمنع تلاميذك [40] فقال لهم إنِّي أقول لكم أنَّه [إن] سكتوا هَؤلاء ستنطِق الحجارة

[41] فلمَّا تدانا بصُر بالمدينة فبكا عليها [42] وقال إنَّك لو عَلِمتِ أنتِ في يومِك هذا ما يُصْلِحُكِ ولكنْ قد عَمِيَ عليكِ [43] بأنَّه سيأتي عليكِ يومٌ يحيط فيه بكِ أعداؤكِ ويُحاصِرونكِ ويُضَيِّقون عليك مِن كُلِّ جانبٍ [44] ويَلصِقونكِ بالأرضِ وجميع مَن سكنكِ مِن أولادك ولا يدَعون عليك حَجَر على أخَر إذ لم تَعرفي زمان عِيادتك

[474] BL and Fās كاشفكما

سلِم هذا البيت فإنَّك ولد إبراهيم[471] [10] وإنَّما قدِم ابن الإنسان أن يطلُب ويُسَلِّم ما كان تلَف.

[11] فلمَّا سمعوا هذا زادهم مَثَلاً إذ صار على مقرَبة من يَرُشالِم وإذ ظنُّوا أن يظهر لهُم مُلك الله سريعًا [12] وقال رجُلٌ شريفٌ توجَّه إلى بلاد بعيدة لينال المُلك وينصرِف [13] فدعا بعشرة غِلمَة مِن عبيده وبرِيَ إليهم بعشرة قناطير وقال لهم إتَّجروا بها إلى قدومي [14] فَكَرِه أهل ذلك الموضع وبعثوا إليه رُسُلاً وقالوا انْكَرَهُ أن يتَملَّل [يتملك][472] هذا علينا [15] فلمَّا انصرف مَلِكًا أمَر أن يُدعى عبيده الذين كانوا بَرِيَ إليهم بماله ليعرِف ما صار عند كلٍّ واحدٍ منهم مِن الرِّبح [16] فأقبل إليه أوَّلُهم وقال يسيِّدي قد ربحتُ بقنطارك عشرة قناطير [17] فقال له مَرحبًا بِك[473] يا عبدًا صالحًا أمينًا إذ قد ودَّيْتَ الأمانة في اليسير
65v فسأُقدِّمك على عَشَر مداين [18] ثمَّ أقبل إليه أخَر * وقال يسيِّدي قد ربِحتُ بقنطارك خمسة قناطير [19] فقال له وأنت كُن على خَمس مداين [20] ثمَّ أتاه أخَرُ وقال يسيِّدي هذا قنطارُك الذي كان عندي قد تحفَّظتُ به [21] إذ خِفْتُ أنَّك رجُلٌ شديدٌ تأخُذ ما لَم تُعطَ وتحصُد ما لم تزرع [22] فقال له بكلامك أحكُمُ عليك يا عبد سوءٍ إذ كُنتَ تعلمُ أنِّي رجُل شديد أخُذُ ما لم أعطَ وأحصد ما لم أزرع [23] فما منعك أن تُعطي مالي للصرَّافين لأخُذُه منهم عند قدومي بخَراجه [24] وقال للوقوف حوله خُذوا منه القنطار وابْرَوا به إلى صاحب العشرة القناطير [25] فقالوا له يسيِّدَنا إنَّ معه عشرة قناطير [26] فأنا أقول لكم كُلُّ مَن كان معه شي زِيدَ إليه ومَن لم يكُن معه يُنزَع

[471] BL and Fās لكونك ابن ابرهيم; BNM اذ صرت من ولد ابراهيم
[472] BNM. BL and Fās وقالوا نكره امرك ولا يوافقنا ملكك; León يتولى
[473] BL and Fās فقال له بخ بخ; BNM مرحبًا ايها العبد الصالح

[35] فلمَّا تدانا من يَرِيحا كان جُوار الطريق أعمى سايلاً [36] وإذا سمع الجماعة خاطرة سال عن خبرها [37] فقيل له أنَّ يسوع الناصري[465] يُخَلِّف[466] [38] فدعا وقال يا يسوع ابن داوُد ارحمني [39] فكان الخاطرون ينتهرونه لِيَسكُت فكان يزداد صياحًا ويقول يابن داوُد ارحمني [40] فوقف يسوع وأمر أن يُتا[467] به إليه فلمَّا تدانا منه سأله [41] وقال له ماذا تُريد أن أفعل بك فقال له يسيدي إن أبْصَر [42] فقال له يسوع أبصِر فإنَّ إيمانك سلَّمك [43] فأبصَر مِن وقته واتَّبعه مُمَجِّدًا للّٰه وكلُّ مَن بَصُر به مِن الأمَّة كانوا يحمدون اللّٰه.

[XIX] [1] فدخل يَرِحا [2] وبيناه ماشيًا فيها إذا أقبل رجُل يُسمَّى سجَّاوُش وكان عريف المستخرِجين وكان مليًّا [3] فأراد أن يرا يسوع مَن هو ولم يقدر من أجل الجماعة ولأنَّه كان قصير القامة [4] فأسرع وطلع في شجرة تُوت ليُبصره منها لأنَّه كان طريقه عليها [5] فلمَّا أقبل إلى ذلك الموضع تأمَّل يسوع فبصُر به وقال له يا سَجَّا [سجَّاوُش] إنزل مُسرعًا فإنَّه ينبغي لي أن أكون اليوم في بيتك[468] [6] فأسرع بالنزول وتقبَّله فارحًا [7] فلمَّا بصُرت الجماعة بذلك تمَرمروا[469] فقالوا عَدَلَ إلى رجُل مُذنِب [8] فوقف سجَّاوُش وقال للسيِّد يسيِّدي إنِّي مُتصدِّق على المساكين بنِصف مالي ومَن إغتصبتُه شيًّا[470] فأنا أردُّه مُضاعِفًا أربع مرَّات [9] فقال له يسوع أليوم

465 BL النازري
466 BNM يجتاز
467 León يؤتى; BL and Fās وامر من ياتيه به; BNM وامر ان يساق اليه
468 BL and Fās ينبغي ان ابيت هذه الليلة عندك; BNM ينبغي ان اقيم اليوم في دارك
469 BL and Fās فشق على الجماعة نزوله عنده; BNM جعلوا يتململون
470 BL and Fās اياه (in BL اعطيته) وكلمن ادعا قبلي بشيء اغتصبته; BNM وان كنت قد غبنت احدًا في شئ

وحده [20] قد عِلمتَ العهود لا تقتل ولا تزْنِ ولا تسرق ولا تشهد بالزور أكرِم أباك وأُمَّك [21] فقال له قد تحفَّظتُ بجميع هذا مِن حداثتي [22] فلمَّا سمع ذلك يسوع قال له يعجَزُك أمْرٌ واحدٌ فاذهب وبعْ[458] جميع مالك وأعْطِه للفقراء فيكون لك مكنوزًا في السماء وأقبِل واتبعني [23] فلمَّا سمع بهذا أحزَنَ لأنَّه كان ملِيًّا جِدًّا [24] ولمَّا بصُر به يسوع قد حزِن قال ماصْعَب [ما اصعب] دخول[459] مُلك الله على أصحاب الأموال [25] وإنَّ إيلاج الجمَل على سُمّ الخِيَّاط أهوَن مِن دخول مَليٍّ في مُلك الله [26] فقال له السامعون مَن يقدر أن يَسلِم [27] فقال لهم كلٌّ ما يعتاص على الأدميين هو على الله هَيِّن

[28] فقال بِيطُرُ هذا نحن قد تخلَّينا من الجميع ونحن تابعوك. [29] فقال لهم أمين أقول لكم ليس أحدٌ يتخلَّى من بيته وأبوَيه وإخوته وامرأته وأولاده لأجل مُلك الله [30] إلاّ ويَصيب في هذا الزمان أضعافه وفي الاخرة الحياة الدايمة.

## الباب السابع عشر لوقا

[31] ثمَّ دعا يسوع الإثني عشر وقال لهم أنا سنصعد إلى يَرُشالِم ويَكمُل كلّما كُتِب عن الأنبياء[460] عن ابن الإنسان [32] يُبرا[461] به للأجناس ويُستهزأ به ويُجلَد ويُبصَق فيه [33] وبعد جَلدهم له يقتلونه ويقوم[462] في اليوم الثالث [34] فلم يفهموا من هذا شيئًا[463] وكان هذا
الكلام عندهم مغلوقًا[464] * لا يفهمون ما يقول. 65r

[458] BL فاذهب وفرق; Fās فاذهب صرف
[459] BL and Fās قال بالحزا يدخل
[460] BL, Fās, and Ibn Ḥazm نبت به الانبياء (Ibn Ḥazm نبأت)
[461] Fās ويبرون; Ibn Ḥazm ويسيرون
[462] BL ويحيا في الثالث; Fās and Ibn Ḥazm ويحيا في اليوم الثالث (Fās ويحيى)
[463] BL, Fās, and Ibn Ḥazm فلم يفهموا عنه مما القى اليهم شيئا (Fās القا اليهم شيا)
[464] BL مخفيًا; Fās معقود; Ibn Ḥazm معقدًا

[5] فينبغي لي أن أنظُر إلى هذه الأرمل وأنتقم لها لِتطارُحها[454] عليَّ لِيَلاّ يُقتصَّ مِنِّي في الأخِر [6] فقال السيِّد إسمعوا ما يقول الحاكم السوء [7] والله لا ينتقم لأوليايه الراغبين إليه لَيْلاً ونهارًا ويحنُّ عليهم. [8] أنا أقول لكم أنَّه سَيُثْأر لهم سريعًا ولكن إذا قدِم ابن الإنسان أتظنُّوه يجد في الأرض إيمانًا.

[9] ثمَّ قال لبعض مَن كانوا يثقون بصلاح أنفسهم ويحتقرون سِواهم هذا المَثل [10] رجُلان صعِدا إلى البيت ليُصلِّيا فيه أحدهما مُصدِّق والأخَر مُستخرِج [11] فوقف المُصدِّق وجعل يدعوا في نفسه ويقول إلاهي لك الحمد إذ لَسْتُ كساير الناس الغانمين الظالمين الفاسقين[455] أمثال هذا المُستَخرِج [12] أصوم يومين في الجُمعة * يومين وأوَدِّ عُشر 64v
جميع مامِلكُه [ما املكه] [13] وكان المُستخرِج واقفًا على البُعد بصره إلى السماء ولكنَّه كان يضرب صدرَه ويقول إلاهي إرحمني إنِّي مذنب [14] فأنا أقول لكم أنَّه نزل هذا إلى بيته وهو أصلحُ من ذلك المُصَدِّق لأنَّ كُلّمن تشرَّف يُوضَع ومَن تواضع يُشَرَّف

[15] فكان يوتا إليه بِصِبيان لِيَمُسَّهم فلمَّا بصُر بهم التلاميذ انتهروهم [16] فدعاهم يسوع وقال دعوا الصبيان أن يُقبِلوا إليَّ ولا تمنعوهم فإنَّ لأمثالهم مُلك الله. [17] أمين أقول لكم مَن لَم يَتقبَّل مُلك الله كَصَبِيّ لا يدخله.[456]

[18] فكاشفه أحد الملوك[457] وقال له يا مُعلِّمٌ صالحٌ ماذا أفعل لأنال الحياة الدايمة [19] فقال له يسوع لِمَ تقول لي صالحًا لا صالحٌ إلاّ الله

[454] BL and Fās لترددادها; BNM لئلا تاتيني

[455] BL الغاصبين الفاسقين المسافحين; BNM العابثين الطالحين الفاسقين

[456] BL كل من لم يقبل ملك الله مثل; BNM من لم يتواضع تواضع صبي لا يدخل ملك الله طفل فلا يدخل فيه

[457] BNM وساله ريس واحد

كانوا يأكلون ويشربون[448] /64r/ ويتزوَّجون ويَملِكون إلى اليوم الذي دخل فيه نُوح السفينة وأقبل الطوفان وذهب بجميعهم [28] وكذلك أيضًا كان في أيام لُوطٍ كانوا يأكلون ويشربون ويبتاعون ويبيعون ويغرسون ويبنون [29] ففي اليوم الذي خرج فيه لُوط من شَذوم مَطَر من السماء نار وكِبريت فذهب بجميعهم [30] كذلك يكون في اليوم الذي يظهر فيه ابن الإنسان [31] وفي ذلك اليوم مَن كان على سَقفٍ وأوانِية[449] في البيت لا ينزل لأخذها وكذلك مَن كان في فدَّان لا يرجِعنَّ إلى وراء [32] فتذكَّروا امرأة[450] لُوط [33] فمن أراد أن يُسلِّم نفسه فليُتْلِفها ومَن أتلفها فهو يُحييها [34] وأنا أقول لكم أنَّه سيكون في تلك الليلة إثنان في سريرٍ فيُقبَض الواحد ويُترَك الأخَر [35] وتكون اثنتان تطحنان[451] معًا فتُقبَض الواحدة وتُترَك الأُخرى [36] واثنان في فدَّان فيُقبَض الواحد ويُترك الأخَر [37] فأجابوه وقالوا إلى أين يسيِّدنا فقال لهم حيث ما كان الجثمان فهنالك تجتمع العِقبان.

[XVIII] [1] ثمَّ ضرب لهم مثلاً وكان يقول ينبغي أن يُصلَّى أبدًا بلا فُتور [2] وقال حاكِمٌ كان في بعض المداين لا يخاف[452] الله ولا يستحي مِن إنسان [3] وكانت أرمَل في تلك المدينة تُواضِب[453] الإختلاف إليه وتقول له إنتقِم لي مِمَّن يُؤذيني [4] فلَم يُجِبها زمانًا كثيرًا وبعد ذلك قال في نفسه إن كُنت لا أخاف الله ولا أحتشِم من إنسان

[448] BL skips to what comes after ياكلون ويشربون in the following verse.

[449] BL وابنته; BNM واقنيته

[450] BL امارة; BNM زوجة

[451] BL يصطحبان

[452] BL and Fās يراقب

[453] BL and Fās واظبت; BNM كانت تاتيه

به واحتزِم واخدمني بينما أكُل وأشرَب وبعد ذلك تأكُل أنت وتشرب [9] أما يحمَد ذلك المملوك لأنّه فعل ما أمَرَه وما أظنّ ذلك [10] وأنتم كذلك إذا فعلتُم ما أمِرتُم قولوا نحن عبيد سوء فَعَلْنا ما كان يجِب علينا فِعله.

[11] وبيناه متوجِّهًا إلى يَرُشالِم جعل طريقه على شَمَرِيَة وجِلجال [12] فلمَّا دخل حِصنًا منها خرج إليه عشرة رجالٍ مبرصين ووقفوا منه على البُعْد [13] وأعلنوا بأصواتهم وقالوا يا يسوع يا مُعَلِّم إرحمنا [14] فلمَّا بَصُر بهم قال إذهبوا واعرضوا أنفسكم على القسيسين فبيناهم مُتوجِّهين بَرُوا [15] فلمَّا أيقن أحدهم بالبرء إنصرف وهو يحمد الله بصوتٍ مُعلَن [16] وسجد عند رجلَيه حامدًا له وكان مِن أهل شَمَرِيَة. [17] فقال يسوع أما برئ عشرة فأين التسعة [18] ألَم يكن ينصرف ويحمد الله ما عدَ هذا الأجنبيّ [19] ثمَّ قال له قُم وانطلق فإنَّ إيمانك سلَّمك.

[20] فكاشفه المُصدِّقون عن وقت مجيء مُلك الله فأجابهم وقال ليس يأتي مُلك الله في وقتٍ محدودٍ [21] ولا يُقال فيه ها هو هنا أو هناك ولكن مُلك الله هو فيما بينكم.

[22] وقال لتلاميذه ستأتي أيَّام تشتاقون فيها إلى رؤية ابن الإنسان يومًا واحدًا ولا ترَونَه [23] ويُقال لكم ها هو هنا أو هناك فلا تذهبوا ولا تقتادون [24] فكما يخرج البَرق من تحت السماء ويُضيء منه ما تحت السماء فكذلك يكون ابن الإنسان في يومه [25] لكنَّه ينبغي له أوَّلاً أن يَتعَب[446] كثيرًا وأن يُمتحَن[447] على يدي هذه الأمَّة [26] فكما كان في أيَّام نُوح كذلك يكون في أيَّام ابن الإنسان [27] وذلك أنَّهم

[446] BL and Fās يبعث; BNM يقاسي

[447] BL ويعاقب; BNM ويسترذل; Fās ويعنف

الشقا ولذلك صار هاهنا هو رايحًا وأنت مُعذَّبًا [26] وفي هذا كلِّه بيننا وبينك تَخْم عظيم مُثبَّت لا يقدر أحد مِن هاؤلاء أن يُخَلِّف إليكم ولا مِن هنالك إلى هنا [27] فقال أرغبُ إليك يأبتاه أن تبعثه إلى بيت أبي [28] لأنَّ لي خمسة إخوة فيُنذِرَهم ألاّ يقعوا في مِثل هذا العذاب [29] فقال له إبرهيم عندهم موسى والأنبياء فيسمعون لهم [30] فقال له إبليس يأبتاه ابرهيم[440] إلاّ أن يسير إليهم من المَوتا ويُبَصِّرهم ويتوبوا [31] فقال له إن لم يسمعوا لِموسى والأنبياء فلا يُصدِّقون مَن حُشِر لهم من الموتا.

63v [XVII] [1] وقال لتلاميذه لا بُدَّ مِن التشكيك فالويل للّذي * مِن سببه يأتي التشكيك [2] كان أحسن به لو عُلِّقتْ مِن عُنُقه مِطحنة[441] وقُذِف به في البحر مِن أن يواقع أدنا هاؤلاء التشكيك (من سببه)[442] [3] فتحفَّظوا أنتم إن أساء أخوك[443] فعاتبه فإن ندِم فاغفر له [4] وإن أساء إليك مِن يومه سبعةً ورجع اليك من يومه سبعةً وقال قد ندمتُ فاغفر له [5] فقال الحواريون للسيِّد زِدنا إيمانًا [6] فقال السيِّد إن كان لكم إيمانٌ مِثل حبّة الخردل تقولون لهذه الثمرة[444] التُّوت إنقلعي واغترسي في البحر فتطُوع لكم

[7] مَن منكم له مملوكٌ حرَّاث أو راعي غنم[445] يقول له عند انصرافه من الفدَّان أدخُل واتَّكي [8] ولا يقول له أعِدَّ لي ما اتعشَّا

440 BL and Fās فقال له ليس يابتاه ابراهيم; León فقال له لا يتوبوا يابتاه ابراهيم
441 BL مطحنة فارسية; BNM حجر الرحى
442 BL and Fās. BNM من ان يفتن واحدًا من هؤلاء الاصاغر
443 BL and Fās صاحبه
444 BL and Fās الشجرة; BNM لشجرة التوت هذه
445 BL حرّاث او زرّاع; BNM حرّاث او راعي ثيران

وينضَمّ إلى أحدهما ويكره[434] الأخر وأنتم لا تقدرون على خدمة الله وخدمة أموالكم.

[14] فكان يسمع هذا أهل الشِّحِّ من المُصدِّقين ويستهزون به [15] فقال لهم أنتم تُزكُّون أنفسكم عند الناس والله يعلم ضمايركم لأنَّ كُلّما يُعجِب الناس ألله[435] يُسخِطه. [16] وإنَّما الكُتُب والنبوّة حتَّى إلى يحيى ومَن بعده يُبَشِّر بمُلك الله ويوخَذ قَسرًا [17] فذهاب السماء والأرض أهوَنُ[436] مِن إسقاط حرفٍ من الكتاب [18] فكلّمَن طلّق امرأته وتزوَّج غيرها فهو فاسق مَن تزوَّج مُطلَّقة فهو فاسق.

## الباب السادس عشر لوقا

[19] رجُل مَليٌّ كان يلبس الخزَّ والشّطَوي وينعم دايبًا [20] وكان فقيرٌ راقدًا عند بابه كثير القروح يُدعى ألِعَزَّار [21] وكان يودُّ أن يشبع من الفِتات الساقطة من مايدة المليّ ولا يعطيه منها أحدٌ وكانت الكلاب تأتي تلحس قروحه [22] فمات الفقير واحتمله الملَيكة إلى حِجْر إبرهيم[437] ثم مات المليُّ وقُبِر في الجحيم[438] [23] فرفع عينيه عندما كان في العذاب وبَصُرَ بإبرهيم على البُعْد وألِعَزّار في حِجره[439] [24] فنادى وقال يأبتاه إبرهيم إرحمني وابعثْ ألِعَزّار ليصبُغَ أدنا أصابعه في الماء ويُبرِّد به لساني لأنِّي أتعذَّب في هذا النار [25] فقال له إبرهيم يا بُنَيَّ تذكَّر ما كنتَ فيه من الرخا في حياتك وما كان فيه ألِعَزّار من

434 BL and Fās ويقطع
435 Fās فالله جل وعز
436 BL اقرب
437 BL and Fās الى موضع ابراهيم (in Fās روحه) وحملت الملايكة نفسه
438 BL and Fās وذهب به الى الجحيم
439 BL بجواره

[XVI] [1] ثمَّ قال لتلاميذه رجُلٌ مليٌّ كان له وكيل فبُغي
عنده ووُصِف له عنه أنَّه يتلِف خيراته[426] [2] فدعاه وقال له ما هذا
الذي أسمعه عنك فاحذر[427] بمحاسبتك لأنَّه لا تكون لي وكيلاً
بعدها [3] فقال الوكيل في نفسه ما أنا صانع إذ قد عزلني سيِّدي
عن الوكالة وأنا لستُ أقوى على الخدمة[428] وأحتشم من السؤال
[4] أعلمُ ما أفعلُ كيما إذا عُزلتُ عن الوكالة يتقبَّلوني في بيوتهم[429]
[5] فدعا بكلِّ مَن كان لسيِّده عليه شيء فقال لأوَّلهم كم لسيِّدي
عندك [6] فقال لهماية قِسط زيت فقال له خُذ ذكر الحقِّ واجلس
واكتُب مُسرعًا خمسين [7] ثمَّ قال لغيره وأنت كَمْ لهُ عليك فقال
ماية مُدي قمح فقال له خُذ كتابك واكتُب ثمانين [8] فمدح السيِّد
الوكيل الخبيث في تدبيره ونباهته وكذلك بنو الدنيا أنبَهُ في أمورها
من بني النور [9] وأنا أقول لكم إتَّخذوا إخوانًا بأموالكم الرديَّة
لكيما إذا مُتُّم[430] يتقبلوكم في القِبَب الدايمة[431] [10] لأنَّه مَن ودَّى
الأمانة في القليل يودِّيها في الكثير ومَن تعدَّى في اليسير يتعدَّى
63r في الكثير [11] فإذا لم تُوَدُّوا الأمانة في أموالكم * الرديَّة مَن يطمَين
إليكم فيما هو صَديق[432] [12] فإن كنتم لا تُوَدُّوا الأمانة فيما ليس
لكم فَمَن ذا يَبرا إليكم بمالكم[433] [13] ليس أحدٌ من العبيد يقدر
على خدمة سيِّدَين لأنَّه لا بُدَّ أن يبغِض أحدهما ويُحِبَّ الأخر

[426] BL and Fās متاعه
[427] BL and Fās فاحضر لي
[428] BL and Fās العمل
[429] BL and Fās ينبغي لي ان احسن الي من يتقبلني في بيته اذا كنت معزولا
[430] BL امنتم
[431] BL الحياة الدايمة
[432] BL and Fās من يطمين اليكم بحقوقكم; León فيما هو صدق
[433] Verse omitted in BL and Fās.

البلد وبعثَه إلى قريته ليرعى الخنازير [16] وكان يتشوّق أن يملي بطنه من
الخَروب التي كانت تأكل الخنازير ولا أحد يمكنه منها [17] فرجع وقال
في نفسه كَمْ أجير يشبع عند والدي خُبزًا وأنا أهلَكُ هاهنا جُوعًا
[18] ينبغي لي أن أذهب إلى والدي وأقول له يأبتاه إنّي قد أذنبتُ
عند اللّٰه وعندك [19] حتى ما أستوجب أن نُدعى وَلَدَك فاجعلني كأحد
أجرايك [20] فقام وأقبلَ إلى أبيه فبيناه منه على البُعد بَصُرَ به أبوه ورحمه
ثمَّ * أسرع وعانقه وقبَّله [21] فقال له الولد يأبتاهُ إنِّي أذنبْتُ عند اللّٰه 62v
وعندك حتَّى ما أستوجب أن نُدعى ولدك فاجعلني كأحد أجْرايك[422]
[22] فقال الوالد لغلمانه هاتوا مُسرعين الطهارة الأولى واكسوه بها[423]
واجعلوا بيده خاتمًا وفي رِجلَيه أخفافًا [23] وأقبلوا بعجلٍ مُسمَّن.[424]
واذبحوه لنا لنأكله ونفرح [24] بأنَّ ابني هذا كان مَيْتًا فحُيي وجاليًا فرجع
فابتدوا بالطعام [25] وكان ولده الكبير في الفدَّان فلمَّا أقبل وتدانا من
البيت سمع زَجَل أكابرٍ ودفوف[425] [26] فدعا واحدًا من العبيد وكاشفه
عن الخبر [27] فقال له أقبَلَ أخوك وذبح أبوك عِجلاً عُلوفًا إذ رجع سالمًا
[28] فغضِب لذلك وكرِه الدخول فخرج إليه أبوه وجعل يرغَب إليه
[29] فأجابه الولد وقال أنا في خدمتك طول دهري لم أعصِ لك قطُّ أمرًا
فما أمرْتَ لي قطُّ بجدي لنأكله مع إخواني [30] فلمَّا قدِم علينا ولدك
هذا بعد أن أبدل ماله معٍ الزواني ذبحتَ له عجلاً مُسمَّنًا [31] فقال له
الوالد يا بُنَي إنَّك أنت معي طول دهري وجميع مالي هو لك [32] فواجب
علينا أن نفرح ونطرَب لأنَّ أخاك هذا كان ميتًا فحُيي وجاليًا فرجع.

[422] BL and Fās ما استوجب ان انسب اليك
[423] BL اقبلوا الي بثوب والقوه عليه
[424] BL and Fās علوف
[425] Fās زجل الاوتار والزمر

[XV] [1] وكان قد تدانا منه المُستخرجون[414] والمذنبون ليسمعوا منه [2] وكان يتمرمر[415] العلماء والمُصدِّقون قايلين إنَّ هذا يتقبَّل المذنبين وياكل معهم [3] فضرب لهم هذا المثَل وقال [4] مَن منكم رجُلٌ لهماية نعجة وإذا أتلف منهنَّ واحدة أما يدَعُ التِّسع والتسعين في المفاز ويسير ويطلب التي تَلَفَتْ[416] حتَّى يجدها [5] فإذا وجدها يجعلها على منكبيه فارِحًا [6] ويُقبِل بها إلى بيتها [بيته] ويدعو إخوته وجيرانه ويقول لهم إفرحوا بِفرَحي لأني وجدتُ نعجتي التي تَلَفَت.[417] [7] وأنا أقول لكم إنَّه يفرَح في السَّماء لتوبة مُذنبٍ واحدٍ أكثرَ مِمَّا يفرَحُ لتسعة وتسعين صالحًا لا يحتاجون إلى توبة. [8] وامرأة لها عَشَرَة دراهم[418] فإذا أتْلفتْ[419] واحدًا من الدراهم أما تُوقِد شماعة[420] وتُفتِّش بيتها وتطلبه مجتهدة حتَّى تجده [9] فإذا وجَدَتْه تدعو صاحباتها وجاراتها وتقول لهنَّ إفرحْنَ بفرَحي لأنِّي وجدْتُ دِرهَمي الذي أتلفْتُ. [10] وأيضًا أقول لكم أنَّه يفرَح في السَّماء قُدَّام مليكة الله لتوبة مذنبٍ واحدٍ.

[11] ثمَّ قال رجُلٌ كان له ولدان [12] فقال الصغير منهما لأبيه يأبتاهُ أُمُرْ لي بسَهْمي الذي يجب لي فقسم بينهما المال [13] وبعد أيَّام يسيرة جمع الولد الصغير سهمه وتغرَّب به إلى بلاد بعيدة وأنفق بها ماله في الشُّرب والشهوات النجسة[421] [14] فلما فرغ بجميعه كان جوعٌ عظيم في ذلك البلد فجعل يستعطي [15] ثمَّ لجا إلى رجُل من أهل ذلك

[414] Fās التجار
[415] BL and Fās وكان يشق ذلك على
[416] BL and Fās الذاهبة
[417] BL and Fās افرحوا بفرحي اذ قد ظفرت بضالتي
[418] Fās مثاقيل
[419] BL and Fās اذهبت
[420] BL and Fās مصباحًا
[421] BL وجاوز في انفاقه وعاش في الجماع Fās; وجاوز في انفاقه

[25] فتوجَّهتْ معه جماعة عظيمة فتحوَّل إليهم وقال [26] كُلُّ مَن أتاني ولم يُبغِض[407] أباه وأمَّه وزوجَه وأولاده وإخوته وأخواته ونفسه[408] فلا يقدِرُ أن يكون لي تلميذًا [27] وَمَن لم يتحمَّل سليبة [صليبه][409] مياومةً ويقفوا أثري فلا يقدر أن يكون لي تلميذًا [28] أمَنْ منكم يُريد بُنيان بُرج[410] ولا يحسَب قبل أن يُأسِّسه ما يحتاج إليه من النفقة في إتمامهً [29] لِيَلاّ يعجز عنه بعد ابتدايه به فيزريه الناظرون إليه [30] ويقولون هذا رَجُل بدا بِبُنيان أمرٍ ولم يقدر على إتمامه. [31] وأيُّ مَلِك أراد مُحاربته مَلِكٌ أَخَر أماً يُدبّر قبل ذلك إن كان يقوا على مُلاقاته في عشرة ألافٍ إذا أقبل إليه بعشرين ألفًا [32] أو يبعث (اليه)[411] راغبًا في الصُّلح قبل أن يتدانا منه [33] كذلك من لم يَبْرَ منكم بجميع ما بِمُلكه فليس يقدر أن يكون لي تلميذًا.

## الباب الخامس عشر لوقا

* [34] الملح طيِّب[412] فإذا فَسُد[413] فبِما يُؤدَّك [35] فلا يَصلُح أن يُلقى في الأرض ولا يخلط بالزِّبل إلاّ أن يطرح خارجًا فمَن كانت له أُذنٌ سامعة فلْيسمع.

[407] BL يقطع

[408] BL ولم يعص شهوة نفسه

[409] BL أن يكون لي تلميذا او من confused text in Fās ;او من لم يحتمل المشقة ويتبعني ومن لم يتحمل صليبه León ;لم يحمل صليب واتبعني فليس يستوجب ان يكون لي تلميذا مياومة ويقفو اثري فلا يقدر ان يكون لي تلميذا

[410] BL and Fās قصر

[411] BL and Fās.

[412] BL لا يستغنى عنه

[413] Fās لم يستعمل

[12] ثمَّ قال لذلك الذي دعاه إذا ما أعددتَ غَداةً أو عشاءً فلا
تدعُ إلى ذلك إخوانك ولا إخوتك ولا أختانك[402] ولا جيرانك
61v الأمليا * لِئَلاّ يكافوك فيذهب أجرُك [13] ولكن إذا أعددتَ صنيعًا
فادعُ إليه الفقراء والضُعفاء والعُرج والعُمي [14] فطوبا لك إذا عجزوا
عن مكافاتك فتُكافا عند مُكافاة الصالحين

[15] فلمَّا سمع هذا بعض المتّكين قال له سَقيًا لِمَن أكل الخُبز في مُلك الله [16] فقال له رجُلٌ أعدَّ طعامًا عظيمًا ودعا إليه جماعة [17] وبعث غُلامه وقت العشاة أن يقول للمدعوين أن يأتوا فإن قد فرغ بجميع ذلك[403] [18] فاعتذروا له أجمعون وقال له أوَّلهم إنِّي ابتعْتُ قريةً[404] وأحتاج أن أخرُج لِنراها فأنا أرغب إليك أن تعذَرني [19] وقال الثاني إبتعتُ خمسة أزواج بقرٍ وأنا متوجِّه لأجرِّبها وأنا أرغب إليك أن تعذرني [20] وقال أخر إني تزوَّجتُ ولستُ أستطيع على السير لأجل ذلك [21] فانصرف الغلام وأعلمَ سيِّده بذلك فعند ذلك غضب صاحب الحشم وقال لغلامه أخرُج مُسرعًا في الرِّحاب وأرباض المدينة وأقبِل إليَّ بالفقراء والضعفاء والعُمي والعُرج [22] فقال الغلام يسيِّدي قد فعلتُ ما أمرتنَي به ولم يَمْتَلِ المجلس [23] فقال السيِّد للغلام أخرُج إلى الطُرُق والمحجات[405] وارْغَم الناس على الدخول حتى يحتشي مجلسي [24] فإني أقول لكم أنَّه لا يذوق من عشاتي[406] أحَدٌ من الذين كنتُ أعددتُها لهم

402 BL and Fās اخوانك وبني عمّك واختانك (in Fās واحبابك)

403 BL and Fās قد فرغ من جميعه ويسلهم الاقبال اليه; León فإن قد فرغ بجميع ما كان أعد

404 BL and Fās منزلا

405 León المخادع

406 BL and Fās صنيعي

الأنبياء وترجُم مَن بُعِثَ إلَيْك قد ودَدْتُ جَمع بَنيكِ كما يجمع الطير عُشَّه تحت ريشِه وكَرِهْتِ. [35] فَسَيقفرُ عليكم بيتُكم وأنا أقول لكم أنَّكم لا تَرَونَني إلى الوقت الذي تقولون فيه تَبَركَ الذي قدِم على اسمِ السيد.[398]

## [XIV] الباب الرابع عشر لوقا

[1] ولمَّا دخَل في بيت مُقدَّم المُصدِّقين يوم سبتٍ ليأكل عنده خُبزًا[399] وكانوا ينتقدون أفعاله [2] وإذا برجُلٍ جنيّ[400] قد وقف بين يديه [3] فقال يسوع لِمَن كان حوله من العلماءِ والمُصدِّقين هل يجوز الإبراء في يوم سبتٍ [4] فسكتوا عنه فعند ذلك مسَّ يسوع للذي كان به الجنّيّ وأبراه ثم أذَن له [5] وقال للجماعة من منكم يسقط له ثَور أو حمار في حفرة ولا يستخرجه مُسرِعًا في يوم سبتٍ [6] فلم يقدِروا على مجاوبته

[7] ثم قال مَثَلاً لِمَن دُعي إلى ذلك الصنيع إذ أبصرهم يتنازعون إلى التقدُّم في صدر المجلس [8] إذا ما دُعِيتَ إلى صنيع فلا تنزلنَّ في رأس المجلس لِيَلاَّ يُدعى إليه أشرَف منك [9] فياتي ذلك الذي دعاكما ويقول ذلك إجعل لهذا مكانًا فعند ذلك تسير مُحتشِمًا إلى أخر المجلس [10] ولكن إذا دُعِيتَ فانزل في أخِر المجلس كيما إذا أقبل ذلك الذي دعاك يقول لك إرتفع فَوق يا صديق فيكون عند ذلك أشرف لك عند جماعة الجالسين [11] لأنَّه مَن تواضع يُشرَّف ومَن تشرَّف يُوضَع.[401]

[398] End of missing folios in BL (between folios 97 and 98).

[399] BL and Fās ليتغدا عنده

[400] *Hydropicus*. BL قد جنّ; Fās به مدّ

[401] BL and Fās ومن تشامخ أذلّ

[18] ثم قال بِمَن أُشبِّه مُلك اللّٰه أو مَن أظُنُّ يكون مثْلَه [19] حبَّة الخردل التي يأخذها إنسان ويُلقيها في جِنانه فتكبر حتَّى تصير شجرة عظيمة وتستريح الطير في أغصانها [20] ثم قال بِمَن أُشبِّه مُلك اللّٰه [21] إنَّما يُمثَّل بخميرة قد أخذتها إمرأة وأخفتْها في ثلثة أكيال دقيق إلى أن تُخمِّر أجمع.

[22] فكان يتمسَّح بالمداين والحُصون مُوصيًا لأهلها فجعل طريقه على يَرُشالِم [23] فقال واحد من الجماعة يَسيِّدي أَتُرا السالمون قليلٌ فقال لهم [24] إجتهدوا على الدخول على الباب الضيِّق فإنِّي أقول لكم إنَّ كثيرًا يريدون الدخول منه ولا يقدرون [25] فإذا دخل صاحب الحشَم وأغلق الباب وكُنتم خارجًا وتجسُّون الباب وتقولون يَسيِّدنا إفتح لنا فيُجيبكم ويقول لَسْتُ أعرف مِن أين أنتم [26] فعند ذلك تقولون قد أكَلْنا وشَرِبْنا بين يديك ووعَظْتَ في رحابنا [27] فيقول لكم لستُ أعرِف مِن أين أنتم فاهبطوا عنِّي يا فاعلي الجرايم [28] فيها يكون
61r العويل[396] وقلقلة الأضراس * وإذا بصرتم بإبرهيم وإسحق ويعقوب وجميع الأنبياء (في)[397] مُلك اللّٰه وأنتم مطرودون خارجًا [29] ويُقبِل من المشرق والمغرب والجَوف والقِبلة مَن يتَّكي في مُلك اللّٰه [30] فيتقدَّم المؤخِّرون ويُؤَخَّر المُقدَّمون

[31] وفي ذلك اليوم أقبَل إليه بعض المُصدِّقين وقالوا له أخرُج عن هذا الموضع فإنَّ هَرودِس يُريد قتْلك [32] فقال لهم إذهبوا وقولوا لذلك الثعلب إنِّي أنفي الجِنَّ وأُبري من الأمراض اليوم وغدًا وسأنطلق في اليوم الثالث [33] وكذلك ينبغي لي أن أفعل اليوم وغدًا وسأنطلِق في الثالث لأنَّه لا يُقْتَلُ نبيٌّ إلاّ بِيَرُشالِم. [34] يَرُشالِمَ يَرُشالِمَ التي تقتل

[396] Fās فعند ذلك يكثر العويل
[397] Fās and León.

كانوا أكفر من جميع الساكنين بِيَرُشالِم [5] لا غير أنِّي أقول لكم إن
لم * تتوبوا ستَلقَون أجمعون ما لَقَوا 60v

[6] ثم قال هذا المثل رجلٌ كانت له شجرة تينٍ مُغترَسة في كرمِه فأقبل وطلب فيها فاكهة ولم يجِد [7] فقال لعامر الكَرْم قد أتيتُ ثلَث سنين لهذه الشجرة أطلُب فيها فاكهة ولم أجِد فاقطَعْها لأنَّها تغُمُّ الأرضِ [8] فأجابه[393] وقال يسيِّدي دعْها هذه السنة حتَّى أحفِر حولها وأُلقي الزِّبل فيها [9] فإن أتَتْ بفاكهة وإلاّ قطعتُها في المُستقبَل

[10] فكان يُوْصيهم في الكنيسة في أسباتهم [11] وكانت بها امرأة بِها روح مرض منذ (ثمانية)[394] عَشَر سنةً وكانت منعكسة لا تقدر أن تتأمَّل فَوْق[395] [12] فلمَّا بصَر بها يسوع دعاها إلى نفسه وقال لها يامرأة قد دُفع مرضُك [13] فوضع يده عليها وقامت معتدلة ومجَّدتْ اللّٰه. [14] فقال صاحب الكنيسة متغاضبًا لِما أبراها يسوع في يوم سبتٍ للجماعة السِّتَّة الأيام هي التي يَحِلُّ فيها العمل ففيها اذهبوا لِمُداواتكم وليس في يوم سبت [15] فأجابه السيِّد وقال له يا مُرابي أما يحِلُّ كُلُّ واحد ثَوره أو حِماره من مِذوَده في يوم سبت ويسوقه ليسقيه [16] وهذه ابنة إبرهيم قد ربطها الشيطان منذ ثمان عشرة سنة أما يجب أن يَحِلَّ من هذا رباط في يوم سبتٍ [17] فلمَّا قال هذا إحتشم جميع مخالفيه وفرحت الجماعة بجميع عجايبه التي كانت تظهر منه ظهورًا عزيزًا

393 Fās erroneously adds يسوع

394 Fās and León.

395 Fās وكان في الجماعة امراة قد عكسها المرض منذ ثمانية عشرة سنة ولا تقدر ان ترفع راسها

[51] أتظنُّون أنِّي أتيت لأُصلِح بين أهل الأرض لا ولاكن لأفرِّق بينهم [52] فيكون خمسةٌ في بيتٍ مُفترقين ثلثة على إثنين وإثنان على ثلثة [53] الأب على الولد والولدُ على والده والأمُّ على الإبنة والإبنة على أمِّها والحماة[387] على كَنَّتها والكَنَّة على حماتها.[388]

[54] ثم قال للجماعات أذا بصُرتم مع المساء سحابة طالعة من المغرب[389] قُلتم أمارة المَطَر ويكون كذلك [55] وإذا هبَّت القِبليَّة قُلتم سيشدتُّ[390] الحرُّ ويكون كذلك [56] يا مُراين تعرفون أمارات السماء والأرض فما لكم لا تفكِّرون في هذا الزمان [57] ولا تحكمون على أنفسكم بالعدل. [58] وإذا توجَّهتَ مع عدُوِّك إلى السلطان[391] في الطريق فافتدِ منه لِيَلاّ يُبرأ بِك إلى الحاكم والحاكم إلى المُستخرِج والمستخرج يُقذَف بِكَ في الحبسِ [59] وأنا أقول لك لا تخرج منه ما كان له قبَلك دانِقٌ.

## [XIII] الباب الثالث عشر لوقا

[1] وكان قدِم عليه في ذلك الزمان مِن جلجال مَن أعلمه بِفِعل بيلاط بهم وكيف نجَّس قُربانهم بالدم [2] فأجابهم وقال أتظنُّون أوليك الجلجالين كانوا أكفر من جميع الجلجالين لِما عرَّضهم [3] لا غير أنِّي أقول لكم إن لم تتوبوا ستلقَون أجمعون ما لقَوا [4] كما أنَّ أوليك الثمانية عشر الذين سقط عليهم البُرج في شلُوَام[392] وقتَلهم أتظنُّون أنَّهم

[387] Fās and Ibn Ḥazm والختنة
[388] Fās ختنتها; Ibn Ḥazm الختنة
[389] Fās الشرق
[390] Fās and León سيشتدُّ
[391] León المقدّم
[392] *Siloam*. Fās سليم

أمين أقول لكم بأنَّه يحتزم ويجعلهم أن يتَّكوا ويخدمهم[379] [38] وإن أتاهم في السَّمر الثاني أو الثالث (ووجدهم ساهرين)[380] فَسَقْيا لأوليك العبيد [39] إعلموا يقينًا أنَّه لو عرف المرء أيَّ وقتٍ يأتي اللِّص لَسَهَرَ ومنعه عن نَقْب بيته [40] وأنتم كونوا مُستعدِّين لأنه سيأتيكم ابن الإنسان في وقتٍ لا تظُنُّوه

60r [41] فقال له بيطُرُ يسيِّدي ألَنا تظرب[381] هذا المثل * أم لِلعامَّة [42] فقال السيِّد من تظنُّه الأمين المنفِق الفطين الذي يقدِّمه السيِّد على حشَمه ليُجري عليهم قطايعهم من القمح في أوقاتها [43] سَقيًا لذلك العبد الذي يجده السيِّد عند إقباله قايمًا بهذا [44] حقًّا أقول لكم أنَّه سيُقدِّمه على جميع ما يملِكُه [45] فإن قال في نفسه ذلك العبد سيُبطئ سيِّدي بالإقبال ويُسلِّط بالضرب على عبيده وأمايه واشتغل بالطعام والشراب والسُّكر [46] فسيأتي سيِّد ذلك العبد في يوم لا ينتظره فيه ووقتٍ لا يظنُّه فَيَقسِمُه ويلقي سهمه مع المُراين[382] [47] والعبد الذي يعلم ما يُوافِق سيِّدَه ولا يُتِمّ مرضاته يودَّب على ذلك كثيرًا[383] [48] ومَن علِم وأتمَّ يودَّب قليلاً[384] فَمَن أُعطي كثيرًا يُطلَب منه الكثير ومَن وُكِّل بالكثير يُراد منه أكثر.

[49] إنَّما قدِمتُ لألقي في الأرضِ نارًا وإنَّما إرادتي في إشعالها [50] و[لي معمودية] لأغطِّش[385] فيها جميعها وأنا مُضطلعٌ إلى إتمامه[386]

[379] Fās انه يتسنم ويجلسهم ويوسع عليهم

[380] Fās.

[381] Fās and León تضرب

[382] Fās and León الكافرين

[383] Fās بالجراح [الكثيرة]

[384] Fās بالجراح القليلة

[385] Fās لنغطس; Ibn azm والتعطش; León لأغطس

[386] Fās and Ibn Ḥazm وانا بذلك منتصب الى تمامه (Fās منتصبًا)

[22] ثم قال لتلاميذه إنّي أحذّركم ألا تفكّروا لأنفسكم فيما تأكلون ولا لأجسادكم فيما تتدثّرون [23] فإنّ النفس أعزّ من الطعام والجسد أشرف من الكُسوَة [24] واقتدوا بالغِربان اللاتي لا تزرعْن ولا ترفعن ولا لهُنّ خزاين ولا أهراء والله يقُوتهنّ[375] فكيف بِكم وأنتم أشرف منهنّ [25] ومَن منكم يقدر بفِكرته أن يزيد في طوله ذراعًا واحدًا [26] فإن كنتم لا تقدرون على اليسير فلِمَ تذهب بكم الفكرة في الكثير [27] فكّروا في السّوسن كيف يكبر من غَير أن يعمل أو يغزل وأنا أقول لكم أنّه ما اكتسى سُلَيمَن في عظَمته بمثل كِسوَته [28] فإن كان الحشيش الذي يكون اليوم في الفدّان وغدًا في الكانون[376] يكسوه الله كذلك فكيف بكم يا مَن قلّ إيمانهم [29] وأنتم فلا تفكّروا فيما تأكلون وتشربون ولا تَزهُوا [30] فإنّما يفعل ذلك طُلاّب الدنيا وقد علِم أبوكم أنّكم تحتاجون إلى جميع هذا [31] ولكن أطلبوا مُلك الله أوّلاً وجميع هذا تُزدادونه

[32] فلا تفزعوا يا ذَوذًا يسيرًا فإنه قد وافق أبوكم أن يُعطيكم المُلك [33] فَبِيعوا ما تملكون وهَبوا الصدقة واكتسبوا لأنفسكم أوعيَة لا تبلى وكنوزًا لا تفنى في السموات حيث لا يقرُب اللِص ولا يقطع ما فِيها السُّوس [34] فحيث ما كانت كنوزُكم فيها تكون قلوبكم [35] ولِتَكُون أصلابكم مشدودةً وسراجاتكم[377] موقودة [36] وأنتم بمنزلة أقوام منتظرين سيِّدهم راجعًا من العُرس كيما يفتحوا له وقتَ إقباله إليهم ووقوفه بهم[378] [37] فطوبا لاوليك العبيد الذين يجدهم السيِّد ساهرين وقت قدومه

[375] Fās يموّنهن
[376] Fās وغدًا يلقى في النار
[377] Fās وقنادلكم
[378] Fās اذا اتى وحبس; León اقباله اليهم ووقوفه بالباب

إدخال أنفسكم جهنَّم بعد القتل فذلك أقول لكم إجزعوا منه. [6] أما يقبل خمسة عصافير معًا ولا يخفى عن اللّٰه أحدهم [7] نعم وشَعر رؤوسكم معدود فلا تجزعوا فإنَّكم أفضل من العصافير [8] وأنا أقول لكم مَن أقرَّ بي عند الناس سأُقِرُّ به[371] عند مليكة اللّٰه. [9] ومن جحدني عند الناس سيُجحَد عند مليكة اللّٰه. [10] مَن قال شيًّا في إبن الإنسان يُغفَر له. ومَن سبَّ الروح القدس لا يُغفر له [11] فإذا دخلوكم كنايسهم وأقبلوا بكم إلى عُلمائهم وسلاطينهم فلا تُفكِّروا فيما تقولونه [12] فإنَّه سيُعلِّمكم الروح القدس في ذلك الوقت ما ينبغي لكم أن تقولوه

[13] فقال له إنسان من الجماعة يا مُعلِّم أُوْمُر أخي أن يقاسمني ميراثي [14] فقال له يسوع يأيُّها الإنسان مَن قدَّمني عليكم حاكمًا أو قسَّامًا [15] ثمَّ قال لهم إحذروا وتباعدوا من اللّوم (والرغبة)[372] فإنَّه ليس حياة أحدكم في كثرة ما يَملِك [16] ثمَّ ضرب لهم مثَلاً وقال رجُلٌ مليٌّ كثُر رفعه [17] فجعل يفكِّره في نفسه ويقول ما أنا صانع وقد
59v عجزني ما اضُمّ فيه * رفعي [18] ثم أشار على نفسه وقال ينبغي لي أن أهدم أهرائي واوسِّعها وأجمع رفعي وخيراتي [19] وأقول لنفسي يا نفسُ قد دخَّرتِ ما يُكفيك سِنينًا كثيرة فاستَرِحي وكولي [وكلي] واشرَبي وقَرِّي عينًا [20] فقال اللّٰه له يا جاهِل[373] في هذه الليلة تُسلَب عنكَ نفسُك فَلِمَن لَمْ يكُنْ[374] ما أعدَدْتَ [21] فهكذا يصير كلُّمَن اكتنز لِنفسِه وليس مليٌّ في اللّٰه

[371] Fās سيقر به ابن الانسان
[372] Fās.
[373] Fās and León جاهَل
[374] Fās and León فلمن يكون

[47] ألويل لكم إذ تبنون قبور الأنبياء المقتولين على أيدي أبايكم [48] فَحقًّا انكم تشهدون بأنَّكم ساعدتم أفعال أبايكم لأنهم قتلوهم وأنتم تبنون قبورهم [49] ولذلك قالت حكمة الله إنِّي باعث إليهم
59r أنبياء وحواريين فيقتلون * بعضَهم ويتبعون بعضَهم [50] ليطلب من هذا الجنس دماء جميع الأنبياء المهروقة من إبتداء الدنيا [51] من دم هابِل إلى دم زكريَّا المقتول بين المذبح والبيت فكذلك أقول لكم أنَّ هذه الأمَّة المأخوذة بجميع ما وَصفتُ [52] والويل لكم يا معشر العلماء لِغَلْبَتكم على مفاتيح الفهم فلا أنتم دخلتم والذين كانوا يدخلون مَنَعتُم.

## الباب الثاني عشر لوقا

[53] فلمَّا باينهم بهذا إشتدَّ على المُصدِّقين والعلماء وجعلوا يغلقون فاه لِيَّلاّ يجد إليه سبيلاً مَن كان يَرصُد منه لفظةً يعبه[368] بها

[XII] [1] من الجماعات المُحدقة به المزدحمة عليه فجعل يقول لتلاميذه[369] تحفَّظوا من خميرة المصدِّقين فإنَّها رِياء [2] فكلُّ مكتوم سيُطلَع عليه وكلُّ مُخفى سيُعلَم [3] فكلُّ ما تكلم[370] به في الظلمات سيُعلَن به نهارًا وما نطقتُم به في الأذان وفي المضاجع سيُباح به على السُّقوف [4] فأنا أقول لكم يا إخواني لا تجزعوا من الذين يقتلون الجسد وبعد ذلك لا يقوُون على أكثر منه [5] وأنا أدُلُّكم على الذي ينبغي لكم أن تجزعوا منه إجزَعوا من الذي يملِكُ

[368] Fās ليعبه; León يبغيه

[369] A more accurate rendering of the text would be ولما كانت الجماعات محدقة به ومزدحمة عليه جعل يقول لتلاميذه

[370] Fās and León تكلمتم

[33] لا يُوقِد أحدٌ سراجٌ ويخفيه ولا يكفي عليه أنية ولكنَّه يرفعه على مَنارة ليبصر الداخلون النور [34] وسراج جسدك هو عينك فإن عَفَّ بصرُك[364] أضا جميع جسدك وإن خبُث بصرُك[365] أظلام جميعَ جسدك [35] فتحفَّظ بنورك ألا يصير مُظلِمًا [36] فإذا أضاء جميعُ جسدك ولم يكن في شيء منه ظلمة كان مُضيًّا كلُّه ويُنيرك كمثل السراج

[37] وبيناه يقول هذا رغَب إليه أحد المُصدِّقين ليتغدًّا عنده فدخل بيته واتَّكى فيه [38] فجعل المُصدِّق يعجب في نفسه ويقول لِمَ بدا بالأكل قبل الوضوء [39] فقال له السيِّد أما إنَّكم يا معشر المُصدِّقين تغسلون الظاهر من الكُووس والصِّحاف وما داخلكم مملوٌّ رغبةً وكُفرًا [40] يا جُهَّال أما خالق الظاهر والباطن واحدٌ [41] ولكن تصدَّقوا بِما يفضُل لكم ويكون لكم الجميع نقيًّا. [42] فالويل لكم يا معشر المُصدِّقين الذين تُعشِّرون النعنع والفيخر وجميع الخَضْر وتُضيعون الحُكم[366] ومحبَّة الله وكان ينبغي لكم أن تفعلوا هذا ولا تتخلَّوا من تلك[367] [43] الويل لكم يا معشر المُصدِّقين الذين تُحِبُّون القعود في صدور المحافل والإبتداء بالسلام في الرِّحاب [44] ألوَيل لكم إن صِرتم مِثل القبور المخفيَّة التي يمشون الناس عليها ويجهلونها

[45] فأجابه أحد العُلماء وقال له يا مُعلِّم تسُبُّنا بقولك هذا [46] فأجابه وقال له ولكُم الويل يا معشر العلماء لحَملكم على الناس أثقالاً لا يقدرون على حَمْلها وأنتم لا تمسُّون ثَقله بأحد أصابعكم

364 Fās فإن كانت عينك صحيحة
365 Fās فإن كانت ردية
366 Fās العدل
367 Fās ولا تضيعوا ما ضيعتم من العدل والمحبة

تقولون أنّي إنَّما أنفي الجِنَّ بِبَلْسَبوب [19] فإن كُنتُ إنَّما أنفيهم بِبَلْسَبوب فأولادكم بمَن ينفونهم إنَّما أحاكِمكم بهم [20] وإن كُنتُ إنَّما أنفيهم بأَصبع اللّٰه فأيقنوا أنَّه قد قَرُبَ منكم مُلكُ اللّٰه. [21] إذا ما حرَز الأيدُ بَيتَه مُسلَّحًا أمِنَ كلُّ مَن كان في حِضانته [22] فإن قدِم عليه أقوى منه وقوِي عليه ينزَع منه أوَّلاً سِلاحَه التي كان وثِق بها ثمَّ يميل على ما يحتوي به في مُلكِه [23] فَمَن لم يكن معي فهو علَيَّ ومَن لم يجمع معي فذلك يُفَرِّق [24] فإذا خرج الروح النجس عن الأدمي وتطوَّف في على المواضع الجذبة طالبًا للراحة ولا يجدها ثم يقول سأرجع إلى بيتي الذي منه خرجتُ [25] فإذا أقبل وَجدَه مكنوسًا [26] وعند ذلك ينطلق ويأخذ لنفسه سبعة أرواح أفسق منه ويدخلون فيه ويسكنون ويكون أخر عُمر الرجل أشرّ من أوَّله.

[27] وبعد أن قال هذا أعلنتْ إمرأة من الجماعة بصوتها وقالت طوبا للجوف الذي حملك والثديين التي رَضَعتَ [28] فقال يسوع مُعلِنًا طوبا لِمَن سمع كلام اللّٰه وتحفَّظ به

[29] فبينا الجماعات تُسرع إليه جعل يقول هذه الأمَّة هي أمَّة كافرة تسئل أيةً ولا تُعطى من الأيات إلا أية يُونُس النبيّ [30] فكما كان يونُس النبيّ أية لأهل * نِنبا كذلك يكون الإبن الإنسان لهذه الأمة 58v
[31] وملكة سبأ[363] ستقوم مع رجال هذه الأمَّة في الحُكم وتعاقبهم لإقبالها من أقصى الأرض لاستماع حكمة سلَيمَن وهاهُنا أكثر من سلَيمن [32] ورجال نِنبا سيقومون في الحُكم مع هذا النسل ويكونون أحسن منهم حالاً لاستغفارهم عند قدوم يُونُس عليهم وهاهُنا أكثر من يُونُس.

[363] Fās القبلة

كما هي في السماء [3] وأَعْطِنا في هذا اليوم خُبزَنا المُياوَم[357] [4] واغفِر لنا ذُنُوبَنا كما نغْفِرُ نحن لِمَن أذْنبَ إلينا[358] ولا تُوَبِّقنا في المحنة بلْ سلِّمنا من الأسوى[359]

[5] وقال لهم مَن منكم كان له صديق وأقبل إليه في جُوف اللَّيل وقال له يا صديق أسلفني ثلاث خُبَزٍ [6] لأنَّه قدِم عليَّ رجلٌ من إخواني مسافرًا وليس عندي ما أقدِّم إليه [7] فأجابه من داخل البيت وقال لا تَعنني لأنِّي قد أغلقْتُ بابي وأعواني[360] معي في المرقَد * ويشُقُّ عليَّ 58r
القيام لحاجتك [8] فإن تردَّد وألحَّ عليه بالسوال فإنِّي أقول لكم إن لم يُعطِه لِصداقته سيقضي حاجته لإلحاحه وترداده عليه [9] وأنا أقول لكم سَلُوا فتُعطَوا واطلبوا فتجدوا وجُسُّوا فيُفتَح لكم [10] فكلٌّ من سأل أُعطي ومن طلب وَجَدَ ومن جَسَّ فُتِحَ له [11] مَن منكم سأله[361] أباه خُبزًا أيُعطيه جَندلاً أو سأله حوتًا أيُعطيه ثُعبانًا[362] [12] أو سأله بيضة أيُعطيه عقربًا [13] وإن كنتم على شرّتكم تَعرفون إعطاء الخيرات لأولادكم فكيف بأبيكم السماوي لا يُعطي الروح الطيِّب لطالبيه إليه.

[14] وكان مُجنٌّ أبكم فلمَّا أبراه نطق الأبكم فتعجَّبت الجماعات [15] وقال بعضهم بِبَلسَبوب قايد الجِنِّ ينفي الجنَّ [16] وأقبل بعضهم يسئلونه مُجرِّبين عَلَمًا سماوِيًا. [17] فلمَّا علِم ضميرهم قال لهم كلُّ مُلكٍ مُتَحَزِّب بينه في البَيْن يضمحِلُّ وكلُّ بيتٍ ثايرٍ على بيتٍ أخَر يسقط [18] وإن كان الشيطان يتحارب في ذاته كيف يثبُت مُلكُه وأنتم

[357] Fās وامنن علينا بخبزنا الدايم في يومنا هذا
[358] Fās كما نغفر بعضنا لبعض
[359] Fās الشرير
[360] Fās والغلمان
[361] Fās and León سأل
[362] Fās حنشًا

مثله رجل من بني لاوي مِمَّن خطر عليه ونظر إليه وجاوزه أيضًا [33] فأقبَل رجلٌ من السامرين خاطرٌ بالطريق فلما بلغ إليه ونظر منه رحِمَه [34] ودنا منه وغسل جِراحه بالخمر والزيت وربَطها وحمله على دابَّته حتى بلغه المُنْهَل وتفقَّد أمره [35] فلمَّا كان بالغدا أعطا لصاحب المُنهَل دِرهَمَين وقال له تفقَّد أمر هذا وإن أنفقتَ عليه فوق ما أعطيتُك سأَخْلِفُه لك عند انصرافي [36] فمن تظُنُّ مِن هَولاء الثلثة صاحبًا لذلك الجريح الذي وقع في اللصوص [37] فقال له الذي رحمه. فقال له يسوع اذهب أنت وافعل مثله.

[38] ثم توجهوا من ذلك الموضع ودخل حِصنًا وأنزلَته إمرأة تُدعى مَرْتَةُ في بيتها [39] وكان لها أختٌ تُسَمَّى مَريم قد قعَدَتْ إلى رِجلَي السيِّد لِتسمع كلامه [40] واشتغلَتْ مَرتَه بالإعداد له فأقبلَتْ وقالت له يسيدي أما ترا كيف تخلَّتْ أُختي مِن مُعاونتي فأمُرها بِمُعاونتي [41] فأجابها السيِّد وقال لها يا مرتَه أنتِ المُعتنية بالإعداد وتجزعين من كثرة الجماعة[353] [42] وإنَّما يُحتاج إلى أمرٍ واحدٍ وقد تخيَّرتْ مَرْيم سَهْمًا فاضلاً[354] ليس يُنزَع منها.

## [XI] الباب الحادي عشر لوقا

[1] وبيناه بموضع يُصلِّي فيه وانفتل عن صلاته قال له أحد تلاميذه يَسيِّدي علِّمنا صلاة كما علَّم يحيى تلاميذه [2] فقال لهم إذا صلَّيتم فقولوا يأبتاه[355] تقَدَّس اسمُك ولِياتي[356] مُلْكُك ولْتَكُن إرادتُك في الأرض

[353] Fās وتجزعين عن كثير
[354] Fās السهم الافضل
[355] Fās ابانا السماوي; León يا أبتاه الذي انت في السموات
[356] Fās وليقرب

السماء [19] وقد أملكتُكم وطيَ الحيَّات والعقارب وعلى جميع قُدرة العدوّ[347] وألا يَصِل إليكم منه ضَرٌّ [20] ولكن لا تفرحوا لأنكم قهرتم الأرواح لكن إفرحوا بأنَّ اسماءكم مكتوبة في السماء

[21] وفي ذلك الوقت ارتاح الروح القُدُس وقال أقِرَّ لك يأبَتاهُ سيِّد السماء والأرض بأنَّك أخفيتَ هذا عن العُلماء والمتنبهين وأطلعتَ عليه الأطفال وكذلك رضَيْتَ يأبَتاهُ. [22] قد ملَّكني أبي جميع الأشياء ولا يعلم[348] أحدٌ من هو الإبن[349] غير الأب ولا من هو الأب غيرُ الإبن ومَن عرَّفه به الإبن [23] ثمَّ التفتَ إلى تلاميذه وقال طوبا للأعيُن التي تُبْصِر ما تُبصِرون والأذان التي تسمع ما تسمعون [24] وأنا أقول لكم أنَّه قد تشوَّق كثير من الأنبياء والمُلوك إلى روية ما رأيتم ولم يروه وإلى سَمع ما سمِعتُم ولم يَسمعوه.

[25] وإنَّ واحد العلماء قام لمُقايسته فقال له يا مُعلِّم ما يكون فِعلي وسيرتي التي أدرِك بها الحياة الدايمة [26] فقال له ماذا كُتِب في التوراة[350] وما تقرأ [27] فأجابه وقال حِبّ السيِّد الإاهَك * بجميع قلبِك 57v
ونفسِك وبجميع قوَّتك وجميع ذِهنِك وحِبّ صاحبك كَحُبّك لنفسك [28] فقال له يسوع أجَبْتَ صوابًا إفعل هذا وتحيا [29] فأراد أن يُشرِّف نفسه[351] وقال ليسوع ومن صاحبي [30] فنظر إليه يسوع وقال رجُل كان ينزل من يَرُشالِم إلى يَرِحا فصادف بالطريق لصوصًا سلبوه وجرّحوه وتركوه كالميت [31] فخطر عليه[352] قسّيس ونظر إليه وجاوزه [32] وفعل

347 Fās وعلى حيل العدو
348 Fās يدري
349 Fās and Ibn Ḥazm الولد
350 Fās في التنزيل
351 Fās يشرف ويزكي نفسه
352 Fās فقُدّر ان تمسّح يه

[3] فاذهبوا وإنَّما أوجِّهكم كالخِرفان بين السباع[343] [4] فلا تصحَبكم
57r غرارة ولا مِخلاة ولا أخفاف * ولا تُسَلِّموا بالطريق على أحد [5] وأيّما
بيت دخلتموه فقولوا أوَّلاً السَّلامُ على هذا البيت [6] فإن كان فيه ابن
السِّلم استقرَّ عليه سلامكم وإن لم يكن رجع إليكم [7] وفي ذلك البيت
ابقوا أكلين وشاربين ما كان عندهم فقد أحِلَّ للصانع أجرُه ولا ترحلوا
من بيت إلى بيت [8] وأيّما مدينة دخلتموها وتقبَّلكم أهلها فكُولوا[344]
ما قدَّموا إليكم [9] وإبروا المرضا الذين فيها وقولوا لهم قد تدانا منكم
مُلك الله [10] وأيّما مدينة دخلتم ولم يقبلكم أهلها فاخرجوا في رحابها
وقولوا لأهلها هذا [11] قد نفضنا ما تعلَّق بنا من غُبار مدينتكم قدَّامكم
ولاكن أعلِموا أنَّه قد قرُب مُلك الله [12] وأنا أقول لكم ستكون شذُوم
في ذلك اليوم[345] في أعفا من تلك المدينة

[13] الويل لك يا فِرُزَين [قُرَزين] الويل لك يا بَشَيذا لأنَّه لو فُعِل بِطَرسوس [بصور] وشيذون العجايب التي فُعِلَت فيكما لاستشعروا المُسوح وتدثَّروا الرماد تايبين [14] غير أنِّي أقول لكم سيكون أهل طَرسوس [صور] وشيذون في الحُكم[346] في اعفا منكم [15] وأنتِ يا قفرناؤوم الموازية للسما ستهبطين إلى الجحيم [16] فمن سمع لكم فذلك يسمع لي ومن كرهكم فذلك يكرهني ومن كرهني يكره الذي بعثني

[17] فانصرف إليه الإثنان والسبعون فارحين وقالوا يَسَيّدنا قد قهرنا الجنَّ باسمك [18] فقال لهم قد بَصُرتُ بالشيطان كالصاعقة واقعًا من

[343] Fās بين الليبة
[344] Fās and León فكلوا
[345] Fās يوم القيامة
[346] Fās يوم الحكم

[51] فلمَّا كمُلتْ أيَّام[337] ارتفاعه وأراد التوجُّه إلى يَرُشالِم [52] بعث بين يديه رُسلاً فدخلوا في طريقهم مدينة السامرين[338] لِيُعِدُّوا له بها [53] فلم يقبلوه لتوجهه إلى يَرُشالِم [54] فلمَّا بصُر بذلك يعقوب ويحيى قالا يَسيِّدنا أيوافقك أن ندعوا فتنزل عليهم نارٌ من السماء وتَحرق عامَتهم (كما فعل الياس)[339] [55] فرجع إليهما وانتهرهما وقال لستم تعرفون ما أنتم له أرواح [56] لم يأتِ[340] ابن الإنسان لِيُتلِف الأنفس إلا لسلامتها وتوجَّهوا إلى حصن أخر

[57] فبيناهم مُتوجِّهين على الطريق قال له رجُلٌ أتبعُكَ حيثما سِرْتَ[341] [58] فقال له يسوع للثعالب كُهُوف ولِطير السماء أوكارٌ وليس لإبن الإنسان حيث يميل برأسه [59] وقال لغيره إتبعني فقال له يسيدي أذَن لي بالتوجيه أوّلاً لدفن والديّ [60] فقال له يسوع دع الموتا يدفنون موتاهم واذهب أنتَ وبشِّر بِمُلك الله [61] ثمَّ قال له أخر أتبعُك يسيدي على أن تأذن لي أوَّلاً ونخبر الذين في بيتي[342] [62] فقال له يسوع مَن وَضَع يده على مِحراث والتفت خلفَه فليس يستوجب مُلك الله.

## [X] الباب العاشر لوقا

[1] وبعد هذا تخيَّر السيّد أيضًا من تلاميذه إثنين وسبعين وبعثهم بين يديه أزواجًا إلى كلِّ مدينة وموضع أراد دخوله [2] وقال لهم الزرع كثير والأعوان قليلٌ فارغبوا إلى صاحب الزرع لِيَمُدَّ الزرع بالأعوان

337 Fās تدانا يوم

338 Fās and Ibn Ḥazm وجعلوا طريقهم على السامرية (Fās بسمرية)

339 Fās and Ibn Ḥazm.

340 Fās and Ibn Ḥazm يبعث

341 Fās صرت

342 Fās بالبراة لمن في بيتي

[37] فلمَّا نزل عن الجبل في اليوم الثاني أقبَلَتْ إليه جماعة كثيرة [38] وفيها رجلٌ يصيح ويقول يا مُعلّم أرغب إليك في أن تحِنَّ على ولدي فإنَّه ليس لي غيره [39] وقد ابتُلِيَ بالروح النجس فيأخذه ويصيح على المفاجاة ويَسْرعَه[332] ويُهَرِّسه وَيَزبدُّ وكاد لا يفارقه حتى يُهشّمه[333] [40] وقد رغبْتُ[334] إلى تلاميذك أن يُخرِجَه عنه فلم يقدروا [41] فأجابه يسوع وقال يأمَّة مُشكِّكة كافرة إلى متى أكون معكم وأداوِكم أقبِل
56v هاهُنا بولدك [42] فلمَّا أقبل به أصرعه الجنِّيّ * ومَعَكه فانتهر يسوع الروح النجس وأبرا الغلام وأصرفه إلى أبيه[335] [43] فكانت تَحار الجماعة من عَظَمة الله

فبيناهم يتعجَّبون من جميع أفعاله قال لتلاميذه [44] إحفظوا بقلوبكم ما أقول لكم سَيُتلُّ بابن الإنسان في أيدي الأدميين [45] فكان التلاميذ يجهلون هذا القول وكان عندهم مستورًا لا يشعرون له وكانوا يخافون مكاشفته عنه [46] فتداخلتهم الفكرة فيمن منهم يكون المُقدَّم [47] فلمَّا علم يسوع ما كانوا يفكّرونه في قلوبهم أخذ غلامًا وأوقفه في جُواره [48] وقال لهم كلُّ مَن قبِل هذا الغلام لإسمي فذلك يقبَلني ومَن قبِلني فذلك يقبَله[336] الذي بعثني ومَن تواضع منكم لأصحابه فهو أكبرُهم [49] فأجابه يحيى وقال يا مُعلِّم رأينا إنسانًا ينفي الجِنَّ على اسمك ومنعناه لأنَّه ليس من أتباعنا [50] فقال له يسوع لا تمنعوه لأنَّه مَن لم يكن عليكم فهو معكم.

[332] Fās ويصرعه

[333] BL وقد ابتلي بالجن وتخييفهم له وقتلهم اياه حتي يزبد وما كاد يفارقونه

[334] BL and Fās طلبت

[335] From this point several folios are missing in BL between folio 97 and 98 (Luke IX:43 – XIII:35).

[336] Fās يقبل

نفسه[326] لسببي فإنَّه يُسلِّمها [25] وما يُغني المرء لو ربح[327] جميع الدنيا إذ اتلف نفسه وأضرَّ إليها [26] ومَن كرهني وكرِه وصيَّتي سيكرهه ابن الإنسان إذا أقبل في عظَمَته وعظَمَة أبيه[328] والمليكة المقدَّسين [27] وأنا أقول لكم أنَّ في هولاء الوُقوف مَن لا يذوق الموتَ[329] حتى يُعاين مُلك الله.[330]

## الباب التاسع لُوقا

[28] فلمَّا كان بعد هذا الكلام بثمانية أيَّام خَزَل بيْطُرُ ويحيى ويعقوب وصعد بهم إلى الجبل لِيُصلِّي [29] فبيناه يدعوا تبدَّلتْ صُورته[331] وابيضَّتْ كَسوَته [30] وكان يُشافهه رَجُلان أحدهما موسى والاخر إلياس [31] وهما في نورٍ وقدرة ويخوضون فيما هو لاقٍ بِيَرُشالِمَ [32] فأصابت بِيطُرَ ومن كان معه نعسَة فلمَّا انتبهوا بصروا بقدرته والرجُلَين الواقفين معه [33] فلمَّا توجَّها عنه قال بيطُرُ ليسوع يا معَلّم ما أحسن بنا المَكثُ هاهنا على أن نُقيم ثَلَثَ قِبَبٍ لك قُبَّة ولِموسى قُبَّة ولالياس قُبَّة وكان يجهل ما يقول [34] وبيناه يقول هذا أظلَّتهم سِحابة فجزعوا لذلك فلمَّا أخذتهم السِّحابة [35] سمعوا صوتًا يُنادي من السِّحابة ويقول هذا ابني الحبيب فاسمعوا له [36] وبينا الصوت يُسمَع لَم يبصروا غير يسوع وحده فكَتَموا وسَكَتوا ولم يُطْلِعُ أحدًا على ما عاينوا وسمعوا من ذلك تلك الأيام.

326 BL and Fās ومن ضيق على نفسه

327 BL اوتي; Fās ملك

328 BL and Fās في قدرنه وقدرة ابيه

329 Fās قوم لا يذوقون الموت; Ibn Ḥazm من لا يطعم الموت

330 Ibn Ḥazm مقبلا بقدرة

331 Fās سحنته

الجماعة وكان يقول لهم عن مُلك الله ويُبري المرضى منهم [12] فلمَّا تدانا اللَّيل قال له الإثني عشر إيذَن للجماعات لِينطلقوا إلى الحصون والقرا القريبة ليبتاعوا ما يقتاتون به لأنَّا بموضع قفر فقال لهم أطعموهم أنتم [13] فقالوا ليس معنا أكثر من خمس خُبَزٍ وحوتَين إلاّ أن نذهب فنبتاع للجماعة كُلِّها طعامًا [14] وكان عددهم خمسة ألاف رَجُل فقال لتلاميذه أؤمروا الجماعة بالإتّكاء خمسين على حِدة [15] ففعلوا ذلك واتكّى جميعهم [16] فأخذ الخمس الخُبَز والحوتَين ونظر إلى السماء ثم بارك عليها وكسّرها وبرِيَ بها إلى تلاميذه ليقدّموها إلى الجماعة [17] فأكلوا أجمعون وارتووا ورفعوا من فُضُولهم إثنتي عشر سَلَّة مملوَة كُسُر

[18] فلمَّا انفرد للصلاة وكان معه تلاميذه سألهم وقال لهم مَن ينزلني الناس [19] فأجابوه وقالوا بعضهم يَنزِلوك يحيى المُعَمِّد[320] وبعضهم إلياس وبعضهم أحد الأنبياء القُدُم حُيِيَ [20] فقال لهم
56r فَمَن ترا من أنتم[321] فأجابه سَمعون الذي يُدعى * بِيْطُرُ وقال مسِيح[322]
[21] فخبرهم ألا يعلِموا أحدًا [22] بذلك لأنَّه ينبغي لإبن الإنسان أن يُعَذَّب ويُمتَحون[323] على يدي المشايخ وقُوَّاد القسيسين والعُلماء ويُقتَل ويقوم في اليوم الثالث.

[23] وكان يقول للناس مَن وافقه اتِّباعي فَلْيجحد نفسه ويحتمل صليبه ويتبعني دابِيًا[324] [24] ومَن أراد سلامة نفسه فليتلفها[325] ومن أتلف

[320] BL and Fās يحيى بن زكريا
[321] BL, Fās, and León ومن تنزلوني انتم
[322] BL and León مسيح الله; Fās المسيح ابن الله
[323] León ويمتحن; Fās أن يعنف
[324] BL فليحرم نفسه شهواته ويحتمل المشقة دايبًا ويقفو اثري
[325] BL فليضيق عليها

[52] وكانت الجماعة تبكي وتنوح[315] على الجارية فقال لهم لا تبكوا ليست مَيّتةً بل هي راقدة [53] فاسْتهزَوا به معرفةً بموتها [54] فأخذ بيدها ودعاها وقال يا جاريةَ قُومِي [55] فانصرف فيها * روحُها فقامت 55v
مِن وقتها وأمَرَ بإطعامها [56] فحار والداها وأمَرَهما ألا يُعلِما أحَدًا بِما فُعِل بها.

## [IX] الباب الثامن لُوقا

[1] فدعا الإثني عشر حَواريًا وأعطاهم القدرة والسلطان على جميع الجِنِّ ولِيَبْروا الأسقام [2] وبعثهم لِيُبشِّروا بِمُلْك الله ويَبْروا المرضى [3] وقال لهم لا تحملوا[316] في الطريق لا عصىً ولا مِخلاةً ولا خبزًا ولا مالاً ولا تكن لكم كِسوتان [4] وأيُّما بيتٍ دخلتم ففيه بِيتوا ولا تخرجوا منه [5] ومن لم يقبلكم فاخرجوا عن تلك المدينة وانفضوا غُبار أقدامكم لِيكونَ ذلك شاهدًا عليهم [6] فخرجوا وطافوا في الحصون مُبشِّرين ومُنذرين وكُلّ موضع.[317]

[7] فسمع هرُودُس صاحب الرُّبع جميعَ فِعله وحار فيه فقال بعض الناس أنَّ يحيى قام عن الموتا [8] وبعضهم قال أنَّ إلياس تدلَّى[318] وقال بعضهم أنَّ واحدًا من المرضا[319] القُدُم حيى [9] فقال هَرُودُس أنا ذبحت يحيى فمن هو يبلُغُني مثل هذا عنه وكان يحبّ أن يراه

[10] فانصرف الحَواريون وأعلموه بكلِّ ما فعلوا فانفرد بهم ودخل المفاز إلى موضع يُقال له بشَيذا [11] فلمَّا علم الناس مكانه اتَّبعته

[315] BL, Fās, and Ibn Ḥazm وتلتدم

[316] BL and Fās لا تتزودوا بشيء ولا تحملوا

[317] BL, Fās, and León في كل موضع

[318] BL, Fās, and León تراءى

[319] BL, Fās, and León الانبياء

[40] فلمَّا انصرف يسوع تلقَّته الجماعة وكانوا ينتظرونه أجمعون [41] فأقبل إليه رجل اسمه يايِرُس وكان مُقَدَّم الكنيسة فترامى إلى رجليه راغبًا إليه أن يدخل بيته [42] لأن كان له ابنة واحدة وهي ابنة اثنتي عشرة سنة وكانت قد أشرفتْ على الموت فلمَّا توجَّه معه ضاعته[308] الجماعة

[43] وكانت امرأة قد ابتُليَت بِسيالة الدم منذ اثنتي عشرة سنة وكانت قد ابذلت جميع مالها على الأطبّاء ولم يقدر أحد على بُريها [44] فدَنَتْ مِن خلفه ومسَّتْ هُدُب ردايه فانقطع من ساعته جَريُ الدم عنها [45] فقال يسوع من هذا الذي مسَّني فجحَدوا أجمعون فقال بِيْطر ومن كان معه يا مُعَلِّم تَرا الجماعات تُضاغِتُك[309] وتُضَيِّق عليك وتقول مَن مسَّني [46] فقال يسوع قد مسَّني أحد لأنِّي عالِم والقدرة[310] التي خرجتْ مِنِّي [47] فلمَّا عَلِمَت المرأة بأن لم يَخْف عليه فعلها أقْبلَتْ مُرتعدة وترامتْ إلى رجليه وأعلمَتْه بالأمر الذي له مسَّته بين يدي الجماعة وأقَرَّت له بِبُريها في ذلك الوقت [48] فقال لها يابْنَتي إيمانُك سَلَّمكِ فانطلقي في عافية.

[49] فبيناه يتكلَّم في ذلك إذ أقبل إلى مُقَدَّم الكنيسة[311] من قال له إن ابنتك قد ماتت فلا تُعَنِّه [50] فلما سمع (يسوع)[312] قولَه قال لوالد الجارية لا تخَفْ أمَنْ فقط وتسْلَم[313] [51] فلمَّا أقبل إلى البيت لم يُدخِل مع نفسه أحدًا ما عدا بِيْطُرُ ويعقوبُ ويحيى[314] وَوالديّ الجارية

308 BL, Fās, and León ضاغطته

309 BL, Fās, and León تضاغطك

310 BL, Fās, and León بالقدرة

311 BL المتوجه به من وجوه الشهود; Fās المتوجه به من اليهود

312 BL, Fās, and León.

313 Fās and Ibn Ḥazm وامن فتحيا (Fās اومن). Omitted in BL.

314 Ibn Ḥazm ويوحنا

وطاب [25] ثمَّ قال لهم أين إيمانكم فجزَعوا وعجَبوا وقال بَعضُهُم لبعضٍ مَن تظنُّون هذا الذي يأمُر الريح والبحر ويطوعان له

[26] فأجازوا إلى بلد يَرشَّان[306] مُقابل جلجال. [27] فلمَّا نزل في الريف أقبل إليه رجلٌ مُجِنٌّ مُبتلاً بهِم قديمًا قد عَرِيَ وخرج عن البيوت وكان مسكنه في المقابر [28] فلمَّا بصُر بيسوع سجد بين يديه وأعلن بصوته وقال مالي ولك يا يسوع ابن الله العليّ أرغب إليك ألاَّ تعذّبني [29] فأمر الروح النجس بالخروج عن الرجل الذي كان قد عذّبه زمانًا كثيرًا وكان يقطع أغلاله ويَكسِر كبوله ويذهب به إلى المفاز [30] فسأله يسوع وقال كيف تُسمّى فقال له جُندٌ لأن دخل فيه جماعة من الجِنِّ [31] فرغَبوا إليه ألاَّ يأمرهم بالهبوط في الهواء [32] وكان بها دَوْدُ خنازير تُرعى في الجبل فرغبوا إليه أن يأذن لهم بالدخول فيها فأذَن لهم [33] فخرجتْ الجنُّ عن الأدمي ودخلتْ في الخنازير وأقبلوا بهم مُسبسبين * إلى البحيرة وأغرقوهم فيها [34] فلمَّا بصُر بذلك رعاتها 55r
هربوا وأخبروا بذلك في المدينة والقرا [35] فخرج أهلها لِمعاينة الخبر وأبصر[307] إلى يسوع ونظروا إلى الرجل الذي خرجتْ الجِنُّ عنه قاعدًا عند رجليه مُكتسيًا صحيح العقل وجزعوا [36] فأعلمهم مَن رأى كيف بري من الجِنِّ [37] فرغب إليه جميع أهل يَرشّان أن يخرج عنهم لِما كان أصابهم من الرُّعب فدخل المركب منصرفًا [38] وسأله الرجل الذي خرجتْ الجِنُّ عنه أن يأذن له بالمسير معه فقال له يسوع [39] إنصرف إلى بيتك وحدِّث بِصُنع الله لك فلحق بالمدينة وجعل يُبشِّر بجميع ما فعل به يسوع

[306] *Gerasen*. BL يَنَشّار; Fās جرشان

[307] BL, Fās, and León واقبلوا

ذلك عن قلوبهم لِيَلاَّ يُومِنوا فيَسْلموا [13] والساقطة في المُحجَّر هم
الذين إذا سَمِعوا الوحْيَ يتقبَّلونه بِفَرَح وليس لهم أصْل فإذا امتُحِنوا في
شيء مِن دِينهم زَلُّوا [14] والساقطةَ في الشوك هم الذين يسمعون
54v الوَحْيَ * ويُشْغِلهم عن إتمامه حياطة أموالهم وتَفَقُّد ضياعهم واتِّباعهم
شهواتِهم فيغمون ذلك ولا ياتون بثمرة. [15] والساقطة في أرضٍ طيِّبة
هم الذين يَسمَعون الوحي ويتقبَّلونه بقلْبٍ جيِّدٍ نقيٍّ وياتوا بالثمرة على
الإحتمال.

## الباب السابع لوقا

[16] لا يُوقَد أحدٌ سِراجًا ويغطيه بأنية أو يُدخِلُهُ تحت سرير إلا أنَّه يَرفَعَه على مَنارة لِيُبصِر الداخلون نورَه [17] وكلُّ معلومٍ سيُعلَم وكُلُّ مُخْفٍ سَيَطْلَعُ عليه ويُفهَم جِهارًا [18] فافهموا ما تَسمَعون ومَن كان له شيءٌ زيد إليه ومَن لم يكن له شيءٌ يُنزَع منه ما يظُنُّ أنَّه له.

[19] فأقبل إليه أمُّه وأقاربه[302] ولم يقدروا إلى أن يبلُغوا إليه مِن كثرة الجماعة [20] فأعلِم بذلك وقيل له أمُّك وإخوتُك بالباب وقوفًا يُريدون أن يرَوْك [21] فأجابهم وقال أمِّي وإخوتي هُمْ هاؤلاء الذين يسمعون كلام اللّٰه ويُتِمُّونَه.

[22] فلمَّا كان يومًا واحدًا[303] دخل في مركبٍ بتلاميذه وقال لهم أجِز بِنا البُحيرة [23] فبيناهم متوجِّهين[304] بالمقاذف استرقد فعصُفَتْ بهم الريح في البُحيرة حتى أوقفهم على الغرق [24] فتدانوا منه وأنبهوه وقالوا له يا مُعلِّم هَلَكْنا فقام وانتهر[305] الريحَ والعصْف فهدَّتْ وسَهُل البحر

[302] Fās and Ibn Ḥazm امه واخوته
[303] BL and Fās وبعد هذا
[304] BL يقذفون
[305] BL وزجر

يود يسيرًا [48] ثمَّ قال لها غُفِرَت لك ذنوبُك [49] فجعل يقول مَن كان يتكي معه في نفسه مَن هذا الذي يغفر الذنوب [50] فقال للمرأة إيمانُك سلَّمكِ فانطلقي في عافية.

[VIII] [1] وبعد هذا تمسّح بالمدينة وحصونها[298] يُبصِر الناس ويُبشّر[299] بِمُلك الله ومعه الإثنا عشر [2] وبعض النِّسوة اللاتي أخرج الجِنَّ عنهنَّ وأصناف الأمراض مِنهنَّ مريم المجدلانيّة التي أخرج عنها سبعة من الجِنِّ [3] ويونّا[300] زوجة كوزا وكيل هَرُودِس وشُشنا وغيرهنَّ كثير كُنَّ يخدُمنه من أموالهنَّ

[4] فلمَّا أقبلتْ إليه جماعة كثيرة من المداين وقرُبتْ منه تمثَّل لهم وقال [5] خرج زرَّاع لِيُبَذِّر زريعته فبَيْناه يزرع سقط بعضها في جوار الطريق فدُرِسَت وأكلها طير السماء [6] وبعضُها سقطت على حجارة فنَبَتَتْ ويَبِسَتْ لأنَّه لم يكن لها أثراء[301] [7] وبعضها سقطت بين الشوك فنَبَتَتْ ونَبَتَ الشوك عليها وغمَّها [8] وبعضُها سقطت في أرض طيبةٍ فنَبَتَتْ وأتَتْ بِبَرَكتها للواحدة بماءة وقال بعد قوله مَن كان له أُذُنٌ سامعة فليَسْمَع

[9] فسأله تلاميذه عن تفسير هذا المَثل [10] فقال لهم أنتم أُعطيتم معرفة سرِّ مُلْك الله وغيرُكم إنَّما تُضْرَب لهم الأمثال لِيُبْصِروا ولا يُمَيِّزوا ويسمعون ولا يَفْهَموا [11] وهذا المَثَل الزريعة هي كلام الله [12] فالَّتي سقطتْ بجُوار الطريق هم الذين يسمعون الوَحْيَ ويأتي الشيطان فَيَذهب

[298] BNM كان يختلف الى المدن والحصون
[299] BL and Fās واعظًا ومبشرًا BNM ;يبصر الناس
[300] BL, BNM, and Fās يحنّا
[301] BL and BNM ثرى ;Fās لم يكن لها حيث يمتد اصلها

ياكل خبزًا ولا يشرب خمرًا فقلتم أنَّه مُجِنٌّ [34] وأتا ابن الإنسان ياكل ويشرب فقلتم هذا رجل خوّافٌ[294] شارِبٌ للخمر صديق المستخرِجين والمذنبين [35] وصدقتْ الحكمة في جميع بنيها.

[36] فرغب إليه أحد المصدِّقين في أن يصيبَ عنده طعامًا فدخل
بيت المصدِّق واتَّكا [37] وكانت في المدينة امرأة مذنبة فلمَّا علمتْ
أنَّه قد اَتَّكا في بيت المصدِّق أقبلتْ بقرورة طِيب [38] ووقفت من
خلفٍ عند رجليه وجعلتْ تغسل رجليه بدموعها وتمسحهما بشعر
راسها وتقبِّل رِجلَيه وتدهنهما بذلك الطيب [39] فلمَّا بصُر بذلك
المصدِّق الذي كان دعاه قال في نفسه لو كان هذا نبيًّا لَعَلِم ما هي
هذه المرأة التي تمسُّه وأنَّها مذنبة [40] فأجابه يسوع وقال يا سَمعون
عندي شيء أقوله لك فقال له قُل يا معلِّم [41] فقال له كان لِرَجُل
على رَجُلَين دَيْن على الواحد خمسماية درهم وعلى الاخر خمسين
54r [42] فلمَّا لم يكن * لهما مِن حيث يودِّيا ذلك له وضع ذلك عنهما
فَمَن منهما يحبُّه أكثر [43] فأجابه سَمْعون وقال أظِنُّ ذلك الذي وضع
عنه الأكثر فقال له عدلْتَ في حُكمِك [44] ثمَّ التَفَت إلى المرأة وقال
لسَمعون أبصِر هذه المرأة قد دخَلْتُ بيتَك فما أعطيتَ ماءً لِقَدَمَي وهذه
قد غسلت رِجليَّ بالدموع ومسحتها بشَعرها [45] و(لم)[295] تقبّلني أنت
وهذه منذ دخلتْ لم تنفكّ[296] عن قبل رجليّ [46] ولم تدهن أنت
بالزيت رأسي وهذه قد دهنتْ بالطيب رجليّ [47] من أجل ذلك أقول
لك غُفِر لها ذنوب كثيرة لأنَّها أحبّتْ كثيرًا[297] ومَن وُضِع عنه اليسير

[294] BL, Fās, and León جواف; BNM أكول
[295] BL, Fās, and León; BNM ولم تعطني قبلة
[296] BL and Fās لم تنفتل; BNM لم تزل
[297] BL لحسن مودتها; Fās لحسن نيتها وكثرة مودتها BL

يقول أنت المُقبل أم ننتظر غيرك [21] فأبرا في ذلك الوقت الأمراض
53v والدواهي والأرواح الرديَّة وبصَّر جماعةً * من العمي [22] ثم أجابهما
وقال لهما إذهبا وأعلما يحيى بما رأيتما وسمعتما بأن العُمي يبصرون
والعُرج يمشون والمبروصين يُستنقون والصُمّ يسمعون والموتا يحيون
والفقرا يستبشرون [23] فقد أفلح[288] من لم يشكك فيّ

[24] فلمَّا انطلقا عنه رُسلا يحيى جعل يُحدِّث الجماعة عن يحيى ويقول إلى مَن خرجتم إلى المفاز تُبصرون أتراكم ظننتموه قصبة تقلِّبها الرياح [25] أو ماذا خرجتم تُبصِرون إنسانًا مُكتسيًا بثياب لَيِنَة إنَّه مَن تدثّر باللين الثمين ومَلَكه إنَّما يكون في قصور الملوك [26] فإلى من خرجتم تُبصرون نبيًّا وأنا أقول لكم أنَّه أكثر من نبيّ [27] هذا هو الذي كُتب عنه إنِّي باعث مَلَكي قدّام وجهك[289] لِيُعِدَّ لك طريقك قدامك [28] وأنا أقول لكم ليس في مَولدي النساء أكبر[290] من يحيى المُعَمِّد والذي هو أصغر هو في مُلك الله أكبر منه. [29] فسَرَّ ذلك كل من سمعه ممن كان عمَّدهم يحيى من المستخرِجين وغيرهم ومجَّدوا الله [30] وكان العلماء والمصدِّقون يكرهون البلوغ إليه والإعماد على يديه تجبُّرًا وتهاونًا بأمر الله

[31] فقال [فبماذا أمثل هذه الأمَّة][291] [32] إنما أمثِّل هذه الأمَّة بأحداث قد جلسوا في الرحاب[292] ويقولون بعضهم لبعض قد غنَّيناكم فلم تطربوا وبكينا فلم تحزنوا[293] [33] وقد أتى يحيى المعمِّد وهو لا

288 BL سعد; Fās فطوبا

289 BL and Fās بين يديك

290 BL and Fās اشرف

291 Text is missing from all mss. except BNM فبمن أشبه ناس هذا النسل وبمن هم مشبهون

292 BNM في السوق

293 BNM غنيناكم فلم ترقصوا ونحبنا Fās; غنينا لكم بالمزامير فلم تطربوا ونعينا لكم فلم تبكوا فلم تدمعوا

له يستوجب أن تفعل له ما سال [5] لانه يحب جِنسًا[283] وبنى لنا كنيسة[284] [6] فتوجَّه معهم يسوع فلمَّا قرُب من منزله بعث إليه العريف إخوانه وقال يسيدي لا تعنَى فإني لستُ أستوجب أن تدخل تحت سقفي [7] كما أني لم أرا نفسي أهلاً للقدوم عليك ولكن قُل كلمة فيصحّ غلامي [8] كما أني أنا رجل ماموڒ وتحتي عِرافة فأقول لأحدهم أمْضِ فأمْضِ[285] والاخر أقبِل فيُقبِل وأقول لغلامي إفعَل كذا فيفعله [9] فلمَّا سمع يسوع ذلك عَجَبَ له فالتفَت إلى من كان يتبعه من الجماعة وقال لهم أمين أقول لكم لَم أجِد في إسرايل مِثل إيمانه [10] فانصرف القادمون عليه إلى البيت ووجدوا الغلام المُعْتَلَّ صحيحًا.

[11] وبعد ذلك كان متوجِّهًا إلى مدينة يقال لها نايم وتوجَّه معه تلاميذه وجماعة عظيمة.[286] [12] فلمَّا تدانا من باب المدينة فإذا بِمَيّتٍ يُحمل ابن امرأة أرملٍ لم يكن لأمِّه غيره ومعها جماعة كثيرة من المدينة [13] فلمَّا بصُر بها السيّد رحمها وقال لها لا تبكي [14] ثمَّ دنا ومسَّ النعش فوقف حاملوه وقال إيّاك أدعوا يا حدث قُمْ [15] فقعد الميت وبدا يتكلّم وبري به إلى أمّه [16] فجزع كلّ من بصُر ومجَّدوا اللّٰه وقالوا إنَّ هذا النبيّ عظيم قام فينا وإنّ اللّٰه تفقَّد أمّته [17] وانتشر هذا الخبر عنه في جميع أرض يهوذا وما جاورها من البلدان

[18] فأعلم تلاميذ يحيى صاحبهم بهذا الخبر [19] فدعا يحيى اثنين من تلاميذه وبعثهما إلى السيّد وقال أنت المُقبل أم غيرك تنتظر [20] فلمّا بلغ التلميذان إليه قالا له يحيى المُعمِّد[287] بعثنا إليك وهو

283 León جنسنا; BL and Fās لأنه يحفظنا; BNM فإنه يحب قومنا

284 BNM شنوغة

285 León فيمضي; BL, BNM, and Fās إذهب فيذهب

286 Verse 11 omitted in BNM.

287 BL يحيى بن زكريا

سيدي يا سيدي[270] ولا تفعلوا ما اقول[271] [47] فكل من اقبل وسمع كلامي واتمه[272] فاني ادلكم على مثله [48] (انما مثله)[273] مثل رجل بنا بيتًا وغمَّق[274] اساسه حتى وضعه على صخرة فاذا اتى السيل ودفع البيت[275] لم يثلم فيه[276] لأن أساسه[277] على صخرة [49] ومن سمع كلامي ولم يتمه[278] /L80r/ انما مثله مثل رجل بنى بيته على رمل[279] بلا اساس فاذا دفعه نهر[280]

*End of restored text from León; return to BSB*

53r * سقط من عاجل وكان خراب ذلك عظيمًا.[281]

## [VII] الباب السادس لوقا

[1] فلمَّا استوعب جميع كلامه في مسامع العامّة دخل قفرناؤوم [2] وكان بها عريف قد اختلّ[282] له غلام عزيز عليه وأشرف على الموت [3] فلما سمع عن يسوع بعث إليه شيوخ اليهود ورغب إليه في القدوم عليه ليبري غلامه [4] فلمّا أقبلوا إلى يسوع رغَبوا إليه مجتهدين وقالوا

270 Fās سيدًا سيدًا
271 Fās ما امركم به
272 BNM فمن اتاني وسمع وصيتي واتمها; Fās كل من يقبل الي ويسمع كلماتي ويفعلها
273 BL and Fās. BNM انا اريكم بمن هو شبيه
274 BL and Fās وعمَّق; BNM وعمق في الحفر ووضع الاساس على صخرة
275 BNM فلما كان السيل اندفع النهر الى ذلك البيت
276 BNM فلم يقدر ان يدعدعه
277 BL لتقانة اساسه وثبوته; Fās لبنيانه اساسه وثباته
278 BL and Fās ومن سمعها ولم يتمَّها
279 BL بنا بيتا على وجه الارض; Fās مثل رجل بنا بيتًا
280 BL دفع فيه نهر; Fās دفعته الانهار
281 BL خرب وتساقط; BNM فيسقط في العاجل; Fās انهدم وتساقط
282 BL, Fās, and León اعتلّ; BNM كان سيئ الحال

اباكم رحيم[257] [37] لا تحكموا ولا يحكم عليكم لا تنكِلوا ولا تُنكَلوا اغفروا ويُغفَر لكم [38] اعطوا وتُعطَون بكيل اوفى واحسن من الذي به أعطيتم[258] وبالكيل الذي به تكيلون به يُكال لكم.

[39] وكان يضرب لهم هذا المثل ويقول ايقدر الأعمى على قيادة مكفوف اما[259] يسقطان معًا في حفرة[260] [40] ليس يتقدم احد معلمه وحسب التلميذ[261] ان يكون مثل معلمه [41] كيف تبصر تبنة في عين اخيك ولا تبصر الجدرة[262] في عينك[263] [42] وكيف تقدر أن تقول لأخيك يأخي اوقف حتى استخرج التبنة من عينك ولا تبصر الجدرة من عينك يا مرآئي إستخرج اولاً الجدرة من عينك وعند ذلك تقوَ على استخراج التبنة من عين اخيك.[264]

[43] ليس تاتي الثمرة[265] الطيبة بطُعم خبيث ولا الشجرة الخبيثة تاتي بطُعم طيب [44] وكل شجرة انما تميز[266] بطُعمها ولا يُجمع من الشوك تينٌ ولا يُقطف من الزعرور عِنبٌ [45] والرجل الصالح يستخرج الخير من ضميره[267] الصالح والرجل الطالح يستخرج الشرّ[268] من ضميره الفاسد وانما ينطق فمه بما يكنه[269] فواده [46] لاي شي تدعونني يا

[257] Fās فارحموا كما يرحم ابوكم
[258] Fās وستعطَون في حجوركم كيلاً حسنًا وافيًا مُكمَّلاً فايضًا
[259] Fās فان فعل اما
[260] Fās حفرة واحدة
[261] Fās التلميذ الكامل
[262] BNM الجذع; Fās جذلاً
[263] Fās يبصر احدكم ولا يبصر الجدرة في عينه
[264] Fās صاحبك
[265] Fās الشجرة
[266] Fās وانما تعرف الشجرة
[267] Fās خزانة ضميره
[268] BNM شرًّا; Fās الطلاح
[269] Fās فاهُ بما اكتنز

يا من تضحكون[242] الان فانكم تقولون وتبكون[243] [26] والويل لكم اذا
مدحكم الناس[244] فقد كان يفعل ذلك اباؤهم بالانبيا [الكذبة][245]

[27] غير اني اقول لكم احفظوا اعداءكم واحسنوا[246] لمن أساء اليكم
[28] وباركوا على من لعنكم وادعوا لمن اضرّ اليكم [29] ومن لطم
خدّك فانصب[247] له الاخرى ومن انتزعك رداءك فلا تمنعه قميصك
[30] وكل من سالك فاعطيه ومن استعارك[248] شيئا فلا تمنعه [31] وما
احببتم ان يفعله الناس بكم فافعلوا معهم مثله[249] [32] وان لم تحبوا الا
من يحبكم[250] فما اجركم على ذلك وقد يفعل هذا المذنبون يحبُّون
من يحبهم [33] وان لم تحسنوا الا لمن احسن اليكم فما اجركم على
ذلك لانه قد يفعله المذنبون [34] وان لم تسالفوا الا لمن علمتم انه
يكافيكم[251] فما احسانكم على ذلك نعم والمذنبون يُسالفون المذنبين
لأجل المكافاة[252] [35] ولاكن احفظوا[253] اعداءكم واحسنوا (لمن اسا
اليكم)[254] وأسلفوا على غير مكافاة فتوجروا[255] على ذلك كثيرًا وتكونوا
اولاد العلي الرؤُف[256] بالمخطين والمذنبين * [36] كونوا رحماء كما ان L79v

[242] Fās لمن يضحك
[243] Fās انه يحزن ويبكي
[244] Fās لمن حمد الناس معيشته
[245] Missing in all sources; supplied here to convey correct sense.
[246] Fās واكرموا
[247] Fās فانمَتْ
[248] Fās انتزعك
[249] Fās وما وافقك ان يُفْعَل بك فافعله بغيرك من خير
[250] Fās وان لم تحفظوا الا اخوانكمً
[251] Fās يرُدُّ ذلك عليكم
[252] Fās المذنبين اصحابهم ليكافوهم بمثله
[253] BNM احبوا
[254] BL.
[255] BL فتجازوا; BNM فيكون اجركم كثيرًا
[256] Fās الرؤُف الرحيم

ويعقوب ويحيى وفلبش وبرتلماؤش [15] ومثاؤش وطُماش ويعقوب الفاي وسمعون الذي يُدعا سالوطش [16] (ويهوذا اخو يعقوب)[229] ويهوذا الاسْكريوت الذي دل عليه.[230]

[17] ثم نزل بهم الى السهلاء واتبعه جماعة تلاميذه وجماعة عظيمة[231] من ارض يهوذا ويرشالم وسواحلها وطرسوس[232] وشيذون[233] القادمين عليه ليسمعوا منه ويصحوا من امراضهم [18] وينفي الجن عن المجنين منهم [19] وكانت الجماعة ترغب ان تمسه لانه كانت تخرج منه قدرة وتبري الناس.[234]

[20] فرفع بصره الى التلاميذ وقال افلح[235] المتواضعون[236] فان لكم هو مُلك الله [21] افلح الجائعون[237] فانكم تَروُون افلح من يبكي الان فانكم * ستضحكون [22] تفلحوا اذا اجتنبكم الناس وعدَوْكم وسبّوا اسمكم كَسبِّهم المكروه لاجل ابن الانسان [23] فافرحوا في ذلك اليوم وارتحوا[238] فان تجارتكم كثيرة[239] في السماء فقد فعل ذلك اباؤهم بالانبيا [24] ولكن الويل[240] لكم يا معشر الاملياء الذين استغنيتم[241] باموالكم [25] والويل لكم يا من شبعتم فانكم ستجوعون والويل لكم L79r

229 BNM-L and Fās.
230 Fās الذي تل به
231 Fās وجماعة اخرا وغيرها من الجماعات
232 BL وطيرة; Fās وطرصوص
233 Fās وصيدان
234 Fās وكانوا يرغبون كلهم اليه في مسه للقدرة التي كانت تخرج منه ويُبري جميعهم
235 BL سُعِدَ; BNM سعدتم (throughout); Fās طوبا (throughout).
236 Fās للفقراء
237 BL الصايمون; Fās اذ تجوعون الان
238 Fās وتهللوا
239 Fās اجركم على ذلك عظيم
240 Fās الويح
241 Fās شبعتم

بعض المصدقين لِمَ تصنعون ما لا يحل[219] في السبت [3] فاجابهم يسوع وقال اما قراتم ما فعل داوُد اذ جاع هو ومن كان معه [4] كيف دخل بيت الله واخذ خبز القربان فأكله واعطى منه اصحابه الذين كانوا معه الذين ليس كان يحل لهم أكله الا للقسيسين فقط [5] وقال لهم ان ابن الانسان هو سيد السبت.[220]

[6] فلما كان في سبت اخر دخل الكنيسية[221] وجعل يوصيهم وكان فيها رجل قد شلَّت * يُمناه [7] وكان المصدقون والعلماء L78v
يرقبونه[222] ان كان يبري في يوم سبت ليجدوا سبيلا الى بغيه[223] [8] فعلِم ضميرهم وقال للرجل الاشل قُم وقف في الوسط فقام ووقف [9] وقال لهم يسوع اني اسئلكم ان كان يجوز فعل الخير في يوم سبتٍ ام فعل الشر او سلامة نفس ام تلفها[224] [10] ثم نظر الى جميعهم[225] وقال للرجل[226] مد يدك فمدَّها وانجبرت يده[227] [11] فامتلت الجماعة جهلاً وجعلوا يكلمون بعضهم بعضًا فيما يفعلون[228] بيسوع.

[12] فخرج عنهم تلك الايام الى الجبل ليُصلِّي فيه واقام فيه ليلة في صلاة الله [13] فلمَّا اصبح له دعا بتلاميذه وتخيَّر منهم اثني عشر وسمَّاهم حواريين [14] وهم سمعون الذي يُسمَّى بيطر واندرياش اخوه

219 Fās يجوز
220 Fās ان السيد ابن الانسان هو ربٌّ السبت
221 BNM-L الكنيسة; BL كنيستهم; Fās الجماعة
222 Fās ينطرون منه
223 Fās ليمحصوا عليه ذلك ويبغوه فيه
224 Fās وان كان يجوز تسليم نفس او تلفها
225 Fās عامتهم
226 Fās للاشل
227 Fās فمدها وصحَّت من وقتها
228 Fās وجعلت تفكر فيما يصنعون

لاوي صنيعًا عظيمًا في بيته وكان بها جماعة من المستخرجين وغيرهم
من اتباعهم متكين[206] [30] فشق ذلك على المصدقين والعلماء وقالوا
L78r لتلاميذه * لِمَ تاكلون وتشربون مع[207] المستخرجين والمذنبين [31] فاجابهم
يسوع وقال لهم ليس يحتاج الاصحاء الى طبيب وانما يحتاج اليه المرضى[208]
[32] لم ات لأدعو الصالحين وانما قدمت لادعو المذنبين الى التوبة.

[33] فاجابوه وقالوا لِمَ يَصوموا تلاميذ يحيى والمصدقون دائبين ويقيمون العهود وتلاميذك ياكلون ويشربون [34] فقال لهم اتحملون (الصيام على)[209] بني العروس[210] ما كان العروس معهم [35] ستاتي ايام يُرفع فيها العروس عنهم وعند ذلك يصومون في تلك الايام. [36] ثم ضرب لهم مثلاً وقال لا يرقع احد ثوبًا باليًا بجديد ومن فعل ذلك زاد ثوبه خرْقًا [37] ولا يُدخل احد خمرًا[211] جديدة في زقاق[212] بالية[213] ومن فعل ذلك قطع زقاقه واتلف شرابه [38] ولكن تُدخل الخمر الجديدة في زقاق جدود[214] ويسلم كلاهما [39] ومن شرب باليًا يكره الجديد ويقول البالي احسن منه.

[VI] [1] ولمَّا كان في سبتٍ ثانٍ تمسح تلاميذه[215] بزرع وجمعوا منه[216] سنابل[217] وكانوا يفركونها[218] بين ايديهم واكلوها [2] فقال لهم

[206] Fās وحضر من السوقة وغيرهم المستخرجين واصحابهم واتكوا معه في ذلك الصنيع
[207] Fās تواكلون وتشاربون المستخرجين
[208] BNM-L المرضاء
[209] BL, BNM-L, and Fās.
[210] BL and Fās اصحاب العروس
[211] BL and Fās مُضْطار
[212] Fās اواني
[213] León ولا يدخل احد خمرًا جديدة في زقاق بالية
[214] BNM-L جددٍ; Fās ولكن تُدخل في الاواني الجدد شراب جديد
[215] Fās يسوع
[216] Fās وجمع منه تلاميذه
[217] BNM-L سنابيل
[218] BNM-L يعركونها; Fās وحكُّوها

يريدون ادخاله عليه [19] فلما منعهم عن ذلك ازدحام الجماعة[192] عليه صعدوا على السقف[193] وادخلوه عليه بمحمله وجعلوه في الوسط قدام يسوع [20] فلما بصُر بحُسن يقينهم قال غُفِرت ذنوبك يأيها الانسان [21] فجعل المصدقون والعلماء ان يفكروا قائلين[194] من هذا الذي يطلع الشتيمة ومن ذا يقدر على غفران الذنوب غير الله وحده [22] فلما علم يسوع فكرهم اجابهم وقال ما هذا الذي تفكرون فيه في قلوبكم [23] وما عندكم اهون[195] ان يقال له غُفرت لك ذنوبك او يقال له قم وانطلق[196] [24] ولكن لتعلموا ان لابن الانسان سلطانًا في الارض يغفر به الذنوب ثم قال للمفلوج قم[197] وخذ[198] سريرك وانطلق الى بيتك [25] فقام ذلك الوقت قدامهم[199] واحتمل سريره وانطلق به الى بيته وهو يحمد الله [26] فجازت[200] الجماعة لذلك ومجَّدت الله فاحتشى الناس رعبًا[201] وقالوا ان راينا اليوم عجبًا.[202]

[27] وبعد هذا خرج وبصر بمستخرج اسمه لاوي قاعدًا على تقاضي[203] الخراج فقال له اتبعني [28] (فتخل)[204] من الجميع (وقام واتبعه)[205] واعد له

192 BNM-L الجماعات; Fās فلما عجزوا من ذلك لازدحام الناس
193 Fās وكشفوا بعضه
194 Fās فاستفظع المصدقون والمكذبون ذلك وبدوا يفكرون وقالوا
195 Fās اهون في المساق
196 Fās وانطلق الى بيتك
197 BNM-L لك اقول قم
198 Fās واحتمل
199 Fās بين ايديهم
200 BNM-L فحارت; Fās وحارت
201 Fās وجزعوا شديدًا
202 Fās شيا عجيبًا
203 Fās قبض
204 BNM-L; Fās فتخلا
205 BNM-L; Fās وقال في طلبه

سيدي لانّني انسان مذنب [9] وكان قد حار وكل من[182] كان معه من كثرة ما اصابوا من الحيتان [10] وكذلك حار يعقوب ويحيى[183] ابني[184] سبذاي صاحبا سمعون فقال يسوع لسمعون لا تخف فانك من اليوم تصطد الادميين [11] فاخرجوا المركبين الى الريف وتخلو من جميع ما كان لهم واتبعوه.

[12] فبيناه في مدينة من المداين[185] اقبل اليه انسان مبروص فلما بصر بيسوع سجد له ورغب اليه وقال له يا سيدي ان وافقك انت قادر ان تبريني [13] فمدّ[186] يده ومسّه وقال يوافقني فاستنقي فذهب البرص عنه من وقته [14] وامره ان لا يعلم احدًا بذلك وان يعرض نفسه على القسيسين ويقرب لبريه ما امر به موسى في عهدهم[187] [15] فكان يزداد خبره انتشارًا وتقبل الجماعات اليه اذا سمعت به ليصحوا من امراضهم.
L77v [16] ثم لحق * بالمفاز وصلى.[188]

## الباب الخامس

[17] فبيناه يومًا قاعدًا يوصيهم وكان المصدقون والعلماء[189] عنده القادمون من الحصون وجلجال ويهوذا ويرشالم وكانت قدرة السيد[190] تصحّ مرضاهم.[18] فاذا بقوم قد اقبلوا اليه بانسان مفلوج في سرير[191]

182 Fās وكان قد حاروا كلمن
183 Ibn Ḥazm يوحنا
184 BNM-L ابنا
185 Fās مداين الموضع
186 Fās فمدّ يسوع
187 Fās في كتابه
188 BNM-L وصلى فيه
189 Fās والمكذبون
190 BL قدرته; Fās قدرة الله
191 Fās محمله

*Beginning of text from León*

وكان[164] واقفًا على ريف بحر ينشار[165] [2] اذ بصر بمركبين في البحر قد نزل عنهما اصحابهما الصيادون لغسل شباكهم [3] فدخل[166] في احدهما * الذي كان لسمعون وساله ان يتنحى به عن الريف قليلاً L77r
فقعد[167] وجعل يوصي الجماعات[168] من المركب[169] [4] فلما فرغ من الكلام[170] قال لسمعون استعل والقوا شبكتكم[171] للصّيد [5] فأجابه[172] سمعون وقال يا معلّم قد تعبنا طول النهار[173] ولم نصبْ شيا ولكنا نلقي الشبكة[174] عن امرك[175] [6] فلما فعلوا ذلك[176] تقبَضت على حيتان كثيرة جليلة فكادت[177] تنقطع الشبكة من كثرتها [7] فاستعانوا[178] باصحابهم الذين كانوا في المركب الثاني[179] وسألوهم ان ياتوا ويعينوهم على اخراجها[180] فاقبلوا واشحنوا[181] منها المركبين حتى كادا ان يغرقا [8] فلمّا بصر بذلك سمعون الذي يدعى بيطر سجد ليسوع وقال اخرج عني يا

164 Fās and Ibn Ḥazm ذلك الوقت
165 Fās and Ibn Ḥazm بحيرة ينشراتِ
166 Fās and Ibn Hazm فدخل يسوع
167 BL, Fās, and Ibn Ḥazm في المركب
168 BNM-L الجماعة
169 BL, Fās, and Ibn Ḥazm منه
170 BL, Fās, and Ibn Ḥazm فلما امسك عن الوصية
171 BL, Fās, and Ibn Ḥazm لجج والقوا جرافتكم
172 BL, Fās, and Ibn Ḥazm فقال له
173 BNM-L طول الليل; BL, Fās, and Ibn Ḥazm قد عنينا طول الليل
174 BL and Fās الجرافة
175 BL على اسمك; Ibn Ḥazm بامرك وقولك
176 BL فلما فعل; Fās and Ibn Ḥazm فلما القاها
177 Fās فكانت
178 BNM-L فاستغاثوا
179 BL, Fās, and Ibn Ḥazm باصحاب المركب الثاني
180 BL and Fās على استخراجها; Ibn Ḥazm على اخراجهم
181 Fās فاجتمعوا على ذلك واحشنوا; Ibn Ḥazm فاجتمعوا عليها وشحنوا

فانتهره يسوع وقال أُسكُت واخرُج عنه فلمَّا صرعه الجِنيُّ في الوسط[157] خرج عنه ولم يضُرَّه شيء [36] فجزعت[158] لذلك الجماعة وقالت بعضُها لِبعض ما هذا الأمر الذي يأمر الأرواح النجسة بالسلطان والقدرة ويخرجون [37] فانتشر خبره في جميع ذلك البلد.

[38] فقام عن الجماعة ودخل في بيت سمعون وكانت ختنة سمعون مريضةً مِن المُوم فرغبوا إليه عنها [39] فوقف عليها وأمر المُومَ وتخلَّى عنها وقامت من وقتها وجعلتْ تخدمهم [40] فلمَّا غربت[159] الشمس أقبلَ إليه كلُّ مَن كان عنده مريض بمريضه فوضع يده على كل واحدٍ منهم وابراهم أجمعين. [41] وكانت تخرج جماعة[160] من الجنِّ صايحين وقايلين إنك أنت ابن الله فكان ينتهرهم ويمنعهم عن القول وكانوا يعلمون أنَّه المسيح.

[42] فلمَّا كان بالغدِ خرج متوجِّهًا إلى المفاز فطلبته الجماعة واتَّبعته إلى الموضع الذي كان فيه. وكانوا يحبسونه لِيَّلا يزول عنهم.[161] [43] فقال لهم ينبغي لي أن أُبشِّر في غيرها من المداين بمُلكِ الله لأنِّي لذلك بُعِثْتُ [44] وكان يُبشِّر[162] جماعة جِلجال.

[V] [1] وبينا الجماعة تزدحم عليه يومًا رغبةً في استماع كلام الله[163]

[157] Fās وسط الجماعة

[158] BNM-L فجزعة

[159] BNM-L غربة

[160] BNM-L جمعة

[161] BL and Fās وكانت ترغب اليه ان يمكث عندهم ولا يخرج عنهم

[162] BNM-L يبشّر في غير

[163] At this point two folios in BSB are missing; the text was replaced by a later hand. The following text is taken from the León manuscript; the replaced text is found in Appendix I.

يوسف[147] [23] فقال لهم * نعم قد علمتُ[148] أنَّكم ستقولون لي يا 50v
طبيب داوِ نفسك وافعل هنا في موضعك ما بلغنا أنك فعلته بقفرناؤوم.
[24] فقال لهم أمِينْ أقول لكم أنَّه لا يُقبَل أحدُ الأنبياء في موضعه[149]
[25] وأنا أقول حقًّا[150] أنَّه قد كان في أيام إلياس (في بني اسرايل)[151]
أراميل كثيرة إذ أُغلِقت السماء ولم تُمطر ثلث سنين وستَّة أشهُر وكان
جوعٌ عظيم في جميع الأرض [26] ولَم يبعث إلياس إلى واحدةٍ
منهُنَّ إلا إلى أرملٍ واحدة بِشَرَبتا بِشِيذان[152] [27] وكان في إسرايل
أيضًا جماعة من المبروصين بعهد اليَسَع النبيِّ وما أبرا منهم أحدًا
ما عدا نَعمان السِّرياني [28] فاحتشتْ الجماعة حَرَدًا[153] لمَّا سمعوا
هذا [29] فقاموا وأخرجوه عن المدينة وبلغوه إلى قمَّة[154] الجبل التي[155]
كانت عليه المدينة مبنيَّة لِيُسَبْسِبوه منها [30] فخرج في وسطهم
وانطلق عنهم.

[31] ونزل إلى قفرناؤوم مدينة جِلجال وبها كان يُوصيهم في
الأسبات [32] وكان يَعجبون لِوصيَّته لأنَّه كان يُوصيهم مُسقتدرًا.
[33] وكان في الجماعة إنسان مُجِنٌّ فأعلن[156] بصوته [34] وقال مالَنا
ولك يا يسوع الناصريّ أتيتَ لهلاكنا قد عرفتُ أنَّك مُقدَّس الله [35]

[147] Ibn Ḥazm ابن يوسف النجار

[148] BNM-L قد علمت نعم

[149] Verse omitted in BL.

[150] BNM-L and León اقول لكم حقًّا; BL امين اقول لكم

[151] BL and Fās.

[152] *Sareptha Sidonia.* BL ارمل جنسية بشيدان; Fās ارمل بصربتا صيدان

[153] BL and Fās غضبًا

[154] BNM-L and León قنّة; BL اعلى; Fās ابعد صفح الجبل

[155] BNM-L الذي

[156] BNM-L فعلن

مكتوب أنَّه يبعث ملايكته لِحَرزِك [11] وحَمْلك في الأُكُفِّ حتى لا يُصيب قَدَمَك حَجَرٌ[135] [12] فأجابه يسوع وقال له قد قِيل[136] لا تَقِيس السيِّد إلاهك [13] فبعد أن كَمَل جميعُ قياسه[137] تنحَّا إبليس عنه إلى زمان.

[14] ثم انصرف يسوع في قُدْرة الروح إلى جِلجال وانتشر خبره في جميع تلك البلاد [15] وكان يُوصي في جماعتهم ويُعظمونه الناس [16] ثم أقبل إلى ناصَرة موضع منشاه ودخل في الكنيسة في يوم سَبْتٍ على حال سُنَّتهم وقام قاريًا [17] وأُعطي مُصحف نُبوَّة اشعِيا فلمَّا فتح المُصحف وجد الموضع حيث كان مكتوبًا [18] روح السيِّد عليَّ ولذلك دهنني[138] وبعثني إلى المتواضعين بشيرًا وللأسرا مُفديًا وللعُمي نورًا وللممالِك مُنطلِقًا[139] [19] ولانبي بعام السيِّد المقبل[140] ويوم المجازاة[141] [20] فلما طوا المُصحف برِيَ به إلى الخادم[142] ثمَّ جلس وكانت[143] أبصار الجماعة شاخصة إليه [21] فابتدا أن يقول لهم[144] اليومَ تمَّ هذا الوحيُ في مسمعكم[145] [22] فكانت تشهد له العامَّة وتعْجَب من كلام الامتنان الذي كان ينبثق مِن فِيه[146] وكانت تقول أما هذا ابن

135 Fās and Ibn Ḥazm حتى لا يعثر قدمك في حجر ولا يصيبك مكروه (Ibn Ḥazm تعثر بقدمك)

136 BL, Fās, and Ibn Ḥazm قد كتب ايضًا

137 BNM-L قياسه له

138 BL and Fās قدسني

139 BL وللممالك مطلقًا; BNM-L, León, and Fās وللمماليك مطلقًا

140 BL, BNM-L, Fās, and León المقبول

141 BL and Fās ويوم المكافاة

142 BNM-L الخدم

143 BNM-L وكانة

144 BL and Fās فابتداهم وقال

145 BL, BNM-L, and León مسامعكم; Fās اسماعكم

146 BL, Fās, and Ibn Ḥazm وتعجب لقوله وما كان يوصيهم به

إلى لاماق [37] إلى ماطوشالا إلى خانوخ إلى يارِث إلى مَلْلال إلى قينان [38] إلى أنوش إلى شيت إلى ادم إلى الله.

## [IV] الباب الرابع من إنجيل لوقا

[1] فانصرف يسوع عن الاردن محشوًّا من روح القُدُس[122] وقاده الروح إلى المفاز[123] ومكث فيه [2] أربعين يومًا وقاسهُ فيه إبليس وَلم ياكل شيئًا في تلك الأيام فلمَّا أكملها جاع [3] فقال له إبليس إن كُنتَ وَلَدَ الله[124] فَمُر هذه الجنادل تصيرُ[125] خبزًا [4] فأجابه يسوع وقال قد صار مكتوبًا أن ليس عَيش المرء[126] في الخُبزِ وحده إلا في جميع كلام الله. [5] ثم قاده إبليس (في جبل عال)[127] وعرَضَ عليه جميع مُلْك الدنيا من وقته [6] وقال له إني أُعطيك[128] هذا السلطان كُلَّه وشَرَفَه[129] لأني قد ملكتُه وأنا أُعطيه مَن وافقني [7] فإن سجدتَ لي كان لك أجْمَعَ [8] فأجابه يسوع وقال قد صار مكتوبًا للسيِّد إلاهك تسجد وإيَّاه وحده تخدُم.[130] [9] ثم قاده[131] أيضًا إلى يَرُشالِم وأوقفه على صخرة البيت[132] في أعلاه[133] وقال له إن كنتَ وَلَدَ الله فترامى من فوقٍ[134] [10] لأنَّه

[122] BNM-L روح القدوس
[123] Fās and Ibn Ḥazm القفار
[124] Fās and Ibn Ḥazm ابن الله
[125] Fās and Ibn Ḥazm فامر هذا الحجر ان يصير
[126] BL, Fās, and Ibn Ḥazm الادمي
[127] BL. Fās and Ibn Ḥazm الى جبل منيف عال
[128] BL, Fās, and Ibn Ḥazm ساملكك
[129] BL and Fās وابرا اليك بعظمته; Ibn Ḥazm وانزلك بعظمته
[130] BL, Fās, and Ibn Ḥazm ان تعبد السيد الاهك وتخدمه وحده
[131] Fās and Ibn Ḥazm ساقه
[132] BNM-L البية
[133] BL واصعده في اعلا البيت
[134] BL, Fās, and Ibn Ḥazm فتسبسب من هاهنا

[21] وعندما كان يُعَمِّد الناس أعْمَدَ يسوعَ وبيناهُ يدعو تفتَّحَتْ السماء[112] [22] ونزل الرُّوح القُدُس عليه في صورة حمامة[113] ونادى صوتٌ مِن السماء وقال أنتَ ابني الحبيب الذي ارتَضَيْتُه لنفسي.

[23] وكان يسوع باديًا كأنَّه يوميذٍ ابن ثلثين سنةً الذي كان يُظَنُّ به أنَّه ابن يوسف المنسوب إلى علي[114] [24] إلى مثاث إلى لاوي إلى مَلْخي إلى يُمْنا[115] إلى يوسف [25] إلى مثَّيا إلى حاموص[116] إلى ناوَوْم[117] إلى أشْلِي إلى نَعْجا [26] إلى ناث إلى مَثِّيا إلى شَماي إلى يُوْشَق[118] إلى يهوذا [27] إلى يَحُنَّا إلى راشا إلى سَرُوبابال إلى شلْطِيَل إلى ناري [28] إلى مَلحي[119] إلى أدِي إلى قُوشام إلى المُظان إلى هارْ [29] إلى ياشُوْا[120] إلى العِزَّار إلى يُوريم إلى مثَّاث إلى لاوي [30] إلى سَمعُون إلى يهوذا إلى يوسف إلى يُونُس إلى الياجيم [31] إلى ملْكا إلى مانا إلى مثيا إلى ناثان إلى داوُد [32] إلى يسَّا إلى عُوبات إلى يُعوز[121] إلى شَلْمون إلى ناشون [33] إلى عَمِنَّدَبْ إلى أرام إلى
50r اشرُوم إلى فارَش * إلى يهوذا [34] إلى يعقوب إلى إسحَق إلى إبرْهيم إلى تارح إلى ناحور [35] إلى شَرُوق إلى راغُؤو إلى فُلاق إلى أبار إلى شالي [36] إلى قَيْنان إلى أرْفَخشاد إلى سام إلى نوح

112 BNM-L فيما هو يصبغ انفتحت السماء
113 BNM-L شبه جسد حمامة
114 *Heli*. BL الي
115 *Ianna*. Fās يمناع
116 *Amos* عاموس . BL اموش; Fās اموص
117 *Naum*. Fās ناحوم
118 BL يشاق; BNM-L and León يوشاق; Fās يصداق
119 BNM-L مِلجي
120 *Iesu*. BL and Fās يسوع
121 *Booz*. BL باعوز; Fās بوعز; BNM-L and León بعوز

[7] وكان يقول للجماعات الخارجة إليه التي كانت تسئله إعمادهم يا نسل الأفاعي مَن حضَّكم على الهرَب من السخط المقبل. [8] تقرَّبوا بعملٍ صالحٍ للتوبة ولا تثقوا بقرابتكم مِن إبرَهيم فأنا أقول لكم أنَّ اللّه قادرٌ أن يقيِم مِن * هذه الجنادل[109] أولادًا لإبرهيم [9] وقد وضِعَتْ 49v
القوس عند أصول الشجر فكلّ شجرة لا تاتي بِطُعْم طيّبٍ تُقطع وتُلقى في النار [10] فكانت الجماعة تسئله وتقول له ماذا تامُرُنا بِفِعله [11] فأجابهم وقال مَن كانت عنده كِسوتان فَليَكسِ بالواحدة محتاجًا ومَن كان عنده قوتان[110] فليفعل بأحدهما مِثل ذلك. [12] ثم أقبل إليه المستخرِجون ليعمِّدهم وقالوا له يا معلِّم ماذا تأمرُنا بفعله [13] فقال لهم لا تزيدوا على ما أُمِرتم به [14] ثم كاشفه الجنديون وقالوا له ونحن ماذا نفعل فقال لهم لا تهتضموا أحدًا ولا تقهروه[111] واقتصروا على قطايعكم.

[15] فلمَّا ظنَّت الجماعة وتفكَّروا في قلوبهم عن يحيى أن يكون هو المسيح [16] قال يحيى لجميعهم أنا إنَّما أعمِّدكم في الماء وسيأتي بعدي أقوا مني مَن لستُ أستوجب حَلَّ شِراك خُفَّيْه فهو يعمّدكم بروح القُدُس والنار [17] مَن تكون بيده مِذراة يُنَقِّي بها أنْذاره ويجمع قمحَه في هُريِه ويشْعِل التِّبن بنارٍ لا تبيد [18] وكان يُوصيهم بغير هذا كثيرًا ويُبَشِّر الجماعة. [19] فلمَّا أوصى يحيى هَرُودِس صاحب الرُّبع ونهاهُ عن تزويج أَوْرِظياطة إمرأة أخيه وعن ركوب الفواحش التي كان يَركب هَرُودِس [20] أراد قَتْله وقذف به في الحبس.

[109] BL, BNM, Fās, and León الحجارة

[110] BL ثوبان; BNM مأكل; Fās الطعام; León قوت

[111] BNM لا ترعبوا احدًا ولا تظلموه

لِمَ أشخصتنا يإبني وقد طلبك أبوك وأنا معه مَحزونين [49] فقال لهما لِما تطلبانني أتجهلان أنَّه يجب عليَّ ملازمة أمر أبي [50] فَلَمْ يفهما الكلام الذي قال لهما[100] [51] (فانطلق معهما الى ناصرة وكان يطوع لهما)[101] وكانت أمُّه تحفظ جميع هذا الكلام في نفسها [52] وكان يسوع يزداد عِلمًا وسِنًّا وتحَبُّبًا عند الله والناس.

## [III] الباب الثالث مِن إنجيل لوقا

[1] وفي خمسة عشر سنة من دولة طباريوش القيصري وبيلاط البُنطيّ يوميذٍ و(الي)[102] بلد يهوذا وهرودِسُ على رُبْع جلجال وفلبّش أخوه على الرُّبع الذي فيه ايطُوْرُه وطَرَقنِطذّش[103] وابْلِيَّان على ألشانِيَةَ[104] وهو أيضًا الرُّبع [2] وكان المتقدمان على التقديس حنًّا وكيْفا فابْتدا يحيى بن زكريا (بالنبوة)[105] في المفاز [3] وأقبل إلى الأَردُنّ يحُضُّ[106] على معمودية التوبة والاستنقاءِ من الذنوب [4] على حال ما كُتِب في صُحُف نبوَّة أشعيا النبيّ حيث قال صوتٌ ينادي في المفاز أقيموا سبيلَ السيّد وسهّلوا مخادِعَهُ [5] بأنَّ الأوطية ستمتلي وتنخفض الجبال والكُرا[107] وتُراضُ الصِّعاب وتلين الحَرشاء [6] وترا جميع اللحم[108] سلامةَ الله

[100] BL, Fās, and Ibn Ḥazm فلم يفهما عنه جوابه (BL كلامه)

[101] BL, BNM, Fās, and León.

[102] BL, BNM, Fās, and León.

[103] *Trachonitidis*. BL طرقنططش

[104] Name of tetrach, *Lysania*, is confused with that of tetrachy, *Abilina*, in all mss.

[105] Fās; BL, BNM, and León فصارت كلمة السيد على يحيى بن زكريا

[106] BL and Fās يرعب الناس; BNM واعظا; León يشرع

[107] BL and Fās وقرونها

[108] BL and Fās الامم

في إسرايل وجعل علمًا لِمَن خالفه [35] وسيَنفَذ سيفه نفسَك لِكيما تنكشف الفَكَرات عن قلوبٍ كثيرة.

[36] وكانت حنَّة النبيَّة إبنة فَنوال من سِبْط أشمار[91] قد أسَنَّت وجاوزت أيامها وكانت في حداثتها مع زوجها سبع سنين في عفاف ونُسك [37] وعاشت بعده أربعَ وثمانين سنة لا تزول عن البيت في صيامٍ ودُعاء ليلَها ونهارَها [38] فأقبلَتْ ذلك الوقت حامدة للسيِّد مُنَبِّية به لكُل مَن كان مُنتظرًا لفدية يَرُشالِم [39] فلمَّا أكْمَلَتْ[92] ما كان يجب عليهما في كتاب السيِّد انصرفا * إلى جِلجال إلى مدينتهما ناصرة 49r
[40] فكان يكبر الغلام ويتقوَّى مَحشوًّا عِلمًا وكان الله عنه راضيًا.

[41] وكان أبواه مُخْتلفين إلى يَرُشالِم كلَّ سنة في أيَّام العيد.[93] [42] فلمَّا بلغ يسوع اثني عشر سنةً صعدا إلى يَرُشالِم[94] على حال سُنَّتهما في اليوم العيد [43] فلمَّا هبطا عند انقراضه ثبت[95] الغلام يسوع بيَرُشالِم وجهل[96] ذلك أبواه [44] وظنَّاه في الصُحبة[97] مُقبلاً وسارَ يومَهما يطلبانه[98] عند الأختان والإخوان[99] [45] فلمَّا [لم] يجداه انصرفا إلى يَرُشالِم طالبين له [46] فوجداه في الثالث قاعدًا مع العلماء في البيت وهو يكاشفهم ويسمع منهم. [47] فكان يَعجَب كلُّ من كان يسمعه من حديثه ويراه من حُسن مُراجعته [48] فقالت له أُمُّه

[91] BL, BNM, Fās, and León اشار

[92] BNM and Fās اكملا

[93] BNM, Fās, and Ibn Ḥazm الفصح

[94] Ibn Ḥazm يورشلام

[95] BL, BNM, Fās, and Ibn Ḥazm بقي

[96] Fās وجهلا; BNM ولم يعرف

[97] BL في الجماعة; Fās and Ibn Ḥazm في الطريق

[98] BL فجعلا يطلباه; BNM جاءا مسير يوم وجعلا يطلبانه; Fās and Ibn Ḥazm فسارا يومهم (وصارا Fās) وهما يطلبانه

[99] BL and Ibn Ḥazm الاقارب والاخوان; BNM الاختان والمعارف; Fās الاقارب والاختان

الرعاة وكل من سمع ذلك [19] وكانت مريم تحفظ جميع هذا الكلام وتكتمه في نفسها [20] فانصرفوا الرعاة حامدين لله ومُمجدين له في جميع ما كانوا سمعوا وعاينوا على حال ما كان أوحي إليهم.

[21] فلما تمَّتْ الثمانية أيام خُتِنَ وسُمِّي يسوع على حال ما كان يُبشِّر به المَلَك قبل أن يحمله البطن[86] [22] وبعد أن كمُلتْ أيَّام الإستنقاء التي ذكرَ (موسى)[87] في كتابه انطلقوا به إلى يَرُشالِمَ ليهدوه إلى السيد [23] على ما كان في كتاب الله حيث قال كل مَن وُلِد له ذَكَرٌ أولاً فَلْيُقدِّسْهُ لله [24] وليقرِّبوا عنه قربانًا كما كُتِب في كتاب الله وذلك زوج يمام أو فرخي حمامٍ.

## الباب الثاني لوقا

[25] وكان بِيَرُشالِم رجُلٌ يُدعا سمْعون [وكان] الرجلُ صالحًا تقيًّا منتظرًا لِفدية اسرايل[88] وكان فيه روح القدُس [26] وكان قد وَعَده الروح القدُس ألا يموت حتى يرا المسيح السيِّد [27] فأقبل في الروح إلى البيت فلمَّا أقبل أبَوا يسوع به إلى البيت ليصنعا[89] عنه ما أَمَر به الكتاب [28] أخذه سَمعون في يديه ثمَّ حمَدَ الله وقال [29] أن لا تُخَلّي عبدك[90] يسيدي على حال ما وعدتني في عافية [30] إذ بَصُرَتْ عيناي سلامتك [31] التي أعددتَّ لجميع الأمم [32] والنور لهُدا الأجناس وشرف أمتك إسرايل [33] فكان أبواه يعجبا لِما كان يُوصَف عنه [34] وبارك عليهما سَمعون وقال لأمِّه مريم بُعِث هذا لهلاك وحياة جماعة

[86] BL and Fās قبل ان تحمل به مريم
[87] BL, Fās, and León. BNM بحسب توراة موسى
[88] BL and Fās بني اسرايل
[89] BNM ليفعلا; BL, Fās, and Ibn Ḥazm ليقربا
[90] BL and Fās الان اقبض عبدك; BNM and León الان تخلي عبدك

[II] [1] وفي تلك الأيام خرج القيصر أغشتُ بتعديل جميع الدنيا[81] [2] وهذه الكَتبَة الأولى التي كانت على يدي جِرين قايد السُريانين [3] وكان يتوجَّه كل قوم إلى جماعة بني عمّهم ليَكتَتَبوا في مداينهم [4] فصعد عند ذلك يوسف من ناصِرة مدينة بجِلجال إلى بلد يهوذا مدينة داود التي تُدعا بثْلاحِمْ[82] لأنَّه من ال داود وسِبطه [5] لِيَكتَتِبَ مع مريم خطيبته وهي حُبْلا. [6] وبيناه سايرٌ بها إذا كَمُلَت أيام حَمْلها [7] فولدتْ بكْر ولدها ولفَّته بثياب ووضعته في مَذْوَدٍ إذ لم يكن في المنزل موضع[83] تضعه فيه.

[8] وكان بذلك الموضع رُعاة يبيتون على اذوادهم ويسهرون عليها [9] فوقف نحوهم مَلَك السيد وأحاط بهم نوره فجزعوا لذلك جزعًا شديدًا [10] فقال لهم المَلَكُ لا تخافوا فإني أُبشِّركم بفرحٍ عظيم نزل بجميع الأمم [11] وذلك أنَّه وُلِدَ لكم اليوم مُسَلِّمٌ وهو المسيح السيد في مدينة داود [12] أعلِمكم بإمارة ستجدون طفْلاً[84] ملفوفًا في ثيابٍ وموضوعًا في مذوَدٍ [13] وبعد قوله هذا صار مع المَلَك جماعة من أجناد مليكة السماء حامدين لله وقايلين [14] العِزَّة لله في العُلا والسِّلم في الأرض لقوم ذوي إرادة[85] * حسنةٍ. 48v

[15] فلمَّا ارتَفعت الملايكة عنهم قال الرعاة بعضهم لبعض إنطلق بنا إلى بثلاحم لنكشف عن هذا الذي أوحا السيد إلينا [16] فتوجهوا مسرعين ووجدوا مريم ويوسف والمولود موضوعًا في المذود [17] فلما بَصَروا به صدَّقوا ما كان حُكِيَ لهم عن هذا المولود [18] فعجب لذلك

81 Fās وأن يكتبوا في الجزية
82 BL بيت لاحم
83 BL and Fās شيء
84 BL and Fās غلامًا
85 BL and Fās نية

48r الشابات لا يُسمَّى إلا يحيى [61] فقالوا لها ليس في أختانِك[76] * مَن
يُسمَّى بهذا الاسم [62] ثم أشاروا على أبيه عمَّا يُريد يُسمِّيه [63] فدعا
بزقاة[77] وكتب اسمُه يحيى فتعجبوا أجمعون [64] وانطلق ذلك الوقت
فمه ولسانه وجعل يحمد الله [65] فجزع لذلك جميع من جاورهم
وبلغ هذا الخبر كل من سكن جبال يهوذا [66] وجعل كلمن بلغه
خبره يقولون في أنفسهم ما تظنون يصير اليه أمر هذا الغلام وكانت
يد السيد معه.

[67] فاحتشى أبوه زكريا من روح القدس وجعل يُنَبي ويقول
[68] ألحمد لله إله إسرايل الذي تفقدنا وفدا أمتَهُ [69] ونفخ[78] لنا قرن
السلامة (في بيت)[79] داودَ غُلامِه [70] على حال ما عهِد على ألسِنة
أنبيايه المُقدسين من بدي الدهر [71] وسلَّمنا من أعداينا ومن أيدي
المُبغضين لنا [72] ورحِم أبانا وتذكَّر عهدَه المُقدَّس [73] ويمينه
لإبرهيم أبينا [74] إذ وعَدَه بإنقاذنا من أيدي أعداينا لنخدمَه غير
مرعوبين [75] في عدل وصلاح ما بقينا. [76] وأنتَ يا غلام تُدعا نبيَّ
العلي وتتقدَّم بين يدي وجه السيد لتُقيم سُبْلَهُ [77] وتُهدِي هُدى
السلامة أُمتَه وما يَغفر به ذنوبهم [78] وذلك برحمة إلاهِنا الذي أعادنا
من شرفه [79] لِيُبصِرَ الجُهَّال الساكنين في ظلال الموت ولِيُهدينا إلى
طريق الصُّلح. [80] فكبَر الغلام وقوَّاه الروح فكان في المفاز[80] إلى أن
تنبَّا وظهر لبني إسرايل.

[76] Fās اقاربك; BNM جنسك
[77] BL, BNM, and León بدواة; Fās ببرنامج
[78] BL, BNM, Fās, and León ورفع
[79] BL, BNM, Fās, and León.
[80] BNM القفار

[39] فقامت مريم في تلك الأيام وتوجَّهتْ مسرعة إلى مدينة من مداين يهوذا في جبالهم[68] [40] ودخَلَتْ بيت زَكَرِيا وسلَّمتْ على الِشابات [41] فلما سمِعَتْ الِشابات تسليمة مريم ارتاح الجنين في جوفها[69] واحتشتْ من روح القُدُس [42] وأعلَنَتْ بصوتها وقالت أنتِ المبارَكَة بين النساء والمُبارَك مَن تلدينه [43] وأنَّا لي أن تَقْدِمَ أمّ سيدي عليّ [44] إعلمي أن الوقت الذي واقع تسليمُكِ مسامعي ارتاح الجنين في جوفي [45] فطوبا لكِ إذا أمنْتِ به أنه سيُتِمُّ ما أوحى السيد إليك.

[46] فقالت مريم تُعَظِّمُ السيدَ نفسي [47] وَيَرتاحُ روحي في اللّٰه مُسلِّمي [48] لِتَقبُّلِهِ تواضُعَ أَمَتِه وَمِن أجْلِ ذلك تدعوني الأجناس[70] مُبارَكَةً [49] إذ شَرَّفني القادر المُقدَّسُ اسمُه [50] الرَّحيمُ لِمَنْ خافه مِن جميع الأمم[71] [51] الذي جعل القُدرة في ساعده وأذلَّ المُتكبِّرين بذهْنِ قلبِهِ[72] [52] وأنزل المُلوك عن مقعدهم[73] وأصْعدَ[74] أهلَ التواضُع [53] وأشبع الجياع بالخيرات وأجاع الأملياء [54] وتقبَّلَ اسرايلَ غلامَه وتذكَّرَ رحمتَه [55] التي وَعَدَ بها إبرهيمَ ونسلَه في الأبدِ. [56] فمَكَثَتْ مريم معها نحو ثلثة أشهُر ثم رجعتْ إلى بيتها.

[57] فلما كمُلَتْ أيام حمْل الِشابات وضعتْ غلامًا[75] [58] فبلَغَ أختانَها وجَوارَها بِأنَّ السيد رحِمها وفرحوا بفرحها [59] واجتمعوا لختانه في اليوم الثامن وكانوا يُسَمُّونه باسم أبيه زَكَرِيا [60] فقالت أُمُّهُ

[68] BNM-L توجهت الى الجبل مسرعة; at this point text reverts to BNM.

[69] BNM بطنها

[70] BNM القبايل

[71] BNM ورحمته من جيل الى جيل لمتقيه

[72] BNM قلبهم; Fās قلوبهم

[73] BNM أنزل المقتدرين عن الكرسي

[74] Fās واسعد; BNM ورفع

[75] BNM فنفست ابنًا

[26] وفي الشهر السادس بعث السيد جِبرايلَ المَلَك إلى مدينة
47v بجلجال تُدعى ناصِرة [27] إلى عذرى * مَليكةَ رجُلٍ يُدعى يُوسُفَ مِن
بيت داوُد[56] واسم العذرى مريمُ [28] فدخل المَلَكُ عليها وقال السَّلام
عليك يا مريمُ يا محشوّةً رضوانًا السيدُ معكِ وأنتِ المباركة[57] بين
النساء. [29] فلما بصُرَتْ به جزَعتْ مِن كلامه وفكَّرتْ في تسليمه[58]
[30] فقال لها المَلَك لا تخافي يا مريم قد رضي الله عنك[59] [31] وستحبلي
وتَلِدِ وَلَدًا وتُسمِّيه[60] يسوع [32] ويكون عظيمًا ويُدعى وَلَد العلِي ويُعطيه
السيد الله مقعد أبيه داوُدَ [33] ويملِك في بيت يعقوبَ في الأبد ولا
يكون لِمُلكِه فناءٌ.

[34] فقالتْ مريم للمَلَك كيف يكون هذا ولم أعرف[61] رَجُلاً[62]
[35] فأجابها المَلَك وقال[63] ينزل عليك رُوْح القُدُس وتَظلُّك قدرة العلي
ولذلك يُدعى المولود[64] المُقدَّس ابنُ الله [36] وقد حَبَلَتْ الشاباتُ
خَتَنَتُكِ[65] بغلام على قِدمها وعَقِرها منذ ستة أشهر [37] لتعلمين أن الله
مُتِمٌّ وعْدَه.[66] [38] فقالت مريم ها أنا أَمَة السيد فَلْيفْعَل بي مِثل ما قُلتَ
ثم ارتفع[67] المَلَكُ عنها.

[56] BL مليكة رجل يدعا ناصرة من نسل داود
[57] BNM-L مباركة أنت; Fās والرضا الكامل معك وانتِ المباركة بين النساء
[58] Confused text in BNM-L فلما سمعَ [ ] جزعت من كلامه وفكّرت [ ] تسلمت
[59] BNM-L omits قد رضي الله عنك
[60] BNM-L وتلدي ولدًا وتسمّه
[61] BNM-L عرفْ
[62] BL and Fās ولم يمسسني بشر
[63] BNM-L وقال لها
[64] BNM-L ولذاك يدعى المولود منك
[65] Fās and Ibn Ḥazm قرينتك
[66] BNM-L omits text from عقرها to this point.
[67] BNM-L omits ما قُلتَ ثم ارتفع, has و in blank space.

[15] ويكون[41] عند السيد عظيمًا ولا يشرب خمرًا ولا مُسكرًا ويُحشى[42] بروح القُدُس في بطن أمِّه [16] ويصرف جماعةً من بني إسرايل الى السيد الاههم [17] ويتقدمُّه في روح الياسَ وقدرته ليصرف قلوب الاباء إلى الأولاد ومشكِّكين[43] إلى فهم الصالحين ليُعِدَّ للسيد أمَّة كاملة.

[18] فقال زكريا للمَلَك كيف أعلم[44] هذا وأنا قد كبُرتُ وامرأتي قد تناهت في أيامها[45] [19] فقال له المَلَك أنا جِبرايل[46] الواقف بين يدي[47] الله وبُعِثتُ اليك لأبشِّرك بهذا [20] وستكون ساكتًا لا تقدر على الكلام إلى اليوم الذي وصَفْتُ[48] إذ لَم تومن بكلامي الذي يتمُّ في زمانه [21] وكانت الجماعة مُنتظرة لِخروج زكريا[49] ومتعجبة لِمَكثه في البيت [22] فلما خرج إليهم[50] لَم يقدر أن يُكلِّمهم[51] فعلموا أنه قد أُوحيَ إليه في البيت وكان يُشير إليهم وبقي أبكمًا.[52]

[23] فلما انقرضت دولته[53] رجع إلى منزله [24] وبعد هذه الأيام حَبَلَتْ الِشابات زوجته وكتمت[54] ذلك خمسة أشهرٍ وقالت [25] قد فعل الله بي في الأيام التي نظر إليَّ فيها إلى أن ذهب عني الشماتة بين الناس.[55]

41 BNM-L ولأن يكون
42 BNM-L and Fās ويحشا
43 BNM-L والمشككين
44 BL كيف يكون; Fās كيف أصدق
45 BL and Fās قد عنست
46 All other mss. انا جبريل
47 BNM-L قدّم
48 BL, BNM-L and León الى اليوم الذي يتم فيه ما وصفت
49 BNM-L منتظرة زكريا
50 BL and BNM-L omit اليهم
51 BL and Fās فلما خرج بكم عنهم ولم يقدر على مكالمتهم (Fās خرج اليهم)
52 BL and Fās وبقي في بكومته
53 BNM-L omits دولته; León انقضت دولته
54 BNM-L كتمة
55 Confused text in BNM-L ان الله قد صنع [ ] في الأيام التي نضر فيها شمتتة بين الناس

47r * بسم الله الرحمن الرحيم وله جزيل الحمد[26]

## الباب الأول من إنجيل لوقا

[5] كان بِعهد هَرُودِس مَلِك[27] يهوذا قِسِّيس[28] يُدعا زكريَّا مِن دولة أبِيَّا زوجته[29] من بنات هَرُون تُسمَّى أَلِشَّبَّايَّات[30] [6] وكانا[31] صالحَين قايمَين بعهود الله وشرايعه تطوُّعًا [7] لَو لم يكون لهم[32] ولدٌ لأن أَلِشَّابات كانت عاقرًا وكانا مُسِنِّين.

[8] فَبَينا زكريَّا يومًا مُلازمًا لدولته[33] قايمًا بالتقديس قدَّام الله [9] على حسب مرتبة الامامة إذا[34] حضرت دولته لتقريب البخور[35] [10] فلمَّا دخل بيت الله والجماعة حول البيت يدعون ويرغبون الى الله وقت تقريب البخور[36] [11] ترى[37] له مَلَك السيد واقفًا على يمين مذبح البخور [12] فجزع زكريا من رُويته وفزع شديدًا [13] فقال له المَلَك لا تخف يا زكريا فقد استجيبت ضراعتك[38] وستلد لك زوجتك الشابات ولدًا وتسميه يحيى [14] فتَفْرَح لذلك وترتاح له وتسرُّ[39] بميلاده[40] جماعةً

[26] BL and León بسم الله الرحمن الرحيم; Fās بسم الله الرحمن الرحيم وبه استعين
[27] BL, Fās, and Ibn Ḥazm والي بلد
[28] Fās and Ibn Ḥazm كوهن
[29] BNM-L وزوجته
[30] BL الشبات; BNM-L and León الشابات
[31] BNM-L وكان
[32] BL, BNM-L, and Fās ولم يكن لهما
[33] Fās يتولى القسيسية في مرتبة دولته
[34] BL and BNM-L اذ; León اذ حظرت
[35] Fās خرجت القرعة ليهدي لله البخور
[36] BNM-L والجماعة حول البيت يدعون وقت تقريب البخور
[37] BL تراءى; BNM-L, Fās, and León ترا (BNM-L ترأ)
[38] BL and Fās فقد استجيب لك
[39] BL وتبشر; Fās ويبشر
[40] Fās بايلاده

يسوع وصُلْح بِيلاط مع هَرُودِس وإطلاق بَرَّبان وتَلُّ يسوع مجلودًا وبُكاءِ النساء عليه وصلْبُه بين اللِصَّيْن وشرْبه الخَلّ وكتاب المُلْك عليه وأحد اللِصَّين أمن به فدخل الجنَّة ومن الساعة السادسة إلى التاسعة أظلامَتِ الدنيا واطلاقَ يسوع الروح وإذ نَظَر العريف إلى الجميع حَمَدَ اللهُ وطلَبُ يوسف لِبيلاط في الجسد ودفنه ولم يَجِدْنَه النِّسوة.

الباب الحادي والعشرون إعلام النِّسوة بِرُويته وتوجيهه إلى منزل التلميذين ومعرفتهما بِيسوع وإعلامهما التلاميذ وإظهار يسوع نفسه لهم وعرضُه عليهم الجراح * وأكْلُه معهم الحوت والشربة عسل وإذ اجتمعوا 46v
ليلا يوخذوا[20] وصَّاهم وتَرْكُه لهم في البيت حامدين.[21]

## صدرٌ في إنجيل لوقا

قال لوقا الحواري

[I] [1] إن[22] نفرًا كثيرًا[23] راموا وصْف الأشياء التي كمَلت فينا [2] كالذي دلُّونا عليه معشر الذين عاينوا الأمر وكانوا حَمَلَة الحديث [3] فرأيتُ أن نقفُوَ أثرَهم مِن أوَّله على التحرير[24] وأكْتُبُهُ إلَيْكَ أيها الكريم يا تَوافيل [4] أن تفهم حق الكلام الذي علِمْتَه وأطْلَعتَ عليه وأنتَ به ماهرٌ.[25]

[20] BL يوجدوا
[21] BL لله عز وجل تمت الابواب بحمد الله والحمد لله رب العالمين
[22] Omitted in BNM-L.
[23] Fās نفرًا كثيرًا قبلنا; Ibn Ḥazm نفرًا قبلنا
[24] Ibn Ḥazm التجويد
[25] Vss 1-4 omitted in BL. León تم المصدر

الباب السادس عشر[18] مَثَل المَليِّ والْعَزَّار والمغفرة لذنوب الأخ أن يكون الإيمان مِثل حبَّة الخردل وعن العشرة المبروصين وعن المُلك أنَّه يكون كما كان في أيَّام نُوح ولُوطٍ * وعندها يوخَذ الواحد ويترك الاخر وحيث ما كان الجثماًن فهنالك تجتمع العِقبان ومَثَل الأرمل الطالبة للمَلِك الكافر وعن الإثنان اللذان دعيا في البيت ولا يُمنع الأطفال مِن الدنو منه ومَثَل الملي والجمل وتَرْك الجميع.

46r

الباب السابع عشر حين أعْلَمَ تلاميذه بما يأتي عليه وإبراه للأعمى السايل ومدحه لشجِّاوُش وعن العشرة القناطير وركوبه فلو الحمارة وبكاؤه على يَرُشالِم وإخراج الصرَّافين عن البيت ومُسايلته بسلطان مَن يفعل هذا وسواله عن إعماد يحيى ومَثَل الكرم والأعوان وإرساله ابنه في اخِر ذلك والصخرة التي استسمجها البُناة.

الباب الثامن عشر قياسهم له وإن كان يجوز غَرْم الجِزية لِقَيصر والمرأة التي كان [لها] سبعة أزواج وسُواله عن المسيح إن كان ابن داوُد وإنهاه عن العُلماء والمُصدِّقين وعن خراب البيت وفنا الدنيا ومجي المسيح في القُدرة ومَثَل الشجرة وأمْرُه بالسَّهَر.

الباب التاسع عشر عن دنُوءِ عيد الفطير وتَقَبُّض الفريضة[19] عنه يهوذا لِيَتُلَّهُ واتكاء التلاميذ وأمْرُهُ إياهم بِسِرِّ معنى الخُبز والكأس وإظهار المُدِلِّ عليه وقول بِيْطُرُ ألا يجحده وأمْرُهُ للتلاميذ بإبتياع السلاح وتوجيهه إلى جبل الزيتون ودُعاه وإلفاه التلاميذ رقودًا.

الباب الموفي عشرين دُنوُّ يهوذا منه ودَلُّه عليه بالقُبلة وإبان بِيْطُر لأذنِ العبدِ وحَمْل يسوع إلى دار القايد وجَحْد بِيْطُرَ ثلاثًا وَمَرْثة

[18] *Capitulum* omitted in BL.

[19] BL الفرصة

الباب الحادي عشر تعليمه الصلاة وضرْب مَثَل المُلِحِّ على جاره أن يعطيه خُبزًا وقوله مَن طلب وَجَدَ ومَن إستفتح فُتِح له وهَدمُه لسلطان الجِنِّ ورييسهم وقوله طوبى لِمَن سمع كلام الله وإعطاه الأية وملكة سبا واهل نِينَبا والشمعة على المنارة ومنارة الجسد العينان وإذ طلب إليه المُستخرِج أن يتغدًّا عنده ووصيَّته وغَسْل الباطن.

الباب الثاني عشر في انتهاره للمستخرِج وإحذاره مِمَّن يَملِك إدخال جهنَّم بعد القتل وقوله للتلاميذ أنتم أشرف من العصافير وجحْدُه لِمَن جَحَدَه وألا يُغفَر لِمَن سبَّ روح القُدُس وألا يفكروا فيما يلفظون به وأنَّه لم يُقَدِّم قَسامًا ومَثَل المُعَمِّد لنفسه وسلْب روحه تلك الليلة وألا نُفَكِّر في غد وأن يتصدَّقوا وأنَّه لم يأت لإدخال الصُلح في الأرض إلا النار.

الباب الثالث عشر في الجلجالَين المقتولين وإنذاره بالتوبة ومَثَل الشجرة وطَلَبُ الحارز فيها وإبراه للمرأة إلى ثمان عشر سنة وانتهاره لصاحب الكنيسة ومَثَل حبَّة الخردل والخميرة المخفيَّة في الدقيق وأن يُدخل على الباب الضَّيِّق وقوله في هَرُودِس أنَّه ثعلب وأنَّه لا يُقتل نبيٌّ إلا بِيرُشالِم.

الباب الرابع عشر إبراه للرَّجُل المُجَنِّ في يوم سبتٍ وقوله مَن منكم سقط له ثورٌ أو حِمار في حُفْرة وقوله لِمَن دُعِي إلى العروس ومَثَل بُنيان القصر والمَلك.

الباب الخامس عشر لا ينبغي للمِلح أن يَفسُد ومَثَل الراعي طالب الضالَّة الواحدة وتَرْك التِسع والتسعين وفَرَح المرأة التي وجدت الدرهم المتلوف وعن الرَّجُل الذي قَسَمَ بين ولدَيْه وعن الوكيل المُدبِّر والكُتُب والنُّبوَّة انتهت إلى يحيى وأنَّه مَن تزوَّج مُطَلَّقة فهو زاني.

الباب السادس إبراهُ لغلام العريف واحياه لإبن الأرمل وإرسال يحيى تلاميذه إلى يسوع ومحادثة يسوع عن يحيى والأحداث الذين يجتمعون في الرحاب والمرأة المذنبة التي غسلت رِجل يسوع بدموعها ومَثَل الزرع.

الباب السابع عن الشَّماعة على المنارة وعن أمِّه وأقاربه وعصف البحر وللمِجَن وابراه للمرأة التي كان بها سِيالة الدم وإحياه لإبنة يَايِرُش.

الباب الثامن إرساله للتلاميذ وإعطاه السلطان لهم وتعجُّب هَرُودِسَ فيه واذ شبع في المفاز من خمس خُبَز وحوتَين خمسة الاف رَجل وسُواله من ينزلونه الناس وإقرار بِيطُرُ له وقوله من (وافقه)[17] اتباعي فَليُحْرِم نفسه شهواتها ويحتمل المشقَّة وقوله في هولا الوقوف من لا يذوق الموت حتى يعاين مُلك الله.

الباب التاسع صُعودُه إلى الجبل مع بِيطُر ويعقوب ويحيى ومحادثته لموسى وإلياس والسحابة المنادية أنَّه إبن الله وإبراه للغلام المُجَنِّ وقوله سيُتَلُّ بابن الإنسان ومن يكون أكبر التلاميذ وألا يُمْنَع من يُطْلع العجايب على اسمه وإذ لم يقبلوه السامريُّون وإرادة التلاميذ أن ينزل عليهم النار وانتهاره لهم وقوله للذي أراد إتباعه ليس لابن الإنسان حيث يميل برأسه وقوله للاخَر دَعِ الموتا يدفنون موتاهم وقوله للمُصدِّق وَمَن وضع يده على مِحراث ونظر خَلفَه فليس يستوجب مُلك الله.

الباب العاشر حين اختار إثنين وسبعين تلميذًا للوصيَّة وانتهاره للمَداين الكارهات وانصراف التلاميذ وحمْده للأب الذي أطلع
المتواضعين * وأعطاه الأب المُلك على جميع الأشياء وقوله طوبا 45v
لأعينكم التي تُبصِر ما لم يُبصِروا الأنبياء ومَثل المجروح الذي رحمه السامريُّ ومدحُه لِمَرتَة ومريم.

[17] BL.

وكتاب زكريا ونبوَّته عنه قُدَّام السيّد وبعد أن ولدت مريم يسوع المولود ووضعته في المَذوَد ومكالمة الملايكة للرُعاة وختانه في اليوم الثامن.

الباب الثاني أخْذ سَمعون الصالح ليسوع في يديه وبركته له ونبوَّة حنَّا النبيَّة عن يسوع وقعود يسوع مع العلماء في البيت ومكاشفته لهم وسَمْعه منهم.

الباب الثالث في خمس عشرة سنة من دولة طِباريوش القيصري ونبوَّة يحيى المُعَمِّد وحضُّه على التوبة ونبوَّته عن يسوع وإعماده ونزول روح القدس عليه في صورة حمامة والصوت المنادي في السماء في ابن الله الذي كان يُظَنُّ أنَّه ابن يوسف الذي كان يظن بن علي.

الباب الرابع في حَمْل يسوع إلى المفاز وصومه أربعين يومًا ومُقايسته إبليس لِيسوع وَسِبْقَتُهُ إياه وتَوْجيهه إلى جلجال ودخوله في كنيستهم وقِرَأته كِتاب إشْعيا وأنَّ النبيّ لا يُعدَم حُرْمَةً إلا في وطنه ودخوله قفرَناؤوم وإبْراه للرَّجُل الذي كان به الجنّيّ في يوم سبتٍ وإبْراه لِختَنَة بِيْطُرَ من المُوم ولغيرها من الأمراض وإقرار الجِنِّ له وانتهارِه إيَّاهم ومكالمته من المركب وكثرة الحيتان ودعوته لِبِيْطُرَ ويعقوب ويحيى وتنقِيَته للأبرص ودَعاه في المفاز.

45r * الباب الخامس في غُفرانه للمفلوج والمُدلَّى من السقف وبَرءِه له ودَعوته لِلاوي المستَخْرِج ومُشاكسة الذي تغدًّا عنده وقول يسوع ليس يحتاج إلى الطبيب الأصحًّا وعن الصيام ومَثَل الثوب والزقاق والخمر وحكِّ التلاميذ للسنابيل وإبراه للرجل الأشلِّ في يوم سبتٍ وصَلاتُه باللَّيل واختياره للحواريين ومحادثته للجماعات وعن السعادة والويل ومَثَل الأعمى إن قاده أعمى والمعلِّم والتلميذ وعن الجَرر والتِّبنة في العين وعن الشجرة الطيبة وطعمُها طيبة والرَّجُل الذي وضع أساس بيته على صخرة وعلى رمل.

تقوم إلاّ بالتأويل والا تأخذهم الأحاديث الكاذبة التي إفتعلوها الخوارج المُجرِمون وذكَر[10] في ذلك أنَّ البُشْرا تَمَّ في مثْلِه وأصحابه وابتدا[11] بيحيى بَنْ سَبذاي [ابن زكريا] المُختار للبُشرا وأنَّه إصطُفِيَ لِلْبُشْرا وبعْدُ أنَّه[12] وَصَف معمودِيَّته كذلك بدا[13] بوصف نُسْبَته لِيُوضِحَ للطَّالبين أنَّ المسيح ولدُ يُوسُف بالإضافة ومنسوبٌ إلى داوُد وتلك النُّسبة نُسْبَة التبنِّي غير النُسبة التي فسَّرها مَثوةُ أوَّلها مِن يوسف حتَّى إلى أدَمَ على
44v النَّوع * (الذي فَسَّرهُ)[14] أَغُشْتينْ في مُصحف أضداد الأناجيل.

وهذا لوقا الذي كتب مصحف سيَر الحواريين حيث ذكَرَ أنَّ مَثيَشْ حَلَّ مَحَلَّ يهوذا وأنَّ الحواريين صَلُّوا وَدَعَوا فنزلتْ القُرعَة عليه بعد إختِناق يهوذا وخَتَمَها بِخبَر بَوْلُش الذي إختاره الله بعد مناطحته للأسِنَّة[15] الحِداد وقد كان يجِب علينا أن نشرح جميع ذلك للقُرَّاء والطالبين لله عِلمًا مِنَّا أنَّ الحَرَّاث العمَّالَ جايزٌ له أن يأكُلَ مِن ثِماره لو أمْكَنَنا الإنْتِباذ من لوازم أشغال دُنيانا.[16]

تَمَّ المصدر

أبواب الفَهْرَسَة

الباب الأوَّل فيه نظَرُ زكريا للمَلَك ولم يومن فبَكَمَ وفي الشابات وولادِها وحمْلُ مريم روحِ القُدُس وتسليمها على اليِشابات واسم ولدها يحيى

[10] Fās وذكروا
[11] BL واهتدا; Fās واقتدوا
[12] Fās وبعد اربة المسيح
[13] Fās يومن
[14] BL and Fās.
[15] BL and Fās للالسنة
[16] BL ترجمة المصحف الثالث من الانجيل الذي كتبه لوقا السرياني تلميذ الحواريين في بلد اقاييه وقد فصلنا ابوابه على احد وعشرين بابًا. A folio is missing here, covering Luke's *Capitula* 1-6.

# [إنجيل لوقا][1]

بِسْم الله الرحمن الرحيم وله جزيل الحمد[2]

(قال يرونم)[3] لوقا الأنطاكي السُّرياني وصَنْعَتُه الطِبُّ وهو تلميذ الحَواريين وبعد ذلك كان من أتباع بَولُشْ إلى يوم تنَسُّكه كان عابدًا لله بلا عَيبٍ لَم يكن ذا زوجة ولا وُلِدَ له ومات في بطِينَيَةَ [4] إبن أربعٍ وثمانين[5] سنةً وقد حشاه الرُّوح القُدُسُ فكَتَبَ هذا الإنجيل في نواحي أقايِيَة بعد ما كَتَبَ مَتُّوّة في بَلَد يهوذا ومَرْكُش بإيطالية بإلهام الروح القدُس وكذلك وصف في رأس إنجيله أنَّ كثيرًا مِمَّن تقدَّمونا قد كتبوا الأناجيل قبْلَنا وَرادَ[6] بذلك ألاّ يُصَدِّقوا الغِريقون المومنون بأقبَالِ المسيح بجسده بأخبار اليهود الكاذبة وخُرافاتهم المُزَيَّفة[7] وأنْ يؤمنوا بالتحام الله وظهوره (في)[8] ناسوته ويتجنَّبوا ظاهِر قصَّة التَّوراة المنصوصة[9] التي لا

[1] BL ويتلوه المصحف الثالث من الانجيل الذي كتبه لوقا تلميذ بيطر الحواري ببلد اقاييه; Fās على بركة الله وحسن عونه المصحف الثالث من الانجيل الذي كتبه لوقا تلميذ بولش; León يتلوه الجزء الثاني منه قول لوقا الحواري الطبيب الحواري باللغة اليونانية في بلد اقاييه السرياني الانطاكي تلميذ بولش الحواري وضعه بنواحي اقائية لسانًا يونانيًا لتوفيل الأسقف الى اثنين وعشرين سنةً من ارتفاع المسيح السيد الى السماء ترجم سنة ست واربعين وتسعمائة على يدي اسحق ابن بلشك القرطبي

[2] BL بسم الله الرحمن الرحيم وبالله استعين; BMN-L بسم الأب والابن والروح القُدُس الاله الواحد; Fās بسم الله الرحمن الرحيم; León بسم الله الرحمن الرحيم والحمد لله وحده مصدر بشارة لوقا

[3] BL.

[4] *Bithynia.*

[5] BL and Fās وسبعين

[6] BL وأراد; Fās and León ارادوا

[7] BL المرنقة

[8] BL, Fās and León.

[9] BL المقصوصة

تَمَّ الإنجيل الثاني قَولُ مرْكُش الحِواري وضعه بالروميَّة (لروم ايطالية لأربع عشر سنة) من ارتفاع المسيح (السيد الى السماء والحمد لله) كثيرًا[463]

يتلوه الإنجيل الثالث[464] قول لُوقا الحَواري الطبيب السّرياني الإنطاكي تلميذ بولش الحواري وضعه بنواحي أقاييه لسانًا يُونانِيًا لِتوْفيل الأسقف إلى إثنين وعشرين سنة من إرتفاع المسيح السيِّد إلى السماء. تُرْجِمَ سنةَ سِتٍّ وأربعين وِتسْعَ مِائة على يَدَي إسْحق بَنْ بَلِشك القُرطبي رحمه الله.[465]

[463] Broken text in BSB is reconstituted by incorporating text from León.

[464] Fās ثنا لوقا الحواري; León يتلوه الجزء الثاني منه

[465] BL تم انجيل مركش الحواري; Fās تم قول مركش تلميذ بيطر الحواري وولده بالايمان [...] وضعه لروم ايطالية لأربع عشر سنة من ارتفاع المسيح السيد الى السماء والحمد لله; León تلميذ بيطر الحواري وولده يالايمان بحمد الله

[9] فقام يسوع بُكْرة يوم الأحد وتَراءا أوَّلاً لِمريم المجدلانية الَّتي كان أخْرج عنها سبعة من الجِنِّ [10] فَمَضَتْ وأعْلَمَتْ[452] الذين كانوا معَه وهم يعُولون ويبكون [11] فلمَّا سمعوا بحياته وأنَّ مريم رأته لَم يصدِّقوها.

[12] وبعد هذا تراءا لإثنين منهم متوجِّهين في صفَةٍ أُخْرى وهما سايران إلى قرية[453] [13] فمضيا وأخبرا سايرهما الباقين ولَم يُصدِّقوا أيضًا.

[14] وأخِر ذلك بينا الأحد عشر[454] مُتَّكين إذ تظاهر لهم وفتَحَ كفرهم وقسوة قلوبهم فإنَّ الذين نظروا إليه قد قام لَم يُومِنوا[455] [15] وقال لهم إذهبوا إلى جميع الدنيا وبَشِّروا بالإنجيل جميع الخلايق[456] [16] فَمَن أمَنَ وَعُمِّدَ[457] سالمًا يكون ومَن لَم يُومِن يُعاقَب [17] وهذه الأيات تصحَبُ الذين يُومنون (وهي سيماهم)[458] يَنفون الجِنَّ على إسمي ويتكلَّمون باللغات الجديدة [18] ويَقْلَعون الثعابين وإن شربوا شيًا قتولاً[459] لا يَضُرُّهم ذلك ويضعون أيديهم على المرضا فَيَبْرَوْن.

44r [19] وبعد أن قال ذلك السيِّد[460] قُبِضَ[461] إلى السماء وجلس * على يمين الله [20] فانطَلَقَ التلاميذ وأذاعوا الوصيَّة في كُلِّ مكان والربُّ يعمل معهم ويُثَبِّت قولهم بالأيات التابعة والعلامات الشاهدة.[462]

452 BL وهي بشرت بقيامه اصحابه

453 BL لإثنين منهم وهما مسافران ;Ibn Ḥazm لإثنين من تلاميذه وهما متوجهان الى ميز لهما الى قرية في صفة اخرى

454 Fās الاثني عشر

455 BL فاذهب السيد عنهم فصوحة قلوبهم وقلة تصديقهم لمن كان ظهر لهم قبلهم

456 BL ونبوا بالانجيل جميع الاجناس

457 Ibn Ḥazm فمن امن يكون سالمًا

458 Fās and Ibn Ḥazm; BL وتكون علامة من اهتدا على ايديكم لإسمي

459 BL وان سُقوا سُمًا ;Fās and Ibn Ḥazm وان شربوا شربة قاتولة (Ibn Ḥazm قتالة)

460 Fās والرب لما ان تكلم بهذا ;Ibn Ḥazm والرب بعدما تكلم اليهم

461 BL صعد

462 BL مثبتين بعون الله ومثبتين قولهم بما يُطلعون من العجايب

[XVI] [1] فلمَّا خلَّف[437] السبت إشترتْ[438] مريم المجدلانية ومريم أمُّ يعقوب وشَلُوما حُنوطًا ليأتين ويَدْهَنَّهُ [2] وأقبلنَ يوم الأحدِ بُكرةً جِدًّا إلى القبر وبلغنَ إليه وقد طَلُعَتْ الشمس[439] [3] وكُنَّ يقُلْنَ بعضُهم لِبعضٍ مَنْ يُحَوِّل[440] لنا الصخرة[441] عن باب[442] القبر [4] فتأملن ونظرن مِن الصخرة محوَّلة[443] وكانت عظيمة جِدًّا [5] فدخلن في القبر وأبصَرنا[444] فَتًا جالسًا عن اليمين[445] قد تغطَّى[446] بثوبٍ أبيض ففزعن [6] فقال لهنَّ (لا تفزعن)[447] أتَرا يسوعَ الذي تطلُبنه الناصريَّ المصلوبَ تُردنَ قد قام[448] وليس هو هنا وهذا الموضع الذي وضعوه فيه [7] ولكن إنطَلِقْنَ وقُلنَ لتلاميذه وبِيْطُر أنَّه حَيِي وقد تقدَّمكم إلى جلجال وبها تَرَوْنه[449] كالَّذي قاله لكم[450] [8] فخرجنَ هارباتٍ من القبر وقد كان غلَبَ عليهنَّ الإرتعاش والخوف[451] فلم يُخبِرنَ أحدًا لشديد خوفهنَّ.

[437] BL أصبح; Fās and Ibn Ḥazm خلا

[438] BL ابتاعت

[439] BL قبل بزوغ الشمس

[440] BL يزيح

[441] Fās and Ibn Ḥazm الحجر

[442] BL فم

[443] BL فنظرن فاذا بالحجر قد ازيحت عن فم القبر; Fās and Ibn Ḥazm فبصرن بالصخرة قد حول (فاذن Fās)

[444] Fās, Ibn Ḥazm, and León وأبصرن; BL فبصرن

[445] BL قاعدًا في الجانب الايمن

[446] BL مُغطًّى; Ibn Ḥazm متغطيًا

[447] Fās, Ibn Ḥazm, and León; BL لا تخفن

[448] Fās فإن يسوع الذي تطلبنه الناصري المصلوب قد قام; Ibn Ḥazm فإن يسوع الناصري المطلوب قد قام

[449] Fās and Ibn Ḥazm تلقونه (remainder of the verse as well as verse 8 are omitted by Ibn Ḥazm).

[450] BL كما وعدكم

[451] BL فخرجن عن القبر منهزمات فازعات

[35] فسمِعَ ذلك بعض أولَيِكَ الوقوف فقالوا[432] هذا إلياس يدعوا هذا [36] فَجَرا واحدٌ وملا كاسًا بِخَلٍّ ووضعه على قصَبة[433] وسقاه وقال دعوا هذا إن كان ياتي إلياس لِيُنزِلَه.

[37] فدعا يسوع بِصَيْحةٍ عظيمة ولفظتْ نفسُه [38] وانشقت حَجلَة البيت على قسمَين مِن فوق حتَّى إلى أسفل [39] فلمَّا رأى العَريف صاحب المِاية الواقف على جانب كيف صاح ونفخ الروح وقال حقًّا إنَّ هذا كان ابن الله صِدقًا. [40] وكان بها نِسوَة ناظِرات مِن بعيد وكانت معهُنَّ مريم المجدلانية ومريم أُمُّ يعقوب الصغير وأُمُّ يوسف وشَلُوما [41] وكُنَّ يتبعنَه إذ كان بِجلجال ويخدُمنه وغيرُهنَّ كثيرٌ كُنَّ
43v أقْبَلْنَ معه * إلى أوْرَشَلِمَ.

[42] فلمَّا كان أوَّل اللَّيل لأجل أن كانت الجُمعَة قبل السبت[434] [43] أقبل يوسف من أرْمازية شريفٌ وكان مُنتَظِرًا لِمُلْكِ الله فدخل على بِيْلاط بشجاعة وسأل جسدَ يسوع[435] [44] وجعل بِيْلاطُ يعجَبُ إن كان مات فدعا بالعريف وسأله إن كان قد مات بعد [45] فلمَّا عَلِم ذلك من العريف أعطا الجسد لِيُوسُفَ [46] فابتاع يُوسُف رِداءً وأنزَلَهُ (عن الصليب)[436] ولفَّهُ في الرِّداء ووضعه في قبرٍ محفورٍ في صخرة وجعل صخرة على فَمِ القبرِ. [47] وكانت مريم المجدلانية ومريم أُمُّ يُوسُف ينظُران أين وُضِعَ.

432 BL فقال بعض من كان حوله من الاجناس
433 Fās وحشا الاسفنجة بالخل
434 BL renders vs. Fās لاجل ما كان برشفان وهو يوم الجمعة ;وقبل المسى
435 BL فاقدم على بلاط سواله دفنه
436 BL.

شَوْك [18] وبدَوا يُسلِّمون عليه السلام عليك ياميرَ اليهود [19] وكانوا يضربون رأسه بالقصبة ويبصُقون عليه ويضعون رُكَبَهم ويسجدون له [20] وبعد ما زَرَوا به جرَّدوا[426] مِن الأرجوان وكسَوْه بِكَسْوَتِه ومضَوا به ليصلُبوه [21] واشخصوا خاطِرًا واحدًا مُقْبِلاً من قرية كان يقال له شِيْمُن القَيْرَواني والِد الإسكندر ورُوفَة أنْ يحمِل صليبه[427] [22] فأقبلوا به إلى غُلْغطا[428] وهو موضع المقْتَل [23] وكانوا يسقونه خمْرًا مخلوطة بِمُرٍّ فلم يقبلها [24] وصلبوه وقسموا ثيابه وضربوا عليها قُرعة ما كان يأخذ كلُّ واحدٍ [25] وكان في الساعة الثالثة فصلبوه [26] وكان الرسم المكتوب فيه خبرُه أمِير اليهود[429] [27] وصلبوا معه لِصَّيْن واحدًا عن يمينه وأخَر عن شماله [28] وتمَّ الكِتاب القايل وحُسِب مع المُجْرِمين [29] وكان الخاطِرون يشتُمونه ويُحَرِّكون رُؤُسهم ويقولون واه يا مَن يَهْدَم البَيْت وتَبنيه في ثلثة أيَّام [30] فَسلِّم نفسَك وإنزِل من الصليب. [31] وكذلك كان يقول قُوَّاد القسيسين بعضهم لبعض مُستَهزيين مع العلماء قد سلَّم أقوامًا فلا يقدِر أن يُسَلِّمَ نفسَه [32] فَلِيَنْزَل المسيح مَلِك إسرايل الان من الصَّليب لنُبصِرَ ذلك ونُومِن به واللَّذان كان صُلِبا معه كانا يستعجِزانه.[430]

[33] فلمَّا كانت الساعة السادسة صارت الظُّلُمات في جميع الأرضِ حتَّى إلى الساعة التاسعة [34] وفي الساعة التاسعة دعا يسوعُ بصوتٍ عظيمٍ. وقال أَلُوْءِ أَلُوْءِ لِما زَبْطانِي[431] وترجَمَتُه إلاهي إلاهي لِمَ أسلمتني

[426] Fās and León جَرَّدوه; BL عرّوه

[427] BL وأشخصوا بالصليب رجلا من اهل القيروان يدعا سمعون وهو ابو الاسكندر صادفوه كما كان مقبلا من منزله

[428] BL وترجمته اجرد; Fās and León وهو موضع ترجمته موضع القتل

[429] BL ملك اليهود

[430] BL يستخرا به; Fās وكان يسبّه ايضا احد المصلوبين معه

[431] BL إلَّي إلَّي لِمَ اسلمتني (without the subsequent interpretation); Fās الي الي لـمَ عازبتني

[2] فسأله بِيْلاط هل أنتَ مَلِك اليهود[418] فأجابه أنتَ قُلتَهُ [3] فشاكاهُ
أكابِر القسيسين بأشياءٍ كثيرة [4] ثمَّ سأله بِيْلاط ثانية وقال ما تُجاوِب
بشيء أما تَرَ ما أكثر الشكيمة[419] بِكَ والشَّكاة بأمرِك [5] فلم يُجاوِبه
يسوع بشيء أيضًا حتى عَجِبَ بِيْلاط [6] وكان قد إعتاد أن يُطلِق لهم
في كُلِّ يوم عيدًا واحدًا من المُكبَّلين مَن سألوه إيَّاه [7] وكان يُقال
رَجُلٌ بَرَبان[420] قد كُبِّل مع المنافقين وأهل الشّتات وكان قد قَتَلَ في
تشتيته إنسانًا[421] [8] فلمَّا صَعَدتْ الجماعة إلى بِيْلاط بَدَوا يَطْلُبون
كالَّذي قد كانوا تعوَّدوا أن يسعِفَهُم فيه في أيَّام العيد إطلاق مُكَبَّلٍ
واحدٍ [9] فأجابهم بِلاط وقال لهم أتُحِبُّون أن أطلق لكم أميرَ اليهودِ
[10] وقد كان عَلِمَ أنَّه إنَّما بَرَوا به قوَّاد القسيسين لأجل الحسَد
[11] ثمَّ إنَّ الكهنة هيَّجوا العامَّة في أن يُطلِقَ لهم بَرَبَّان.[422] [12] ثمَّ
أجابهم بِيْلاط وقال فماذا تُحِبُّون أن أفعل بأمير اليهود [13] فصاحوا
إصلِبهُ [14] فقال لهم بِيْلاط ما فَعَل مِن شرٍّ فازدادوا صياحًا وقالوا
إصْلِبْهُ [15] فأحبَّ بِيْلاط أنْ يُسْعِفَ القومَ فأطلقَ لهم بَرَبَّان[423] وبَرِيَ
43r إليهم * بيسوع مجلودًا بالسِّياط لِيُصْلَب.

[16] فأدخله الأعوان داخل الدار في سجن المجلس وأحشدوا
جميع العِرافة[424] [17] وألبَسوه ثوب أرجوانٍ[425] وحملوا على رأسه تاج

[418] BL امير اليهود

[419] Fās and León الشكية; BL افلا تجيب هاؤلاء القايمين عليك

[420] Fās and León وكان رجل يقال له بربان (in Fās برباش)

[421] BL renders vs. وكان في تلك الايام في حبسه سارق وكان قبله في ذلك قتل وكان يسمى بربان

[422] BL replaces vss. 8-11 with فاستغاثهم عند اجتماعهم وسألهم ان يشفعوا له فقال لهم بلاط وما تحبون ان افعل بملك اليهود اذ علم بغي قواد القسيسين في الطليبة لبربان

[423] BL قازداد بلاط الاستحماد اليهم فامرهم بإطلاق بربان

[424] Fās المجندين

[425] Fās ولبسوه بالفرفيري

[62] فقال له يسوع أنا هو وستَرَوْن ابن الإنسان جالسًا على يمين القُدْرة
42v ومُقْبلاً في سحاب السماء [63] فشقَّ * الكُوْهَن الكبير ثيابه وقال لِمَ نتمنَّى بعْدُ بالشُّهود[412] [64] أما سمعتم الشتيمة فماذا تَرَوْن فقالوا بِنكالِه أجمعين وأوجبوا الموت عليه [65] وبدا بعضهم يبصقون فيه ويغطُّون وجهه ويَلكِزونه[413] ويقولون نبِّنا يا مسيح (بمن لكزك)[414] وكان الأعوان يضربونه باللِّطام.

[66] وبينا بِيْطُرُ في الدار السُفلى أقْبَلَتْ واحِدٌ [واحدة] مِن خُدَّام الكُوهَن الكبير [67] فلما نظَرَتْ إلى بِيْطُرُ وهو يصطلي تأمَّلته وقالت وأنتَ كُنْتَ مع يسوع الناصِريّ[415] [68] فجحد وقال لا أعلم ولا أفهم ما تقولين فخرج إلى رَحْبة الدار وصرَخ الدِّيك [69] ثمَّ نَظَرَتْ إليه الخادم أيضًا وبدت تقول للواقفين إنَّ هذا مِن أولَيكَ[416] [70] فجحد أيضًا ثانيةً وبعد قليل أيضًا قال الواقفون لِبِيْطُرَ حقًّا إنَّك منهم وإنَّك جلجالي [71] فجعل بِيْطُرُ يلعن ويحلِف أنَّه لا أدري هذا الرَجُل الذي تقولون عنه [72] ثمَّ صرخ الدِّيك ذلك الوقتَ أيضًا.[417] فتذكَّر بِيْطُرُ القول الذي كان قاله يسوع قَبْل أنْ يصرُخَ الديك مرَّتين ستجحدَني ثلاثًا. وبدا يبكي

[XV] [1] فلمَّا أصْبحَ أداروا الرأي قوَّاد القسيسين مع المشايخ والعلماء وجميع المحفل وكبَّلوا يسوع وساقوه وبَرَوا به إلى بِيْلاط

[412] BL كُفينا الشهادة
[413] Fās ولطموه باللطام
[414] BL.
[415] BL أنت مع يسوع النازري; Ibn Ḥazm انت من أصحاب يسوع
[416] BL وهذا من اصحابه
[417] Ibn Ḥazm فجحد ثالثة ثم صرخ الديك ثانية

أذنَه [48] فأجابهم يسوع وقال لهم خرجتم لِتَتَقَبَّضوا عليَّ بالرماح والعُصي كما يُخْرَج إلى اللِّصِّ [49] وقد كُنْت عندكم كلَّ يوم في البيت أوْصي ولم تضبطوني لكن لِيُتِمَّ الكتْب [50] فعند ذلك خلّاه تلاميذه أجمعون وهربوا. [51] وإنَّ فتًا واحدًا إتَّبعه وهو مُلتَفٌّ في رِداء فضبطوه [52] فأسلم الرِّداء وهرب عنهم عُريانا.[407]

[53] فساقوا يسوع إلى الكُوهَن الكبير واجتمع جميع القسيسين والعلماء والمشايخ [54] واتَّبعه بِيْطُرُ على البُعْد حتَّى إلى داخل دار الكُوْهَن الكبير[408] وجلس مع الخَدَمة وكان يصطلي للنَّار [55] فكان قُوَّاد القسيسين وجميع المحفل[409] يبحثون ويطلبون على يسوع شِهادة ليقتلوه بها ولا يجدونها [56] وكان كثير من اليهود[410] يشهدون عليه بشهادة كاذبة وليس كانت الشِّهادات مُتَّفقة [57] وإنَّ بعضهم قاموا وَوَدُّوا شَهادةً كاذبة عليه وقالوا [58] إنَّا نحن سمعناه يقول أنا أُحُلُّ هذا البيت المعمول باليد وفي ثلثة أيَّامٍ أبني أخَرَ ليس معمولاً بِيَدٍ [59] وليس كانت شهاداتهم مُتَّفِقَة.[411]

## ألباب الثَّالث عشر مَرْكُ

[60] فقام الكُوهَن الكبير في الوسْطِ وسأل يسوع وقال أما تَجِيْب هؤلاء في الذي قالوا عليك [61] فكان يسْكُتُ ولا يُجاوب بشيء ثمَّ سأله الكُوْهَن الكبير أيضًا وقال له أنت المسيحُ ابن اللّٰه المبارَك

[407] BL (erroneous reading of vss. 51-52) فاتّبعه التلاميذ وهو ملتفٌّ في ردايه فشُعر له وارادوا التقبض عليه فاسلم لهم الرداء ونجا عريانًا

[408] Fās الكوهن الاعظم

[409] Fās وجميع الكنجليه

[410] BL كثير منهم

[411] BL vs. 59 ولم يستوجب به عندهم القتل

يفزع ويحزن [34] وقال لهم حَزَنَتْ نفسي حتَّى إلى المَمات إثبتو[ا]
هاهنا واسهروا [35] ولمَّا تقدَّم قليلاً سجدَ على الأرضِ ودعا لَوْ أمْكَنَ
أن تُزاح عنه الساعة [36] فقال يأبتاه[398] كُلُّ شيء مُمكِنٌ عندك[399] فأزِح
عني[400] هذه الكأس ولكنْ ليس الذي أريده أنا إلاّ الذي تُرِيْدُه أنتَ[401]
[37] ثمَّ أقبل ووجدَهم رُقودًا فقال لِبِيْطُر يا شيمن تَرْقُدْ أما قدَرتَ أن
تسهر معي ساعة واحدةً [38] إسْهروا وادعوا كيلا تدخُلُ[402] في المِحْنة.
فالرُّوْح حريصٌ واللَّحم عليلٌ [39] ثمَّ مضى أيضًا ودعا وقال مِثْل ذلك
القول [40] وانصرف ثانية فوجدهم رُقودًا وكانت أعيُنُهم مُثَقَّلة وليس
كانوا يعلمون ما يُجاوبونه [41] ثمَّ أقبل ثالثة وقال لهم أرقدوا بَعْدوا
42r واستَرِحوا * واستَرِحوا كفا بَعْدُ قد حان الوقت هذا قد يُبْرأُ بابن الإنسان
في أيدي المذنبين [42] قوموا إنطلِق بنا هذا قد قَرُب الذي يَتُلُّ بي.[403]
[43] فبيناه يتكلَّم أقْبَل يهوذا الإشكرْيُوْث واحد الإثني عشر ومعه
جماعة عظيمَة بِرماح وعُصي مِن عند قُوَّاد القسيسين والعُلماء والمشايخ
[44] وكان المُدِلُّ قَد أعطاهم امارة وقال لهم الذي أُقَبِّلُهُ فهو ذلك[404]
تَقَبَّضوا عليه وَسُوقوه [45] فلمَّا أقْبَل مِن ساعته إليه وقال له السَّلَمُ
عليك يا مُعَلِّم ثمَّ قبَّله [46] فألْقَوا أيديهم فيه وحبسوه[405] [47] فَسَلَّ
واحدٌ مِن أولِيكَ الوُقُوف سيفًا وضرب عبد قايد القسيسين[406] فأبان

398 Fās يابَتِ; Ibn Ḥazm يا أبي
399 BL انك قادر على الاشياء
400 Ibn Ḥazm فاعفني
401 BL لكن لا اسأل إرادتي لكن إرادتك; Ibn Ḥazm ولكن لست اسئلك شيتي الّا شيتك
402 BL يواقعكم التشكيك; Fās تنتشبوا في المحنة; León تدخُلوا
403 BL فقد تدانا الدالّ علي
404 BL فهو المراد
405 BL فتخطفه الاعوان وتقبضوا عليه; Fās ثم مدوا هم ايديهم اليه وضبطوه
406 Fās عبد الكوهن الكبير

الصَّحْفة [21] وابن الإنسان سايرٌ كالَّذي كُتِب عنه فالويل للرَّجُل الذي يَتُلُّ بابن الإنسان كان خيرًا به لَوْ لَم يُوْلَد ذلك الرَّجُل.

[22] فبينا هم يأكلون أخذ يسوع الخُبز وبارك عليه وكسره وأعطاهم وقال لهم كُلُوْهُ[387] هذا هو جسدي. [23] ثمَّ أخذ كأسًا وَحَمَدَ وأعطاهم وشربوا منها أجمعون [24] وقال لهم هذا هو دمي ألعهد الجديد الذي يُهْرَق عن كثير. [25] أمين أقول لكم أنِّي لا أشرب من نسل هذه الدالية[388] إلى اليوم الذي أشربُها جديدةً في مُلْك[389] الله. [26] ثمَّ أنشدوا قصيدة[390] وخرجوا إلى جبل الزيتون.

[27] فقال لهم يسوع فَتَشُكُّون[391] أجمعون في هذه اللَّيلة لأنَّه كَتَبَ أقْتُل الراعي وتفترق الضَّان [28] إلاّ أنِّي بَعْدَ أن أقوم سأتقدَّمكم إلى جِلجال. [29] فقال له بِيْطُرُ وإنْ شكَّ الجميع فأنا لَسْتُ أشكُّ. [30] فقال له يسوع أمين أقول لك إنَّك أنتَ اليوم في هذه اللَّيلة قبْل أن يصرُخ الديك[392] مرَّتين ستجحدني ثلثًا[393] [31] فكان هو[394] يُعيْد القول حتى لو أمكنني أن أموت مَعَك فلسْتُ أجحدك[395] وقالوا أجمعون مِثلَ قوله.

[32] فأقبلوا إلى مَنزِل[396] اسمه بَتْشَمَني[397] وقال لتلاميذه أقْعُد [أقْعُدوا] هاهنا حتى أدعوا [أدعو] [33] فأخذ إلى نفسه بِيْطُر ويعقوب ويحيى وبدأ

[387] Fās اصيبوا

[388] BL من هذا الجنس; Fās and Ibn Ḥazm من نسل الزرجون

[389] Fās and Ibn Ḥazm ملكوت

[390] BL وبعد حمدهم لله

[391] BL and León ستشكون; Fās تفتتنوا

[392] Fās يزقو الديك صوته; Ibn Ḥazm يرفع الديك صوته

[393] BL ستجحدني هذه الليلة قبل صراخ الديك ثانية وثالثة

[394] Ibn Ḥazm فكان باطرة

[395] BL فزاده بيطر وقال لا أفعل ولو بلغت الى القتل

[396] BL موضع

[397] *Gethsemani*. BL and León يشمني; Fās الجثمانية

عليها[383] نِعْم الصُّنع صَنَعَتْ فيّ [7] سيكون المساكين أبدًا معَكم فإذا أحببتُم أنتم قادرون على الإحسان إليهم وأمَّا أنا فلستُ أكون معكم أبدًا [8] فالذي كان عندها قد فعَلَتْهُ تقدَّمتْ أن تَدهُني [تدهُنَ] جسدي في القبر [9] أمين أقول لكم حيث ما شُرِعَ هذا الإنجيل في جميع الدنيا وما صَنَعَتْهُ هذه يُحكى في تذكيرتها.[384]

[10] فانطلقَ يهوذا الإشكَرْيوث واحدٌ من الإثني عشر إلى كِبار القسيسين أن يُبيحه لهم [11] فلمَّا سمعوا ذلك منه فرَحوا ووعدوه ليَعطوه دراهم[385] وكان يسعى كيف يُمكنه أنْ يَتُلَّ به.

[12] في أوَّل يوم الفطير إذ كانوا يُقرِّبون الفِصح[386] قال له التلاميذ أين تَحِبَّ أن نمضي ونُعِدَّ لك أن تأكل الفِصْح [13] فَبعث إثنين من تلاميذه وقال لهما إذهبا إلى المدينة وسيتَلَقَّكُما إنسان يحمل قُلةَ ماء إتَّبعاه [14] فحيث ما دخل قولا لِسَيِّد البيت ألمُعَلِّمُ يقول لك أين مَطْعَمي حيث نأكل الفِصْح مع تلاميذي [15] فهو سيَعْرَض عليكما غُرفة عظيمة مفروشة ففيها أعدَّا لنا [16] فمضى تلميذاه وأقبَلا إلى المدينة فصادفا كالَّذي قال لهما واعدَّا الفِصْح.

[17] فلمَّا كان مع المَساء أقْبَل مع الإثني عشر [18] واتَّكَوا معَه وأكلوا فقال يسوع أمين أقول لكم أنَّ واحدًا منكم يَتُلُّ بي وهو يأكل معي [19] فجعل [فجعلوا] يحزنون ويقول كُلُّ واحدٍ في نفسه أتُراني أنا
41v هو [20] فقال * فقال لهم هو واحد الإثني عشر مَن يصْبُغُ معي في

[383] BL ذروها ولا تاذونها Fās ;دعوها ولا تقبحوا فعلها
[384] Fās تذكرتها
[385] BL ووعدوه بمثوبة على ذلك فلطف في البراة اليهم
[386] BL اول ايام الفطير واليوم الذي يقربون فيه قربان العيد

اليوم (وتلك)[375] الساعة (الذي يكون هذا فيه)[376] لا يعلم[377] أحد ولا المليكة في السماء ولا الإبن[378] إلاّ الأب وحدَه [33] أبصِروا واسهروا وادعوا فلستُم تدرون متى يكون الزمان. [34] كمَثَل إنسان تغرَّب وترَك بيته وسلَّط عبيده على عمل من الأعمال وأمَر البوَّاب بالسهر [35] فاسهروا فلستُم تدرُون متى يأتي سيِّد البيت إن كان أوَّل الليل أو نِصف الليل أو صرخة الديك[379] أو بُكْرَة [36] كيما إذا أتا لا يجدُكم رُقودًا [37] فالّذي أقوله لكم أقوله لكم أجمعين إسْهروا.

## ألباب الثاني عشر مَرْكُش

41r * [XIV] [1] ولأنْ كان الباسخُ والفطير[380] بعد يومين وكان قوَّاد القسيسين والعلماء يطلبون كيف يَكيدون عليه ويقتلونه [2] فكانوا يقولون ليس في يوم الفِصح لِيَلاّ يكون في الأمَّة هَيْجٌ وضوضاء.

[3] وبينا يسوع بِبَتَّانِيَة في بيت سَمعون المبروص وقد إتَّكا أقبَلَة [أقبلَتْ] إمرأة عندها قارورة دِهانٍ ثمين نَرْدٍ بِشْتِجي[381] فكسَرَتْ القارورة وصبَّتْ على رأسه [4] وكان بها قومٌ يَمْتَعِضون غضبًا شديدًا في داخل أنفسهم ويقولون لِمَ صار تَلَفُ هذا الدِّهان [5] وكانت قادرة أن تبيعَ هذا الدِّهان بأكثر من ثلث مِائة دِرهم وتُعْطها للمساكين وكانوا يَتَحَمْحَمُون في جانبها[382] [6] فقال يسوع دَعُوها لِمَ تَحْرَدوا

375 Fās and Ibn Ḥazm; BL and Ibn Ḥazm (in second quotation) وذلك الوقت

376 BL.

377 Ibn Ḥazm لا يدري احد ما بعده

378 BL and Ibn Ḥazm ما عدا الاب ولا ابن الانسان (BL الاب وحده); Fās ولا الابن ما عدا الاب; Ibn Ḥazm (in second quotation) ولا احد غير الاب وحده

379 BL سحرًا

380 *Pascha*. BL عيد الفطير; Fās الفصح والفطر; León العيد والفطير

381 BL طيبًا ثمينًا; Fās دهان ثمين بشطقي

382 BL فغضبوا عليها

والمُرضعات[367] في تلك الأيَّام [18] أدعوا ألاّ يكون ذلك في الشتاء [19] ستكون في تلك الأيّام أحزان لم تكن مِثلها من بدي المخلوقات التي براها الله إلى اليوم ولن تكون [20] ولولا أنَّ الله قصَّر تلك الأيَّام لَم ينْجُ كُلُّ بدَن إلاّ لأجل المُختارين الذين إصطفاهم قَصَّرَ تلك الأيَّام [21] وعند ذلك مَن قال لكم هذا المسيح هنا أو هُنالك فلا تُصدِّقوه. [22] سيقومون مسيحون كذَّابون وأنبياء كذَّابون يأتون بالأيات والبدايع[368] ليخدعوا إن أمكن[369] المختارين[370] [23] فأنتم أبصِروا هذا قد أنذرتكم بالجميع.

[24] ولكن في تلك الأيَّام بعد ذلك الحُزن تَظلامُ[371] الشمس والقمر لا يُوَدي نوره [25] وتتساقط نجوم السماء وتتزلزل قُوا السموات.[372] [26] وعند ذلك يُبْصِرون ابن الإنسان مُقبلاً في السحاب بِقُوَّة كثيرة وعَظَمةٍ جليلة [27] وعندها يَبعثُ مَلَيكته ويجمع أصفياه مِن أربعة رياحٍ من طَرَفِ الأرض إلى طرف السماء [28] وتعلَّموا المَثَل مِن شجرة التينِ إذا كان غُصْنُها رخصًا وتولَّدت الأوراق أيقنتُم أنَّ الصيف قد قرُب [29] كذلك إذا رأيتم أنتم أنَّ هذا يتكوَّن إعلموا أنَّه في القرب عند الأبواب [30] أمين أقول لكم أن لا تبيدُ هذا النسل[373] حتى يتمَّ جميع هذا [31] وتذهب السماء والأرض وكلامي لا يبيد.[374] [32] فمن ذلك

[367] Fās الحاضنات

[368] Fās (gloss) والعجايب

[369] Fās and Ibn Ḥazm امكن ايضًا

[370] BL فسياتي من تشبه بي وبالانبياء وياتون بعجايب ليخدعوا بها من ظن به صلاح

[371] BL تنكسف; Fās ستكسف; León تظلم

[372] BL وتتحرك العظمات السماوية

[373] Fās الذرية

[374] BL وستحول السماء والأرض ولا يحول كلامي; Fās and Ibn Ḥazm السموات والارض تذهب وكلامي لا يبيد ابدا (Fās and والسما هذا وكلامي)

# ألباب الحادي عشر مَرْكُشْ

[3] ولمَّا جلس على جبل الزيتون نحو البيت كانوا يكاشفونه فُرادًا بِيْطُرُ ويحيى ويعقوب وأنْدِرياش [4] قُل لنا متى يكون هذا وما تكون العلامة إذا بدأ أن يتمَّ جميع هذا ويَكْمُل [5] فأجابهم يسوع وبدأ يقول لهم أبصِروا ألاّ يخدعَكم أحدٌ [6] فإنَّ كثيرًا سيأتون على أسمي ويقولون إني أنا هو ويخدعون جماعة [7] فإذا سمعتم الحروب وأخبار الحروب[362] فلا تفزعوا فإنَّه سيكون هذا ولكن قبل الإنقراض [8] وستقوم أمَّة على أُمَّة[363] ومَلِكٌ على مَلِكٍ وتكون الزلازل[364] والجوع في مواضعٍ فهذا إبتداء الأوجاع [9] فأبصِروا أنفسكم سَيَبْرَوا بكم في المحافل وفي الجماعات وتُنَكَّلون وتقفون أمام العُمَّال والمُلوك لسببي شهادةً عليهم وفي جميع الأجناس [10] لكن أَثْبِتوا فأوَّل ما ينبغي أنْ يُبَشَّر بالإنجيل في جميع الأجناس [11] فإذا أُوتِيَ بكم وتلُّوا بكم فلا تفكِّروا فيما تتكلَّمون به إلاّ بِما تُعطَوْن ذلك الوقت به تتكلَّمون فلستم أنتم الذين تتكلَّمون بل الروح القُدُس (هو المتكلم)[365] [12] وَسَيبْرا الأخُ بالأخِ في الموت والوالِد بالولَد ويقوم الأولاد على أبايهم ويقتلونهم [13] وتكونون بُغْضًا لجميع الناس لأجل اسمي فَمَن صبر إلى الخاتمة فذلك يَسْلِمُ.

40v [14] فإذا رأيتم تَحريم الخراب واقفًا حيث لا ينبغي فَمَن قرأ * فليفهم حينئذٍ مَن كان بِيهوذا فليهرُبوا إلى الجبل [15] ومَن كان على سقفٍ فلا ينْزِلْنَ في البيت ولا يدخُلْنَ أن يأخذ شيئًا مِن بيته [16] ومن كان في فدَّانٍ[366] فلا يرجَعْنَ إلى خلْفٍ أن يأخُذ ثوبه. [17] الويْح للحبالى

[362] Fās فاذا بلغتكم الحروب واخبار الامم والملاحم

[363] Fās وستقوم قبيلة على قبيلة

[364] Fās حركات الارض

[365] Fās.

[366] Fās في الفحص . BL resumes at this point.

لِسَيِّدي[358] أُقعُد على يميني حتى أجعل أعداك كُرسيًّا لقدمَيك [37] فداوُد نفسه يدعوه سَيِّدًا[359] فَمِن أين هو ولدُه فكانت تسمعُ له جماعة كثيرة.[360]

[38] فكان يقول لهم في وصيَّة إحذَروا العلماء الذين يهوون المشي في الطهارة وأن يُسَلَّم عليهم في الرِّحاب [39] أن يجلسوا في المجالس الأولى في الجماعات وأوَّل المُتَّكاء في الصنيعات [40] الذين يَسْبَعون
40r بيوت الأرامِل بإطالتهم الصلاة فهُم يُدركون * الحُكمَ عليهم إدراكًا طويلاً.[361]

[41] فلمَّا جلس يسوع جوار تابوت الصدقة نظر كيف كانت الجماعة تُلقي النَّحاس في تابوت الصدقة وكثير مِن الأمِلياء كانوا يَلقَونَ كثيرًا [42] فأقْبَلَتْ أرْملة واحدة فقيرة وألقتْ فَلسَين وهو الرابع [43] فدعا يسوع تلاميذه وقال لهم أمين أقول لكم أنَّ هذه الأرملة الفقيرة ألقتْ أكثرَ مِن هاؤلاء أجمعين الذين ألقَوا في تابوت الصدقة [44] فإنَّهم كُلُّهم إنَّما ألقَوا مِمَّا فَضُل لهم وأمَّا هذه فإنَّها ألقتْ جميع ما مَلَكَتْ على فَقرِها.

[XIII] [1] فلمَّا خرج عن البيت قال له واحد من تلاميذه يا مُعَلِّم تأمَّل أيّ حجارة وأيّ تقانة في هذا البيت [2] فأجابه يسوع وقال له تَرا هذه البُنايات العظيمة كلّها لا يُتْرَك منها حجرٌ على حجرٍ ما لا يُهدَم.

358 Fās قال الله لالاهي

359 Fās الاهًا . BL missing folio from this point and until Mark XIII:16.

360 Fās فاستمعت الجماعة الكبيرة سمعا شافيا

361 Fās الذين يبلعون بيوت الارامل تحت الاجناس في الصلاة الطويلة فيدركوا الجماعة عليهم ادراكًا طويلا

يتركوا نسلاً ثمَّ ماتت المرأة في اخِر ذلك [23] فإذا كانت القيامة وقاموا لِمَن تكون المرأة مِن هاؤلاء وقد كانت زوجةً لجميعهم [24] فأجابهم يسوع وقال لهم أما تَغلَطون إذ لا تفهمون الكُتُب ولا قُدرة الله [25] إذا قاموا الموتاء لا ينكحون ولا يتناكحون بل يكونون كَمثل الملَيكة في السماء [26] أما قرأتم في مُصْحف موسى عن قيامة الموتا كيف قال الله على الزعرور أنا إلاه إبرهيم وإلاه إسحق وإله يعقوب [27] فليس هو إله المَوتا بل هو إله الأحيا فكثيرًا ما تغلطون أنتم.

[28] فتدانا إليه واحدٌ مِن العلماء[353] مِمَّن كان سَمِعَهُم يتنازعون وكان رأى حُسْن جوابه لهم فسأله عن أوَّل العهود (واية فرايض هي راس الفرايض)[354] [29] فأجابه يسوع وقال إنَّ أوَّل العهود إسْمَعْ يإسْرايِلُ إنَّ الرَّبَّ إلاهَكَ هو إلاهٌ واحِدٌ [30] حُبَّ السَّيِّدَ إلاهَكَ بِجَمِيْع قَلبِكَ (وبجميع)[355] نَفْسِكَ وَجَمِيْع ذِهْنِك وَجَمِيْع قُوَّتِكَ فهذا أوَّل العهود [31] والثاني يُشْبِهَهُ حُبَّ قَرِيْبَكَ كَحُبِّكَ لِنَفْسِكَ فلا عَهْدٌ أكْبَرُ مِن هذين العهدَين [32] فقال له العالِم قُلْتَ الحقَّ يا مُعَلِّم أنَّ الله وحْدَه ولا غَيرَه سِواه [33] وأنْ يُحَبَّ بجميع القلب وبجميع الفَهْم وبجميع النفس وبجميع القوَّة وأن يُحَبَّ القريب كَحُبِّ النفْس إنَّ ذلك أعظم من جميع الذبايح والقُربان[356] [34] فلمَّا رأى يسوع أنَّه جاوبه بِعِلمٍ قال لسْتَ بعيدًا مِنْ مُلْكِ الله وليس كان أحدٌ يقوم يسئله.[357]

[35] فأجاب يسوعُ وقال وهو يُوصي في البيت كيف يقول العُلماء أنَّ المسيح هو ابن داوُد [36] وداوُد يقول بالروح القُدُس قال السيِّد

353 Fās الكتابين

354 Fās.

355 Fās.

356 Fās الذبايح المحروقات

357 Fās يتجرّا ان يسئله

ويُعطي الكرم لغيرهم [10] أَلَم تَقْرَوا هذا [في] الكتاب[344] الصخرة التي إجتنبونها[345] البُناة هي صارت في رأس الرُّكن [11] مِن الله كان هذا وهو عجيب في أعيننا [12] فأرادوا التَّقَبُّض عليه وخافوا الجماعة وفهموا أنَّه إنَّما قال هذا المَثَل لهم فخَلَّوه وذهبوا عنه.

[13] فأرسلوا إليه قومًا من الفَرَزِّيين والهَرُودِسيين[346] ليُكايدوه في كلمةٍ [14] فأقبلوا إليه وقالوا له يا مُعَلِّم قد علِمْنا أنَّك صدوق ولا تبالي بأحد[347] ولا تلتفت إلى وجوه الناس بل تأمرُ بالحقِّ في سبيل الله ولكن قُلْ لنا هل يجوز إعطاء[348] الجزية لِقَيْصَر أمَلا [أم لا] يجوز أن نعطوها [نعطيها][349] [15] فلمَّا عَلِم مُكايدتهم قال لهم لِمَ تُجرّبوني إيتوني بالدرهم لِنراه[350] [16] فساقوه إليه[351] فقال لهم لِمَن هذه الصورة والكتاب فقالوا له لقَيْصَر [17] فأجابهم يسوع وقال لهم وَدُّوا[352] ما كان لِقَيْصَر إلى قَيْصَر وما كان لله إلى الله فعجبوا منه.

[18] ثمَّ أقبل إليه المُكَذِّبون الذين يقولون أنْ لا تكون قيامة فسألوه وقالوا [19] يا مُعَلِّم إنَّ موسى كتب لنا أيُّما إنسانٍ مات أخوه وتَرَك زوجة
39v ولم يترُك أولادًا فلْيتزوَّج أخوه زوجته ويُقيم * زريعة لأخيه [20] فكانوا
سبعة إخوة فتزوَّج الأوَّل زوجةً ومات ولَم يترُك زريعةً [21] فتزوَّجها الثاني ومات ولَم يترك زريعةً ثمَّ الثالث كذلك [22] حتَّى تزوَّجها السبعة ولم

344 BL اما قرأتم حيث قال
345 BL استسمجها
346 BL المصدقين واصحاب هرودس
347 BL وقلة مبالاتك في الحق
348 BL and Fās غرم
349 Fās ان يغرم
350 Fās اعرضوا عليّ دينار الجزية
351 BL فاتوا به
352 BL اعطوا

ومن أعطاك هذه القُدرة أن تفعل هذا [29] فأجابهم يسوع وقال لهم
وأنا أسألكم عن كلمةٍ واحدة فأجيبوني وأنا أخبِرُكم بسلطان مَن أفعل
39r هذا * [30] معمودية يحيى مِن السماء كانت أم من الناس[336] فأجيبونني
[31] ففكَّروا القوم في أنفسهم وقالوا إن قُلنا مِن السماء يقول لنا لأي
شيء لَم نُومِنُ به [32] وإن قُلنا من الناس نخاف العامَّة فإنَّ الجماعة
كلَّها كان يحيى عندهم نبيًّا مُحِقًّا[337] [33] فأجابوه وقالوا له لا نعلم
فأجابهم يسوع وقال ولا أنا أقول لكم بسلطان مَن أفعلُ هذا.

[XII] [1] ثم بدا يُكلِّمهم مُتَمَثِّلاً ويقول إنَّ رجُلاً إغترس كَرْمًا وحلَّق
عليه بِزَريبة[338] وحفر فيه معصرة وبنا فيه بُرجًا واعتمره بعَمارة[339] ثمَّ تغرَّب
عنه [2] فأرسل إلى العُمَّار عبدَه[340] في زمنه أنْ يتقاضى من العُمَّار غِلَّة
الكرم [3] فأخذوه وضربوه وأرجعوه فارغًا [4] ثمَّ أرسل إليهم اخَر من
غِلمانه فجرحوه في رأسه ومرَّثوه [5] ثمَّ أرسل إليهم اخَر فقتلوه وغيرَهم
كثيرًا ضربوا واخَرين قتلوا [6] فكان له ولدٌ حبيبٌ واحدٌ فأرسلَه إليهم
اخِرًا وقال سيُكرِمون ولدي. [7] فقال العُمَّارون بعضهم لبعض هذا هو
الوارث تعالُوا نقتُلوه[341] ويكون الميراث لنا [8] فأخذوه وقتلوه (والقَوه)[342]
خارج الكرم [9] فماذا يصنع سيِّد الكرم أَلَيس يأتي ويقتل[343] العُمَّار

336 BL ام كانت اختراع الادميين; Fās ام من امر الادميين
337 BL مقبول النبوة عندهم
338 BL وسيّج عليه
339 BL وبنا قصرًا ووكّل به اعوانه
340 BL ثم وجّه غلامًا الى اعوانه
341 Fās اقتلوه
342 Fās and León; BL وقتلوه واخرجوه عن الكرم
343 Fās ويغير

ويقول لهم أَلَيسَ هو مكتوبٌ إنَّ بيتي يُدعا بيت صلاةٍ لجميع الأجناس[328] فأنتم قد جعلتموه كهفًا لِلُّصوص [18] فلمَّا سمع ذلك قُوَّاد القسيسين والعلماء[329] طلبوا الفرصة كيف حتى يقتلوه وكانوا يَرهبونه لأنَّ جميع الجماعة كانوا يتعجَّبون مِن وصيَّته[330] [19] فلمَّا كان وقت المساء خرج عن المدينة.

[20] فلمَّا خطروا بالصباح نظروا إلى التينة قد يَبَسَتْ مِن أصلها [21] فتذكَّر بِيْطُرُ وقال له يا مُعَلِّم[331] هذا قد يبست التينة التي لَعِنْتَ [22] فأجابهم يسوع وقال يكون لكم إيمان اللّٰهِ[332] [23] أمين أقول لكم مَن قال لهذا الجَبَل أن يزول وَيَتَسَبْسَب في البحر[333] ولَم يشكّ في قلبه بل يومن أنَّ كُلَّما قاله أن يكونَ يكون بلا محالة [24] ولأجل ذلك أقول لكم كلَّما سألتموه في صلاتكم أومِنوا بأنَّكم تُدرِكونه ويأتيكم جميعُه [25] وإذا وقفتم للصلاة إغفروا ما كان لكم قِبَلَ سِواكم لكيما يَغفَرُ لكم أبوكم الذي هو في السماء ذنوبكم [26] فإن أنتم لم تغفِروا فإنَّ أباكم الذي هو في السماء لا يغفر لكم ذنوبكم.[334]

## ألباب العاشِر مَرْكُ

[27] ثمَّ أقبلوا أيضًا إلى أُوْرَشَلِيم فبَيْناهُ ماشيًا في البيت أقبل إليه قُوَّاد القسيسين والعلماءِ والمشايخ[335] [28] وقالوا له بأيِّ سلطان تفعل هذا

[328] BL اما تقرؤن ان بيتي بيت الصلاة لجميع الامم
[329] Fās رئسا القسيسين والتوراوين
[330] BL اداروا على قتله وكرهوا التقحم عليه خوفًا منه ومن الجماعة المتعجبة من افعاله
[331] Fās ربّاني
[332] BL تحفـّظوا بايمان الله; Fās اومنوا ايمان الله
[333] BL لهذا الجبل انقلع وانطرح في البحر; Fās لهذا الجبل ارتحل من موضعك وتسبسب في البحر
[334] Verse omitted in BL; Fās فان انتم لم تغفروا ولم تعزروا
[335] Fās القسيسين الاكابر والكتابين والمشايخ

الباب في طريقين[319] فحَلاّهُ [5] فقال لهما واحدٌ من الوقوف هنالك[320] مالكما تَحُلاّن الفَلُوَّ [6] فقالا له كالذي كان أمَرَهما به يسوع فأتْرَكوهما[321] [7] وساقا الفَلُوَّ إلى يسوع وألقَوا عليه ثيابهم[322] وركب عليه[323] [8] وكان كثير منهم يبسُطون ثيابهم في الطريق وغيرهم كانوا يقطعون الأغصان من الشجر ويبسطونها في الطريق. [9] وكان من المُقدَّمة والساقة ينادون قايلين هُشَعْنا[324] تبارك القادم على اسم السيّد [10] تبارك المَلِكُ الاتي مُلكَ أبينا داوُد هُشعْنا بِرَما وتفسيره سلّمنا في العُلى.[325]

38v [11] فدخل يَرُشالم في البيت * في البيت والتفت[326] الجماعةَ فلمَّا كان وقت الغروب خرج إلى بثّانية مع الإثني عشر [12] وفي اليوم الاخَر لَمَّا خرج عن بثَّانية جاع [13] فنظر إلى شجرة تينٍ على البُعد لها ورق فأقبل إليها لَعلَّه كان يجد فيها شيئًا فلمَّا دنا منها لم يجد فيها غير الورق لأنَّه ليس كان زمان التين [14] فقال لها لا يأكُلَنْ أحدٌ بعد منكِ فاكهة في الابد فسمع ذلك تلاميذه.

[15] فأقبلوا إلى أوْرَسالِمَ فلمَّا دخل البيت جعل يُخْرِجُ البايعين والمُشترين في البيت وهَدَمَ موايد الصرَّافين وكراسي باعة الحمام [16] ولم يَدَعْ أن يُخلّف أحدٌ بانِيَةً على البيت[327] [17] وكان يُوعِظهم

319 BL مربوطًا في الزقاق; Fās and Ibn Ḥazm مربوطًا قبالة رحبة الباب في زقاقين

320 BL and Ibn Ḥazm فقال لهما يعض الوقوف هنالك (BL بعض الوقوف); Fās فقالا لهما من الوقوف هنالك

321 BL فبروا منهما; Fās and Ibn Ḥazm فتركوه لهما

322 Fās and Ibn Ḥazm فحملوا عليه ثيابهم (Fās ليحملوا)

323 BL وركبا من فوقه; Fās وركبوه من فوق; Ibn Ḥazm وركب من فوق; León وركب عليه

324 BL سلمنا

325 *Osanna in excelsis*. BL سلمنا يا علا; Fās هشيعنا تراما [براما] تفسيره سلمنا في العلا

326 Fās والتمح

327 BL ولم يدع احدًا يدخله بسلعة; Fās ولم يدع ان يحلف احد ثانية على البيت

يكون فيكم أوَّلاً فليكن عبد جميعكم[310] [45] كما أنَّ ابن الإنسن لم ياتِ لِيُخْدَمَ إلاّ لِيَخْدِمَ وأن يَهَب نفسه فداء عن كثير.

[46] فأقبلوا إلى يَرحا فلما خرج عن يَرحا ومعه تلاميذه وجماعة كثيرة كان قد جلس بَرْطِيما وتَرْجمته إبن طيما أعمى جُوار الطريق وهو يستعطي[311] [47] فلما سمع أن يسوع النازَري[312] هو جعل يصيح ويقول يا يسوع ابن داوُد إرحمني [48] فانتهرته الجماعة إن يسكت فكان هو يزداد صِياحًا ويقول يابن داوُد إرحمني [49] فوقف يسوع وأمَرَ أن يُدعى به فدعَوا الأعمى وقالوا له طِبْ نفسا (وابشر)[313] قُمْ يدعوك [50] فألقى ثيابه وثاب[314] وأقبَلَ إليه [51] فقالِ له يسوع ماذا تُحِبُّ أن أفعل بك فقال له الأعمى يا مُعَلِّم[315] أن أُبصِرَ [52] فقال له يسوع إنطلِق فإنَّ إيمانك سلَّمك فأبصر من ساعته وكان يتبعه في الطريق.

[XI] [1] فلمَّا قرُب من يَرُشالِم وبثّانِيَة إلى جبل الزيتون أرسل إثنين من تلاميذه [2] وقال لهما إذهبا إلى الحِصْن الذي يجاوركما[316] فإذا دخلتماه ستجدان فُلُوًّا مربوطًا لم يركبه أحدٌ بعْد[317] حُلاّهُ وأقبلا به [3] فإن قال لكما أحدٌ ما هذا الذي تفعلان فقولا إنَّ السيّد يحتاج إليه فَيَدَعه[318] لكما ذلك الوقت [4] فانطلقا ووجدا الفُلُوَّ مربوطًا قُدَّام

[310] BL لعامّيتكم
[311] BL وكان انسان مكفوف يسعى قاعدا على الطريق ابن تماي البرثماني
[312] BL الناصري
[313] Fās.
[314] BL وأسرع; Fās ووثب
[315] Fās يا رباني
[316] BL يقابلكما; Fās and Ibn Ḥazm يحيا لكما (?)
[317] BL لم يُركب قط; Fās and Ibn Ḥazm لم يركبه بعد احد من الادميين (احد الادميين Fās)
[318] Fās and Ibn Ḥazm فيخليه

## ألباب التاسع مَرْكُ

[32] فكانوا في الطريق ساعين إلى يَرُشالِمَ[303] وكان يتقدَّمهم يسوع وكانوا يتعجَّبون ويتبعونه خايفين ثمَّ إنَّه أخذ الإثني عشر وبدا يقول ويُعَلِّمهم بما ياتي عليه [33] فقال لهم إنَّا سنطلع إلى يَرُشالِم ويُتلّ بإبن الإنسان إلى قوَّاد[304] القسيسين والعلماء[305] والمشايخ ويُنَكِّلونه بالموت[306] ويبْرَوْن به إلى الأجناس [34] ويستهزَون به[307] ويبصُقون فيه ويجلدونه ويقتلونه ويقوم (حيّا)[308] يومًا ثالثًا.

[35] فدنا إليه يعقوب ويحيى ابن [ابنا] سبذاي وقالا له يا مُعَلِّم نُحِبُّ أن تعمل كلَّما سألناه منك [36] فقال لهما ماذا تُحبَّان أن أفعل بكما [37] فقالا له أعطنا أن يقعد أحدنا على يمينك والأخَر على شِمالك في عِزَّتك [38] فقال لهما يسوع لستُما تعرفان ما تسئلان أتقدران على شُرب كاسٍ أشربها أنا أو تتطهرَّان بِطُهْرٍ أَتَطاهَرُ أنا به [39] فقالا له نقدر فقال لهماً يسوع الكأس التي أشربها ستشربانها والطُّهر التي أتطاهر أنا به سوف تتطهران به. [40] وأمَّا الجلوس على يميني وعلى * شِمالي 38r
فليس لي أن أهِبَه لكما بل للَّذين أُعِدَّ لهم.

[41] فلمَّا سمع بذلك العشرة بدَوا يغضبون على يعقوب ويحيى [42] فدعاهم يسوع وقال لهم أما تعلمون أنَّ ملوك الأجناس يملكون أهل مملكتهم وملوكهم لهم السلطان عليهم [43] فلا يكُنَنَّ هذا فيكم[309] لكن كلّمن أحبَّ أن يكون كبيركم فليكن خادمكم [44] ومن أراد أن

303 Fās صاعدين الى ارُوشليم
304 Fās روسا
305 Fās والكتابين
306 BL ويوجبون عليه القتل
307 Fās ويتضحكون منه
308 Fās.
309 Fās فليس ذلك كمثل سبيلكم ولا مثله بينكم

37v كثيرة [23] فالتفتَ يسوع * إلى مَن حوله وقال لتلاميذه ما أعسرَ
بأصحاب الأموال[292] الدخول في مُلك الله [24] فكان التلاميذ يفزعون
من كلامه. ثم قال لهم يسوع أيضًا ياوَلادي ما أعسر بالذين يثِقون
بالأموال[293] الدخول في مُلكِ الله [25] فإنَّ دخول الجَمَل على[294] سَمِّ
الخِياط (ومروره عليه)[295] أهْوَن مِن دخول المليّ[296] مُلكَ[297] الله [26] فإزدادوا
عجبًا وقالوا في أنفسهم مَن ذا يقدر أن يكون سالمًا [27] فالتفتهم يسوع
وقال هذا غير مُمكنٍ عند الناس[298] وهو عند الله مُمكِنٌ[299] وكلُّ شي
مُمكِنٌ عند الله.

[28] فبدا يقول له بِيْطُرُ هذا نحن قد خلَّينا الجميع واتَّبعناك
[29] فأجابه يسوع وقال أمين أقول لكم ليس مِن أحدٍ ترك بيتًا وإخوة
وأخوات أو والدًا أو والدةً أو أولادًا أو فدادنًا لأجلي ولأجل الإنجيل
[30] إلاّ يُعطى مايةُ ضُعْفِ مِثلُهُ الان في هذا الزمان من البيوت والإخوة
والأخوات والأَمَّهات والأَولاد والفدادين مع التَّبعات[300] وفي العَلَمِ
المُستَقبَل[301] الحياة الدايمة [31] فكثيرٌ من الأَوَّلين سيكونون اخَرينَ
والأَخَرون أوَّلين.[302]

[292] BL ما اعسر باصحاب الدراهم ومالكيها Fās ;بالحرا يدخل الملي
[293] BL ما اعسر بالذين يتكلون على الدراهم Fās ;بالحرا يدخل الواثقون باموالهم
[294] BL وايلاج الجمل في
[295] Fās.
[296] Fās and Ibn Ḥazm المثري
[297] Ibn Ḥazm ملكوت
[298] BL يعتاص هذا على الناس
[299] BL هيّن
[300] BL والبيعات
[301] BL وفي العالم الكاين الحياة Fās and Ibn Ḥazm ;وفي العالم الكاين ويزاد الحياة الدايمة الدايمة
[302] BL وسيتقدَّم المؤخَّرون ويؤَخَّر المتقدّمون

الخلايق خلَقَهم الله ذكَرًا وأنثى [7] ولأجْلِ هذا يُخَلّي الإنسان أباه وأمَّه ويلتصق بزوجِه[286] [8] فيكونان إثنان في لُحْمة واحدة وبعد فليس هما إثنان بل هما جسد واحد [9] وما جمع الله فلا يُفَرِّقُهُ الإنسان [10] ثمَّ سأله تلاميذه أيضًا في البيت عن هذا الأمر [11] فقال لهم كلّمن طلَّق إمرأته وتزوَّج غيرها فهو زانيٌ عليها[287] [12] وإن طلَّقتْ المرأة زوجها وتزوَّجت غيره فهي زانية.

[13] وكان يُهدى إليه أطفال لِيَمُسَّهم وكان التلاميذ ينتهرون المُهديين [14] فلمَّا رأى ذلك يسوع شَقَّ عليه وقال لهم دَعوا الأطفال يقبِلوا إليَّ ولا تمنعوهم فإنَّ لأمثالهم مُلك الله[288] [15] أمين أقول لكم مَن لم يتقبَّل مُلك الله كالطفل[289] فلا يدخل فيه. [16] فعانقهم ووضع يديه عليهم وبارَك لهم.

[17] فبيْناهُ مُتوجِّهًا في طريقٍ جرا نحوه رَجُل وسجد قُدَّامه ورغِب إليه وقال يا مُعَلِّمٌ صالحٌ ماذا أصنع لأنال الحياة الدايمة. [18] فقال يسوع مالَكَ تقول لي صالحًا لا صالحٌ إلاّ الله وحده [19] وقد علِمتَ كلّ العهود[290] لا تزنِ ولا تقتل ولا تسرِق ولا تشهد بالزُور ولا تَخُنْ[291] أكْرِم أباك وأمَّك [20] فأجابه وقال قد تَحَفَّظْتُ بجميع هذا منذ شبابي [21] فالتمحه يسوع فأحبَّه وقال له ينقصك أمرٌ واحدٌ إمْضِ وبِعْ جميع مالك وأعطِهِ للمساكين ويكون لك مكنوزًا في السماء ثم أقْبِل واتَّبعني [22] فحَزَنَ لكلامه وتوجَّهَ حزينًا فإنَّه كان صاحب أموالٍ

[286] BL ويانس الى زوجته; Fās ويتسنّد الى امراته
[287] BL فاسق and later فاسقة
[288] Fās فان لمثلهم اعدّ ملكوت السما
[289] BL من لم يكن في تواضع احدهم
[290] BL الشرط
[291] BL تحنث

في عُنقه ويُلقا في البحر [43] فإنْ أضرَّتْ إليك يدك فاقطعها فإنه خيرٌ
بِك أنْ تدخل في الحياة ضعيفًا مِن أنْ تَسِيرَ إلى جَهنَّم بِيَدَين في نارٍ
لا تنطفي [44] حيث لا تموتُ دِيدانهم ونارٌ لا تنطفي [45] وإن أضرَّتْ
إليك رِجْلُك فاقطعها فإنَّه خيرٌ بِك أن تدخل في الحياة الدايمة أعْرجًا
مِن أن تدخلَ في جَهنَّم بِرِجلَين التي نارها لا تنطفي [46] حيث لا
تموتُ ديدانهم ونارهم لا تنطفي[278] [47] فإن أضرَّت إليك عينك
فإفقاها فإنَّه خيرٌ بك أن تدخل مكفوفًا[279] في مُلك الله مِن أن يُقذَف بِك
37r في عينين في نار جَهنَّم [48] حيث لا تموتُ ديدانهم ونارٌ * لا تنطفي
[49] كلّ الشي يُوَدّك بالمَلْح وكُلُّ ذبيحة تُوَدَّك بِالمَلح[280] [50] والمَلحُ
خيرُ طبيب[281] وإذا فسُدَ المَلْح فبأيّ شيء يُوَدّكوه فليكن فيكم المَلحُ
وليكن بينكم الصُّلحُ.[282]

[X] [1] فقام مِن هنالك وأقبل إلى أحواز يهوذا[283] إلى ما خلف
الأردن فأقبلَتْ الجماعة إليه وكان يُوْصيهم كعادته وجاري فِعله
[2] فتدانا الفَرَزيُّون[284] وسألوه إن كان يجوز للرجل أن يُطَلِّق زوجته
لِيُجَرّبونه بذلك [3] فأجابهم وقال ما الذي أمَرَكم به موسى [4] فقالوا
أمَرَنا موسى أن نكتُب للمرأة كتاب طلاقٍ ونُطلِّق. [5] فأجابهم يسوع
وقال وإنَّما كُتِب لكم هذا الفَرْض لفُصوحة[285] قلوبكم [6] فأمَّا مِن بدي

[278] Verses 45-46 omitted in BL.

[279] BL اكمه مكفوف; Fās بعين واحدة

[280] BL كل شيء يملح بالنار وكل ذبيحة; Fās كل شيء يملح بالنار ولا بدّ للقربان ان يملح تؤدك بالملح

[281] BL ولذلك طاب الملح

[282] BL وليحفظ بعضكم بعضا

[283] Fās ابنية يهوذا

[284] BL المصدقون

[285] Fās لقسوة

# ألباب الثَّامِن مَرْكُش

[30] فانطَلَقوا من ذلك الموضع وتوجَّهوا إلى جِلجال ولم يَحبْ أن يعلم ذلك أحدٌ [31] وكان يوصي تلاميذه قايلاً إنَّ إبن الإنسان يَتِلُّ به[270] في أيدي الأدميين[271] ويقتلونه فإذا قُتِل يقوم في اليوم الثالث [32] فكانوا يجهلون كلامه[272] ويخافون مُكاشفته.

[33] فأقبلوا إلى قَفْرِناؤومَ[273] فلمَّا دخلوا البيت سألهم وقال ماذا كُنتم تُدبّرونه في الطريق [34] فسكتوا عنه وكانوا يتنازعون في الطريق فيمن يكون أكبرهم [35] فجلس ثم دعا الإثني عشر وقال لهم مَن أحبَّ أن يكون أوَّلاً فليكن اخر الجميع[274] وخادم الجميع [36] ثمَّ أخذ غُلامًا صغيرًا وأوقفه في وَسَطهم فلمَّا إعْتَنَقه قال له[275] [37] كلّمن تقبَّل واحدًا من أمثال هذا الغلام على إسم[276] فإيَّاي يتقبَّل وكلّمن يتقبَّلني وإنَّما يتقبَّل الذي بعثني.

[38] فأجابه يحيى وقال يا مُعَلّم رأينا إنسانًا يَنفي الجِنَّ على إسمك مِمَّن ليس يتبعنا فمنعناه. [39] فقال لهم يسوع لا تمنعوه فإنَّه ما أحدٌ يأتي على إسمي ويقدِر بسُرعة أن يقول عني شرًّا[277] [40] فمَن لم يُخالفكم فهو لكم [41] وكلّمن سقاكم كأسًا مِن ماء باردٍ على إسمي ولأنَّكم للمسيح أمين أقول لكم لا يَخسَر أجرَه [42] ومن أضرَّ إلى واحدٍ من هاؤلاء الأصاغر المومنين بي كان خيرًا به لو عُصِّب مطحنةً فارسيَّةً

270 BL يبلى به Ibn Ḥazm ;سيبرأ بابن الانسان

271 Fās في ايدي الناس الادميين

272 BL وانهم لم يفهموا مراده بهذا الكلام Ibn Ḥazm ;ما يقول

273 Fās قفرناحوم

274 BL أجيرا لكلهم Fās ;اخفضهم

275 Fās and León لهم

276 Fās and León إسمي

277 BL فانه ما بقي احد ياتي باعجوبة الا على اسمي ولسببي

فسلَّموا عليه [16] فسألهم عمَّا كانوا يخوضون فيه [17] فأجابه واحدٌ
من الجماعة وقال له يا مُعَلِّم أتيت بولدي إليك وفيه روحٌ أبكم[261]
[18] حيث ما يخذه يُهَرِّسُهُ فَيزبدُّ وَيَصُرُّ أسنانَه ويجفُّ فُوْهُ يُبسًا وقُلتُ
لتلاميذك لِيَسْتخرجوه[262] فلم يقدروا [19] فأجابهم وقال يامَّةً كافرةً[263]
إلى متى أكون معَكم وإلى متى أحتملكم أقْبِلْ به[264] إليَّ فأقبلوا به
[20] فلمَّا نظر إليه خبَّله الروحُ وصَرَعَهُ في الأرضِ فاضطَرَبَ[265] وازبَدَّ
[21] فسأل أباه كم زمانٍ له منذ عَرَضَ له هذا فقال له مِن الصّباء[266]
[22] وقد ألقاه مِرارًا في الماء والنار ليُهلِكه فإن قدَرْتَ فأغِثنا وارحمنا
[23] فقال له يسوع إن قَدَرتَ أن تُومن فكُلُّ مُمْكِن للمومِن
[24] فصاح والد الغُلام باكيًا وقال أؤمِن يَسيّدي فأعِن كُفري[267]
[25] فلمَّا رأى يسوعُ الجماعةَ مُقبلة اوَعَدَ الروح النجس[268] وقال له
أيها الروح الأصمُّ الأبكَمُ أنا أمُرُكَ أن تخرجَ عنه ولا تدخُلَ بعدَها
فيه [26] فصاحَ وقلقلهُ طويلاً.[269] وكذلك خرج عنه وصار كالمَيِّت
36v حتى قال قومٌ كثير أنَّه قد مات [27] فأخذ * يسوع بِيَدِه وأقامه فقام
وردَّه إلى والده [28] فلمَّا دخل البيت سأله تلاميذه في السِّرِّ وقالوا
لأي شيءٍ لم نقدر نحن على إخراجه [29] فقال لهم هذا الجنس لا
يمكن أن يخْرج البتة في شيء إلاّ بالصلاة والصوم.

261 BL روح نجس Fās ;جني ابكم
262 Fās ان ينقوه
263 BL مشككة
264 Fās اذهبوا اقبلوا به
265 BL وجعل يتمعّك
266 Fās منذ الصغر والنشوء
267 BL فغيثني
268 BL الجماعة قد احتوشته زجر الجن
269 BL فصاح وتمعّك

كالثلج بياضًا لا يقدر القُصَّارُ على مِثله في الأرض[250] [4] وظهَرَ لهم
إلْياس وموسى وهما يتحدَّثان * مع يسوع [5] فأجاب بِيْطُرُ ليسوع 36r
وقال يا مُعَلِّم[251] يَحْسُنُ بنا اللبثُ هاهنا فَلْنعمَل ثلث قبَبٍ[252] لك واحدةً
ولموسى واحدةً ولإلياس واحدةً [6] فليس كان يدري ما يقول فإنَّهم
كانوا مرعوبين [7] فأقبَلَتْ سحابة وأظلَّتهم وأقبل[253] صوت من السحابة
قايلاً هذا ابني الحبيب فاسمعوا له [8] فنظروا[254] من ساعةٍ لم يَروا أحدًا
غير يسوع معهم فقط.

[9] فلمَّا نزلوا من الجبل أمَرَهم ألاّ يعلموا أحدًا بما رأوه[255] إلاّ إذا
قام ابن الإنسان عن الموتاء [10] فكَتَمُوا[256] الخَبَر عند أنفسهم كاشفين
عمَّا هو إلى أن قام عن الموتاء [11] وسألوه وقالوا له ماذا[257] يقول
الفَرَزِيُّون والعلماء[258] أنَّ إلْياس يجب له أن يأتي مِنْ قَبْل[259] [12] فأجابهم
وقال لهم إذا قدِمَ إلياس أوَّل قدومه سَيُخْبَرُ الجميع وكما كُتِبَ في ابن
الإنسان أن يَحتمِل عذابًا كثيرًا وأنَّه يُنَكَّل [13] غير أني أقول لكم أنَّ
إلياس قد جاء وفعلوا به كُلما أحبُّوا كما كُتِبَ عنه.

[14] ثمَّ أقبل إلى تلاميذه ورأى جماعة عظيمة حولهم وعلماء[260]
يُحاجُّونهم [15] فلما بصُرتْ الجماعة به إرتعبوا وجَزَعوا وأسرعوا

[250] Text after بياضا omitted in BL.

[251] Fās ربي

[252] Fās خيامات

[253] BL وسمعوا; Fās وسُمِعَ

[254] Fās فلما نظروا; BL فرفعوا ذلك الوقت ابصارهم

[255] Fās الا يخبروا بذلك احدا يلقونه

[256] Fās فضبطوا

[257] Fās ما الذي

[258] BL المصدقون والعلماء; Fās الفرزيون والكتابيون

[259] BL انّ الياس يقدم اوّلا

[260] Fās والكتابين

واخرون قالوا إنَّك واحد الأنبياء. [29] فعند ذلك قال لهم وأنتم ما تقولون فيّ مَن أنا فأجابه بيْطُرُ وقال أنتَ المسيح [30] فأوعدهم ألاّ يُخْبِروا أحدًا عنه. [31] ثمَّ بدأ يُوْصيهم ويُعلِّمهم أنَّ ابن الإنسان ينبغي له أن يُلاقي الامًا كثيرة وأنَّ المشايخ يُنكِّلونه والقسيسون والعُلماء[244] يقتلونه ثمَّ أنَّه يقوم بعد ثلثة أيام [32] وكان يبوح بالعلانية فأخذه بِيطُرُ وبدأ يعاتبه [33] فالتفت ونظر إلى تلاميذه وانتهر بِيْطُرَ وقال له إذهب خلفي يا مخالِف فإنَّك لا تعلم أمور الله بل إنَّما تعلم أمور الناس.

[34] فدعا الجماعة مع تلاميذه وقال لهم مَن أحبَّ أن يَتبَعَني فليجحد نفسه ولْيَحْتَمِل صليبه ويقفوا أثَرَهُ[245] [35] ومَن أحبَّ أن يُسَلِّم نفسه فَليُتلِفها فكُلُّ مَن أتْلفَ نفسه لِسببي والإنجيل فَسَوف يُسَلِّمُها [36] فماذا ينفع الإنسان لَو ربِح الدنيا كلَّها وساق الخسارة[246] لنفسه [37] وأيّ فدية يُعطَى الإنسان عِوَضًا مِن نفسه [38] فمن أقَرَّ بي وبكلامي في هذه الأمَّة الفاسقة المذنبة فإنَّ إبن الإنسان سيقَرُّ به إذا أقبلَ في عَظَمة أبيه مع الملايكة المُقدَّسين.[247]

[IX] [1] وكان يقول لهم أمين أقول لكم أنَّ مِن هؤلاء الوقوف قومٌ لا يذوقون الموت حتى يرَوا مُلك الله مُقبلاً بقدرة[248] [2] وبعد ستة أيام أخذ[249] يسوع بِيْطُرَ ويعقوب ويحيى وساقهم إلى جبل مُنيف على حِدَّة فَرادًا وبدَّل صورتَه أمامهم [3] وكسوَتُه صارت مُضيَّةً مشرقةً جدًّا

244 BL اساقفة اليهود والتوراويين Fās ;مشايخ القسيسين والعلماء

245 Fās أثري; BL ويحتمل المشقة ويتبعني

246 Fās وساق الحصارة

247 BL فمن جحدني وجحد كلامي في هذه الأمة الكافرة المذنبة فسيجحده ابن الانسان عند قدومه في عظمة ابيه مع الملايكة والصالحين

248 BL في عظمته; Fās بقدرته

249 BL خزل

المركب إلاّ خبزة واحدة [15] فأمَرَهم وقال لهم (ابصروا و)[236] إحذروا خميرة الفَرازيين[237] وخميرة الهَرُودِسيين [16] ففكَّروا فيما بينهم وقالوا إنَّ لا خُبزَ عندنا [17] فلما فهِم ذلك يسوع قال لهم ماذا تُفكِّرون فيه من أنْ ليس عندكم خُبزٌ[238] أما تفهمون ولا تُميِّزون قلوبُكم حتى الان عَمِيَة [18] ولكُم عيون ولا تُبصِرون[239] ولكُم أذانٌ ولا تسمعون ولا تذكرون [19] إذ كَسَرتُ الخمسة الخُبَز لخمسة الاف رجُل وكم سِلَّة مملُوَةٍ كُسَرًا رفعتم فقالوا اثنَتَي عَشَرة [20] واذ جَعَلتُم سبْعَ خُبَزٍ لأرْبَعة الاف رَجُل كَمْ قُفَّة مَمْلوَة كِسَرًا فقالوا له سبعةً [21] فقال لهم فكيف لا تفهمون.[240]

[22] فأقبلوا إلى بَتْشَيّدا[241] وسيق إليه أعمى ورغبوا إليه أن يمُسَّه [23] فأخذ بيَد الأعمى وأخرجه خارج القرية[242] وبصق في عينيه ووضع * عليها كفَّيه ثمَّ سأله إن كان يَرا شَيًا [24] فنظر وقال أرى 35v
الناس يمشون كالشجر [25] ثمَّ أعاد كفَّيه فبدأ يُبصِر فانجبر حتى رأى كل شي رؤية بيان [26] وأرسله إلى بيته وقال له إذهب إلى بيتك وإن دخلتَ في القرية فلا تُخْبِر أحدًا.

[27] فخرج يسوع وتلاميذه إلى حصون قَيسارِيَّة من طاعة فَلِبُّش فسأل تلاميذه في الطريق وقال لهم ماذا يقولون الناس فيّ [28] فأجابوه وقال [وقالوا] يقولون أن أنتَ يحيى المُعَمِّد[243] وغيرهم قالوا إلياس

[236] Fās.
[237] BL المصدقين
[238] BL تفكرون في قلّة خبزكم
[239] BL واعينكم مطموسة
[240] Fās فكيف لا تشعرون
[241] *Bethsaida*. Fās فاقبلوا اليه بتصيدا
[242] BL فاخذ بيد المكفوف واخرجه عن المنزل
[243] Fās يحيى بن زكريا

35r بذلك فكلّما كان يَعهَد إليهم ألاّ يبوحوا كانوا يزدادون * إفشاءً وتسريحًا [37] ويتعجَّبون ويقولون أحسَنَ في جميع فِعله أسْمَعَ الصُّمَّ وأطلقَ البُكمَ.

[VIII] [1] وفي تلك الأيام إجتمعتْ جماعة عظيمة ولم يكن عندهم ما يأكلون دعا تلاميذه وقال لهم [2] أنا أرْحَمُ الجماعة لأنَّ اليوم ثلثة أيام يصبرون عليِّ وليس معهم ما يأكلون [3] فإن أطلقتُ سبيلهم إلى بيوتهم وهم صيامٌ سيهلكون في الطريق لأنَّ بعضَهم كانوا قد أقبلوا من بعيد [4] فأجابه تلاميذه من أين يقدر أحدٌ أن يُشبِع هاؤلاء كلَّهم من الخُبز في المفاز [5] فسألهم كم خُبزة معكم فقالوا سبعة [6] فأمرَ الجماعة بالإتِّكاء على الأرض فأخذ السبعة الخُبَز وحمَد عليها وكسرها وبرِي بها إلى تلاميذه أن يقدِّموها إلى الجماعة [7] وكانت عندهم حيتان قليلة فبارك عليها وأمر [8] بتقديمها فأكلوا وشبعوا ورفعوا من فُضُول الكُسُر سبع قِفَف مملوَّةً [9] وكان عدد الأكلين نحو أربعة ألافٍ فأذِن لهم

[10] ثُمَّ ركب مركبًا مع تلاميذه إلى ناحية دَلْمانُوْطا[232] [11] فخرج الفَرَزيُّون[233] وجعلوا يُكاشفونه وسألوا منه أيةً سماويَّة مُجرِّبين له [12] فتنهَّد في الروح وقال لهم يطلبُ هذا النسلُ أيةً أمين أقول لكم أنْ (لا)[234] أُعطي لهذا النسل أيةً.

[13] فتخلَّى منهم وركب المركب ومضى ثانيةً إلى الريف الاخَر[235] [14] ونسي تلاميذه أن يتزوَّدوا من الخبز حتى أنَّه لم يكن معهم في

232 *Dalmanutha*. BL دلفيا

233 BL المصدقون

234 Fās.

235 BL واقبل راجعا ;Fās واجاز ايضا الى العدوة

## ألباب السابع مَرْكُ

[24] ثم قام من هناك ومضى إلى أحواز طُرُطُوْس وشِيْذُن[223] ودخل بيتًا ولم يجِب[224] أن يُعلِمَ ذلك أحدٌ لكنَّه لم يقدر على الإختفاء. [25] فلمَّا سمعتْ عنه إمرأة كان لها ابنة مُجَنَّة ذات روح نَجِسٍ دخلت عليه وترامت عند رجليه [26] وكانت المرأة من الأجناس من جنس شِرُفانِشْ[225] فرغبت إليه أن يُخرِج الجِنِّي عن ابنتها [27] فقال لها دعي أولاً الأولاد حتى يشبعوا فلا خَيْر أن يُؤخذ خُبز الأولاد ويُطْرَح إلى الكلاب [28] فأجابته وقالت نعم يسيِّدي وقد تأكل الأجرا (القاطنة)[226] من فتات الصبيان تحت المايدة [29] فقال لها لأجل هذه اللفظة إنطلقي فقد خرج الجنِّي عن ابنتِك [30] فلمَّا مضتْ إلى بيتها وجدت الجارية مُضْجَعَة على سريرٍ وقد خرج الجِنِّي عنها.

[31] ثمَّ خرج من أحواز طُرطوس[227] وأقبل على ناحية شيذُن[228] إلى بحر جلجال ما بين أحواز دِقابُلَة.[229] [32] فساقوا إليه رجُلاً أصمّ أبكم ورغبوا إليه أن يضع يده عليه [33] فأخذه ناحيًا عن الجماعة وأدخل أصابعه في أُذْنيه وبصق في لسانه [34] ونظر إلى السماء وتنهَّد وقال له بالعبرانية إفاطا وترجمته إنفَتح[230] [35] فانفتحت أُذْنانُه[231] ذلك الوقت وانحلَّت عقدة لسانه وتكلَّم كلامًا مستقيمًا [36] وأمَرَهم ألاّ يعلِموا أحدًا

[223] Fās ثم انتقل من هناك الى جوار طيرة المعروفة بالمصيصة واحواز صيدان
[224] Fās يُحِبّ
[225] *Syrophoenissa*. BL وكانت المراة من الاجناس Fās ;امراة مجوسية من القرب من كنعان ليست من اليهود وكان جنسها من اهل مدينة سبراه
[226] Fās.
[227] Fās طيرة
[228] Fās صيدا
[229] *Decapoleos*; BL قِبَلاوُش; Fās دقابُليس
[230] BL وقال انفتحي فانفتحت; Fās وقال انفتح بالعبرانية فانفتحت
[231] BL, Fās, and León أذناه

أو أمِّه قُربان وتأويله العطيّة وكلُّ عطيَّة ما كانت هي نافعة لإثم بَعْدَها [12] لا تتركونه أن يفعل بأبيه وأمِّه خيرًا[215] [13] وتُحَرِّفون[216] كلام اللّٰه من سبب سُنَّتكم التي أبدعتم وأشباهٌ لهذا كثير ممَّا يفعلونه.

[14] ثمَّ دعا الجماعة وقال لهم إسمعوني كلُّكم وافهموا [15] ليس شيء مِمَّا خارج (البدن)[217] للإنسان إذا دخل فيه يُنجِّسه بل كلّما
34v يخرج من الإنسان هو الذي يُنجِّسه[218] [16] فمن كانت * له أُذْنٌ (سامعة)[219] فليسمعْ. [17] فلمَّا دخل البيت وزال عن الجماعة سأله التلاميذ عن المثل [18] فقال لهم أنتم كذلك جُهَّالٌ لا تفهمون أنَّ كلّما خارج الإنسان ودخَلَ فيما لا يَقدِرُ أن يُنجِّسه [19] لأنَّه ليس يدخل في قلبه وإنَّما يدخل في جوفه ويخرج في المَخْرج الذي يُصف[220] جميع الطعام [20] وكان يقول أنَّ كلّما يخرج من الإنسان فذلك يُنَجِّس الإنسان [21] فإن الفكر الرَّدِي يخرج من داخل قلوب الأدميين مثل الزِناء والفِسق[221] والقتل والسرقة [22] والشّح والشّره والعداوة والسّفه والرغبة والقبايح والكَيد والنجاسة والعين الرديّة والشتايم والكبرياء والجهل [23] فجميع هذه القبايح هِي تنبثق من داخل وتُنجِّس الإنسان.[222]

[215] BL renders vss 11-12 وانتم تقولون ايما رجل قال ان الذي يجب لأبي وأمي علي فهو مني للّٰه قربان فقد حرم عليه الاحسان الى ابويه

[216] Fās وتحرون

[217] Fās.

[218] BL ليس ينجس المرء ما يدخل في فيه وإنما ينجسه ما يخرج منه

[219] BL, Fās, and León.

[220] Fās ويخرج عن مصيره BL ;يطحن ويصفي

[221] BL الفواحش; Fās والبغية المنكرة

[222] BL فجميع هذا كله من Fās ;هذه الافعال السوء تنبثق من نفس المرء هي التي تنجسه المنكر هو خارج من داخل وينجس الانسان

وكانوا يقدِّمون إليه المرضا في الرحاب وكانوا يرغبون إليه في مس
وَلَوْ هُدُب رِدايه وكلّمَن كان يَمُسّه كان يبرأ.

[VII] [1] فأقبل إليه الفَرازيُّون وبعض العلماء[206] القادمين من يَرُشالِم
[2] فلمَّا نظروا إلى بعض تلاميذه يأكلون بِلا أن يغسِلوا أيديهم عند
أكل الخبز إنتقدوا عليهم [3] وكان الفَرَزيُّون[207] وجميع اليهود لا يأكلون
إلاّ أن يغسلوا أيديهم أبدًا[208] مُلتزمين لسُنَّة المشايخ [4] ولا يأكلون شيئًا
من السوق إلاّ أن يُطَهِرُهُ [يطهروه] ويُطَهِّرون بالغَسل وغير ذلك كثيرٌ
مِمَّا أُمِروا بحفظه مِثل غسل الكؤوس والأبارق وأمطُل النُّحاس والأسرّة
[5] فسأله الفرزيُّون والعلماء[209] وقالوا له لِمَ لا يلتزمون تلاميذك سُنَّة
المشايخ ويأكلون الخبز بأيديهم نجسةً[210] [6] فأجابهم وقال حسنًا ما
تنبَّأ أشعِيا عنكم يا مُراين كما كُتِب هذه الأمَّة تُكرِمني بشفاهها وقلوبهم
بعيدة منّي[211] [7] فباطلاً ما تعبدونني شارعين لشريعة الناس وعهودهم[212]
[8] تاركين أمر الله مُلتزمين شريعة الأدَميين[213] ويُطهِّرون الابار[214] والكؤوس
وغير ذلك من الأشياء التي يفعلونها كثيرًا [9] وكان يقول لهم حسنًا ما
كسرتم عُهود الله والتزمتم شريعتكم [10] فقد قال موسى أكْرِم أباك
وأمَّك ومن لعن أباه وأمَّه فَلْيُقْتَل [11] وأنتم تقولون إن قال الرجل لأبيه

[206] Fās اهل التوراة; omitted in BL.
[207] BL المصدقون
[208] BL ما لم يتوضوا طويلا جدا
[209] BL العلماء والمصدقون; Fās والتوراوين
[210] BL لا يحفظوا سنة المشايخ إذ يتودعون من الوضوء
[211] BL بافواهها وقلوبها عني نازحة يعني بعبادتي
[212] Fās شارعين لشريعة الناس وملتزمين لفرايض مفتعلة
[213] BL omits verse 7 and replaces beginning of verse 8 with اذ يفضلوا سنة الأدميين وعهودهم على عهد الله; Fās واتركوا من امر الله والتزموا شريعة الادميين
[214] Fās and León الاباريق; BL الاواني

وشَبَعوا [43] ورفعوا من فُضُول الكُسُر إثنا عشر سلّةً مملوءة ومن
الحوتَين [44] وكان عدد الاكلين خمسة الاف رَجلٍ.

[45] ثمَّ إنَّه أمر[196] تلاميذه أن يركبوا المركب ويتقدموه إلى الريف
الاخَر إلى بَتْشَيّدا[197] ثمَّ يأذن للجماعة بالإنطلاق [46] فلما أطلق سبيلهم
توجَّه إلى الجبل لِيُصَلي فيه [47] فلمَّا جَنَّ الليل[198] كان المركب في
وسْط البحر وكان هو وحدَه في البَرِّ[199] [48] فنظر إليهم يُعالجون بالقذف
وكانت الريح تُكابرهم فلمَّا كان نحو السَّمْر الرابع من الليل أقبل إليهم
ماشيًا على البحر وأراد أن يتمسَّح بهم[200] [49] فلمَّا بصَروا به ماشيًا على
البحر ظَنُّوه خيالاً[201] فصاحوا [50] حين رأَوْه بأجمعهم وفَزَعوا فتكلَّم
معهم في العاجل وقال لهم أمَنوا أنا هو فلا تخافوا [51] فدخل إليهم
في المركب[202] وهدت الريح فزادوا عجبًا في أنفسهم [52] وليس كانوا
فهموا فعله في الخُبْز * لأنَّ قلوبهم كانت عميةً [53] فلمَّا جازوا 34r
وانتهوا[203] إلى بلد يَنَشَّارَ وبلغوا إليه.

[54] فلما خرجوا من المركب فهموا تلك الساعة[204] [55] فمشَوا[205]
جميع ذلك البلد وبَدَوا بحمل المرضا في الأسِرّة حيثما كانوا
يسمعون عنه [56] وحيثما كان يدخل في القُرا والحصون والمداين

[196] Fās اضغط
[197] Fās ويتقدموا خلف العدوة الاخرا لبِتصيدا
[198] Fās فلما كان اولَ الليل
[199] BL ولما جن الليل بصر بالمركب من موقفه في وسط اللج قد عصف به الريح
[200] BL واراد نحوهم; Fās واشار الى ان يمسح بهم
[201] BL ظنوه روحًا حيالاً; Fās ظنوا به انه قبطاشيا اعني خيال
[202] Shortened text in Fās وفزعوا فنزل اليهم في المركب
[203] Fās انتهوا
[204] BL reads entire verse as عُرف ذلك من وقته correcting the sense in BSB; Fās فهموه
[205] BL واقبل اليه جميع اهل تلك البلاد; Fās فاداخوا

33v

# * ألباب السادس مَرْكُشْ

[30] فأقبل الحُواريُّون إلى يسوع وأعلموه بجميع ما صنعوا وشرعوا[188] [31] فقال لهم أقبلوا فُرادًا إلى مكان قَفْرٍ واسْتَرَحوا [واستريحوا][189] قليلاً فقد كان الواردون والصادرون كثيرًا حتى ليس كانوا يجدون سبيلاً لأكل الطعام [32] فركبوا مركبًا وتوجَّهوا إلى موضع قَفْرٍ فُرادًا [33] فنظر الناس إليهم متوجِّهين وفهِم ذلك الجماعة وتوجَّهواً هنالك رجالةً[190] من جميع المداين وأسرعوا نحوهم [34] فخرج يسوع ونظر إلى جماعة كثيرة فرحِمهم لأنهم كانوا كغنم بلا راعٍ وبدا يُوصيهم بوصايا كثيرة [35] فلمَّا طال ذلك تدانا إليهً تلاميذهً وقالوا له هذا موضعٌ قَفْرٌ وقد مضى الوقت[191] [36] فأْذَنْ لهم أن يلحقوا بأدنا القُراء والمجاشر[192] ويبتاعوا لأنفسهم مأكولاً يأكلونه [37] فأجابهم وقال لهم أعطوهم أنتم ما يأكلون فقالوا له إنطَلِق بنا لنبتاعوا [لنبتاع] خُبزًا بِمأيتي دِرهَم ونُطعموهم [ونُطعِمُهم] [38] فقال لهم كم خُبزةً معكم إذهبوا وابصَروا فلمَّا نظروا وقالوا له خمسُ خُبَزٍ وحوتين [39] فأمرهم السيِّد أن يأمُرُ[193] الناس بالإتِّكاء بقَد[194] التحليق على العُشب الأخضر [40] فاتَّكوا مُجزين على المِأة وعلى الخمسين [41] ثمَّ أخذ (الخمس)[195] الخبز والحوتَين ونظر إلى السماء وبارك وكسر الخبز وأعطى لتلاميذه أن يُقدِّموه أمامهم وقسم الحوتَين عليهم أجمعين [42] فأكلوا أجمعون

188 BL وقصوا عليه فعلهم وتاديبهم

189 BL نستريح

190 BL فبصرت الجماعة بهم وحزروا الموضع الذي كان يريد إليه فاخذوا رجالة

191 BL وقد اطلنا الليل

192 BL اقرب الحصون وادنا القرى

193 Fās, which begins at the start of this verse, يامروا

194 Fās بقدر

195 BL and Fās.

[16] فلما سمِع ذلك هَرُودِس قال إنَّ يحيى الذي ذبحْتُه هو قام عن الموتى [17] وهَرُودِس هذا كان الذي أرسل وحبس يحيى وكبَّله في السجن لأجل أوْرِظِياطة زوجة أخيه فَلبّس التي كان تزوَّجها [18] وكان يحيى قد قال لهَرُودِس لا يجوز لك تزويج زوجة أخيك [19] فكانت أوْرِظِياطة تَرصُدُه تُريد قتله ولا تقدر [20] وكان هَرُودِس يخاف من يحيى لمعرفته أنه رجلٌ صالحٌ مُقدَّس فكان يحفظه لِما كان يبلغه عنه وعن أفعاله وكان يطاوعه جِدًّا [21] فلمَّا كان ذات يوم وجب فيه عيد ميلاد هَرُودِس أعدَّ صنيعًا للقوَّاد[183] والعرفاء وأكابر أهل جِلجال [22] فدخلت ابنة أوْرِظِياطة ورقَصَتْ (بين يديه)[184] فأعجبت هَرُودِس وجميع الذين كانوا يتَّكؤن معه فقال الملك للجارية سلي منّي ما شئت فأعطيكَهُ [23] وحلف لها أنَّ كلَّما سألتنيه أعطيكَهُ حتى لو سألتِ منّي نصف مُلكي [24] فخرجتْ وأعلمتْ والدتها وقالت لها ما أسئل منه فقالت لها سلي رأس يحيى المُعمِّد[185] [25] ثمَّ إنَّها دخلتْ مسرعةً إلى الملك وسألت وقالت أحِبُّ منك أن تُعطيني مُعَجِّلاً رأس يحيى المُعمِّد[186] في طبقٍ [26] فحزن الملك فلأجل اليمين والمُتَّكين معه كره أن يُحزِنها [27] لاكن أرسل سَيَّافًا وأمَرَه أن يأتي برأسه في الطبق [28] فذبحه في السجن وأتا برأسه في الطبق وبَرِيَ إلى الجارية وبرية[187] به الجارية إلى أمِّها [29] فلمَّا سمِع ذلك تلاميذه أقبلوا وأخذوا جِثمانه ووضعوه في قبرٍ.

[183] BL فلما حضر وقت اعداد الصنيع الذي يعد لكل سنة في اليوم الذي ولي فيه ودعا القواد

[184] BL.

[185] BL سلي راس يحيى بن زكريا

[186] BL يحيى بن زكريا

[187] León وبريت; BL وسارت

وما هذه الحكمة التي وُهِبها وهذه العجايب التي تظهر على يديه[176] [3] أليس هو هذا ابن الحدَّاد وابن مريم أخو يعقوب ويوسف ويهوذا وسَمعون أليس أخواته هُنَّ هاهنا معنا[177] فكانوا يتشكَّكون فيه [4] فقال لهم يسوع لا نبيّ بغير حرمة[178] إلاّ في وطنه وبين عشيرته وأهل بيته [5] وليس كان يفعل[179] هنالك ايةً غير ما وضَعَ يده على مرضا قليل فأبراهم [6] وكان يتعجَّب من كُفرهم[180] وكان يطوف على الحصون التي حولها ويوصي بها.

[7] ثم دعا الإثنا عشر * وبدا يرسَلُهُم زوجًا زوجًا وأعطاهم سلطانًا 33r
على الأرواح النجسة[181] [8] وأمرهم ألاّ يتزوَّدوا للطريق إلاّ عصًا فقط لا مِخلاة ولا خُبزًا ولا نحاسًا في مناطقهم [9] بل متنعِّلين بنِعالٍ[182] ولا يلبسوا ثوبين [10] وكان يقول لهم أيّما بيت دخلتموه فهنالك فالبثوا حتى تخرجوا من ذلك الموضع [11] وكلًّمن لم يقبلْكم ولم يسمع منكم فأخرجوا عنهم وانفضوا الغُبار من أقدامكم شهادة عليهم [12] فلمَّا خرجوا حضُّوا الناس على التوبة [13] ونفوا جنًّا كثيرًا ودهنوا جماعة بالزيت من المرضاء فَبَرَوا.

[14] فسمِع هَرُودِس الملك عن اسمه وما شاع عنه وقال إنَّ يحيى المُعَمِّد قام من الموتاء ولذلك تطلع هذه العجايب عنه [15] وكان بعضهم يقولون أنَّه إلياسُ وبعضهم يقولون أنَّه نبيّ كأحد الأنبياء

[176] BL من اين صار لهذا هذه العلوم وهذه القدرة التي يُحدث في كل يوم; Ibn Ḥazm من اين اوتي هذا وما هذه الحكمة التي رزقها ومن اين هذه الاعاجيب التي ظهرت على يديه

[177] BL أما اخوانه عندنا

[178] BL ليس يعدم النبي حرمة; Ibn Ḥazm ليس يكون نبي بغير حرمة

[179] BL ولم يظهر عندهم من العجايب; Ibn Ḥazm وليس كان يقوى ان يفعل هنالك اية

[180] BL فكانت تعجب الجماعة من كفرهم

[181] BL الجن

[182] BL ولا يكون في ارجلهم نعال

ثيابه بَرِيْتُ من علّتي [29] فانقطع ذلك الوقت عنها سِيالة الدم وحسَّت البُرْء في جسدها [30] فعلم يسوع بالقدرة التي خرجت منه والتفت إلى الجماعة وقال مَن مسَّ ثيابي. [31] فقال له التلاميذ قد ضيَّقتْ عليك الجماعة وضاغطتك وأنت تقول مَن مَسَّني [32] وكان هو في كلّ ذلك يلتمح الجماعة لينظر إلى الفاعل [33] فجزَعت المرأة وارتعدتْ لِما كان أصابها. فأقبَلَتْ إليه وسجدَتْ له وأقرَّتْ بفعلها. [34] فقال لها إيمانك سلَّمكِ يابْنَتي فانطلِقي في عافية وكوني مِن دايك سالمةً.

[35] وبيناهُ يقول هذا لها أقبل إليه ناسٌ من أعوان الوجيه الذي كان يذهب معه وقالوا له إبنتك ماتتْ فلا تَعني المُعلِّم. [36] فلمَّا سمع ذلك يسوع قال للوجيه لا تخفْ وليَحْسُن يقينك. [37] فلمَّا انتهى إلى منزله أوقف الجماعة وأخذ إلى نفسه بِيطُرَ ويعقوبَ ويحيى أخا يعقوب [38] ثمَّ دخلوا بيت الوجيه وبصروا فيه بالنايحات والباكيات [39] وقال لهنَّ عند دخوله لا تفزعن ولا تبكين فإنَّ الجارية نايمةٌ وليست مَيِّتةً [40] فاستهزين منه فأخرجهنَّ عنها وأدخل أباها وأمها ومن كان معه من التلاميذ عليها حيث كانت مُلقاة. [41] ثمَّ أخذ بيدها وقال لها تَبِطا قومي وترجته[174] يا صبيَّة لك أقول قومي [42] فقامت ذلك الوقت ومَشَتْ وكانت بنت اثنتي عشرة سنةً فجَزَع كلُّ من سمِع ذلك جزعًا شديدًا [43] وتقدَّم إليهم ألاّ يُعْلِموا أحدًا بفِعله. ثمَّ أمَرَهم أن تُطْعَم.

[VI] [1] وخرج من ذلك الموضع ومضى إلى بلده وكان يتبعه تلاميذه [2] فلمَّا كان يوم السبت بدا يُوصي الجماعة وكان كثيرٌ يسمعون ويتعجَّبون من وصيَّته ويقولون مِن أين أُتِي[175] جميعَ هذا

[174] BL and León وترجمته
[175] Ibn Ḥazm and León أوتي

[11] وكان في جبلٍ على مقربة من ذلك الموضع ذَوْد خنازير عظيم يرتعي. [12] فرغبوا إليه أنْ يأذن لهم بالدخول في الخنازير [13] فأذِن لهم بذلك. فأسرعوا بهم إلى البحر على نحو ميلَين وأهلكوهم فيه. [14] فهرب رُعاتها إلى المدينة وأعلموا ساكنيها بما أصابهم وأعلموا من لَقُوه قبل بلوغهم إليها فخرجوا لمعرفة الخبر [15] وأقبلوا إلى يسوع وبَصَروا به والمجنون قاعدًا معه صحيحًا عقلُه فجزعوا [16] وأعلمهم من حضر فِعْل يسوع بالمُجنِّ وإذنه للجِنِّ بالدخول في الخنازير [17] فرغَبوا إليه أن يخرج عن حوزهم. [18] فلما ركب المركب رغَب إليه الذي أبراه من الجِنِّ أن يأذن بالتوجيه معه [19] فكرِه ذلك وقال له إذهب إلى بيتك وأهلِكَ وأعلمهم برحمة السيّد لك وفِعله بِك. [20] فتوجَّه وجعل يَبُوح بخبره في مدينته دَقابلة بما فعل به يسوع وكانت تتعجَّب لذلك الجماعات.

## ألباب الخامس مَرْكُشْ

[21] فلمَّا جاز يسوع إلى الرِّيف الأخَر أقبلتْ إليه الجماعة وهو بالساحل [22] وأقبل إليه فيما بينهم رجُلٌ من خِيار اليهود يُدعا يايِرُش. فلمَّا بَصُر به خنع له [23] ورغِب إليه شديدًا وقال إنَّ إبنتي على النَّزَع فاذهب معي لتضع يدَك عليها وتُبْريها. [24] فتوجَّه معه واتَّبعته الجماعات وضاغطته[173] على الطريق.

[25] وكانت بالطريق إمرأة قد إبتُلِيَت بِسيالة الدم منذ اثني عشر سنة [26] وأنفقتْ مالها على الأطبَّا ولم تنتفع بمُداواتهم ولا زادتها المداواة إلاّ شرًّا. [27] فلما بلغها عن يسوع إقتحمت إليه في الجماعات * ومسَّتْ ثوبه مِن خلفه [28] قايلة إن مَسَسْتُ شيًا من 32v

[173] BL وزاحمته

ويستظِلَّ تحتها طيور السماء [33] وكيف يُضْرب لهم من هذه الأمثال كثيرةً ليسمعوها[172] [34] ولا يُكلِّمهم إلاّ مُتمثِّلاً. وكان يُفسِّر جميعها لتلاميذه إذا خلا بهم.

[35] ثمَّ قال لهم ذلك اليوم عند المساء خَلِّف بنا هذه الموضع. [36] فترك الجماعة وتوجَّه كما كان في المركب مع أصحابه وترَكَتْ غيرها من المراكب التي كانت معه في ذلك الموضع [37] فعصِفَ بهم البحر ورَمَز رَمْزًا شديدًا حتى دخل الماء في المركب وكاد يَمْتَلاني [38] وكان يسوع نايمًا في عُجْز المركب. فانتبهه التلاميذ وقالوا له يا مُعَلِّم أما يُعنيك من هذا الأمر ما يُعنينا وقد وَقَفْنا على العطَب [39] فقام وانتهر الريح وقال للبحر أسْكُتْ فسكتت الريح وهدا البحر [40] وقال لهم إنَّما خشيتم لتشكيكم [41] فجَزَعوا جزَعًا شديدًا وقال بعضُهم لبعضٍ من تظُنُّون هذا الذي يَطُوْع له الريح والبحر.

[V] [1] ثمَّ نزَلوا بموضع يقال له يَنَشُوْرَ. [2] فلمَّا خرج عن
المركب * أقبل إليه من المقبرة إنسان مُجَنٍّ [3] كان مسكنه في 32r
تلك المقبرة قد عجز أهله عن وَثقه وحبسه [4] لكسره أغلال الحديد الذي كان يُوثَق فيها وقَهَرَتْهُ لِمَن كان يروم حبسه [5] فكان ليلاً ونهارًا في الجبال والمقابر يصيح ويَلْتَدِم ويضرِب بالحجارة بَدَنَه. [6] فلمَّا بَصُر بيسوع على البُعْد أقبل إليه مُسرِعًا وخَنَع له [7] وصاح صيحة عظيمة وقال مالَكَ ولِي يا يسوع ابن الله العليّ أنا أنشَدُك الله ألاّ تعذِّبَني. [8] فقال له أُخرُج يا روحًا نجسًا عن هذا الإنسان [9] ثم سأله وقال له ما اسمُك. فقال له جُنْدٌ لأنَّا [لأن] فيه جماعة. [10] ثمَّ طلب إليه شديدًا ألاّ ينفيهم عن الأرض.

172 León وكان يكلمهم بكثير من مثل هذه الامثال على قدر ما كانوا يطيقون سمعه

يُومِن بها أقوام[165] [19] قد شغلتها الدنيا وكثرة أموالهم فيها عن إتمام ما شُرِطَ عليهم فيه فلا يَكمُل إيمانهم.[166] [20] والتي سقطت في أرضٍ كريمة فهو الذي يواقع قلوب قومٍ صالحين فبعضهم تأتي لواحدٍ[167] بثلثين وبعضهم بستين وبعضهم بِمِائة.

[21] وكان يقول لهم أتُرَا المنارة إنما قُدِّمت ليُكفا عليها إناء أو تُدخَل تحت سرير إنما قُدِّمت لتُقام على رِجلها [22] فكُلُّ مُخْفٍ سيُظهَر وكلّ مكتوم سيُطَّلَع عليه [23] فمن كانت له أُذُنٌ سامعة فَلْيسمَعْ. [24] وكان يقول لهم تحفَّظوا بما تسمعونه إنَّه سيُكَل[168] لكم بضاعَكم [25] فمن كان عنده خَيرٌ زِيْدَ له ومن لم يكن عنده يُنزَع ما يُرا أنَّه عنده.

[26] وكان يقول كذلك هو مُلْك الله بمنزلة من يلقي زريعته في الأرض [27] واسترقد وقام من لَيله ونهاره فلحِقت الزريعة ونبتت وهو لا يدري [28] وصارت عُشبًا وبعد. ذلك سنابل وكمَل في اخِر ذلك الطعام فيها [29] وإذ تمَّ ذلك حُمِل عليه المَنجَل لأنَّه قد ان حِصاده.

[30] وكان يقول بِمَن أُشبِّه مُلْك الله أو بِمَن أُمثِّله [31] نعم (إنما امثله)[169] بِحَبَّة خردلٍ إذا ألقيَت في الأرض وهو أدقُّ حبوب الزرَّاع.[170] [32] فإذا نبَتَ استَغَلَّتْ وصارت أَجَل البقول حتى يصير لها أغصان[171]

[165] BL and León وغيرهم الذين زرعوا في الشوك هم الذين سمعوا الكلمة

[166] BL and León وغموها بحوادث الدهر واشغاله وغرور الاموال وما شاكلها من الشهوات التي تطل عليهم فتغم الكلمة في صدورهم ويصيرون بلا ثمرة

[167] BL and León والذين يزرعون في الارض الكريمة هم الذين يسمعون الكلمة ويتقبلونها فيثمرون للواحد

[168] BL سيكال

[169] BL and León.

[170] BL الزراريع

[171] Missing folio from BL from this point to Mark V:19.

سقطت على حجارة لا تُراب فيها فيبست من حرارة الشمس إذ لم
يكن لها حيث يمتدُّ أصلها فيه.[157] [7] وبعضها سقطت في موضع
شَوكٍ فنبتَ الشَّوك عليها وغمَّها فلم تأتِ بثمرةٍ [8] وبعضها سقطت
في أرضٍ كريمة فنبَتَتْ ونَمَت وأتت بعضُها لواحدٍ بثلثين وبعضُها
بستين وبعضُها بِمِأةٍ [9] وكان يقول لهم من كانت له أُذْنٌ (سامعة)[158]
فلْيَسمعْ.

[10] فلمَّا إنفرد به الإثني عشر كاشفوه عن تفسير الأمثال. [11] فقال
لهم أنتم أُعطِيتُم معرفة صراط مُلك اللّٰه[159] وغيركم مِمَّن ليس منكم إنَّما
تُضرَب لهم الأمثال [12] ليُبصروا ولا يُميِّزوا ويسمعوا ولا يفهموا[160]
فيرجعوا ويُغفَر لهم ذنوبهم. [13] ثم قال لهم أما تفهمون هذا المثل
وكيف لكم وفَهْمُ الأمثال. [14] الزرَّاع هو النَّذير[161] [15] والزريعة التي
سقطت في جُوار الطريق هو الوحي الذي يواقع قلوب المكذِّبين فيُزيح
الشيطان عنهم ما قد كان بُذِر في قلوبهم [16] والذي سقطت على
الحجارة هو الذي يواقع قلوب قوم يتقبَّلونه فارحين[162] [17] (وليس لهم
اصل في ذاتهم بل هم اهل الزمان)[163] فإذا نزل بهم ضيق أو تَبَعَةٌ * من 31v
سبب ذلك الإيمان أسلموه.[164] [18] والتي سقط في الشوك فهو الذي

[157] Verses 5 and 6 are merged into one in BSB; BL and León [5] والبعض سقط على تربة محجرة حيث لا ارض الا قليلا فنبت من عاجل لأنه لم يقع في ارض عريقة [6] فلما نبت احرقته الشمس اذ لم يكن له اصل فيبس. BL وكان يكلمهم بشريعته

[158] BL and León.

[159] BL اعطيتم ان تفهموا تاويل ملك الله

[160] BL and León لينظروا بابصارهم فلا يبصرون ويسمعوا بمسامعهم فلا يفهمون

[161] BL and León زارع الكلمة

[162] BL and León هم الذين سمعوا الكلمة وقبلوها قبولا سريعا بالفرح

[163] BL and León.

[164] BL and León فاذا حدث عليهم تضيق وطلب من اجل الكلمة عثروا من عاجل

سلطانه.[150] [27] واعلموا أنَّه لا يقدر أحد على دخول بيتٍ أيِّدٍ واستخراج ما فيه إلا أن يُوْثِقَ قبل ذلك رَباط الأيِّدِ وكذلك يَتَمكَّن من سَلْب بيته.[151] [28] أمين أقول لكم سَتُغفَر لبني أدَمَ جميعُ الذنوب والشتيمة [29] ما عدى شتيمة رُوح القدُس فمَنْ سَبَّه لا يُغفَر له أبدًا ويكون ذَنْبه عليه في الأبد [30] قال هذا فيمن كان يَزعَم فيه أنَّه مُصاحِب.[152]

ألباب الرابع مَرْكُش

[31] فأقْبَلَتْ إليه أمُّه وأقاربه وهو في جماعة (ووقفوا عند الباب)[153] فأومَوا إليه أن يخرج إليهم [32] (وكانت الجماعة جالسة حوله)[154] وقيل له هذه أمُّك وأقاربك[155] بالباب. [33] فأجابهم وقال مَن أمِّي وأقاربي [34] ثم إلتمح إلى من كان حوله وقال هؤلاء أُمِّي وأقاربي [35] وكُلُّ مَن تَمَّ إرادة الله فهو أخي وأختي وأمِّي.

[IV] [1] ثم بدا بوصية الناس على الساحل واجتمعت إليه جماعة عظيمة حتى ألجَتْهُ إلى دخول مركب وكلَّمهم منه والجماعة على الريف. [2] فتمثَّل لهم بأمثال كثيرة يَوْصيهم بها وقال في بعض وصيته[156] [3] إسمعوا بينا زارِع خرج ليُبذر زريعته [4] فلمَّا بذرها سقط بعضُها فيما جاور الطريق فنزل الطير عليها وذهب بها [5] وبعضها

[150] BL and León وان كان الشيطان يثور على نفسه فهو مشتت ولا يمكنه الثبات بل ينقرض

[151] BL ولا يمكن احدا ان يهجم على القوي الشجيع في بيته ويسلبه متاعه حتى يربط ذلك القوي وكذلك يغنم بيته

[152] BL لأنهم كانوا يقولون ان فيه روحا نجسا

[153] BL; León ووقفوا خارجا

[154] BL and León.

[155] BL and León اخوة instead of اقارب throughout this episode.

[156] BL وكان يكلمهم بشريعته

لازدحامهم عليه [10] وكان يبرأ كثيرًا من المرضى لِمَسِّهِم له ودُنوهم
منه[140] [11] وكانت الجِنّ تخنع له إذا بَصُرَتْ به وتَعْلِقُ أصواتها[141] وتقول
أنت ابن الله. [12] فكان ينتهرهم ويُسَكِّتهم عن الإيضاح بخبره.[142]

[13] ثم صعِد إلى الجبل ودعى إلى نفسه الإثني عشر الذين تَخَيَّر
من أصحابه [14] وأمَرَهم أن ينَبُّوا الناس[143] [15] وأعطَهُم السُّلطن ليَبرَوهم
من جميع أمراضهم ويستخرجوا الجِنَّ [16] وسمَّى سَمعون بيْطُرُ
[17] وسمَّى يعقوب ويحيى ابنَي سَبَذاي بُوَنارْجِسَ[144] يعني ابنَي الرَّعْدِ
[18] وأندِرياش وفَلِبُّش وَبَرْتُلُماوَش ومثاوُش وطُوْماش ويَعقوب الْفاي
ويهوذا وسَمعون الكنعاني [19] ويهوذا الإشكَريُوث الذي دلَّ عليه.[145] ثم
أقبلوا إلى بيتٍ [20] واجتمعتْ إليه الجماعات فمنعتْ أصحابَه إصابة
الطعام[146] [21] حتى كان يُمسِك أصحابَه الناسُ عنه[147] وقالوا أنَّه تحوَّل
مُتغاضبًا. [22] وكان يقول المُصَدِّقون المقبلون من يَرُشلِيمَ أنَّ فيه
بَلسبُوب وإنما يستخرج الجِنَّ بقايدهم[148] [23] فدعاهم إلى نفسه وقال
مُتَمثِّلاً كيف يقدر الشيطان على استخراج شيطان [24] وإذا تشتَّت مُلكٌ
فلا ثبات له [25] (واذا تفرق البيت في ذاته لا يمكن ان يثبت ذلك
31r البيت)[149] [26] وإن * الشيطان يعمل على نفسه فَيَسْتَنْقِضُ [فسَينقرض]

[140] BL كثيرا من المرضا حتى انهم كانوا يترامون عليه ليمسه كل من كانت به جراح
[141] BL وكانت الارواح النجسة متى نظرت اليه سجدت له وكانت تصيح وتقول
[142] BL فكان يتواعدهم الا يظهروا امره
[143] BL ثم صعد الى الجبل ودعا الى نفسه من احبه واقبلوا إليه وامر ان يكون الاثني عشر معه وان ينبوا الناس
[144] For *Boanerges* (βοανηργές). BL يوانارجس
[145] BL الذي تل به
[146] BL اكل الخبز
[147] BL فلما سمع ذلك اصحابه خرجوا ليتقبلوه
[148] BL وان اركون الشياطين ينفي الجن
[149] BL and León; verse 25 omitted in BSB.

أكلُه إلاّ القسيسين فأكل منه ووَسى[127] أصحابه. [27] ثم قال لهم أمَا خُلِقَ السبت للأدميّ ولم يُخلق الأدميّ للسبت [28] و(انا اقول لكم ان)[128] ابن الإنسان هو سيّد السبت.

[III] [1] ثمّ توسَّط الجماعة وكان فيها رجلٌ أشلّ[129] [2] فارتصدت الجماعة فِعله (به)[130] وإن كان يُبريه في يوم سبت ليجدوا سبيلاً إلى بَغيه[131] [3] فقال للأشلّ قُم في الوسط[132] [4] ثم قال[133] لهم الإحسان ألزمُ في يوم سبتٍ أم الإساية وسلامة نفس أفضل أم تَلَفها. فسكتوا عنه ولم يَجِبوه[134] [5] فتصفَّحهم مُغْضِبًا ومُتحزِّنًا على عُمي قلوبهم[135] وقال للأشلّ مُد يدك فمدَّها فاستقامت. [6] فلمَّا خرج عنهم أدار عليه المُصَدِّقون مع أعوان هَرُودِسَ بما يُهلكونه به.

[7] وخرج بتلاميذه عنهم ولَحِق بالساحل. فاتَّبعته جماعة من جلجال[136] وأرض يهوذا [8] ويَرُسَلِيمْ[137] وبني عِيصَى[138] وما خلف الأردون وما جاور طرطُوسَ[139] وَشِيذان لما بلغهم من عجايبه واستجمعوا حوله [9] فأمر تلاميذه أن يَقْرَبوا إليه مركبًا ليدخل فيه ويكلم الناس منه

127 BL وواسا منه
128 BL.
129 León مبطول اليد
130 BL.
131 BL شكيته; León ليبغوه بذلك
132 BL قم وقف
133 BL التفت الى الجماعة وقال
134 BL يجيبوه بشيء
135 BL جهالتهم
136 BL اهل الجليلة
137 BL اورشلم
138 *Idumea*. BL وبني عِيصا
139 BL طرسوس

[18] وكان تلاميذ يحيى والمصدّقون صايمين فأقبلوا إليه وقالوا لِمَ يصوم تلاميذ يحيى والمصدّقون ولا يصوم تلاميذك. [19] فقال لهم يسوع أيصوم إخوان العروس ما كان العروس معهم. (لا يحسن الصيام باخوان العروس ما كان العروس معهم)[115] [20] ستأتي عليهم أيام يذهبوا[116] فيها العروس عنهم وعند ذلك يصومون. [21] لا يستقيم أن يُرَقِّع أحدٌ ثوبًا باليًا بجديدٍ لأنَّ الجديد يقطّع البالي [22] ولا يُدْخَل خمرٌ جديدة في أوانٍ[117] بالية ومَن فعل يُقَطِّع أوانيَةً[118] ويُتْلِف شرابه وإنما يستقيم أن يُدْخَل خمرٌ جديدة في أوانٍ[119] جُدُدٍ.

## ألباب الثالث[120] مَرْكُش

[23] ثمَّ تمسَّح بِزرع في يوم سبتٍ[121] فجعل تلاميذه ينقوا السنابل (فجمع منه تلاميذه فريكًا)[122] [24] فقال المُصدِّقون لِمَ يفعلُ تلاميذك ما لا يَحِلُّ لهم في السبت. [25] فقال أما قرأتم ما فعله داوُد إذ (اضطرته الحاجة و)[123] جاع هو ومن كان معه [26] كيف دَخَل * صُرادِق[124] اللّٰهِ في 30v
عهد أبيطار رييس[125] القسيسين وأكل من خبز القربان الذي لا يحلُّ (لأحد)[126]

[115] BL and León; text omitted in BSB.
[116] BL يذهبُ
[117] BL and León زقاق
[118] BL and León زقاقه
[119] BL and León زقاق
[120] BL الباب السادس (in error)
[121] León وبعد فإنه خطر في يوم سبت بزرع
[122] BL.
[123] BL; León اذ احتاج وجاع
[124] BL سُرادِق; León بيت
[125] BL قايد
[126] BL.

المفلوج إليه من الكوّة بمحمله الذي كان فيه [5] فلمَّا بَصُر يسوع * بحُسْن 30r
تَيَقّنهم قال للمفلوج قد غُفِرت لك ذنوبك يا بُنيّ [6] فاستنكر هذا من قوله
كلُّ من كان من حوله من العلماء وقالوا في أنفسهم [7] أَلَمْ تعلموا أنَّه
يَسُبُّ[108] وهل يقدر يغفر الذنوب غير الله وحده. [8] فلمّا علم يسوع مِن
عاجلٍ في نفسه ما كانوا فيه يُفكّرون[109] قال لهم ما هذا الذي (تفكرون
فيه في قلوبكم و)[110] تستنكرونه [9] أيّ شيء عندكم أهْوَن أن يُقال
للمفلوج قد غُفرت لك ذنوبك أو يقال له قُمْ واحتمل سريرك وانطلق
سالما [10] ولكن لتعلموا أنَّ لابن الإنسان سلطانًا في الأرض يغفرُ به
الذنوب ثمَّ قال للمفلوج [11] قُمْ واحتملْ سريرك[111] وانطلِقْ سالمًا إلى
بيتك [12] فقام ذلك الوقت سالمًا واحتمل سريره[112] إلى بيته بمحضر
الجماعة وهم يعجبون ويحمَدون الله ويقولون ما رأينا مثل هذا.

[13] ثمَّ خرج إلى الساحل واتّبعته الجماعات وجعل يُوْصِيهم. [14] فلمَّا
بصُر بلاوي ألفاي قاعدًا على تقاضي الخراج قال له إتَّبعني فاتَّبعه من وقته.
[15] فلمَّا دخل بيته ووضع بين يديه طعامًا إتَّكا مع يسوع جماعة من
المستخرِجين والمذنبين ومع تلاميذه وكانت قد اتَّبعته جماعة من العلماء
والمصدّقين. [16] فلمَّا بصَروا أنَّه يأكل مع المستخرجين والمذنبين قالوا
لتلاميذه لِمَ يأكل معلّمكم مع المستخرجين والمذنبين. [17] فلمّا سمع
ذلك يسوع قال لهم ليس يحتاج إلى الطبيب الأصحّا إلاّ المرضى[113]
وأنا لستُ أنذِر[114] الصالحين إلاّ المذنبين.

[108] BL وقالوا في انفسهم ولم يعلنوا من هذا الذي يسب
[109] BL تفكير ضمايرهم
[110] BL.
[111] BL محملك
[112] BL محمله
[113] BL and León بل يحتاج اليه المرضى
[114] BL ولم ات لأدعو ;León ولم ات ان استدعي

لذلك. [39] وكان يوصي جماعتهم في جميع جلجال وينفي الجِنَّ عنهم [40] فأقبل إليه مبروص وسجد بين يديه مُستغيثًا وقال إن وافقك[95] أن تُبريني فأنت قادر على ذلك [41] فرحمه يسوع (ومد يده)[96] ومسَّه وقال أريدُ فاسْتَنْقِ. [42] فلمَّا قال ذلك بَريَ من وقته من برصه[97] [43] وأمره أن يخفي فِعله به ثمَّ أطلقه [44] وقال له لا تُعْلِم أحدًا بما أصابك[98] وأظهِر نفسك على (قايد)[99] القسيسين وقرّب[100] عن نفسك لاستنقايك ما أمر به موسى في عهدكم.[101] [45] فلما خرج جعل يَصِف ما فعَل به[102] وانتشر خبره حتى منعه ذلك من دخول المداين (علانية)[103] لكثرة من كان يجتمع إليه وكان يلحق بالقيافي وفيها كان يَخْرُج إليه.[104]

[II] [1] ثم دخل أيضًا بعد أيام قفرناؤوم وسمع أنه في بيت[105] [2] فاجتمع إليه كثير حتى لم يحتملهم (البيت ولا)[106] رحبة الباب وكان يوصيهم بموعظة الكلام. [3] فأقبل إليه بمفلوج قد إحتمله أربعة نفرٍ [4] فلما لم يَصلوا إليه من كثرة الجماعة كشفوا سقف البيت الذي كان فيه يسوع[107] ودلّوا

95 BL and León اردت
96 BL and León.
97 BL جدامه
98 BL لا تعلم احدا بمن ابراك
99 BL and León.
100 BL and León واهد
101 BL عهده; León في عهدهم
102 BL فلما خرج عنه باح بفعله
103 BL; León ظاهرا
104 BL وكانوا يجتمعون إليه من كل موضع ويتبعه الناس فيها
105 BL فلما بلغ الناس دخوله; León وبلغهم انه في بيت
106 León; BL تحملهم الدار والرحاب
107 BL فلما لم يقدروا على الدخول اليه استداروا بالدار وصعدوا على سقف البيت الذي كان فيه يسوع فكشفوا بعضه

يسوع وقال أصمتْ[84] واخرج عن الرَّجل [26] فصَرَع الروح النجس الرَّجل الذي كان فيه ثم صاح صيحة عظيمة وخرج عنه [27] فعجبت لذلك الجماعة وجعلتْ تقول ما هذا الذي حدث فإنَّا لَنراه مُستقدرًا على الجِنّ وهم له طوْعٌ [28] فانتشر خبره في جميع جِلجال.[85]

## الباب الثاني مَرْكُشْ

[29] فلمَّا خرج عن الجماعة ودخل بيت سَمعون واندِرياش (اخيه)[86] مع يعقوب ويحيى [30] وكانت خَتِنَةُ سَمعون مُثقالةً[87] من المُوْم فأعلموه بأمرها [31] فأخذ بيدها وأقامها صيحة [صحيحة][88] وتولَّت خدمتهم. [32] فلمَّا غَرُبت الشمس أقبل إليه بالمرضى والمُجنّين [33] واجتمع أهل المدينة عند الباب [34] فأبراهم أجمعين من صنوف أمراضهم وأخرج الجِنَّ (عنهم)[89] وكان يمنعهم ويُسكّتهم عن الكلام لمعرفتهم أنَّه المسيح.

[35] وثُمَّ إغتَدَ[90] إلى المفاز ليُصلّي فيه [36] فاتّبعه سَمعون وأصحابه. [37] فلما ظفروه[91] قالوا له إنَّ الجماعة تطلبك [38] فقال لهم إمضِ[92] بنا إلى أقرب القُراء[93] إلينا والمداين لنُبَصّرَ[94] أهلها فإني إنَّما قدمت

[84] BL اسكت

[85] BL فعجبت الجماعة عند ذلك وجعل بعضهم يقول لبعض ما هذه العادة الجديدة فانه يامر الارواح النجسة باقتدار فتطوع له فشاع في العاجل خبره في جميع بلاد جِلجال

[86] BL.

[87] BL مثقلة

[88] BL and León واقامها فتخلى الموم عنها من عاجل

[89] BL.

[90] León قام بالصباح

[91] BL اتوه; León وجدوه

[92] BL اهبطوا

[93] BL القرى

[94] BL and León لنوصي

[14] ولمَّا حُبِسَ[67] يحيى أقبل يسوع إلى جِلجال وبشَّر بمُلك اللّٰه
[15] وقال قد كمَل الزمان وقَرُب مُلكُ اللّٰه[68] فتوبوا وامِنوا[69] بالإنجيل.
[16] وبَيناهُ مُتمسّحًا ببحر[70] جِلجال بَصُر[71] بسَمعون وانْدِرياش أخيه وهما
يصطادان الحِتان[72] [17] فقال لهما يسوع اتَّبعاني فاجعلَكما صيَّادَي
الأدميين [18] فتركا ذلك الوقت الجميع[73] واتَّبعاه. [19] ثمَّ تحرَّك منها[74]
وبصُر بيعقوب السَّبذاي[75] ويحيى[76] أخيه في مركب مع ابيهما يَعدّان[77]
شباكهما [20] فدعاهما فتركا أباهما (سبداي)[78] في المركب مع الأعوان
واتَّبعاه.

[21] ثُمَّ دخلوا قَفْرَناوُوم[79] وجعل يُبَصّرهم في الأسبات[80] [22] فكانوا
يَعجَبون[81] من وصيَّته إذ كان يُوصِيهم باقتِدار وليس كوصيَّة العلماء
[23] وكان في الجماعة رَجلٌ مُجَنٌّ[82] * فنادى [24] وقال مالك ولنا يا 29v
يسوع الناصريّ أَجِيْتَ[83] لهلاكنا إني عارف أنَّك مُقدّس اللّٰهِ [25] فانتهره

67 Ibn Ḥazm فبعد ان بلي
68 BL قد كمل الزمان; Ibn Ḥazm ان الزمان قد تم وتدانى ملك اللّٰه
69 Ibn Ḥazm وتقبلوا
70 Ibn Ḥazm فلما خطر جوار بحر
71 Ibn Ḥazm نظر الى
72 BL, Ibn Ḥazm, and León وهما يدخلان شبكة لهما في البحر وكانا صيادين
73 BL, Ibn Ḥazm, and León الشبكة
74 Ibn Ḥazm ثم تمادى قليلا
75 BL, Ibn Ḥazm, and León ابن سبداي
76 Ibn Ḥazm يوحنا
77 Ibn Ḥazm and León يهندمان
78 BL and León; Ibn Ḥazm فتركا والدهما
79 BL قفرناحوم
80 BL في يوم سبت فجعل يوصي جماعتهم
81 BL يجزعون
82 BL مجنون; León رجل به الروح النجس
83 BL and León اقبلت

29r * بسم الله الرحمن الرحيم وَبِه أستعين[59]

[I] الباب الأول مَرْكُش

[1] بَدْؤُ إنجيل يسوع المسيح ابن الله [2] على وَصْف أشعيا النبيّ حيث قال إني باعث مَلَكي بين يديك لإقامة صِراطك أمامك [3] سينادي صوتٌ في المفاز ويقول سَهِّلْ[60] صراط السيّد وقَوِّموا مخادِعه. [4] كان يحيى في المفاز يُعَمِّد ويحُضُّ[61] على إعماد التوبة والرجوع عن الغيّ[62] [5] وكان ينزَع إليه جميع من كان بأرضِ يهوذا وَيَرُسَلِيمَ ليعمّدهم في الأردنْ بعد إقرارهم بذنوبهم. [6] وكانت كُسْوَة يحيى من وَبْر النّوق وحِزامه شراكًا وطعامه الجَرَاد وعسل الشعاري. [7] وكان يُنَبّي ويقول سياتي بعدي أقوى منّي وَمَن لَسْت أستوجب حَلَّ شِراك خُفَّيه. [8] وأنا أطهِّركم في الماء وهو يُطهِّركم بِرُوح القُدُس

[9] فأقبل إليه يسوع في تلك الأيّام من ناصِرة التي بجِلجال وعمَّده يحيى في الأردن. [10] فلمَّا خرج عن الماء بَصُرَ بالسماء مفتوحة وبروح القدس نازلاً عليه في صورة حمامة ومُستقِرًّا فيه [11] وسمَعَ صوتًا من السماء قايلاً أنتَ[63] ابني الحبيب الذي ارْتَضَيْتُ[64] [12] فوَجَّه[65] به الروح إلى المفاز [13] ولَبَثَ فيه أربعين يومًا وأربعين ليلةً[66] وجرَّبه إبليسُ فيها فكان بين الوحوش والمليكة تتولّى خِدمته.

[59] León بسم الله الرحمن الرحيم ولواهب العقل الحمد; no invocation in BL.

[60] BL سهلوا; León هيوا

[61] BL and León يشرع

[62] BL اعماد التوبة لمغفرة الذنوب

[63] BL هذا

[64] BL ارتضيته; León ارتضيتك

[65] BL and León شرحنا

[66] BL اربعين يوما بلياليها

الباب العاشر إذ سألوه بسُلطن مَن يفعل هذا وسوالُهُ عن اعماد يحيى ومَثَل الكَرْم والحُرّاس والدرهم الذي يودَّى إلى قيصر والمرأة التي كانت نكَحَتْ السبعة الاخوة وقولُه للمُصدق ما أنتَ ببعيد من مُلك الله وسوالُهُ عن المسيح أنَّه ابن داود وتحذيره عن العلماء وعن المرأة التي ألْقَتْ الدانقين في التابوت وخراب البيت.

الباب الحادي عشر في الدجاجلة والمسيح الكذَّاب وما يَلقَوا الشُّهدا من العذاب وانقراض الدنيا ومجي المسيح ومَثَل شجرة التين إذا أورقت وأنَّه لا يعلم أحد يوم القيمة ولذلك حضَّ على السَّهر.

الباب الثاني عشر في الدُّهن الذي صبَّت المرأة على رأسه وتلِّ يهوذا
28v به في أيدي القسيسين * واستعداده للعيد وقوله لهم واحدٌ منكم يَدُلُّ
عليَّ وجُحُود بِيْطُرُ له وصلوات يسوع.

الباب الثالث عشر في سوال الاكابر ليسوع ومَرثتهم له وجَحدُ بِطُرُ له ثلاثًا والبراة بيسوع إلى بيلاط واطلاق بَربَّان وجَلْد يسوع والبراة به ليُصلَب وملاقاته للصليب ودَفْنُه وقيامه عن الموتا ووصيّته لهم بعد قيامته وصعوده إلى السماء.

كَمَلَت الابواب بِحَمد الله.[58]

وهذا بدو انجيل مركش الحوري [الحواري] على بركة الله.

[58] BL تمت الابواب بحمد الله; León تمت الابواب والحمد لله

في وطنه وبَعَثَته الإثني عشر تلميذًا وإعطاه لهم السلطن وقتل يحيى[53] وسَوق راسه في الطبق.

الباب السادس إنصراف الحواريون[54] إلى يسوع وفي الخمس خُبَز والحوتين ومشي يسوع على البحر وإقباله إلى التلاميذ وإبراه لأنواع الأمراض وما يدخل جوف الرجل لا ينجّسه.

الباب السابع إذ أبرا إبنة الكنعانية[55] وبُريه لها وحيث أبرا الأصم الأبكم والسبع خُبَز وخمسة ألاف رجلٍ وطلبُ المصدّقين منه ايةً ولا يعطَون وتحذيره من خميرة المصدّقين والهَرُودسيين[56] والبُصاق الذي فتح به عيني الأعمى[57] وإقرار بِيطُرُ أنَّه المسيح وإنتهاره له إنتهارًا عنيفًا وبدَّل هيئتَه في الجبل وتكلمه لموسى وإلياس وسُواله عن إلياس القادم إن كان هو الذي يتقدَّمُ وقوله ليس يُقهَرُ الروحُ النَّجس إلاّ بالصلاة والصوم.

الباب الثامن قوله من أراد يتقدَّمكم فلْيَكُن خادمكم وألاّ يُمْنَع من يطلع العجايب على اسمه وسقيُهُ كأسًا من ماء باردٍ لسببي وفقع العين وقطع اليد والرِّجل والمِلحُ لا يُستغنى عنه ولا يُطَلِّق الرجل المرأة والأطفال الاّ يمنَعُ من الدنوا منه وقوله للحَدَث أن يبيع ماله ويتصدَّ[ق] به والمليّ لا يَدخُل مُلكَ اللهِ.

الباب التاسع فيما هو لاقٍ وفي طَلَبَة والدة ابني سَبَذاي وَبَرْءُهُ للاعمى المُستعطي جوارِ الطريق وفَلُوْ الحِمارة وركوبه ايَّاه واخراجه الصرَّافين عن البيت والشجرة التي تيبست وفي ذنب الاخ أن يغفر.

[53] Leipzig يحيى بن زكريا ;León يحنا بن زكريا

[54] Leipzig الحاربين or الحاربين (for الحواريين); León التلاميذ

[55] Leipzig المراة السيرافية

[56] BL خميرة الفرزيين ;Leipzig خميرة الفريسيين

[57] BL وفتح عيني الاعمى بريقه ;Leipzig وفتح عيني الاعمى ببصاقه

## (فسر ابواب انجيل مركش الحواري)[46]

الباب الأول عن يحيى المعَمِّد وطعامه ولباسه وإعماد يسوع[47] وشهادته ودعوته لبيطُرُ وأندِرياش ويعقوبَ ويحيى والرجل الذي كان به الروح النجس وكيف ابراه يسوع.

الباب الثاني إبراه لختينة بِيْطُرُ من المُوْم[48] وغيرها ممَّا أبراه وإبراه للأبراص والمفلوج ودعوته ليعقوب الفاءِ وأكله مع المُستخرجين والمذنبين ومشاكرة اليهود وقوله ليس يحتاج الأصحَّا للطبيب وصوم التلاميذ وأصحاب العروس ومثل الزقاق والخمر.

الباب الثالث عن السنابيل التي أكَلَ التلاميذ وعن الرجل الأسَل وإقرار الجِنّ واختياره للإثني عشر حواريًا وعن بَلسَبوب قايد الجِنّ[49] ورَباط الأيد ومن سبَّ روح القُدُس لا يُغفَر له.

الباب الرابع عن والدته وإخوته ومَثَل الزرَّاع والمنارة تحت إنا وعن الكيل الحَسَنِ ومثل العُشُب والسنابيل وإكمال الطعام فيها وحَبَّت [وحبَّة] الخردل وحيث رَقَد في المركب وقيامه وتسخيره البحر العاصف والجنيّ الذي كان اسمه جُنْدٌ.

الباب الخامس في إحياه لإبنة القايد[50] والمرأة الذي[51] كان يسيل
28r منها الدم فأبراها[52] وإحياه للجارية * والنبيّ الذي لا يُعْدَم حُرمةً إلا

[46] BL. Leipzig تمت المقالة والحمد لله ويتلوها فهرسة León ;تمت المقالة اول عبراته الابواب على بركة الله

[47] BL وان المسيح عمده يحيى ;Leipzig وان المسيح عمده يحنا

[48] Leipzig الموتا

[49] BL بلسبوب ريس الابالس ;Leipzig بلزبول ريس الابالس

[50] Leipzig ريس الجماعة

[51] León التي

[52] BL وابرا المرأة من سيالة الدم

رجوعه إلى الإيمان[28] ألاَّ يلتزم[29] خدمة الإمامة في بني إسرايل وإذ كان عندهم ناقص الأعضا ألاَّ[30] يتولَّى في البيت خدمة القرابين وجاز[31] لرجوعه إلى الدين الذي حتمه الله عليه وحباه به وقَدَرَه عليه أن يذيع[32] إنجيل ابنه شرفًا هو أعظم من الشرف الذي كان حازه واستحقَّه في أهل بيته وبني عشيرته[33] وصريح نسبه[34] أن صار أسقفًا للإسكندرية[35] وشرح فيها أفعال[36] المسيح شيا شيا بفهمه بشرايع[37] التورية واكتفايه[38] بالخدمة الأولى وبيَّن لهم أن جوهر الباري توحَّد[39] بالناسوتيَّة[40] وذلك أنَّ أوَّل شيء[41] ينبغي لنا أن نعرفه ونقتصر عليه وإذا عرفناه فحقيق أن نلتمسه ونتشبث فيه[42] فَنُجازا إن شرَعْنا[43] ذلك بمثوبة النصيحة والإمحاض وجزاء المهَرة[44] لأنَّ الذي يغْرُس والذي يسقِي هما واحد والذي يجود بالمادَّة والنماء هو الله عزَّ وجلَّ تَبَرَكَ اسمُهُ وتعالى قدرُهُ.[45]

تمَّ المصدر بعون الله

[28] Leipzig للايمان

[29] Leipzig لئلا يلزم

[30] Leipzig وحباه به crossed out.

[31] BL واختار

[32] BL يضع; Leipzig يرفع

[33] Leipzig عشرته

[34] Leipzig وصريح نسبته الى

[35] BL, Leipzig, and León اسقف الاسكندرية

[36] Leipzig فعال

[37] BL, Leipzig, and León لفهمه بشرائع

[38] Leipzig والكفاية

[39] Leipzig اتوحد

[40] BL, Leipzig, and León بالناسوت

[41] BL, Leipzig, and León وذلك أول شيء

[42] BL, Leipzig, and León به

[43] BL شرحنا

[44] BL المهزة; Leipzig المهوة

[45] BL, Leipzig, and León يجود بالمادَّة هو الله عز وتبارك; BL adds سبحانه

إتِّخاذه[11] بالكلمة أبان ذلك في أوّل إنجيله للقاري ليَعْلم أنَّ عِلَّة الجسد الكلمة وأنَّ الجسد مَحَلَّ الباري القادم وأنَّ معرفة هذه القدرة[12] واجبة على كلّ ذي لحم[13] وأن يُشعِرنا[14] بالكلمة التي كانت خفيت عن الجاهلين بها في سَّاير[15] الأسرار فأوَّل فرايضه[16] البُشرا[17] بالمعمودية التي هي رأس الإيمان وفاتحتها[18] وأخبر بمعمودية يحيى[19] للمسيح والوقت الذي منه بَدى المسيح بإذاعة الشريعة والقول بِمُلك الله ولم يبد[20] بأصل إلتحامه وأوّل ميلاده لِلَّذي[21] كان فهمَهُ أنَّ أصحابه الحَواريين[22] الاخرين قد كانوا كَفَوْه شَرْحَ ذلك وإيضاحه بل بدا بدخول المسيح إلى المفاز[23] وصيامه ومحنة إبليس إيَّاه ومُقايسته له واجتماع الوحوش (اليه)[24] وخدمة المليكة[25] له أعْلَمنا بذلك لنعرفه تعليمًا وجيزًا مُختَصَرًا بغير تطويل كيما لا يَحْذِف راس القِصَّة العظمى ولا يغفَل عن إتمام العمل الموجوب
27v عليه إعلامنا[26] به. وقد * يُقال عنه أنَّه قطع لنفسه إبهامه الأيمن[27] بعد

[11] Leipzig اتحاده (?)
[12] BL, León, and Leipzig العقدة
[13] BL, León, and Leipzig ذي لحمٍ وجسد
[14] Leipzig شعرنا
[15] BL سراير
[16] BL and Leipzig فاول فرايض انجيله
[17] Leipzig البشر; León البشرى
[18] Leipzig وفاتحها; León وفاتحته
[19] Leipzig يحنا
[20] BL and Leipzig يبتدي; León يبتد
[21] Leipzig الذي
[22] Leipzig الحواريون
[23] BL الى صحراء المفاز; Leipzig الى الصحر المفاز; León الى صحرا المفاز
[24] BL, León, and Leipzig.
[25] BL and Leipzig الملايكة
[26] Leipzig اعلاما
[27] Leipzig اليمنا; León الأيمان

# [إنجيل مَرْكُشْ]

## (بسم اللّٰه الرحمن الرحيم
## المصحف الثاني من الانجيل كتبه مرقس
## تلميذ بطرس الحواري في بلد ايطالية اللغة يونانية)[1]

قال يَرُونم[2] مركُشْ (الحواري)[3] بَشير إنجيل اللّٰه ووَلَدُ بِيطُرُ[4] من طريق المعمودية وتلميذه من كلام اللّٰه كان قِسًّا[5] في بني إسرايل هارونيًا من سِبط لاوي رجع إلى مِلّة المسيح وكتب هذا الإنجيل في بلد إيطالية وهو جُزء رُوْمَةَ وأوضع[6] فيه ما كان من حقّ عشيرته وما (كان)[7] من حقّ المسيح فأوّل ما بدا فإنّما يستشهد[8] بكلام الأنبياء أراد بذلك (اظهار)[9] شرف بيت لاوي الذي إصطفاه اللّٰه لمرتبة الإمامة وأخبر أنَّ يحيى[10] بن زكريا من سبط لاوي إختاره اللّٰه قبل خلقه في بطن أمّه كما بشَّر به جبريلُ الملَكُ وأنَّ اللّٰه قدَّره بشيرًا ورسولاً وذَكَرَ أنَّ الكلمة صارت إنسانًا وأنَّ جسد المسيح حلَّ في الجميع حُلولاً جامعًا كُليًّا من طريق

[1] Leipzig. BL بسم اللّٰه الرحمن الرحيم وله جزيل León ;بسم اللّٰه الرحمن الرحيم وبه استعين الحمد (crossed out).

[2] Omitted in Leipzig.

[3] BL.

[4] Leipzig وابن بطرس

[5] Leipzig قسيسًا

[6] BL and León واوضح; Leipzig ايطالية وهو وضح

[7] Leipzig.

[8] BL, León, and Leipzig استشهد

[9] BL and Leipzig. León اظفار

[10] Leipzig يحنا

[18] فتدانا منهم يسوع وقال لهم قد أُعطِيْتُ جميع * السلطان في 27r
السماء والأرض. [19] فاذهبوا وأعلموا جميع الناس[753] وأعمدوهم على
اسم الأب والإبن والروح القُدُس [20] ومُرُوهم[754] بحِفظ كل ما أمرتكم
به وأنا مَعَكم طول الدهر إلى انقراض الدنيا.

تمَّ الإنجيل الأوَّل الذي كتبه مَتُوَةُ الحَواري تلميذ المسيح باللسان العبراني

يتلوه الإنجيل الثاني قَوْلُ مَرْكُشْ تلميذ بِيْطَرُ الحَواري الجزء الذي وَضَعَ بالرُّوميَّة بإطالية من أرض الرُّوم إلى أربعَ عشرة سنةً بعد ارتفاع المسيح إلى السماء كما كان حَمَلَه عن مُعَلِّمه. فَقُري على بِيْطَرُ وأَمَرَ الناس بِحَمله. ثُمَّ تُرْجِمَ بالعجميّة لاهل رُوْمَةَ.[755]

753 BL and BNM-M فاذهبوا ونَبُّوا جميع الأجناس (BNM-M وأعلموا)

754 BNM-M واوصوهم

755 BL كمل المصحف الاول من الانجيل لمتا ويتلوه المصحف الثاني لمركش تلميذ بيطره الحواري كتبه في بلد ايطالية باللغة اليونانية وبالله استعين; León ends abruptly at XXVII:39.

حيي[740] كما قال وانظُرا[741] إلى الموضع الذي جُعِل فيه السيّد [7] وأسرِعا إلى تلاميذه وقولا لهم أنه قد حُيِيَ وقد تقدَّمكم إلى جلجال[742] وفيها تَرَوْنه فاحفظا قولي. [8] فخرجتا عن القبر مُسرعتين بفزَع وفرح عظيم[743] [9] وأقبلَتا إلى التلاميذ.[744] فتلقَّاهما يسوع وقال السلام عليكما فوقفتا وترامتا إلى قدميه[745] وسجدتا له. [10] فعند ذلك قال لهما يسوع لا تخافا وإذهبا وأعلما إخوتي ليتوجَّهوا إلى جِلجال وفيها يَرَوْنني.

[11] فلمَّا توجَّهتا أقبل بعض الحرَس إلى المدينة وأعلَموا قوّاد القسيسين بجميع ما أصابهم.[746] [12] فأدار أكابر اليهود رأيهم واستحسنوا إعطاء جُعْلٍ عظيم لأوليك الحرس[747] [13] ليقولوا أنَّ تلاميذه طرقوا به ليلاً وذهبوا به[748] وهم رُقوْد [14] وإن بلغ ذلك العامل أرضَيناه بما تُسلِمون به [15] فقبض الحُرَّاس الجُعْلَ[749] وفعلوا ما كانوا تعوَّدوا.[750] وانتشر هذا الخبر في اليهود إلى اليوم.

[16] فتوجَّه الاحدى عشر تلميذًا إلى جِلجال إلى الجبل الذي كان دلَّهُم عليه يسوع. [17] فلمَّا بَصَروا به[751] خَنَعوا[752] له وشَكَّ بعضُهم فيه

[740] BL قد أحيى; Ibn Ḥazm قد حيى

[741] BL and BNM-M فأقبلا وأبصرا

[742] Ibn Ḥazm skips the balance of verse 6 and most of 7 to this point.

[743] Ibn Ḥazm فنهضتا مسرعتين بفرح عظيم

[744] BL لتعرفا تلاميذه بالخبر; Ibn Ḥazm وأخبرتاهم الخبر

[745] BNM-M and Ibn Ḥazm رجليه

[746] BL وحكوا لهم جميع ما عرض لهم

[747] BL وجمعوا لهم جُعلاً عظيمًا; BNM-M واعطوا رشوة عظيمة; Ibn Ḥazm فرشوهم بمال عظيم (entire verse).

[748] Ibn Ḥazm طرقوهم ليلا وسرقوه

[749] BNM-M فقبض الحرسيون الرشوة

[750] BNM-M ما كانوا اوصوا به. Verse 15 omitted in Ibn Ḥazm to this point.

[751] BNM-M فلما نظروا اليه

[752] BL سجدوا

فمه[728] صخرةً عظيمة وتوَجَّه[729] [61] وكانت مريم المجدلانية ومريم أخرى قد بلغتا إلى القبر.

[62] فلمَّا كان بالغد[730] أقبل قوّاد القسيسين والمُصدِّقين إلى بيلاط [63] وقالوا يَسَيِّدْنا تذكرنا أن هذا الخدَّاع قال في حياته إني سأقوم بعد ثالثٍ [64] فَمُرْ بِحرز القبر إلى الثالث خوفًا من أن يسرقه تلاميذه ويقولون للناس أنه قد قام وحيي فيكون الاخر أَضَرُّ أَضَرُّ[731] من الأوّل. [65] فقال لهم بيلاط عندكم الحَرَسُ فوكّلوهم بما شيتم. [66] فتوجَّهوا بالحرس ووكّلوهم به ووَسَموا[732] الصخرة التي كانت على فم القبر.

[XXVIII] [1] فلمَّا كان برأس غداة الأحد[733] أقبلتْ مريم المجدلانية ومريم الأخرى لمعاينة القبر [2] فتزلزل بهما الموضع تزلزلاً شديدًا[734] ثُمَّ نزل مَلَك السيِّد (من السماء)[735] وأقبل فرفع الصخرة[736] وقعد عليها[737] [3] وكان منظره كمنظر[738] البرق وثيابه أنصع بياضًا من الثلج [4] فمِن خوْفِه صُعِقَ بالحَرَسِين[739] وصاروا كالأموات [5] فقال المَلَكُ للمرأتين لا تخافا قد علمتُ أنَّكما أردتما يسوع المصلوب [6] ليس هو هاهنا

[728] BL على بابه
[729] BL ومضا عنه
[730] BL كان في يوم اخر ;BNM-M بعد عيدهم
[731] Repetition in BSB; BL أَشَرُّ
[732] BL ورشموا
[733] BL وعند عشاء ليلة السبت التي تصبح في يوم الاحد ;Ibn Ḥazm يوم الاحد عند الانفجار
[734] Ibn Ḥazm زلزلة عظيمة
[735] BL and Ibn Ḥazm.
[736] BNM-M حوّل الصخرة
[737] BL فقلب الصخرة وجلس عليها
[738] BNM-M مثل
[739] BL بالحراس ;Ibn Ḥazm الحرس

ورفعها إليه بقصبة ليشربها [49] وبعضُهم كانوا يقولون دعْه حتى يَرا إن أتا[718] إلياسُ لإنقاذه. [50] ثمَّ دعا يسوع[719] بصيحة عظيمة وأطلق الرُّوح.[720]

[51] فانشقَّتْ عند ذلك حجَلة البيت في موضعين من أسفلها إلى أعلاها وتزلزلَتْ الأرضُ وانشقَّت الحجارة [52] وتفتَّحَتْ القبور وقام كثير من أجساد المقدَّسين[721] [53] وخرجوا عن مقابرهم بعد قيامة المسيح وأقبلوا إلى المدينة المقدَّسة وظهروا لجماعة.[722] [54] فلما بَصُر العريف ومن كان معه يحرِزوا يسوعَ بزلزلة الأرض وغير ذلك من العجايب رعُبوا رُعبًا شديدًا وقالوا حقًّا أن هذا كان وَلَدَ اللّٰهِ [55] وكان في ذلك الموضع جماعة نِسْوَة كُنَّ إتَّبعنه من جِلجال على بُعْدٍ طلبًا لخدمته [56] وكان فيما بينَهُنَّ مريم المجدلانية ومريم أُمُّ يعقوبَ وأُمُّ يوسف وأُمُّ إبنَي سَبَذاي.

[57] فلمَّا تدانا الَّليل أقبل شريف[723] من أهل أرْمازيةَ يُسمَّى يوسفَ وكان من تلاميذ يسوعَ [58] فبَلَغ إلى بيلاطَ وسأله جثمان يسوع[724] [59] ثمَّ قبضه (فأخذ يوسف الجثمان)[725] ولفَّه في رداء
نقيٍّ [60] وجعله في قبر له جديد كان نقبه في صخرة وجعله * 26v
وجعله في قبر له جديد كان نقبه في صخرة[726] (ثم جعل)[727] على

718 BL حتى يبصر ان كان ياتي

719 BNM-M ثانية

720 BL ثم دعا يسوع بصوت مسمع ولفظت نفسه

721 BL المقدسين المومنين; BNM-M الذين كانوا رقدوا

722 BL المقدسة وابصرهم كثير من الناس

723 BL رجل مثر; BNM-M ملي

724 BL فأمر له بيلاط به

725 BL.

726 Repetition of text in BSB.

727 BL.

موضع أجرَدٌ [34] وسَقَوه خمرًا مخلوطًا بِمرارة. فلما ذاقها كرِه شُربَها [35] فبعد أن صلبوه إقترعوا على * ثيابه وقسموها [36] وقعدوا عنده 26r
يحرِزونه لِيُتِمَّ الذي قاله داود النبي قسموا لأنفسهم ثيابي وعلى قميصي إقترعوا.[710] [37] وكتبوا على رأسه خَبَره[711] هذا يسوع ملك اليهود [38] وعند ذلك صُلِب معه لِصَّان أحدهما[712] عن يمينه والاخر عن شِماله.

[39] وكان الخاطرون يتناولونه ويُحَرِّكون رؤسهم[713] [40] ويقولون واه يا من يهدم البيتَ ويَبنيه في ثلثة أيام[714] فسلِّم نفسك إن كُنتَ ابن اللّٰه وانزِل من الصليب [41] وكان يقول شبه هذا قوّادُ القسيسين والمصَدّقين والعلماء مستهزين[715] ويقولون [42] قد سلَّم جماعةً ولا يقدر يسلّم نفسه إن كان ملك بني إسرايل فليَنزِل ألان من الصليب ونأمن به [43] وإن كان يومن باللّٰه فلْينجّيه الان إن وافقه لأنه قال أنا ابن اللّٰه [44] وكان أيضًا اللصَّان المصلوبان معه يقولان ذاك له.

[45] فأظلمت الدنيا كلّها من الساعة السادسة إلى التاسعة [46] وجَوارُ التاسعة دعا يسوع بِصَيحة عظيمة أَلُوِء أَلُوِء لَما عَازَبْتني.[716] وترجمته إلاهِي إلاهِي لِمَ أسْلمتني. [47] فقال بعضُ من كان يقِف عنده[717] إلياسُ يدعوا هذا [48] وعند ذلك أسرع أحدُهم وملأ أنية خَلاًّ

[710] Cited prophecy is misplaced in BSB (vs. 36 instead of 35) and completely skipped in BL and León.

[711] BL وقعدوا عنده يحرِزونه وجعلوا على رأسه قصته مكتوبة

[712] León (confused text) وعند ذلك صَلب امامه احدهما

[713] Matthew ends here abruptly in León ms., followed by Mark on same page without break.

[714] Ibn Ḥazm ويبنيه في ثلاث

[715] BL قواد القسيسين مستهزيين مع العلماء والتوراويين واكابر اليهود

[716] BL اليّ اليّ لِمَ زبدني; Ibn Ḥazm cites only the interpretation as in BSB.

[717] BNM-M بعض الوقوف

للعامَّة من يوافقكم إطلاقه من هاذَين. فقالت العامَّة بَرَبَّان [22] فقال لهم بيلاط وما أفعل بيسوع المدعو مسيحًا. فقالوا أجمعين يُصْلَب. [23] فقال لهم العامل وماذا فعل من شرٍّ فزادوه صياحًا وقالوا يُصْلَبْ يُصْلَبْ. [24] فلمَّا رأى بيلاط أنَّه لا يَغني شيًا إلا كانوا يزدادون صياحًا دعا بماءٍ وغسل يديه أمام العامة[700] كُلِّها. وقال أنا بريء من دم هذا الصالح وستَرَوْن أنتم. [25] فأجابته الجماعة كلّها وقالت دَمُهُ علينا وعلى أولادنا[701] [26] وعند ذلك أطلق لهم بَرَبَّان وبري بيسوع إليهم مجلودًا لِيُصْلَبَ.

## ألباب الثامن والعشرون متّى

[27] وعند ذلك إجتمع أعوان العامل إلى يسوع بعد أخذِهم له جميعُ العِرافة عند باب المجلس [28] فعرَّوهُ[702] وألبسوه قبا[703] أرجوان [29] وجعلوا[704] على رأسه تاجًا من شوك وقصبة[705] بيمينه وكانوا يسجدون أمامه مستهزيين ويقولون السلام عليك يأمِيرُ اليهود [30] ثمّ كانوا يبْصُقونَ فيه ويضرِبون رأسه بقصبة [31] وبعد تعبُّثهم هذا عليه نزعوا عنه القبا[706] وردُّوا عليه كِسْوَته وذهبوا به لِيصْلُبوه.[707]

[32] فلمَّا توجَّهوا به صادفوا رجلاً قِيْرَوانيًّا[708] تلقّاهم يُسمَّا شِيْمُن فحملوا الخشبة عليه [33] حتى بلغوا إلى موضعٍ يُقال له غَلْغُضا[709] وهو

[700] BL الجماعة; BNM-M and León الأمة

[701] BL أبائنا

[702] BL من ثيابه

[703] BNM-M and León ثوبًا

[704] BL وحملوا

[705] BL وجعلوا قصبة

[706] BNM-M and León جردوه من الثوب الارجوان

[707] BL وذهبوا به الى موضع ليصلبوه فيه; BNM-M and León وحملوه ليصلب (ليصلبوه BNM-M)

[708] BL من اهل القيروان

[709] BL, BNM-M, and León غلغطا

ثَمَن دَم. [7] فأداروا فيها رأيًا واستحسنوا ابتياع فدّان الفَخّار بها تكون مقبرة لّلغُرباء [8] ولذلك يُسَمّا الفدَّان المُبتاعُ بِلِسانهم أَخْلْدَماق[692] يَعْنون فدان الدم إلى اليومِ [9] وعند ذلك كَمُل قولُ يَرْميا النبيّ إذ قال قبضوا الثلثين دِرهَمًا وهو الثَمَنُ الذي قوَّمني به بنو إسرايلَ[693] [10] وابتاعوا فيها فدَّان الفَخّار على حال * ما عَهِدَ إليّ السَّيد. 25v

[11] فوقف يسوع بين يدي العامل وسايله العامل وقال أنتَ ملك بني إسرايل[694] فقال له يسوع أنتَ قُلتَه. [12] فكُلُّ ما بغاه قوّاد القسيسين وأكابر اليهود لم يُجبهم بشيء [13] فقال له إذ ذاك بيلاط أما تسمع ما يشهد به عليك [14] فلم يُجبه أيضًا (بحرف)[695] فعجب لذلك العامل.

[15] وكان قد إعتاد ذلك العامل أن يُشَفِّعَ اليهود بمحبوس يقترحون به وقت عيدهم [16] وكان إذ ذاك في حبسه لِصٌ معلوم يُدعا بَربَّان. [17] فلما استجمع وجوهُ اليهود عند العامل قال لهم مَن يُوافقكم أن أطلقه لكم بَربَّان أو يسوع الذي يدعا مَسيحًا [18] وكان يعلم أنهم إنما قاموا عليه[696] حَسَدًا له. [19] وبَيْناهُ جالسًا للحكومة[697] بعثتْ إليه امرأته وقالت لا تصْنع في هذا الصالح شيئًا فإني قد لَقِيْتُ في منامي يومي هذا شرًّا.[698] [20] فطلب قوّادُ القسيسين وأكابر اليهود[699] إلى من كان معَهم من الجماعة بأن يستشفعوا لِبَرَبَّان ويسئلوا قتل يسوع. [21] فقال العامل

692 *Acheldemach*. BL, BNM-M, and León اجلدماق
693 León الذي به قومي بنوا اسرائيل قد ابتاعوا
694 BL and León اليهود
695 BL. León بكلمة
696 BNM-M and León انما تلوا به
697 BNM-M and León جالسًا في موضع الحكومة
698 BLشرًّا لسببه; BNM-M and León عذابًا لسببه
699 BL والأكابر; León والمشايخ

[70] فجحد بيطر عند الجماعة وقال ما أعرِفُ ما تقولين. [71] فلمّا خرج إلى الباب رأته خادم أخرى وقال [وقالت] لاوليك الذين كانوا ثَمَّ وهذا قد كان مع يسوع الناصري. [72] فجحد أيضًا بأيمان أنَّه لا يعرفه من رجُلٍ [73] وبعد قليل أقبل بعض أعوان إلى بيطر وكانوا وقوفًا.[684] فقالوا له حقًّا إنَّك أنت من اوليك[685] لأنَّ لُغَتَكَ تدُلُّ[686] على ذلك. [74] فحينئذٍ جعل يحلِف ويُرَدِد اليمين بأنَّه لم يعرفْه من رَجُلٍ[687] [75] وفي ذلك الوقت صرخ الديك (فتذكّر بيطر كلام يسوع إذ قال له ستجحدني قبل صراخ الديك ثلاث مرّات)[688] فخرج عن القوم وبكا بُكاءً مُرًّا.

[XXVII] [1] فلمَّا أصبح لهم أدار جميع قُواد القسيسين وأكابر اليهود على يسوع فأوجبوا عليه القتل [2] فغمَّطوه[689] وأقبلوا به إلى بِيْلاطَ العاملُ (البنطي).[690]

[3] فلمَّا بَصُر يهوذا الْمُدِلُّ عليه بما فعل ندم وردَّ الثلثين دِرهَمًا على قُوّاد القسيسين وأكابر القوم [4] وقال أخطأتُ إذْ تَلَلْتُ دمًا صالحًا. فقالوا له وما علينا أنتَ ترى[691] [5] فألقا الدراهم في بيت اللّٰه وتوجَّه إلى موضع خنقَ فيه نفْسَه بوَهنٍ عَلَّقه. [6] فقبض قُواد القسيسين الدراهم وقالوا ليس يَحِلُّ لنا ألقاهاً حيث تُلقى دراهم القربان لأنَّها من

684 BNM-M and León وبعد قليل اقبل الواقفون
685 BNM-M and León من اوليك نعم
686 BL and León كلامك يدل
687 BL لم يعرفه; BNM-M and León انسان
688 BL and León (León ستجحدني ثلاثًا); text missing in BSB.
689 BL فشدوا تقميطه; BNM-M and León فساقوه مقمطًا
690 BL; BNM-M and León بيلاط البنطي العامل
691 BL ستلقى فعلك

بِيطُرُ على البُعد إلى أن دخل في دار القايد[674] وقعد في جملة أعوانه لِيُبصِرَ أخِرَ الفعل. [59] فتفتَّش قُواد القسيسين وأهل الرأي من اليهود شهادة زُورٍ على يسوع * ليقتلوه بها [60] ولم يجدوا وكانت تأتي 25r
جماعة من الشهود الزور[675] وفي اخر ذلك أقبل شاهدان كاذبان [61] وقالا سمعنا هذا يقول أنا قادر على هدم بيت الله وبُنيانه في ثلثة أيام [62] فقال قايد القسيسين أما تُجِيب إلى الذي يشهد به [هاذان] عليك.[676] [63] فكان يسوع يسكت فقال له قايد القسيسين أستحلفك بالله الحيّ أن تُخبرْنا[677] إن كنتَ المسيح ابن الله الحيّ. [64] فقال له يسوع أنت قُلتَه غير أني أقول لكم[678] من اليوم تَرَوْن ابن الإنسان قاعدًا على يمين القُدرة ومُقبِلاً في سحاب السماء [65] فعند ذلك شقّ قايد[679] القسيسين ثيابه وقال قد شَتَمَ لِمَ يُحْتاج بعد إلى الشهود[680] قد سمعتم الشتيمة [66] فما تَرَوْن. فأجابته الجماعة وقالت يستوجب القتل. [67] فبصقوا عند ذلك في وجهه ولكزوه وبعضُهُم كانوا يلطُمون خدَّيه[681] [68] ويقولون نبِّنا يا مسيح وأعلمنا مَن لَطَمك.

[69] وكان بِيطر جالسًا في جُملة الأعوان في الدار[682] فأقبلتْ إليه خادمٌ[683] وقالت له وأنتَ كُنْتَ مِن أصحاب يسوع الجِلجالي.

[674] BL and León قايد القسيسين
[675] BL ولم يقدروا لكثرة اختلاف الشهادات عليه من شهود الزور; BNM-M and León ولم يجدوا مع من كان ياتي بها من شهود الزور
[676] BL أفلا تدفع قول هذين بحجة
[677] BNM-M and León ان تقول لنا
[678] BNM-M and León حقًا أقول لكم
[679] BL مقدم
[680] BL قد سبّ واستغنينا عن الشهود
[681] BNM-M and León وجهه
[682] BNM-M and León خارج الدار في الرحبة
[683] BL أمة; BNM-M and León خادم واحدة

لهم ارقدوا بعد واستريحوا فقد تدانا الوقت الذي يُبرأ فيه بإبن الإنسان في يدي المذنبين. [46] فقوموا وانطلق بنا فقد تدانا المدلّ عليّ.

[47] فقبل انقضاء كلامه وقف عليه يهوذا واحد الإثني عشر ومعه جماعة عظيمة برماحٍ وعُصي كان بعثهم قُواد القسيسين وأكابر بني إسرايل[667] [48] وكانً المُدلّ عليه قد قال[668] لاؤليك الأعوان مَن قَبَّلته من الجماعة فهو المُراد فاحبسوه [49] وفي ذلك الوقت دنا إلى يسوع وقال ألسلام عليك يا معلّم ثم قبّله [50] فقال له يسوع يا صديق لِمَ أقبلْتَ فعند ذلك تعلّقت به الجماعة وحبسته [51] فسلّ[669] بعض اؤليك الذين كانوا مع يسوع سيفه وضرب عبد قايد القسيسين فأبان أُذنه [52] فقال له يسوع إغمد سيفك[670] فإنه مَن ضرب بالسيف بالسيف يُقتَل [53] أتظُنُّ أني لست قادرًا أن أسئل أبي فيمُدُّني الان بأكثر من اثني عشرة عِرافة من المليكة [54] فكيف تَتِمُّ الكُتُبُ التي وصفتْ ما أنا لاقيه.

[55] وفي ذلك الوقت قال يسوع للجماعة كأنَّكم إنما خرجتم للقبض عليَّ بالرماح والعُصي كما يَخْرُجُ إلى السارق وقد كنتُ عندكم طول دهري مُفتيًا[671] في البيت فَلَمْ تتقَبَّضوا[672] عليَّ [56] كان هذا أجمع ليتمَّ الكتُبُ والأنبياء. وعند ذلك تخلاّ منه التلاميذ وهربوا عنه.

[57] فتوجَّهتْ الجماعة بيسوع عند ذلك إلى كَيِفاشَ قايد القسيسين في الموضع الذي كان قد اجتمع فيه العلماء وأكابر اليهود[673] [58] فأتْبَعَهم

[667] BL واكابر الجماعة
[668] BNM-M [قد اعطاهم] امارة وقال
[669] BL فاخترط واحد من تلاميذ يسوع
[670] BNM-M [سيفك الي] موضعه
[671] BNM-M قاعدًا وموصيًا
[672] BNM-M تستقبضوا
[673] BL والاكابر

هذه الليلة قبل أن يصرخ[655] الديك ثلاثًا. [35] فقال له بِيْطَرُ لا يكون هذا ولو بلغْتُ القتلَ[656] مَعَكَ وقال مِثلَ هذا جميع التلاميذ.

[36] وعند ذلك أقبل بهم يسوع إلى قرية تدعى جشَّمَني[657] وقال لتلاميذه أُقعدوا هاهنا إلى أن أذهبَ هنالك وأصلي [37] ثم أخذ إلى نفسه بِيْطُرَ وابنَي سَبَذاي فتحزَّن واغتَمَّ[658] [38] ثم قال لهم قد بقِيَتْ
24v نفسي حزينةً إلى الممات. * فاثبتوا هاهنا واسهروا معي [39] فتقدَّمهم يسيرًا[659] وسجد على وجهه ودعى وقال يأبتاه إن كان ممكنًا فلتَذهَبْ[660] عني هذه الكأس[661] ولكن ليس كما أريد أنا إلا كما تُريد أنتَ.[662] [40] فأقبل إلى التلاميذ ووجدهم رُقودًا وقال لبِيْطُرَ أما قدرتم أن تسهروا معي وقتًا واحدًا[663] [41] (فاسهروا)[664] وادعوا ألا يُوَاقِّعَكم التشكيك[665] فالروح حريص واللحم[666] عليل [42] ثم توجّه ثانية ودعا وقال يَأَبتاه إن كانت هذه الكأس لا تقدر تجاوزني حتى أشربها فلتكن إرادتك [43] ثم أقبل إليهم ووجدهم رقودًا قد أثقل النوم أعينهم. [44] ثم صار ودعا ثالثةً وقال قوله في الثانية [45] وعند ذلك أقبل إلى تلاميذه وقال

[655] Ibn Ḥazm صرخة
[656] BNM-M الموت
[657] BNM-M بثمني
[658] BL وقد وافا به الغمّ والحزن
[659] BL ثم زال عنهم قليلاً
[660] BNM-M [فليتجاوزني]
[661] BL يا ابي كل Ibn Ḥazm ;يأبتاه ان كان إلى ازاحة هذه الكاس عني من سبيل فازحها شيء عندك ممكن فاعفني من هذه الكاس
[662] BL لاكن لا اسأل ارادتي Ibn Ḥazm ;ولكني لست اسئلك ان تنفذ ارادتي إلا إرادتك لكن ارادتك
[663] BL ساعة واحدة
[664] BL.
[665] BNM-M [تدخلوا] في المحنة
[666] BL والجسم

للرجل الذي يدلُّ عليه[645] كان أحسنُ به لو لم يُولَد ذلك الرجل [25] فأجابه يهوذا المُدِلُّ عليه وقال أتُراني أنا هو يا معلِّم[646]. فقال له أنت قُلتَه.

[26] فبينا هم يتعشّون إذ أخذ يسوع خبزًا فبارك عليه وكسره ثمَّ أعطاه تلاميذَه وقال إقبِضوه وكلوه فهذا جسدي. [27] ثم أخذ كأسًا فشكر[647] وأعطاهم وقال إشربوا من هذا أجمعون [28] فإنَّها دمي والعهد الجديد الذي يُهرقُ عن جماعة[648] لغفران الذنوب. [29] أمين أقول لكم لا أشربوا[649] من هَلُمَّ[650] من نسل هذه الدالية إلى اليوم الذي أشربها فيه معكم جديدة في مُلك أبي[651] [30] وبعد أن (قالوا القصيدة و)[652] حمِدوا الله خرجوا إلى جبل الزيتون.

## ألباب السابع والعشرون متَّى

[31] بعد ذلك قال لهم يسوع ستَشَكُّون فيّ أجمعون هذه الليلة[653] لأنه قد كُتب أقتُل الراعي وتفترق ضأن الذَّوْد[654] [32] ولكني إذا قُمْتُ سأتقدَّمكم إلى جِلْجال. [33] فأجابه بِيْطَرُ وقال إن جحدوك أجمعون فأنا لستُ أجحدك أبدًا. [34] فقال يسوع أمينْ أقول لك إنَّك ستجحدني

[645] BNM-M and León فالويل لذلك الرجل الذي يتل بابن الانسان على يديه

[646] BL يسيدي

[647] BNM-M and León وحمد

[648] BL جماعة كثيرة

[649] BL and León أشربُ

[650] BL هذا الوقت; León الأن

[651] Ibn Ḥazm لا شربت بعدها من نسل الزرجون حتى اشربها معكم جديدة في ملكوت الله

[652] BL; BNM-M and León أنشد القصيد

[653] Text missing in León until XXVI:57.

[654] BNM-M الدولة

81 MATTHEW

هو من حنوطي (في القبر).[633] [13] أمين أقول لكم أنَّه سيُحدَّثُ بفعلها بي حيث ما قُرِئَ هذا الإنجيل في جميع الدنيا.

[14] وعند ذلك توجَّه واحد الإثني عشر الذي كان يدعا يهوذا الإشْكَرِيُوثَ إلى قوّاد القسيسين [15] وقال لهم ماذا تُعطوني[634] فأنا أدُلُّكم عليه. فوعدوه بثلثين * دِرهَمًا [16] ومن ذلك الوقت تقبَّضَ[635] 24r
الفرصة منه ليَبْرأ[636] به إليهم.

[17] فلما تدانا عيد[637] الفطير قال التلاميذ ليسوع أين يوافقك أن نعِدَّ لك هذا العيد. [18] فقال لهم يسوع إذهبوا[638] إلى المدينة إلى الذي أدلُّكم عليه وقولوا إنَّ المعلِّم يقول قد تدانا وقتي وعند ذلك[639] أكون هذا العيد بتلاميذي.[640] [19] ففعل التلاميذ ما أمرهم به يسوع وأعدُّوا له الموضع.[641]

[20] فلما عشيهم الليل[642] أقبل واتَّكى مع الإثني عشر تلميذا [21] ؞ فبينا هم يأكلون قال لهم أمين أول لكم أنَّ أحدكم يدلُّ عليَّ[643] [22] فحزنوا لذلك حزنًا شديدًا وجعل كلُّ واحد منهم يقول أتُراني أنا هو يسيِّدي. [23] فأجابهم يسوع مَنْ يَّصْبُعُ معي (كفّه)[644] في الصَّحفة فهو يدلُّ عليَّ [24] وابن الإنسان سايرٌ كما كُتِبَ عنه فالويح

[633] BL; León (لتقبير BNM-M) وهذا الدهن انما ساقته هذه لتقبر جسدي
[634] BNM-M and León ماذا تحبون ان تعطوني
[635] BNM-M and León ومن هناك تقنص
[636] BNM-M and León ليتل
[637] BL and León أول
[638] BNM-M and León امضوا
[639] BL and León وعندك
[640] León نصنع العيد مع تلاميذي
[641] BL الفصح; León العيد
[642] BNM-M and León فلما كان عند المساء
[643] BNM-M and León يتل بي
[644] BL; León يده

عُريانًا أو مريضًا أو محبوسًا ولم نُواسيك. [45] فعند ذلك يُجيبهم ويقول أمين أقول لكم إذا لم تفعلوه بواحد من هاؤلاء الأصاغير فلم تفعلوا بي [46] وهبط[625] هاؤلاء إلى العذاب الأليم الدايم والصالحون إلى الحياة الدايمة.

## [XXVI] الباب السادس والعشرون متّى

[1] فلما فرَغ يسوع بهذا الحديث أجمَعَ وقال لتلاميذه [2] أتَعلَمون أن العيد بعد يومين ويُبرأ[626] بابن الإنسان ليُصلَب. [3] وعند ذلك انجمع قُوّاد القسيسين وأكابر بني إسرايل[627] في مجلس كبير القسيسين الذي يدعا كَيفاشُ [4] وأداروا (رأيهم)[628] على حبس يسوع وقتله [5] وأجمعوا ألا يكون ذلك يومَ العيد خوفًا من ثورة الجماعة.

[6] وبينا يسوع في بثانِيَّة في بيت سمعون المبروص [7] دنت منه امرأة بيدها مدهنة[629] مملوَةٌ طيبًا[630] شريفًا وصبّته على رأسه كما كان متّكيًا. [8] فلما رأى ذلك التلاميذ شقّ عليهم وقالوا لِمَ أتلفت هذا الطيب [9] وكانت قادرة أن تبيعه بمال كثير وتفرّقه على المساكين. [10] فعلم يسوع ذلك منهم وقال لهم لِمَ استقصرتم هذه[631] المرأة أمّا إنّها أصابت فيما فعلتْ بي[632] [11] لأن المساكين سيكونون معكم أبدًا وأنا لستُ أكون معكم أبدًا [12] وهذا الطيب الذي صبّتْهُ على رأسي

625 BNM-M and León فسار
626 BNM-M and León ويتل
627 BL اكابر الجماعة; BNM-M and León شيوخ الامة
628 BL; BNM-M and León رأيًا
629 BL قارورة
630 BNM-M and León دهنًا ثمينًا
631 León غضبتم على
632 BNM-M and León لقد صنعت بي صنعًا حسنًا

القناطير [29] فَمَن أوتي خيرًا أوتي خيرًا[618] أُوتيَ[619] حتى يروَى ومَن حُرِمَهُ يُنزَع منه [30] ما يُظَنُّ أنَّه له واقذفوا بالعبد السّوء في الظلمات السفلى حيث يطول العويل وقلقلة[620] الأضراس.

[31] وإذا قدم ابن الإنسان في عظمته وجميع المليكة معه عند ذلك يجلس على مجلس عظمته [32] ويَجمع بين يديه[621] جميع الأجناس ويُميّزهم كما يُميّز[622] الراعي الضأن من الجديان. [33] فيُوَقِّف الضأن على يمينه والجِديان على شماله. [34] وعند ذلك يقول الملك للّذين على يمينه تعالُوا يا من بارك عليهم أبي رثوا[623] مُلكًا أُعِدَّ لكم من لَّدُنْ خُلِقَتِ الدنيا [35] لأنّي جُعْتُ فاطعمتموني وعطَشتُ فاسقيتموني
وكنت ضيفًا فأويتموني * [36] وعُريانًا فكسيتموني ومريضًا فعُدْتموني 23v
ومسجونًا فزرتموني. [37] وعند ذلك يجيبونه الصالحون ويقولون يَسيّدنا متى رأيناك جايعًا فأطعمناك أو عطشانًا فأرويناك [38] أو متى كنتَ ضيفًا فأويناك أو عُريانًا فكسوناك [39] أو متى رأيناك مريضًا أو محبوسًا[624] فعُدناك. [40] فيُجيبهم الملك ويقول أمين أقول لكم ما فعلتموه بإخوتي هاؤلاء الأصاغير ففي فعلتموه. [41] ثم يقول للذين على شماله اهبطوا عني يا ملاعين إلى نار دايمة التي أُعِدَّت لإبليس ومليكته. [42] فإني جُعتُ ولم تطعموني وعطِشتُ ولم تَسقوني [43] وكنتُ ضيفًا ولم تأُووني وعُريانًا ولم تكسوني. وكنتُ مريضًا ومحبوسًا ولم تعودوني [44] فعند ذلك يُجيبونه ويقولون يَسيّدنا متى رأيناك جايعًا أو عطشانًا أو ضيفًا أو

618 Repetition in BSB.

619 BNM-M and León زيد

620 BL واصطكاك

621 BNM-M and León قدامه

622 BNM-M and León ويجزلهم بعضهم عن بعض كما يجزل

623 BL تمتعوا بملك; BNM-M and León تقبلوا

624 BNM-M and León مسجونًا

القناطير بها وأصاب خمسة أخرى [17] وفعل مثل ذلك القنطارين صاحب[608] وأصاب اثنين اخرا. [18] وأما صاحب القنطار الواحد فإنَّه كَنَزَهُ وأخباه[609] [19] وبعد زمان طويل أقبل سيّد العبْد ووضع المحاسبة [20] فأتاه صاحب الخمسة القناطير بخمسة اخرى[610] وقال يَسَيّدي إنَّك بَرَيتَ إليَّ بخمسة قناطير وقد ربحت بهم خمسة أخرى. [21] فقال له مرحبًا بالعبد الصَّالح الأمين إذ قد أدَّيْتَ الأمانة في القليل سأقَدِّمُك على الكثير[611] فادخُل في فرح سيدك. [22] ثمَّ قدِم عليه صاحب القنطارين وقال يَسيّدي إنَّك بَرِئتَ إليَّ بقنطارين وقد ربحتُ بها مثلها[612]. [23] فقال له سيده مرحبًا بالعبد الأمين الصالح إذ قد أدَّيْتَ الأمانة في القليل سأقدمّك على الكثير فادخل في فرح سيّدك. [24] ثمّ أقبل إليه صاحب القنطار الواحد وقال له يَسيّدي إني أعرفك إنسانًا شديدًا تحصد ما لم تزرع وتجمع ما لم تُفَرِّقْ[613] [25] فخِفتُ وكنَزتُ قنطارك في الأرض فهذا قد رددتُ عليك مالك.[614] [26] فأجابه سيده وقال يا عبدُ سوءٍ ويا عاجزُ إذ كنتَ تعرفني أحصد ما لم أزرع وأجمع ما لم أُفرّق[615] [27] كنتَ حقيقًا[616] أن تُفرّق مالي على الصرَّافين[617] فأقبِضُه منهم وقتَ قدومي بِخَرجِهِ [28] فخذوا منه القنطار وادفعوه إلى صاحب العشَرة

608 BL and León صاحب القنطارين

609 BL فإنه سار وحفر في الارض واخفى León ;فإنه كنزه واخفى مال سيده تحت الارض مال سيده

610 León فأتى الذي أخذ الخمسة قناطير ودفع اليه خمسة اخر

611 León العشر

612 BNM-M and León بهما اثنين اخرى

613 BL تبذر

614 BNM-M and León فهذا مالك هو لك

615 BL أبذر

616 BL أحقّ بك; León كان ينبغي

617 BNM-M and León ان تعطي مالي للصرافين

[XXV] [1] وعند ذلك شبِّه مَلَكوت السموات بعَشْرِ عذارى قد أخذن شِماعاتِهِنَّ وخرجْنَ تِلقاء العروس والعروسة [2] الخمس منهن جاهلاتٌ والخمسُ عاقلات [3] فأمَّا الجاهلات فإنهنَّ خرجنَ بشِماعِهِنَّ ولم يتزوَّدنَ[598] زيتًا [4] والعواقل خرجن بزيتٍ في أَوانِهِنَّ إلى شِماعهنَّ. [5] فلمَّا تربَّص العروس نعُسَ جميعُهنَّ ونَمْنَ.[599] [6] فلمَّا كان في وَسَطِ اللَّيل صاح منادٍ هاذا العَروسُ مُقْبلاً فاخْرُجْنَ تِلقاهُ. [7] فعند ذلك قام جميع العَذارى وَزَيَّنَ شِمَعَهُنَّ. [8] فقال الجواهل للعواقل واسِيْنَ[600] من زَيْتِكِنَّ فإن شِمَعنا تَنْطَفِي علينا. [9] فأجبنهنَّ العواقل وقُلنَ نتوقَّعُ ألاّ يَكفينا أجْمعين ولكن إذهبْنَ وابتعنَ مِن الباعة[601] [10] * فلمَّا توجَّهنَ[602] 23r
أقبَلَ العروس ودخلن اللاتي حَضَرنهُ في عروسه[603] وسَدَّ الباب. [11] وبعد ذلك أقبل العذارى الباقيات وقُلنَ يَسَيّدنا يَسَيّدنا إفتحْ لنا [12] فأجابهنَّ وقال أمين أقول لكنَّ لَسْتُ أعرفكنَّ [13] فاسهروا فإنكم تجهلون اليوم والوقت.

[14] وقد مُثِّل برَجُل مُتغربٍ[604] دعا عبيده وأعطاهم خيره[605] [15] فأعطا أحدهم خمسة قناطير والثاني قنطارين والثالث قنطارًا على حال احتمال كلّ واحد منهم[606]. ثمَّ خرج من وقته[607] [16] وتجر صاحب الخمسة

[598] BNM-M and León ولم يحملن مع انفسهن
[599] BL فلما تربص العروس استرقد جميعهن; BNM-M and León ورقدن
[600] León فقال الجاهلات للعاقلات اعطنا
[601] BNM-M and León اذهبن الى الباعة وابتعن لأنفسكن (León واتبعن)
[602] BNM-M and León فلما توجهن ان يبتعن
[603] BL اللاتي حضرن وكن معدات; BNM-M and León اللواتي حضرنه في فرحه
[604] BNM-M and León كما ان رجلاً تغرّب
[605] BL فدعى عبيده ودفع لهم; BNM-M and León دعا بغلمانه وقسم عليهم بعض ماله خيراته
[606] BNM-M and León على خاصة مقدورة كل واحد منهم
[607] BL من وقته في سفره

[37] ومجيء ابن الإنسان كفي أيام نُوح[592] [38] فكما كانوا في تلك الأيام قبل الطوفان يتزوَّجون ويبتنون ويأكلون ويشربون إلى اليوم الذي دخل فيه نوح السفينة [39] ولم يشعروا حتى أتا الطوفان الذي أبادهم[593] كذلك يكون مجيء ابن الإنسان [40] وعند ذلك يكون اثنان في فدانٍ فيؤخذ أحدهما ويترَك الأخَرُ [41] وتكون امرأتان على مَطْحَنَةٍ تؤخَذ إحداهما وتُترك الأخرى ويكون اثنان في سريرٍ واحدٍ يؤخذ الواحد ويُترك الاخر.[594]

[42] فاسهروا فإنكم تجهلون الوقت الذي يأتي فيه سيدكم. [43] واعلموا أنه لو شَعَرَ أبو الضَفَفِ الـمَرْءُ للسارق[595] لسَهَرَ ودفعه عن ثقب بيته. [44] وكذلك فتأهبوا أنتم فإنكم لا تدرون الوقت الذي يأتي فيه ابن الإنسان [45] من تظُنون العبد الأمين الفطين الذي يُقَدِمه سيدُه على حشمه لِيُجري عليهم القطايع[596] في أوقاتها [46] فطوبا لذلك[597] العبد الذي يُلفيهِ سيده وقتَ قدومه قد فعل ذلك. [47] أمين أقول لكم أنه سيُقَدمُه على جميع خيرِه. [48] فإن قال العبدُ السُّوءُ في قلبه سَيَتَوانا سيدي بِالإقبال [49] وتسلّط وبدا بضربِ أصحابه العبيد وتشاغل بالطعام والشراب مع الخُلَّع [50] فسيفاجيه سيده في يومٍ يجهله ووقتٍ يغيب عنه [51] فإذا وضع القِسمة ألقى سهمَه مع المُرايين حيث يطولُ العويل وقلقلة الإضراس

592 BL وكما كان في ايام نوح كذلك يكون مجيء ابن الانسان; León ومجيء ابن الانسان سيكون كحلول الطوفان في ايام نوح

593 BNM-M and León الطوفان وحمل الناس

594 The text: ويكون اثنان في سريرٍ واحدٍ يؤخذ الواحد ويُترك الاخر is added in BSB, BL and León.

595 BL لو شعر صاحب البيت باللص متى يراوم نقب بيته لسهر ودفعه عن نقب بيته; León أي وقت يأتي السارق

596 BNM-M and León النفقة

597 BL, BNM-M, and León فأفلح ذلك

مسحاء الكذب وأنبياء الكذب ويطلعون الايات والعجايب[583] حتى يُضِلُّوا أيضًا إن أمكن المصطفين.[584] [25] هذا قد أنذرتكم [26] فإن قيل لكم ها هوذا في المفاز فلا تخرجوا إليه وإن قيل لكم أنه في الخفيَّات فلا تصدقوه. [27] فكما أن البرق يندفع من المشرق ويُرا[585] في المغرب كذلك يكون إقبال[586] ابن الإنسان [28] وحيثما كان الجثمان هنالك يجتمع العقبان.

[29] وبعد انقراض أحزان تلك الأيام تظلِم الشمس ولا تنير القمر[587] وتتساقط النجوم من السماء وتتحرَّك قُوَّات السموات [30] وعند ذلك يظهر في السماء عَلَمُ ابن الإنسان وعند ذلك تبكي جميع قبايل الأرض وَيَرَوْن ابن الإنسان مُقبلاً في سحاب السماء بقدرةٍ جليلة وعظمة [31] فيبعث مليكته بِقَرْنٍ وصوتٍ عظيم فيُجمَعون أولياه من الأربع الرياح من أعالي السموات إلى حدودها [32] واسمعوا مَثَلَ الشجرة التين[588] إذا رأيتم شجرة * التين قد أطلعت[589] وأورقت علمتم أن 22v
الصيف قد قَرُب [33] وأنتم إذا رأيتم جميع هذا فاعلموا أنَّه قريب في الأبواب. [34] أمين أقول لكم لا تبيدُ هذه الأمة[590] حتى يتمَّ جميع هذا [35] وستَحُوْلُ السماء والأرض ولا يَحُوْلُ كلامي [36] فمن ذلك الوقت واليومِ لا يدري (أحد)[591] ولا مليكة السموات إلا الأب وحده

583 BL ويطلعون العجائب العظيمة والايات; Ibn Ḥazm ويأتون بايات عظيمة وعجايب
584 BL and Ibn Ḥazm حتى يغلط من يظن به الصلاح
585 BNM-M and León ويظهر; remaining text in verse omitted in BL.
586 BNM-M and León مجيء
587 BL ويضمحل نور القمر; BNM-M and León ولا يودي القمر نوره
588 BL واضرب لكم مثلا; León وتمثلوا بشجرة التين
589 BNM-M and León اغصانًا غضة
590 BNM-M and León لا يبيد هذا الجنس
591 BL; BNM-M and León لا يعلم

اسمي ويقولون أنا المسيح ويخدعون جماعة كثيرة [6] وستسمعون حروبًا وأخبار الحروب إحذروا ألا تفزعوا ينبغي لهذا أن يكون قبل الإنقراض [7] وستثور أمة على أمة وملكٌ على ملكٍ وينزل الوبأ والجوع والزلازل في الأماكن [8] وهذا أجمع مبتدأ الأوجاع[576] [9] وعند ذلك يَبْرَوْن بكم في الكَرْب ويقتلونكم ويبغضونكم الأجناس جميعًا لأجل اسمي [10] وعند ذلك يقع التشكيك في جماعة ويقومون بعضهم على بعض ويبغضون بعضهم بعضًا [11] ويقوم كثيرون من أنبياء الكذب ويخدعون جماعةً [12] وتقِلُّ مودَّة أقوام لِغَلَبة الشرِّ [13] فمن صبر منكم إلى الخاتمة فذلك يَسْلم [14] ويُبَشَّر هذا الإنجيل[577] في جميع الدنيا ليكونَ شاهدًا على جميع الأجناس[578] وعند ذلك يأتي الإنقراض.

[15] وإذا رأيتم المبغوض[579] الذي نبَّا به دنيال النبي واقفًا في موضع التقديس من كان قاريًا فليفهم. [16] وعند ذلك مَن كان في أرض يهوذا فليلحق بالجبال [17] ومن كان على سقف فلا ينزل في بيته ليأخذ منه شيئًا [18] ومن كان في فدَّان فلا يرجع لأًخذ ثوبه [19] فالويح للحبالا والمرضعات في تلك الأيام [20] فادعوا ألا يكون هربكم في شتاء ولا سبتٍ [21] فإنه سيكون عند ذلك حزن عظيم لم يكن من ابتداء الدنيا مِثلُهُ إلى هَلُمِّ ولا يكون [22] ولولا أنَّ تلك الأيام قُصِرَتْ ما سَلِمَ كلُّ لحم[580] ولكن قلَّت[581] تلك الأيام لأجل الصالحين [23] فمن قال لكم عندً ذلك هذا المسيح هنا أو هناك فلا تصدِّقوه [24] فإنه سيقوم[582]

576 BL العواقب
577 BL ويُبَشَّر بالملك
578 BL شاهدًا عليهم
579 BL البغض والانفراد
580 BL ما سَلِمَ احد من الادميين
581 BNM-M and León قُصِرت
582 Ibn Ḥazm سيثور

[34] وأنا باعث إليكم أنبياءَ وعُلماء وفُقَاء[568] وستَقْتُلون منكم[569] وتَصْلِبون وتجلدون منهم في جماعتكم وتصلبونهم وتتبِعونهم من مدينة إلى أخرى [35] لِيتكامل عليكم دِما جميع الصالحين المهروقة على الأرض من دم هابِل الصالح إلى دم زكريا بنَ بَرْجِيا[570] الذي قتلتم بين البيت والمذبح [36] أمين أقول لكم سيأتي جميع هذا على هذه الأُمَّة.[571]

## الباب الخامس والعشرون متى

[37] يَرُوْسَلِيْمُ يَرُوْسَلِيْمُ التي تقتل الأنبياء وترجُم الذين بُعِثوا إليك قد أردتُ جمعَ بنيكِ كَجمعِ الدجاجة فرارجها تحت جناحيها وَكَرِهْتِ [38] سَيُعادُ[572] لَكُم بيتكم قفرًا.[573] [39] وأنا أقول لكم لا تَرونني حتى تقولون تبارك القادم على اسم السيِّد.

[XXIV] [1] فلما خرج يسوع عن البيت مُتَوَجِّهًا تدانا إليه تلاميذه لِيَرُوْهُ بُنيان البيت [2] فقال تَبَصَّروا جميع هذا أقول لكم لا يُتْرَكُ بها حَجَرٌ على حجرٍ إلا يُخْرَب.

[3] فلما جلس على جبل الزيتون تدانا منه تلاميذه في خلاء وقالوا له أَعْلِمنا متى يكون هذا وما أمارة مَجِيْكَ وانقراض * الدنيا [4] فأجابهم يسوع وقال إحذروا أن يخدعكم أحد[574] [5] ستأتي جماعة[575] على 22r

[568] BL and León وفُقَهاء; omitted in Ibn Ḥazm.

[569] BL and Ibn Ḥazm منهم

[570] *Barachia*. BL البَرَكَة

[571] BNM-M and León على هذا الجنس

[572] BNM-M and León سيترك

[573] BL سيقفر عليكم بيتكم

[574] BL إحذروا الخديعة; BNM-M and León احذروا الا يخدعكم احد

[575] BL, BNM-M, and León سيأتي خلق كثير

الذي عليه لزمته اليمين [19] يا عُمي وَمَن أعظم القربان أو المذبح الذي
يُقَدِّس القربان [20] فمن حلَف بالمذبح فقد حلف به وبكلٍّ ما عليه
[21] ومن حَلفَ بالبيت فقد حَلفَ به وبمن يسكنه [22] ومن حَلفَ
21v بالسماء يَحْلِفُ * بِعَرش اللّٰه وبمن يجلس عليه. [23] الويح لكم يا معشر
العلماء والمصدقين المرايين الذين تعشّرون النعنع والشِّبِثَ والكمُّون
وتخلّيتم مِن ثِقَلَةِ الكتاب والحُكم[561] والرحمة والدين وكان ينبغي لكم
أن تفعلوا هذا ولا تتخلّوا من تلك [24] يا قواد العُمي تُعَفُّون البعوض
وتزدرون الجمل. [25] الويح لكم يا معشر العلماء والمصدقين المرايين
الذين تنقُّون خارج القُؤوس[562] والصحاف وانتم في ذاتكم قد احتشيتم
نجاسة وعارا [26] يا مُصَدِّقُ بالقيامة يأعمى نَقِّ أولاً ما دَخِل الكؤوس
والصحاف ليستوجب الطُّهْرَ ما خارِجُها. [27] والويح لكم يا معشر
العلماء والمصدِّقين المرايين فإنّكم أمثال القبور المُبَيَّضَة التي تظهر في
أعْيُن الناس حسنة[563] وداخلها محشوَّة من عظام الموتاء وكل نجاسة
[28] وكذلك أنتم ظاهركم عند الناس صالح وباطنكم مملوءٌ رِيا[564] وزِنا.
[29] الويح لكم يا معشر العلماء والمصدقين المرايين الذين تبنون قبور
الأنبياء وتَزَينون قبور الصالحين [30] وتقولون لو أنّا في أيام أباينا لم نكن
شركاؤهم في دماء الأنبياء[565] [31] فأنتم تشهدون على أنفسكم أنكم
بنوا [بنو] الذين قتلوا الأنبياء[566] [32] فأتمُّوا أنتم كيل أبايكم [33] يا
ثعابين ونسل الأفاعي كيف لكم (النجاة)[567] والهروب عن حُكمِ جهنَّم

561 BL العدل
562 BL and León الكؤوس
563 BL بيضًا
564 BL وباطنكم محشوّ فسقًا وزنا; BNM-M and León وباطنكم محشوّ رياء وفسقًا
565 BL لم نساعدهم على قتل الانبياء
566 BL أنكم قتلة الأنبياء
567 BL.

رابي[553] [8] فلا تُحِبُّوا أنتم أن تُدعَوا رابي[554] فإن معلّمكم واحد وأنتم أجمعون إخوة [9] فلا تنتسبوا إلى أب[555] على الأرض فإنَّ أباكم الذي في السماء واحدٌ [10] ولا تَدعُوا مُعَلِّمين فإنَّ مُعلِّمَكم المسيح هو واحد. [11] من كان كبيرُكم يكونُ خادمُكم[556] [12] لأنه من تشرَّف[557] يُوضَعُ ومَن تواضع يُشَرَّفُ.

## الباب الرَّبع [الرابع] والعشرون متى

[13] الويْلُ لكم يا مَعْشَرَ العُلَماءِ وَالْمُصَدِّقِينَ المُرابِينَ الَّذين تَسُدُّونَ مُلْكَ السَّمواتِ على النَّاسِ[558] فَلا أَنْتُم تَدْخُلونَهُ ولا تجعلونه سبيلاً لِمَن رام دخوله. [14] والويح[559] لكم يا معشر العلماء والمصدقين لأكِلكم أموال الأرامل بإطالة صلاتكم ولهذا يتضاعف عليكم الحساب [15] والويح لكم يا معشر العلماء والمصادقين [والمصدِّقين] المرابين لتطوُّفكم في البرّ والبحر لتردُّوا واحدًا[560] فإذا دخل صيَّرتموه وَلَدَ جهنَّم وأولى بها منكم بضعفين. [16] الويح لكم يا قواد العُمي الذين تقولون مَن حَلَفَ بالبيت فلا شيء عليه ومن حَلفَ بِذَهب البيت لزمته اليمين. [17] يا جُهَّال ويا عُمي مَن أعظم الذهب أو البيت الذي يقدِّس الذهب [18] وتقولون من حَلفَ بالمذبح فلا شيء عليه ومن حَلِفَ بالقربان

[553] BL and León معلمين

[554] BL ان ينسب العلم اليكم; BNM-M and León وان يدعوهم الناس معلمين (BNM-M ان تدعوا)

[555] BL احد

[556] BL فمن تقدمكم فليتول خدمتكم

[557] BL تشامخ

[558] BNM-M and León في وجوه الناس

[559] BL and León الويل and following verses.

[560] BL لتطوفكم على الصحاري والارضين حتى تدخلوا احدًا في الدين; BNM-M and León لتردوا واحدًا الى الدين

[41] فلمَّا اجتمع المُصَدقون[540] كاشفهم يسوع [42] وقال لهم ما تقولون[541] في المسيح وابن من هُو. فقالوا له ابنُ داود. [43] فقال لهم كيف يدعوه[542] داوُد في الروح[543] إلاهًا حيث (يقول)[544] [44] قال السيِّد لسَيدي[545] أُقعد عن يميني حتى أجعل أعداءك كرسِيًّا لقدميك [45] فإن كان داود يدعوه سيدًا[546] كيف هو ولدُه [46] فلم يقدر أحد منهم على مراجعته[547] ولا أقدم أحد بعد ذلك اليوم على مكاشفته

[XXIII] [1] وعند ذلك قال يسوع للجماعات والتلاميذ [2] قعد العلماء والمصدِّقون على مَنبر موسى [3] فكلَّ ما قالوه لكم[548] فاحفظوه وافعلوه ولا تقتدوا بأعمالهم[549] لأنهم يقولون ولا يفعلون [4] يربطون أثقالاً شديدًا لا تُحمَل[550] فيَحمِلونها مناكب الناس ولا يرضون أن يحرِّكوها بأصابعهم [5] وكلَّ ما فعلوه إنما يفعلونه لِيَرُوْه الناس يُوَسِّعون القِطاع المكتوبة التي يربطونها على جباههم ويُوطِلون الهُدُبَ[551] [6] ويُحِبُّون أوّل الإتِّكاء في المجالس وأوّلَ المنابرِ في الجماعات[552] [7] وأن يبتدوا بالسلام في الرحاب وأن يدعوهم الناس

540 BL الفرزيون
541 BNM-M and León ما ترون
542 BL and Ibn Ḥazm يسميه
543 BL في نبوته
544 BL. Ibn Ḥazm حيث كتب
545 Ibn Ḥazm قال الله لالاهي
546 Ibn Ḥazm الاهًا
547 BNM-M and León مجاوبته
548 BL فكل ما امروكم به
549 BNM-M and León بفعلهم
550 BNM-M and León لا يستطاع حملها
551 BL ويطيلون هدب اكسيتهم
552 BL وينزلون في صدور المجالس في الجماعات

[23] وفي ذلك اليوم أقبل إليه المكذّبون الذين يقولون إنْ لا قيامة فسالوه [24] وقالوا يا معَلّم إنّ موسى قالَ من مات منكم ولم يَدَع وَلَدًا فَلْيَنْكِحْ أُخُوه إمرأتَهُ بَعْدَهُ لِيَحْيِي ذُرِّيَّةَ أَخِيْهِ [25] وكان عندنا سبعة إخوة فتَزَوَّجَ الأوّلُ[532] فَماتَ قَبْلَ أنْ يُوْلَدَ لهُ. [26] ثُمَّ تزوَّجها الثاني والثالث إلى السابع وماتوا قبلَ أنْ يُوْلَدَ لَهُمْ [27] واخِرُ ذلك ماتت المرأة [28] فَلِمَن تكون المرْاة من السبعة يوم القيمة[533] وقد كانت لهم أجمعين. [29] فأجابهم يسوع وقال لهم تَخطوا ولا تَدْرُوا[534] الكتُبَ ولا قُدرة الله [30] في القيامة[535] لا يَتَزَوجون ولا يتناكحون إلا أنَّهم يكونون كملايكة الله في السَّماء [31] أوْ لَمْ تَقْرَوا من قيامة الموتا الذي قاله الله لكم [32] أنا إله إبرهيم وإلاه إسحق وإله يعقوبَ فليس هو إله الموتى إلا إلَه الأحيا. [33] فلمَّا سمعتْ بذلك الجماعة عَجِبَتْ من عِلمه.[536]

[34] فلمَّا بَلَغَ المُصَدِّقين أنَّه سَكتَ المُكَذبين اجتمعوا في واحد [35] فسأله واحد منهم مجربًا له[537] وكان عالمًا بالكتاب فقال [36] يا مُعَلِّم أيُّ العهود هو جليل في الكتاب.[538] [37] فقال له يسوع حِبِّ اللّهَ إلاهَك بجميع قلبك ونفسك وجميع ذِهنك [38] هذا أوّل العهود وأعظمها [39] والثاني يُشاكِلُهُ حِب قريبك كنفسك[539] [40] ففي هذين * العهدين يتعلّق جميع الكتاب والنُبُوّة. 21r

[532] BNM-M and León فتزوج الاول زوجة
[533] León فإذا كانت القيامة لمن تكن منهم زوجة
[534] BNM-M and León تخطوا وتجهلوا
[535] BL في القيامة اذا حشر الناس; Ibn Ḥazm اذا قام الناس
[536] BNM-M and León من وصيته
[537] BL وجعل أعلمهم يكاشفه مخادعًا
[538] BL أي عهد يتقدم العهود في التنزيل
[539] BL حِب لاخيك ما تحبه لنفسك بقلبك وبدهنك

جيوشه فقتل اولايك القتلة وأحرق مدينتهم [8] ثم قال لعبيده أنّ العُرُس قد أُعِدَّ ولم يستوجبه من كان دُعِي إليه [9] فاذهبوا إلى مخارج الطُّرُق فمن وجدتم فادعوهم إلى العُرُس. [10] فخرج عبيده إلى الطُّرُوق
20v فحشدوا كُلَّ من * وجدوا الخيار والشّرار فاحتشى العُرُس من المتّكين
[11] (فدخل الملك لرؤية المتكين)[527] فنظر فيما بينهم إلى إنسان ليست عليه كِسوَةُ عُرُس [12] فقال له لِمَ دخلتَ هاهنا يا صديق وليست عليه [عليك] كِسوَة عُرُس فَبَكَمَ عنه [13] فعند ذلك قال المَلِك لأعوانه قَمطوا يديه ورجليه وألقوه في الظُّلُمات السُّفلى حيث يطول العويل وقَلْقَلَة الأضراس [14] فالمدْعَون كثير والمُتَخيَّرون قليل.

## الباب الثالث والعشرون متَّى

[15] فانطلق المُصَدقون وأداروا رأيًا على إسقاطه بِكَلمة [16] فبعثوا إليه تلاميذهم مع ناسٍ من جُند هرُودِسَ وقالوا له يا مُعَلِّم قد عَلِمْنا صِدقَك وأنَّك تُعَرِّفُ الناسَ سبيل اللهِ وَلَسْتَ تُبالِ بأَحَدٍ ولا تَرهَبُ الادميينَ ولا تَتَقَبَّلُ مَناظِرَهُمْ[528] [17] فَأَعْلِمنا إن كان يَحِلُّ لنا غُرْمَ الجِزْيَةِ لِقَيْصَرَ أَمْ لا [18] فَعَلِمَ يَسُوْءُ مذْهَبَهُم[529] وقال لَهُم لِمَ تُجَربُوني يا مُرايينَ [19] أَعْرِضُ [أعرضوا] عليَّ مثقالَ الجِزْيةِ الذي تُوَدُّونَهُ فَأتَوْهُ بِدِرْهَم. [20] فال لهم يسوع لِمَن هذه الصورة الذي فيه وهذا العنوان[530] عليه [21] فقالوا له لِقَيْصَرَ فَعِنْدَ ذلك قال لهم ما كان لِقَيْصَرَ فابْرَوْهُ به لقَيصَرَ وما كان للهِ فَابرَوا به للهِ. [22] فلمَّا سمعوا ذلك عَجَبُوا وانصرفوا عنه.[531]

[527] BL, BNM-M, and León.
[528] BNM-M and León ولست تبالي بأحد ولا تتقبل مناظر الادميين
[529] BNM-M and León سوء مذهبهم
[530] BNM-M and León وهذا الكتاب الذي
[531] León تعجبوا وتخلوا منه ومضوا عنه

الوارث فإن قتلناه صار لنا ميراثه [39] فتعلّقوا به وأخرجوه عن الكرم وقتلوه. [40] فإذا جاء صاحب الكرم ما تظنّوه يفعل بأوليك الأعوان. [41] فقالوا له يُكافي المجرمين بجُرمِهم ويُوكِل بكرمه غيرَهم ممن يودّون إليه غلّته في أبّانها. [42] فقال لهم يسوع أمَا قرأتم في الكتب أن الصخرة التي استَسمَجَتْها البُناة هي التي صارت في رأسِ الرُكن من الله كان هذا وهو عَجِبْتُ[519] في أعْيُنِها[520] [43] ولذلك أقول لكم سَيُزاح عنكم مُلْكُ اللهِ ويُعطاهُ الأمَّة الفاعلة بمَرْضاته[521] [44] فمن سقط على هذه الصخرة سَيَنْكَسِرُ وَمن سَقَطَتْ عَليْه سَتُهَشمُهُ [45] فلمَّا سَمِعَ قُوَادُ القسِيسِين والعُلمَاء أمْثالَهُ هذه علموا أنه إنما كان يقول فيهم [46] فأرادوا التعَلّقَ بِهِ وَحَذَروا الجماعات لأنَّه كان عندهم كَنَبِيّ.

[XXII] [1] ثم اندفع يسوع وزادهم أمثالاً وقال [2] يُشَبَّهُ مُلكُ السموات بمَلك عَرَّسَ لابْنِه [3] وبعَثَ عبيده في مَن كان صنَّع لهم[522] فأَبَوْا عليه[523] [4] ثم أعاد إليهم رُسُلاً أخْرُ وقال لهم قولوا للمدعيين إني قد أعددتُ لكم صنيعًا وذبحتُ لكم الطيور والفِحالَة[524] وقد فُرِغ بجميع ذلك فأقبلوا إلى العَرُوس.[525] [5] فاستنكر القوم الإقبال إليه وأخذ بعضَهم إلى منازلهم[526] وبعضُهم إلى متاجرهم [6] وبعضهم تعلّقوا بعبيده فانتهروهم وقتلوهم. [7] فلما تنهّى ذلك إلى الملك غضب وبعث

519 BL and León عجيب

520 BL and León أعيننا

521 BNM-M and León للأمة العاملة بفواكهه

522 BNM-M and León وبعث عبيده ليدعو المندوبين الى العرس

523 BNM-M and León فأبوا الاقبال

524 León وذبحت اثواري وطيري

525 BL and León العُرس

526 BNM-M and León اليه فمنهم من مضى الى قريته

لأنه كان عندهم في مثابة نبي [27] فأجابوه وقالوا ما نعلموا [نعلمُ] فقال لهم وأنا لست أخبركم بقدرة من أفعل هذا.

[28] ولكن ما ترونه في رجل كان له ولدان فأمر أحدهما بحفر كرمه[511] [29] فأجابه لست أفعل ثم ندم على قوله وفعل [30] ثم قال للأخر مثل قوله للأول فأجابه وقال أسير يسيدي ولم يَسِر[512] [31] فمَن منهما[513] أتمَّ إرادة أبيه فقالوا الاخر فقال لهم يسوع أمين أقول لكم أنه سيتقدّمكم المستخرجون والقحاب إلى ملكوت السموات [32] لأنه قد أتاكم يحيى وعرّفكم بطريق الحق فلم تومنوا به وقد أمن به المستخرجون
20r والقحاب * ثم رأيتموهم يومنون فلم تستغفروا ولم تومنوا.

## الباب الثاني والعشرون متى

[33] فاسمعوا مثلاً اخر رجلٌ ذو ضَفَف[514] اغترس كرمًا وسيّج حوله وجعل فيه معصرة وشيّد فيه بُرجًا[515] وَوَكَّل به أعوانه وتغرّب عنه. [34] فلمَّا تدانا إبان قِطافه[516] بعث عبيده إلى أعوانه الموَكلينَ[517] به ليأخذوا منهم غلَّته [35] فتأبَّا الأعوان عليهم[518] فَبعضَهم ضُربوا وبعضَهم قُتلوا وبعْضهم رُجموا. [36] ثم بعث إليهم جماعة أعظم من الأولى فصُنع بهم ما صُنعَ بِالأوَّلين [37] وفي اخر ذلك بعث إليهم ولدَه وقال سيحفظون ولدي. [38] فلما بَصُرَ الأعوان بالولد قالوا في أنفسهم هذا

511 BNM-M and León له ولدان فقال للواحد منهما اولا يا بني امض اليوم لحفر كرمي
512 BL أفعل يا سيدي ولم يفعل
513 BNM-M and León من الاثنين
514 BNM-M and León ابو ضفف
515 BL قصرًا
516 BNM-M and León زمان ثمرته
517 BNM-M الموقلين
518 BNM-M وتعلقوا بهم

[14] وأقبل إليه (العمي)[503] والعُرج فأبراهم. [15] فلمّا بصُر قُوَّاد القسيسين والعلماء بعجايبه وسمعوا الصبيان يدعون في البيت ويقولون هُشعنا بابن داود إستشاطوا غضبًا [16] وقالوا ما تسمع قول هاؤلاء فقال لهم يسوع نعم أما قرأتم أنَّ على أفواه الصبيان والمراضع يُستَكمَل الحمد [17] ثم تركهم وخرج[504] عن المدينة إلى موضع يقال له بثَّانية وبات فيه.

[18] فلمَّا انصرف بالغد إلى المدينة وقد جاع [19] وبصر بشجرة تين على الطريق فعدَّل إليها ولم يجد فيها غير الورق فقال لها لا تطلع منك فاكهة أبدًا فيبست من وقتها [20] فعجب التلاميذ لسرعة يبسها[505] [21] فقال لهم يسوع أمين أقول لكم لين أمنتم ولم تشكُّوا ليس تفعلون هذا فقط في التينة وحدها ولكن لو أمرتم هٰذا الجبل بأن يرتحل[506] من هاهنا ويلقي بنفسه في البحر[507] لكان ذلك [22] وكل ما سألتموه في دعايكم بعد أن يَحسُن يقينكم ستجابون إليه.

[23] فلما دخل البيت أقبل إليه قوَّاد القسيسين والعلماء[508] وهو يوصي فقالوا له بقدرة من تفعل هذا ومن ملّكك هذه القدرة [24] فأجابهم يسوع وقال أنا سايلكم عن أمر واحد فإن أعلمتموني به سأعلمكم بقدرة من أفعل هذا [25] إعماد يحيى كان[509] من السماء أم من الناس ففكّروا القوم وتوقعوا إن يقولوا أنه سماوي فيقول لهم كيف (لم)[510] تصدقوه [26] فإن قالوا من الناس ثارت عليهم جماعة

[503] BL and León.
[504] BNM-M and León وخرج خارجًا
[505] BL يبوسها; León فعجب التلاميذ اذ نظروا الى ذلك وكيف يبست من عاجل
[506] BL ينقلع
[507] Ibn Ḥazm انقلع وانطرح في البحر; León انقلع وألق نفسك في الطريق
[508] BNM-M and León قواد القسيسين وشيوخ الأمة
[509] BNM-M and León ممن كان
[510] BL and León.

## [XXI] باب [الباب] الحادي والعشرون متّى

[1] فلما تدانى من يَرُسَليم وكان في[495] موضع يقال له بَثْفيبا في جوار جبل الزيتون بعث رجلين من تلاميذه [2] وقال لهما إذهبا[496] إلى هذا الحصن الذي يقابلكما وستجدان فيه حمارة مربوطة بفلوها فحلا عنها وأقبلا إلي بها[497] [3] وإن تعرّضكما أحد فيها فقولا له إن السيد يريدها[498] فيدعكما[499] من وقته [4] وكان هذا ليتمّ به قول النبيّ القايل [5] قولوا لابنة صهيون سياتيك أميرك[500] متواضعًا وراكبًا على حمارةٍ مُتْبَع[501] [6] فتوجه التلميذان وفعلا ما أمرهما به يسوع [7] وأقبلا بالحمارة وفلوها وألقوا ثيابهم عليها وجلّسوه من فوق [8] وبسطت الجماعة على الطريق ثيابهم وبعضهم كانوا يقطعون أغصان الشجر ويلقونها على الطريق [9] وكان يدعوا مَن في مقدّمته وساقته ويقول هُشعنا يابن داود تبارك القادم على اسم السيد هشعنا في العُلى [10] فلمّا دخل يرسليم تحركة[502] المدينة من أخرها وقال
19v أهلها من هذا [11] فقالت الجماعة هذا يسوع * الناصري من جلجال.

[12] ودخل يسوع بيت الله وأخرج عنه كل من كان يبيع ويشتري فيه وهدم موايد الصرّافين وكراسي باعة الحمام [13] وقال لهم قد صار مكتوبًا إنّ بيتي إنما يدعى بيت صلاة وأنتم قد جعلتموه كهف السرقة

[495] BNM-M and León وأقبلوا الى
[496] Ibn Ḥazm امضيا
[497] BL and Ibn Ḥazm فحلا عنهما واقبلا الي بهما; León فحلاهما واقبلا الي بهما
[498] Ibn Ḥazm and León يريدهما
[499] BNM-M and León فيدعهما
[500] Ibn Ḥazm and León ملكك
[501] Ibn Ḥazm حمارة وابن اتان; León حمارة وفلوها
[502] BL and León تحركت; BNM-M تحرقة

وقال تجهلون السؤال[481] أتصبران[482] على شرب الكاس التي أشرب فقالا نصبرا[483] [23] فقال لهما ستشربان بكاسي وليس لي تجليسكما على يميني وشمالي إلا لمن وهب[484] ذلك له[485] أبي. [24] فلما بلغ[486] ذلك العشرة استنكروا ذلك[487] من الأخوين. [25] فدعاهم يسوع[488] وقال لهم أتعلمون أن ملوك الأجناس يملكون ما تحتهم وملوكهم[489] يحكمون عليهم [26] فلا يكونن هذا الأمر فيكم ولكن من أراد أن يرأس فيكم فليكن خادمكم [27] ومن أراد أن يتقدمكم فليكن عبدكم [28] كما أن ابن الإنسان إنما قدم ليخدم ولا يستَخْدِم ويجعل نفسه (فداء)[490] عن كثير.

[29] فلما خرجوا عن يَرِحا إتّبعتهم الجماعة [30] وكان في طريقهم مكفوفان[491] قاعدين[492] فإذ بلغهما مِمَرُّ[493] يسوع صاحا وقالا يسيدنا يا بن داود إرحمنا [31] فانتهرتهما الجماعات وأمرتهما بالسكوت وكل ذلك إزدادا صياحًا وقالا يسيدنا يا بن داود إرحمنا [32] فوقف يسوع ودعاهما وقال ماذا تريدون أن أفعل بكما [33] فقالا له يسيدنا أن تفتح[494] أبصارنا [34] فرحمهما يسوع ومسَّ أعينهما وأبصرا من وقتهما ذلك واتّبعاه.

481 BL تجهلون ما تسألون; Ibn Ḥazm تجهلين السؤال
482 León اتقدران
483 BNM-M and León نقدرا; Ibn Ḥazm نصبر
484 León أعدّ
485 Ibn Ḥazm ذلك إليّ
486 BNM-M and León سمع
487 BNM-M and León استثقلوه
488 BNM-M and León الى نفسه
489 BL and León وأكابرهم
490 BL and León.
491 BNM-M مقفوفان
492 BNM-M قاعدان في جوار الطريق
493 León فلما سمعوا خطور يسوع
494 BNM-M and León تنفتح

[8] فلما انقضى النهار قال صاحب الكرم لوكيله أدع الأعوان وادفع إليهم أجورهم وابدأ بالأخرين حتى ينتهي إلى الأولين [9] فبدأ بالذين دخلوا في الساعة الحادي عشرة وأعطى كل واحد منهم درهمًا [10] فأقبل إليه الأولون وهم يرتجون الزيادة فأعطى كل واحد منهم درهمًا. [11] فلمّا قبضوها استنكروا ذلك[475] على صاحب الكرم [12] وقالوا أسوَّيتنا بالذين لم يعملوا إلا ساعة واحدة في شخوصنا طول نهارنا وتنصَّبنا بحرارته. [13] فأجاب أحادهم[476] وقال لستُ أظلمك يا صديق أما عاملتني على درهم [14] فخذ حقك وانطلق فإنه يوافقني أن أعطي الأخر كما أعطيتك [15] أما يحلّ لي ذلك[477] إن كنت أنت حسودًا فإني أنا رحيم [16] ومن أجل هذا يتقدّم المؤخرون الأولين ويكون الأولون ساقة للأخرين فالمُدَّعَون كثير والمُتَخَيَّرون قليل.

[17] فلما توجّه يسوع إلى يرسليم وخلا بالإثني عشر تلميذًا قال لهم [18] أنا سننزل إلى يروسليم وسيُبتلُّ[478] فيها بابن الإنسان في أيدي قوّاد القسيسين والعلماء ويحكمون عليه بالقتل [19] ويبرَوْن به إلى الأجناس ليستهزُوا بهِ ويجلدوه ويصلبوه ويحيى في الثالث.

[20] وعند ذلك دنت إليه أمّ ابني سبذاي مع ولديها فخنت[479] له ورغبت إليه. [21] فقال لها ما تريدين فقالت له أن يقعدا وَلَدَيّ هاذان[480]
19r أحدهما عن يمينك والأخر عن * شمالك في ملكك [22] فأجاب يسوع

[475] BNM-M and León تمرمروا
[476] BL and León احدهم
[477] BNM-M and León أوليس يجب لي ان أفعل ما أريد
[478] BL and León وسيُتَلُّ
[479] BL and León فخنعَتْ; Ibn Ḥazm فحنت
[480] IBn Ḥazm احب ان تقعد ابني هذين

[27] وعند ذلك سأله بِيْطْرُ وقال له ها نحن قد تخلينا من الجميع واتَّبعناك فما ثوابنا على ذلك. [28] فقال لهم يسوع أمين أقول لكم مَن اتّبعني منكم[467] على المعمودية اذا جلس ابن الإنسان في مجلس عظمته تجلسون أنتم على اثني عشر مجلِسًا وتحكمون على اثني
عشر * سبطًا من ولد إسرايل [29] وكل من تخلا من بيته وإخوته 18v
وأخواته ووالده ووالدته وامرأته وبنيه وفدانه لسببي[468] سيضاعف له ميأة [مائة] ضعف ويرث الحياة الدايمة.

## الباب الموفي عشرون متى

[30] وسيتقدم المؤخرون الأولين ويكون الأولون ساقة للأخرين.

[XX] [1] وكذلك يشبّه ملك السموات برجل ملي خرج في الإستجارة[469] أعوان لحفر كرمه في أول النهار [2] وعامل كل واحد منهم في نهاره بدرهم ثم أدخلهم كرمه. [3] فلما كان في الساعة الثانية[470] بصُر بغيرهم في الرحاب لا شغل لهم [4] فقال لهم إذهبوا أنتم أيضًا إلى كرمي وسأمر لكم بحقكم فذهبوا [5] ثم فعل ذلك في الساعة السادسة والتاسعة [6] فلما كان في الحادي عشرة خرج ووجد غيرهم وقوفًا (فقال لهم لِمَ وقفتم هاهنا نهاركم فُرَّغًا[471] [7] فقالوا له لأنه لم يستاجرنا أحد)[472] فقال لهم إذهبوا أنتم أيضًا إلى الكرم (وسأمر لكم بحقكم)[473] ففعلوا.[474]

467 León انكم انتم الذين تتبعوني
468 BNM-M and León لأجل اسمي
469 BL خرج في استجار; León خرج في الغد لاستجارة
470 BL and León الثالثة
471 BNM-M and León بلا عمل
472 BL and León.
473 BL and León.
474 BL فذهبوا; not in León. BL adds ثم فعل ذلك في الساعة السادسة والتاسعة

[13] وعند ذلك أُقبِل إليه بصبيان ليبارك عليهم[458] فكان التلاميذ ينتهرونهم [14] فقال لهم يسوع دَعوا الصبيان يقبلون إليّ ولا تمنعوهم[459] فإنّ لأمثالهم مُلك السَّموات. [15] فلمّا جعل يده عليهم خرج عن ذلك الموضع.

[16] فأقبل إليه واحد وقال له يا مُعَلِّمُ الخير ماذا أُفعل من خير لأنال الحياة الدايمة. [17] فقال له وَلِمَ تسئلني عن الخير اللّٰه الخيرُ وحدَه فإن كنت تُريد دَرْك[460] الحياة فاحفظ العهود [18] فقال له أي العهود. فقال له يسوع لا تَقتُل ولا تَزنِ ولا تَسرِق ولا تَشْهَد بالزُّوْر [19] وأكرِم أباك وأمّك واحفظ قريبَك كَحُبِّك[461] لِنفسك. [20] فقال الفتى قد حفِظتُ جميع هذا[462] فماذا عَجَزَني. [21] فقال له يسوع إن كنتَ تريد الكمال فاذهب وبِعْ جميع مالك[463] وأعطِهِ للمساكين فيكون لك مكنوزًا في السماء وأقبِل واتبعني. [22] فلما سمع الفتا هذا توجَّه حزينًا وكان مليًّا جِدًّا.[464]

[23] فقال يسوع لتلاميذه أمين أقول لكم بالحَرى يدخل المليّ مُلكَ السموات [24] وإن أدْخَلَ [إدخال][465] الجَمَل في سَمّ الخِياط أهوَنُ من دخول المليّ مُلْك السموات [25] فلما سمع بهذا التلاميذ عَجَبُوا عجبًا شديدًا وقالوا مَن ذا يَسْلِمُ إن كان هكذا [26] فنظر إليهم[466] يسوع وقال يعتاص هذا عن الناس وهو عند اللّٰه هين.

458 León ليضع يده عليهم ويدعو لهم

459 BNM-M and León ولا تمنعوهم من الاقبال الي

460 León نيل

461 BL كحفظك; BNM-M and León وحِب قريبك كحبّك لنفسك

462 BNM-M and León [ي]

463 BNM-M and León فامض وبع ما معك

464 BNM-M and León كان ذا مال كثير

465 BL, BNM-M, and León دخول

466 León فتأملهم

يجب عليك أن ترحم صاحبك كما رحمتك [34] فغضب لفعله وبري به إلى من كان يضارّ[454] إليه حتى يودي إليه جميع ما كان عليه [35] وكذلك يفعل بكم أبي السماوي إن لم تغفروا لإخوتكم بطيب أنفسكم.

[XIX] [1] فلما استوعب يسوع بهذا الحديث خرج عن جلجال إلى حوز بلد يهوذا خلف الأردون [الأردن] [2] واتبعته جماعة عظيمة فأبرا جميع مرضاهم بها. [3] فأقبل إليه فيها المصدقون فسئلوه مجربين له إن كان يحلّ للمومن مفارقة امرأته لسبب من الأسباب. [4] فأجابهم وقال أما قرأتم إن الخالق في البدي إنما خلقهم ذكرًا وأنثى [5] وقال لذلك يفارق المرء أباه * وأمه ويأنس إلى زوجته حتى يصيرا لحمة 18r
واحدة [6] وبعد فليس هما إثنان بل لحمة واحدة وما أللّفه [ألّفه] الله فليس إلى المرء تفريقه [7] فقالوا ولم عهد موسى[455] بأن يُكتَبَ للمرأة كتاب طلاق ويَبرا منها. [8] فقال لهم إنما فَعَل ذلك بِكُم موسى لفصوحة قلوبكم ولم يكن الأمر كذلك في البدي. [9] وأنا أقول لكم من فارق امراته إلا للزنا وتزوّج غيرها فقد يزني[456] ومن تزوّج مطلّقة فهو يزني[457] [10] فقالوا له التلاميذ إن كان الأمر هكذا فلا ينبغي لصاحب امراة أن يتزوّج عليها [11] فقال لهم ليست العامّة تفهم هذه الكلمة إلا الذين أعطوا ذلك [12] الخصيان هم الذين يُوْلَدون كذلك من بطون امّهاتهم والخصيان أيضا هم الذين يخصونهم الناس. والخصيان أيضًا الذين أخصوا أنفسهم لأجل مُلك السموات فمن استطاع الفهم فليفهم.

[454] BL يضرّه; BNM-M and León يضغطه

[455] BL موسى النبي

[456] BNM-M and León فسق

[457] BNM-M and León يفسق

في السماء وكل ما أحللتموه على الأرض يكون حلالاً في السماء. [19] ثم أقول لكم إذا اجتمع منكم إثنان على أمر فليس يسئلان شيئًا على الأرض إلا أجابهم إليه أبي السماوي. [20] وحيث ما اجتمع إثنان أو ثلثة على اسمي فأنا متوسطهم [21] وعند ذلك تدانا منه بيطر وقال له يسيدي إن أساء إلي أخي أتامرني أن أعفو عنه[449] سبعة [22] فقال له يسوع لست أقول سبعة ولكن سبعين في سبعة.

## الباب التاسع عشر متى

[23] ولذلك يشبه ملكوت السماء بملك أراد محاسبة عبيده [24] فلما وضع يده في ذلك أقبِل إليه بواحد كان له عليه سيده عشرة الاف قنطار [25] وإذ عجز عن اديها أمر ببيعه وأولاده وعياله وجميع ملكه فيما كان يجب عليه [26] فخنع العبد لسيده وقال له أرفق بي وسأودي إليك الجميع [27] فرحم السيد عبده وأمر بإطلاقه ووضع الدَّين عنه [28] فلما خرج العبد منطلقًا لقي رجلاً من أصحابه كان له عليه مائة درهم فتعلّق به وجعل يخنقه ويقول له أغرم إليّ مالي عندك[450] [29] فخنع له صاحبه وجعل يستغيثه ويقول[451] أرفق بي وسأودي إليك الجميع [30] فأبا عليه وصار[452] به وقذفه في الحبس حتى يودي إليه جميع دَينه. [31] فلما عاين ذلك أصحابه حزنوا له حزنًا شديدًا وأعلموا سيدهم بجميع فعله [32] فدعى به السيد وقال له يا عبد سوء أما قد وضعت عنك جميع ما كان لي عليك إذ استغثتني[453] [33] أما كان

[449] Ibn Ḥazm أغفر له
[450] BNM-M and León ويقول ودّ ديني الذي قبلك
[451] BNM-M and León ورغب اليه قايلا
[452] BL and BNM-M وسار
[453] BNM-M and León اذ رغبت الي

من سببه يقع التشتيت [8] فإن شَتَتْك يدك أو رجلك فاقطعها وابرا منها
فلتدخل الحياة ناقصًا[438] أفضل بك من أن تدخل نارًا لا تبيد كاملاً.[439]
[9] فإن شتتك عينك فافقعها[440] وابرا منها فلتدخل الملكوت بعين
واحدة أفضل بك من دخول نار جهنم بكلتيهما [10] فتحاذروا من
اهتضام هاؤلاء المتواضعين فإن مليكتهم يبصرون أبدًا وجه أبي السماوي
[11] وانما قَدِم ابن الانسان ليُسَلِّم ما كان متلوفًا [12] أما تعلمون أنه
إذا كان لأحدكمماية شاة وضاعت منها واحدة أنه يدع التسع
والتسعين في الجبال ويتّبع[441] الضالة [13] فإن وجدها أمين أقول لكم
أنه يفرح بها فوق فرحه بالتسع والتسعين التي في ملكه [14] وكذلك
ليس في إرادة أبيكم الذي في السماء أن يتلف واحدًا من هؤلاء
المتواضعين.

[15] فإن أسا إليك أخوك المومن فعاتبه وحدك[442] فإن سمع لك فقد
17v ربحته [16] وإن لم يسمع لك فخذ إلى نفسك * إلى نفسك[443] رجلين
أو ثلثة[444] ليكونوا شهودًا عليه[445] [17] فإن (لم)[446] يسمع منهم فأعلم
بخبره الجماعة فإن لم يسمع لهم فأنزله منزلة المجوس والمستخرجين[447]
[18] أمين أقول لكم كل ما حرمتموه على الأرض يكون محرّمًا[448]

[438] BNM-M and León أعرج ناقصًا
[439] BNM-M and León بيدين ورجلين
[440] BL, BNM-M, and León فافقأها
[441] BNM-M and León ويسير ويتبع
[442] BNM-M and León فامض وعاتبه بينك وبينه; Ibn Ḥazm فعاتبه وحدك فيما بينك وبينه
[443] Repetition in BSB.
[444] Ibn Ḥazm رجلا او رجلين; León رجلا اخر او رجلين
[445] Ibn Ḥazm لكيما تثبت كل كلمة بشهادة شاهدين او ثلاثة
[446] BL, Ibn Ḥazm, and León.
[447] Ibn Ḥazm فان سمع الجماعة فليكن عندك بمنزلة المجوسي والمستخرج
[448] Ibn Ḥazm حرامًا

17r [22] فبيناهم بجلجال إذ قال لهم * يسوع سيُتل بابن الإنسان[431] في أيدي الناس [23] ويقتل ويحيى في الثالث فحزنوا لذلك حزنًا شديدًا. [24] فلما دخلوا قفرناؤم أقبل المستخرجون إلى بيطر وقالوا له أيمنع معلمكم من أداء الخرج [25] فقال لا فلما دخل بيطر على يسوع في البيت قال له يسوع[432] ممن يتقاضى الملوك[433] الجزية والخراج يا سمعون من أولادهم أم من غيرهم [26] فقال له بل من غيرهم. فقال له يسوع فأولادهم إذًا أحرار [27] ولكن ليلا تسخِطوهم إذهَبْ إلى البحر وألق فيه صنارة فأول حوت تصيبه[434] فافتح فاه فإنك ستجد فيه مثقالا من ذهب فأَبْرَأ به إلى أصحاب الخراج عني وعنك.

## [XVIII] الباب الثامن عشر متى

[1] وفي ذلك الوقت أقبل التلاميذ إلى يسوع وقالوا أتُرى من يكون المتقدم في ملكوت السماء [2] فدعى يسوع بصبي وأوقفه بينهم[435] [3] وقال لهم أمين أقول لكم لئن لم تتواضعوا كتواضع الصبيان لا تدخلون ملكوت السماء [4] فمَن تواضَع تواضُع هذا الصبي فهو المتقدم في ملكوت السماء [5] ومن قبل من المتواضعين أحدًا[436] فذلك يقبلني [6] ومن أضرّ إلى أحد المتواضعين المومنين بي كان أهون عليه لو علقت بعنقه مطحنة فارسية وقذف به في قعر البحر[437] [7] فالويل للدنيا مِن قِبَل شتاتها وسيُحتاج إلى شتاتها ولكن الويل للرجل الذي

[431] Ibn Ḥazm سيبلى ابن الانسان
[432] BNM-M and León ماذا تراه يا سمعون
[433] BNM-M and León ملوك الارض
[434] BNM-M and León يصعد خذه
[435] BNM-M and León بينهم في الوسط
[436] BNM-M and León ومن قبل هذا الصبي على اسمي
[437] BNM-M and León في البحر

[9] وعند نزولهم من الجبل معًا تقدم إليهم يسوع وقال لهم لا تُعْلِموا أحدًا بما رأيتم إلى أن يقوم ابن الإنسان من الموت [10] ثم إن التلاميذ كاشفوه وقالوا لِم يقول العلماء أن إلياس سياتي[421] [11] فقال لهم سياتي إلياس ويخبر[422] الجميع [12] ولكن أقول لكم قد جاء إلياس ولم يقبلوه وفعلوا به ما أحبوا وكذلك يفعلون بابن الإنسان. [13] فعند ذلك فهم التلاميذ أنه إنما يعني يحيى بن زكريا.[423]

[14] فلما دخل الجامَعَة[424] أقبل إليه رجل ثم سجد بين يديه [15] وقال يسيدي إرحمني فإن لي ولدًا مصاحبًا[425] وقد أسقطه في النار وفي الماء مرارًا [16] وأقبلتُ به إلى تلاميذك ليبروه فلم يقدروا. [17] فقال لهم يسوع يا نسل التشكيك والإعوجاج إلى متى أكون معكم وإلى متى أتَوَلَّيَكم إتوني به. [18] فلما أوتي به انتهر الشيطان وأخرجه عنه[426] وصحَّ الغلام من وقته [19] فعند ذلك خلا به التلاميذ وقالوا لِم عجزنا نحن عن بريه [20] فقال لهم لتشكيككم. أمين أقول لكم لين كان لكم إيمان مثل حبة الخردل[427] تقول[428] لهذا الجبل إرحل من هاهنا فيرحل ولا يعتاص عليكم في شيء[429] [21] وهذا الجِنس لا يُقهر[430] إلا بالصلاة والصيام.

421 BL, BNM-M, and León سياتي من قبل

422 BNM-M ويُجبِدُ; León ويَجبر

423 BNM-M and León يحيى المعمد

424 BL, BNM-M, and León الجماعة

425 BNM-M and León ارحم ابني فإنه مصاحب ويتعذب شديدًا

426 BNM-M and León فانتهره يسوع وخرج الشيطان عنه

427 Ibn Ḥazm على قدر الخردل

428 BNM-M and León تقولوا; BL فإنكم تقولون; Ibn Ḥazm لتقولن

429 Ibn Ḥazm ولا يتعاصى عليكم شيء

430 León وهذا الجن ليس يدفع

[24] وعند ذلك قال يسوع لتلاميذه من أحب أن يتبعني فيتخلا من
شهواته ويحتمل المشقة[415] ويقفوا أثري [25] ومن أراد سلامة نفسه
فليُضَيِّق عليها (ومن ضيق عليها في الدنيا)[416] لسببي يُسَلِّمْها. [26] وما
يُغني المرء لو أوتي الدنيا إذا عُذبت نفسه أو ماذا يُعِدّ لفديتها[417]
16v [27] سيأتي ابن الإنسان * في قدرة[418] أبيه مع مليكته وعند ذلك يكافي
كل واحد بقدر عمله. [28] أمين أقول لكم سيبقى من هولاء الوقوف
من لا يذوق الموت حتى يرا ابن الإنسان مقبلاً في مُلكه.

## [XVII] الباب السابع عشر متى

[1] وبعد ستة أيام أخذ يسوع إلى نفسه بيطر ويعقوب ويحيى أخاه وأصعدهم في جبل منيف دون أصحابهم [2] وبدّل صورته لهم فشرق وجهه كإشراق الشمس وصارت كسوته أنصع بياضًا من الثلج [3] وترأا لهم معه موسى وإلياس وهما يحدثانه [4] فقال بيطر ليسوع يسيدي ما أحسن المَكث بنا هاهنا في هذا الموضع فإن كان يوافقك نصبنا هاهنا ثلث قِبب لك قُبَّة ولموسى قُبَّة ولإلياس قُبَّة. [5] فبيناه يقول هذا إذ أظلّتهم سحابة بيضاء ونادى من السحابة صوت يقول هذا ابني الحبيب الذي ارتضيت[419] فاسمعوا له. [6] فلما سمع بذلك التلاميذ سجدوا على جباههم وجزعوا جزعًا شديدًا.[420] [7] فتدانا يسوع منهم ومسّهم وقال لهم قوموا ولا تخافوا. [8] فلما رفعوا أبصارهم لم يبصروا غير يسوع وحده.

[415] BNM-M and León أن يتبعني فليجحد نفسه ويحتمل صليبه
[416] BL; León ومن اتلف نفسه لسببي يجدها
[417] BNM-M and León أو ماذا يعطي الانسان بدلاً من نفسه
[418] BNM-M and León عزة
[419] BL ابني الحبيب المرتضى; BNM-M and León الذي ارتضيته لنفسي
[420] BNM-M and León خرّوا ساجدين على وجوههم وجزعوا جدًا

[13] ثم أقبل يسوع إلى ناحية قيسارية من طاعة فِلِيبُّش وسأل التلاميذ بالطريق وقال لهم ما يقول الناس عن ابن الإنسان ومن أنا عندهم. [14] فقالوا يقول بعضهم أنك يحيى المُعمّد وبعضهم إلياس وبعضهم يرميا أو أحد الأنبيا. [15] فقال لهم يسوع ومن أنا عندكم [16] فأجابه سمعون المقلّب [الملقّب] بيطر وقال له أنت المسيح بن الله الحي. [17] فأجابه يسوع وقال طوبا لك[406] يا سمعون ابن الحمامة[407] فإنه لم يُنبّك بهذا فهم لحم ودم إلا أبي السماوي [18] وأنا أقول لك أنت بيطر وعلى هذا الحجر أبني جماعة تبعتي[408] التي لا تمسّهم نار الجحيم [19] ولك أعطي مفاتيح مُلك السموات[409] فكل ما حرّمته على الأرض يكون محرّما في السموات وما حللته على الأرض يكون حلالاً في السموات. [20] ثم تقدّم[410] إلى تلاميذه ألا يعلموا أحدًا بأنه يسوع المسيح.

[21] وأعلم يسوع تلاميذه من ذلك الوقت تلاميذه بما ينبغي له أن يفعل من دخول يرشليم وحمل ضر أكابر أهلها وعلمايها وقسيسيها وقوّادها[411] وقتلهم له وقيامه في الثالث [22] فخلا بيطر به وجعل يحضه ويقول[412] تعافى عن هذا يسيدي ولا يصيبك منه شيء [23] فرجع عليه وقال له ساعد[413] يا مخالف ولا تعارضني فإنك جاهل بمرضاة الله وإنما تعرف ما يرضي الناس.[414]

406 BNM-M and León سعدت

407 *Bar Iona*; the translator reverts to the Aramaic to translate יונה as حمامة ("dove"); see John I:42 and XXI:15-17.

408 BL and León بيعتي

409 Ibn Ḥazm إليك ابرأ بمفاتيح السموات

410 BNM-M and León عهد

411 Ibn Ḥazm دخول يرشلام وحمل العذاب من أكابر أهلها وعلمائهم

412 Ibn Ḥazm فخلا به باطرة وقال له

413 BL تباعد; Ibn Ḥazm اتبعني; León اذهب خلفي يا شيطان

414 Ibn Ḥazm وانما تدري مرضاة الادميين

تلاميذه فقدموه إلى الجماعة [37] فأكلت منه حتى شبعت[401] وجمعوا من فضولهم سبع قفف مملوة [38] وكان عدد الاكلين أربعة الاف رجل سوى النساء والصبيان. [39] ثم أذِن لهم ودخل في مركب فأقبل إلى ما جاور موضعًا يقال له[402] مجيدان

[XVI] [1] فأقبل إليه المصدقون والمكذبون مجربين له فرغبوا إليه أن يظهر لهم أية سماوية [2] فأجابهم إذا رأيتم الحمرة مع المساء
16r حتمتم بالصحو بالغد لاحمرار الجو مع الليل * [3] وإذا رأيتم الحمرة بالغد حتمتم بالنَّوء تحكمون بإمارات السماء وتعجزون عن إمارات الدهور [4] يسئل النسل السوء ونسل الفسق اية ولا يعطى من الايات إلا اية يونُس النبي. ثم خرج عنهم منطلقًا

[5] فلما أجاز التلاميذ معه أضاعوا التزوّد من الخبز [6] فقال لهم يسوع إجتنبوا وامتنعوا خميرة المصدّقين والمكذبين [7] فجعل كل واحد منهم يفكر في نفسه ويقول إنّا أضعنا التزود من الخبز [8] فعلم ذلك منهم وقال ما هذا الذي تفكرون فيه يا من قلّ إيمانهم مِن تَركِكُم التزاود من الخبز [9] أما فهمتم[403] ولا تذكرون إذ إرتوى من خمس خبز خمسة الاف رجل وعدد السلل[404] التي رفعتم من فضولهم [10] ومن سبع خبز أربعة الاف رجل وعدد السلل التي رفعتم من فضولهم [11] فمالكم لا تفهمون فإني لم أمنعكم عن خبزهم إلا عن سنّتهم. [12] (فعند ذلك فهموا انه لم يمنعهم عن خميرة الخبز الا عن سنّة المصدّقين والمكذبين).[405]

[401] BL ارتوت; BNM-M and León فأكل الناس وارتووا
[402] BNM-M and León وأقبل الى احواز
[403] BNM-M and León فمالكم لا تفهمون
[404] BNM-M and León القفف (in León written over السلل)
[405] León; entire verse is missing in BSB and BL.

لها لا خير في من ينزع الخبز من الأولاد ويطرحه للكلاب. [27] فقالت له صدقت يسيدي نعم وقد تصيب الأجرا من فتات موايد السادة الساقطة. [28] فأجابها لهذا الجواب وقال لها يامراة ما أحسن يقينك فليصبك على قدر إيمانك[391] فبرت من وقتها ابنتها.[392]

[29] ثم تحرّك يسوع[393] من ذلك الموضع وأقبل إلى ما يجاور بحر جلجال وصعد في جبل[394] [30] واتّبعته جماعة عظيمة ومعهم بكم وعرج وعمي وغيرهم من صنوف الأمراض وألقاهم[395] بين رجليه فأبراهم من وقته [31] فعجبت له الجماعة إذ بصروا بالبكم وهم يتكلمون والعرج يمشون والعُمي يبصرون وكانوا يعظمون على ذلك إله إسرايل.

### الباب السادس عشر متى

[32] فدعا يسوع تلاميذه وقال لهم إني أرحم لهذه الجماعة لصبرها معي منذ ثلثة أيام وقد عجزها الزاد[396] وأكره الإذن لهم[397] وهم صيام ليلا يهلكوا في الطريق [33] فقالوا له التلاميذ من أين نجد[398] في هذا المفاز خبزا تشبع[399] منه هذه الجماعة [34] فقال لهم يسوع كم خبزة عندكم فقالوا سبع خبز وحيتان قليلة [35] فأمر الجماعة بالإتكاء على الأرض [36] وأخذ الخبز والحيتان فبارك[400] فيه وكسره وبري به إلى

---

[391] BNM-M and León ارادتك
[392] BNM-M and León فصحت ابنتها ذلك الوقت
[393] BL ياشوا
[394] BNM-M and León وقعد فيه
[395] BL, BNM-M, and León والقوهم
[396] BNM-M and León وليس عندهم ما ياكلون
[397] BNM-M and León ان اذن لهم بالانطلاق
[398] BNM-M and León من اين لنا
[399] BL, BNM-M, and León تروى
[400] BNM-M and León وودى الحمد

[10] ثم دعا إلى نفسه الجماعات وقال لهم إسمعوا وافهموا
[11] ليس ينجس المرء ما يدخل فاه ولكن ينجسه ما يخرج من فيه.
[12] فتدانا منه تلاميذه وقالوا له أما تعلم أن المصدقين قد استنكروا
قولك وشكوا فيك. [13] فأجابهم وقال كل غرس لم يغرسه أبي سيقلع
[14] دعوهم فإنهم عمي قُوّاد العمي والأعمى إذا قاده أعمى سقطا
جميعًا في حفرة [15] فقال له بيطر فهمنا هذا المثل [16] فقال لهم
أما تفهمون حتى الان [17] ولا تعلمون أن الذي يدخل الأفواه يصير
إلى الأجواف ثم إلى المصير [18] والذي يخرج عن الأفواه مما تضمره
القلوب هو الذي ينجس الادمي [19] من الفكر السوء[381] والقتل والزناء
والسرقة وشهادة الزور والنميمة[382] [20] فهذه تنجس الادمي وليس
الأكل * قبل الوَضُوء.[383] 15v

[21] ثم انتقل يسوع من ذلك الموضع إلى جوار[384] طُرطوس[385]
وشيذن [22] فأقبلت إليه امرأة كنعانية[386] فاستغاثته وقالت إرحمني يا بن
داود في ابنتي التي أضرّ إليها الجنّ [23] فلم يجبها بحرف فتقرّب إليه
التلاميذ وجعلوا يرغبون إليه ويقولون له أطلقها فإنها قد أكثرت[387] علينا
[24] فقال لهم إنما بُعِثتُ إلى الغنم[388] التالفة من نسل إسرايل. [25] ثم
تدانات[389] منه المرأة وسجدت له وقالت أغثني[390] يسيدي [26] فقال

[381] BNM-M and León من القلب تخرج الفكر الردية
[382] BL والنميمة والشتيمة; BNM-M and León والسب
[383] BNM-M and León وليس الاكل دون غسل اليدين
[384] BNM-M and León احواز
[385] *Tyrus*. BL, BNM-M, and León طرسوس
[386] BNM-M and León من اهل ذلك البلد
[387] BL and León أكثرت بالصياح
[388] BNM-M and León الضان
[389] León تدانت; BL انضمت اليه
[390] BNM-M and León اعنّي

على الماء. [29] فقال له أقبل فنزل عن المركب ومشى اليه على الماء. [30] فلما بصر بموجة[376] ساء ظنه فجزع وغرق[377] وجعل يستغيث ويقول سلمني يسيدي [31] فمدّ يده يسوع واستنقذه وقال له لِمَ شككت يا قليل الايمان [32] فلما دخل المركب كفّت الريح والبحر[378] [33] فأقبل إليه من كان في المركب وسجدوا له وقالوا أنومن حقًا أنك ولد الله.

[34] فلمّا نزل بموضع يقال له ينشّار [35] وسمع به أهل ذلك الموضع حشدوا[379] إليه جميع مرضاهم [36] ورغبوا إليه بمسّ ولو هُدْب ردايه فكان كل من مسّ شيئًا من ثيابه بري من وقته.

## [XV] الباب الخامس عشر متى

[1] فعند ذلك أقبل إليه من يرُشلِيم رجال من العلماء والمصدقين وقالوا له [2] لم يخالف تلاميذك سنّة المشايخ في تركهم الوضوء قبل أكل الطعام [3] فأجابهم وقال لهم ولِم تخليتم أنتم من عهد الله حفظا لسنّتكم [4] وذلك أن الله قال أكرم أباك وأمك ومن لعن أباه أو أمه فليُقتل [5] وأنتم تقولون أن الذي يجب لأبي وأمي عليّ فهو مني لله قربان فقد تُقُبِّل منه ولا حقّ لأبيه وأمه عليه [6] تهاونًا بعهد الله ولزومًا لسُنّتكم [7] يا مرايين قد أصاب أشعيا النبي فيما ذكر عنكم وقال [8] هذه الأمة تكرمني بألسنتها وتبعدني بقلوبها[380] [9] تعنى بعبادتي إذ تفضل عهد الناس وسنّتهم على عهدي.

[376] BL فلما قرب من يسوع نظر الى موجة عظيمة; BNM-M and León فلما بصر بموجة عظيمة

[377] BNM-M and León وأراد ان يغرق

[378] BL and León وهد البحر

[379] BNM-M and León بعثوا الى جميع ذلك البلد وحشدوا

[380] BNM-M and León هذه الأمة تكرمني بشفاهها وقلوبها بعيدة عني

أظلّنا الليل[366] فأذن للجماعة أن يلحقوا بأقرب الحُصُن ليبتغوا[367] ما يقتاتون به. [16] فقال لهم يسوع سيستغنون عن ذلك[368] فأطعموهم أنتم [17] فقالوا له ليس معنا هنا ما عدى خمسُ خبز وحوتان. [18] فقال لهم إيتوني بها [19] ثم أمر الجماعة بالاتكاء[369] على الحشيش وأخذ الخمس الخبز والحوتين ورفع بصره إلى السماء وبارك عليه وكسره ثم بري به إلى تلاميذه وقدّمه التلاميذ إلى الجماعة [20] فأكلت منه حتى شبعت[370] ورفعوا من فضولهم إثنا عشرة سلة مملوَة[371] [21] وكان عدد الاكلين خمسة ألاف رجل سوى النساء والصبيان.

[22] ثم أمر تلاميذه بدخول السفينة والتوجه[372] إلى الريف الاخر لياذن لمن اجتمع إليه من الجماعة [23] فلما انقلبوا عنه صعُد إلى الجبل للصلاة وحيدًا وأمسى له بذلك الموضع[373] [24] وكان تلاميذه قد عصف بهم البحر عصفا شديدًا وعقلتهم الريح[374] [25] فلما كان في السمر الرابع من الليل أقبل إليهم ماشيًا على البحر [26] فلما نظروا إليه على الموج جزعوا وظنوه روحًا خيالاً وصاحوا مرعوبين [27] فناداهم وقال لهم لا تخافوا وليحسن يقينكم فإني أنا يسوع[375]
[28] فقال له بيطر يسيدي إن كنت أنت هو فإِيذَنْ * لي بالتوجه إليك 15r

366 BNM-M and León وقد مضى الوقت
367 BL, BNM-M, and León ليبتاعوا
368 BNM-M and León ليس يحتاجون الى المضي
369 BNM-M and León فلما أمر الجماعة ان يتكوا
370 BL ارتوت; BNM-M and León فأكلوا اجمعون وارتووا
371 BL, BNM-M, and León مملوة كسورًا
372 BNM-M and León ويخلفوا به
373 BL وبقي فيه وحده; BNM-M and León وحده للصلاة
374 BL وكان المركب في البحر قد عصفت به الريح وعقلته; BNM-M and León وكان التلاميذ بالمركب في وسط البحر يضطرب بالامواج لأنه كان عصفًا شديدًا
375 BL and León انا هو

## [XIV] الباب الرابع عشر متى

* [1] وفي ذلك الزمان انتهى إلى هَرُودِس صاحب رُبع الشامات خبر 14v
يسوع [2] فقال لأصحابه ما هذا إلا يحيى بن زكريا[355] حيي[356] ولذلك يُطلع هذه العجايب [3] وكان هَرُودِس قد حبس يحيى وكبّله لأرُوْظِياظة امرأة أخيه [4] حين منعه من تزويجها له [5] ورام قتله فخاف الجماعة لأنه كان عندهم بمثابة نبي. [6] فلما أعدّ هَرُودِس صنيعًا في اليوم الذي ولي[357] فيه من السنة زفّنت بين يديه ابنة أروظياظة فعجبه ذلك منها [7] ووعدها مُقسِمًا[358] ما سألته من شيء [8] فسألته ما قد كانت أمها أمرتها به وقالت له أمُر لي في هذا الطبق برأس يحيى المُعمّد [9] فشقّ عليه ذلك ولكن لحال من كان حوله ولليمين الذي كان أقسم لها به أمر لها برأسه [10] فذُبح[359] في الحبس [11] وأوتي بالرأس في الطبق[360] وصارت[361] به إلى أمها [12] وأخذ تلاميذ يحيى جثمانه[362] ودفنوه وأقبلوا إلى يسوع فأعلموه بذلك. [13] فلما سمع به ركب مركبًا وتنحّا[363] من ذلك الموضع إلى قفار منقطعة فاتّبعته فيها الجماعات رجّالة من جميع المداين.

[14] فلما خرج وبصر بهم رحمهم ورجع إليهم[364] وأبرأ جميع مرضاهم. [15] فلما جنّ الليل[365] قال تلاميذه له إنّا بموضع قفر وقد

355 BL يحيى المعمّد
356 BNM-M and León قام عن الموتى
357 BL and León كان ولي
358 BNM-M and León ان يعطيها
359 BNM-M and León فذبح يحيى
360 BNM-M and León ودفع الى الجارية
361 BL, BNM-M, and León وسارت
362 BNM-M and León فأقبل تلاميذه وأخذوا جثمانه
363 BNM-M and León تحرك
364 León فلما خرج نظر الى جماعة عظيمة فرحمهم
365 BNM-M and León عشيهم الليل

أيضا ملكوت السماء بجرّافة ملقاة في البحر قد تقبضت على جميع أجناس الحيتان [48] فامتلت وأخرجت إلى الريف وقعد أصحابها فميّزوا[343] الطيبة وألقوها في الأوعية واطرحوا[344] الردية. [49] وكذلك يفعل عند انقراض الدنيا تخرج المليكة فيميزون الصالحين من الطالحين[345] [50] ويقذفون بالطالحين في السعير حيث يطول العويل وقلقلة الأضراس.

[51] أفهمتم جميع هذا. قالوا نعم [52] فقال لهم لذلك من كان عالمًا في جماعة المومنين يشبه برجل ملي[346] يخرج من خزانته الجديد والبالي ويواسي بهما [53] فلما استوعب يسوع هذه الامثال رحّال[347] من ذلك الموضع.

[54] ورجع إلى بلده وجعل يوصي جماعتهم بوصايا يعجبون منها وكانوا يقولون[348] من أين أتي[349] هذا هذه العلوم وهذه القدرة [55] أما هذا ابن الحداد وأمه مريم[350] وأقاربه[351] يعقوب ويوسف وسمعون ويهوذا[352] [56] أما هؤلاء كلهم عندنا فمن أين أوتي هذا [57] وكانوا يشكون فيه فقال لهم يسوع ليس يعدم النبي حرمة إلا في وطنه وبيته[353] [58] ولتشكيكهم فيه[354] لم يطلع في ذلك الموضع عجايب كثيرة.

---

[343] BNM-M and León يختارون

[344] BNM-M and León ويطرحون

[345] BNM-M and León فيعزلون الطالحين من بين الصالحين

[346] BNM-M and León برجل ابي الضفف

[347] BL, BNM-M, and León رحل

[348] BNM-M and León وكان يوصيهم عند اجتماعهم حتى كانوا يتعجبون ويقولون

[349] BL and Ibn Ḥazm أوتي

[350] BNM-M and León يقال لها مريم

[351] Ibn Ḥazm and León واخوته

[352] BNM-M, León, and Ibn Ḥazm ويهوذا واخواته

[353] Ibn Ḥazm الا في بيته وبلده

[354] Ibn Ḥazm ولتشككهم وكفرهم

[33] ثم تمثّل لهم أيضًا وقال يشبّه ملكوت السماء بخميرة أخفتها امراة في ثلثة أكيال دقيق حتى تسخنت وتخمرت كلها[335] [34] فكان يسوع يضرب هذه الامثال للجماعة ولا يكلمهم إلا متمثّلاً * [35] ليُتِمَّ 14r
قول النبي الذي قال إفتح بالأمثال فمي فأعلّمهم ما خفي عنهم[336] من بدي الدنيا.

[36] ثم خرج[337] عن الجماعة ودخل بيتًا فتدانا منه تلاميذه وقالوا له فسّر لنا مثل الزوان [37] فقال لهم الزرّاع الذي بذر زريعة طيبة هو ابن الانسن [38] والفدان هو الدنيا والزريعة الطيبة هم الخيار والزوان الشرار[338] [39] والعدو الذي بذره هو الشيطان وكمال الزرع انقراض الدنيا والحصادون هم المليكة [40] فكما يجمع الزوان اولاً ويحرق نارًا كذلك يكون في انقراض الدنيا [41] يبعث ابن الانسان مليكته فيحشرون من جميع مُلكه المشككين والمذنبين [42] فيقذفونهم في السعير حيث يطول العويل وقلقلة الاضراس. [43] وعند ذلك يضيء المومنون[339] كضياء الشمس في ملكوت أبيهم فمن كانت له أذن سامعة فليسمع.

[44] ثم قال مُثّل ملكوت السماء بكنز مُخفٍ في فدان قد إطّلع عليه أحد فأخفاه من فرحه به حتى يصرف ماله[340] ويبتاع ذلك الفدان [45] ويشبّه أيضا ملكوت السماء برجل تاجر طالب للجوهر الفايق[341] [46] قد ظفر بجوهرة شريفة[342] فباع جميع كسبه وابتاعها. [47] ويمثّل

[335] BNM-M and León حتي تخمر الجميع
[336] BNM-M and León فأعلّم ما هو مستور
[337] BNM-M and León تخلى
[338] BNM-M and León والزوان هم بنو المكروه
[339] BNM-M and León الصالحون
[340] BNM-M and León جميع ماله
[341] BNM-M and León للجواهر الحسان
[342] BNM-M and León بجوهرة واحدة ثمينة

يتمّ.[325] [23] وتشبّه التي وقعت في الأرض الطيبة بالذين يُعرّفون بطريق المُلك ويفهمونه ويُتمّون نبوته فمنهم من يضعف لواحد ماية ومنهم ستين ومنهم ثلاثين.[326]

[24] ثم أتاهم بمثل اخر وقال يشبّه ملكوت[327] السماء برجل بذر زريعة طيبة في فدانه [25] فلما نامت العامة أقبل عدوّه وألقى على زريعته الزوان ثم مضى [26] فلما نبت الزرع وأتا بطُعمه ظهر فيه الزوان [27] فأقبل أعوان الرجل إليه وقالوا له يسيدنا أما بذرت في فدانك زريعة طيبة فمن أين صار فيها الزوان. [28] فقال لهم العدو[328] فعل ذلك. فقال له أعوانه أيسرك أن نقلعه[329] [29] فقال لهم لا لأنكم ستقلعون معه قمحًا [30] ولكن دعوه حتى يكبر معًا فإذا حان وقت[330] حصاده سأمر الحصادين أن يجمعوا الزوان أولاً ويربطونه حزمًا ويوقدونه نارًا ثم يوردون القمح هُريمًا.[331]

[31] ثم تمثّل لهم وقال يشبّه ملكوت السماء بحبّة خردل ألقاها رجل في فدانه [32] وهي أدقّ حبوب الزرّاع[332] فإذا نبتت إستعلت وصارت أجلّ البقول والزراع[333] ونمت حتى نزل في أغصانها طير السماء وتستكنّ[334] إليها.

[325] León (entire verse) والتي سقطت في الشوك فهو الذي يسمع الكلام فيشغله عما سمعه اهتمامه بهذه الدنيا والنظر في امواله فيغم الكلام ولا يتوالد

[326] León (entire verse) والتي سقطت في الارض الطيبة فهو الذي يسمع الكلام ويفهم ويتم ما سمع فياتي بثمرة طيبة لواحد مائة ولواحد ستين ولواحد ثلثين

[327] BNM-M and León ملك

[328] BNM-M and León الانسان العدو

[329] BNM-M and León أتحب ان نسير ونقلعه

[330] BNM-M and León زمان

[331] BL في الاهراء; BNM-M and León في هريٍ

[332] BL أدق حبوب الزراريع; BNM-M and León جميع الزرارع; Ibn Ḥazm أدق الزراريع

[333] BL الزرارع

[334] BL وسكن; Ibn Ḥazm ويسكن

[14] ليتمّ فيهم كلام أشعيا النبي حيث قال سيسمعون كلامًا لا يفهمونه ويكونون مبصرين ولا يرون وسامعين ولا يسمعون [15] وتغْلُظ قلوب هذه الأمة وتثقل أسماعها وتغلق أبصارها لئلا يروا بأبصارهم ويسمعوا بأذانهم ويفهموا * بقلوبهم ويرجعوا فابريهم. [16] فطوبى لأعينكم[313] 13v
التي تبصرون[314] ولأذانكم التي تسمعني[315] [17] أمين أقول لكم أنه تشوّق جماعة من الانبياء والمومنين[316] إلى روية ما ترونه ولم يروه وإلى سمع ما تسمعونه ولم يسمعوه.

[18] فافهموا مثل الزارع[317] [19] فإنه من عُرِف بطريق[318] المُلك ولم يفهمه يمحوا اللعين[319] من قلبه ما كان أُسمع وهي الزريعة التي وقعت في جوار الطريق [20] والتي وقعت[320] في المحجّر يُشبّه بها الذين يسمعون الكلام فيتقبلونه فارحين ويسارعون إليه شديدًا[321] [21] وليست بهم طاقة على التمادي فيه اذا جُعلت عليهم الشدّة[322] من سببه فيتخلون منه.[323] [22] والتي وقعت في الشوك يشبه بها الذين يفهمون ما يصيرون إليه ويشغلهم عمّا يسمعونه حياطة أموالهم والنظر في طباعهم[324] فيغُمّ ذلك في قلوبهم ما كانوا فهموه فلا يتوالّد ولا

[313] BNM-M and León فسعدت أعينكم
[314] BNM-M and León تبصر
[315] BL فسعدت اعينكم التي تبصر ;León فطوبا لأعينكم التي تبصرني ولاذانكم التي تسمعني واذانكم التي تسمع
[316] BNM-M and León الصالحين
[317] BNM-M and León الزراع
[318] León فإن من سمع كلام
[319] BNM-M and León يأتي اللعين ويمحوا
[320] León سقطت
[321] BNM-M and León في المحجر فهو الذي يسمع الكلام فيتقبله مسرعًا بفرح
[322] BNM-M and León فإذا حملت عليه الشدة والمطالبة
[323] León فيتخلى عاجلاً منه
[324] BL ضياعهم

بالباب[306] يريدون لقايك [48] فقال يسوع من أمي ومن أقاربي [49] ثم مدّ يده على تلاميذه وقال هاولاء أمي وأقاربي [50] فمن أتم إرادة أبي السماوي فهو أخي وأختي وأمي.

## [XIII] الباب الثالث عشر متّى

[1] وفي ذلك اليوم خرج يسوع عن البيت وقعد على ريف البحر [2] واجتمع إليه من الناس جماعة عظيمة وضيقوا عليه حتى دخل في مركب[307] ووقفت الجماعة على الريف [3] فجعل يتمثّل لهم بأمثال كثيرة ويقول بينا زرّاع يومًا بذر زريعته [4] إذ سقط بعضها في الطريق[308] فنزل الطير عليها وأكلها [5] وسقطت بعضها في موضع محجّر لا تراب فيه إلا يسير فنبتت [6] ثم يبست عند حرارة الشمس إذ لم يكن لها من الارض ما يمتدّ أصلها فيه [7] وسقط بعضها في موضع شوق[309] فنبت الشوك عليها وغمّها [8] وبعضها سقطت في أرض طيبة فنبتت وأتت ببركتها فأحدها أتت لواحدة بثلثين وأخرى بستين وأخرى بماية[310] [9] فمن كانت له أذن سامعة (فليسمع).[311]

[10] فتدانا منه تلاميذه وقالوا له لأي شيء تُضرِب لهم الأمثال [11] فقال لهم لأنكم أعطيتم معرفة مُلك الله ولم يعطوه هاؤلاء [12] فمن كان له شيء زيد إليه ومن لم يكن معه ينزع منه ما يُرا له[312] [13] فإنما أتمثّل لهم لأنهم مبصرون ولا يرون وسامعون ولا يفهمون

306 BNM-M and León وقوفًا خارجًا
307 BNM-M and León وقعد فيه
308 BNM-M and León في جوار الطريق
309 BL and León شوك
310 León فأحدها أتت بمائة وأخرى بستين وأخر بثلثين
311 BL and León.
312 BNM-M and León ما هو له

[38] فعند ذلك أجابه بعض العلماء والمصدقين وقالوا له يا معلم إنا نريد أن تأتينا باية[296] [39] فقال لهم يا نسل السوء ونسل الفسق[297] تسئلون أية ولا تعطون منها غير أية يونس النبي [40] فكما كان يونس في بطن الحوت ثلاثة أيام بلياليها كذلك يكون ابن الإنسان في قلب[298] الأرض ثلاثة أيام بلياليها [41] وسيكون أهل مدينة نِنبا يقومون في الحكومة مع هذا النسل ويكونون أحسن منهم حالا الذين تابوا لقول[299] يونس وشريعته وهذا معكم أكثر من يونس [42] وملكة سبا ستقوم[300] مع هذا النسل يوم القيامة وتكن أعفا منكم حالا لإقبالها من أقصى
13r الأرض رغبة في استماع علوم سليمن * وهذا معكم أكثر من سُلَيْمَن [43] إذا خرج الروح النجس عن الأدمي وتمسح بالقفار[301] الجذبة وطلب راحة ولم ينلها [44] عند ذلك يقول سأرجع إلى بيتي الذي منه خرجت فإذا أتاه وجده غير مشغول قد كُنس ونُظف [45] وعند ذلك يذهب[302] ويسوق مع نفسه سبعة أرواح أفسق منه فيدخلون البيت ويسكنونه ويصير[303] اخر عمر الرجل أشرّ من أوله هذا يصيب هذه الأمة المذنبة.[304]

[46] فبيناه يقول هذا للجماعات إذ وقفت أمه وأقاربه بالباب وأرادوا محادثته [47] فأعلمه بذلك واحد الجماعة وقال له هذه أمك وأقاربك[305]

[296] BNM-M and León ان تظهر لنا اية
[297] Ibn Ḥazm نسل الزنا
[298] Ibn Ḥazm جوف
[299] BNM-M and León لوصية
[300] BNM-M and León ستقومين
[301] BNM-M and León بالمواضع
[302] BNM-M and León ينهض
[303] BNM-M and León ويكون
[304] BNM-M and León المجرمة
[305] León واخوتك

[22] وعند ذلك أقبل إليه بأبكم أعمى قد أصابه الجنّ فأبراه
12v وأنطقه وبصره [23] فعجبت * الجماعات لذلك وقالت أما هذا ابن
داود [24] وقال المصدقون ليس يخرج الجنّ إلا ببلسبوب قايد الجنّ.
[25] فعلم يسوع ما كانوا يضمرون وقال لهم إذا تحارب أهل مُلك
انقطع مُلكهم وإذا تحارب أهل مدينة أو بيت تفانوا [26] فإن كان
الشيطن يخرج الشياطين ويعمل بعضهم على بعض فكيف يبقى
مُلكهم [27] وإن كنت أستخرجهم ببلسبوب فأولادكم بمن
يستخرجونهم وسيكونون حكامكم [28] فإن كنت أنا إنما أستخرجهم
بروح الله فاعلموا أنه قد تدانا منكم مُلك الله [29] فاعلموا أنه ليس
يقدر أحد أن يدخل بيت أيد ويستخرج متاعه إلا أن يربط ذلك الأيد
وبعد ذلك يسبي بيته [30] فمن لم يكن معي فهو عليّ ومن لم يجمع
معي فهو مفرّق عني. [31] وأنا أقول لكم أن الذنوب والسبّ جميعا
يغفر ما عدى من سبّ الروح [32] فمن سبّ ابن الإنسان يغفر له ومن
سبّ الروح القدس لا يغفر له في الدنيا ولا في الاخرة. [33] إما أن
تجعلوا الشجرة طيبة وطعمها طيبًا وإما أن تجعلوها خبيئة وطعمها خبيئة
لأن بالطعم تُميّز الشجرة. [34] يا نسل الأفاعي كيف تقولون خيرًا[293]
وأنتم أشرار ولا تنطق الأفواه إلا بما تضمره القلوب [35] فالرجل الصالح
يظهر خيرًا مما قد أكنزه والطالح يظهر شرّا مما قد أضمره [36] وأنا
أقول لكم سيحاسَب الناس بكل لفظة سوء[294] يلفظون بها[295] يوم الحكم
[37] فكل واحد منكم بكلامه يعافى وبكلامه يعاقب.

[293] BNM-M and León كيف تقدرون على قول الخير
[294] BNM-M and León كلمة فارغة
[295] BNM-M and León يودون عنها المحاسبة

في بيت المقدس في يوم سبت ولا ذنب عليهم فيه [6] وأنا أقول لكم أن هاهنا أعز[288] من بيت المقدس [7] فلو علمتم ما أراد اللّٰه بقوله الرحمة أحبّ إليّ من القربان لم تَعيبوا الصالحين [8] واعلموا أن السيد ابن الإنسان هو سيد السبت.

[9] ثم جاوز ذلك الموضع ودخل في كنيستهم [10] وفيها رجل أشلّ[289] فجعل بعضهم يسئله إن كان يجوز البرؤ في يوم سبت ليجدوا السبيل إلى شكيته [11] فقال لهم يسوع أفيكم رجل لا يستخرج من حفرة شاته في يوم سبت إن سقطت فيها[290] [12] فكيف لا يُبرأ الأدميّ وهو أشرف من الشاة ولكن ينبغي فِعل الخيرات في يوم سبت [13] ثم قال للرجل مُدّ يدك فمدّها ذلك الوقت وعادت صحيحة كيده الأخرى.

[14] فخرج المصدقون عنه وأداروا رايهم عليه وأجمعوا كلمتهم على قتله[291] [15] فعلم يسوع ذلك منهم وخرج عنهم واتبعته جماعة عظيمة ومعهم بكم وعُرج فأبراهم أجمعين [16] وأمرهم ألا يطلعوا عليه (احدًا)[292] [17] ليتمّ بذلك قول أشعيا النبي حيث قال [18] هذا غلامي المصطفى وحبيبي الذي تخيرت لنفسي سأجعل روحي فيه ليُعرِّف الأجناس بالحق [19] من غير أن ينازع أو يصيح أو يسمع أحد في الرحاب صوته [20] ولا يكسر قلمًا واهيًا ولا يطفي فتيلاً مدخنا حتى يتم في الأرض حكمه [21] وهو رجاء الأجناس.

288 BNM-M and León اكبر

289 BNM-M and León مبطول اليد

290 León من منكم الرجل الذي تكون له شاة واحدة وتقع في حفرة في يوم سبت أفلا يستخرجها

291 BNM-M and León واداروا رايهم عليه ليقتلوه

292 BL.

اليوم [24] ولكن أقول لكم سيكون أهلها[280] يوم القيمة أعفا منك. [إنك أخفيت هذا عن العلماء].[281]

[25] أجاب يسوع وقال أحمدك يأبَتِ سيد السماء والأرض لأن أخفيت هذا عن العلماء والمنبهين وأَطلعتَ عليه المتواضعين[282] [26] وكل ذلك يأبتاه بإرادتك.[283] [27] قد ملَّكني أبي جميع الاشياء ولا يعلم أحد الولد إلا الوالد ولا يعلم الأب إلا الولد ومن عرف بذلك الولد[284] [28] فليُقبِل إليّ كل من أشخص نفسه وأثقلها[285] فإني
12r أرويه[286] [29] وأحملوا * على أنفسكم مضمدي واقتدوا بي فإني وضيع[287] متواضع القلب وتَصيبوا راحة أنفسكم [30] واعلموا أن مضمدي حلو وحملي خفيف.

## [XII] الباب الثاني عشر متّى

[1] وفي تلك الأيام تمسَّح يسوع بزرع في يوم سبت وقد جاع تلاميذه وجمعوا منها سنابيل وأكلوها [2] فنظر إليهم بعض المصدقين وقالوا له إن تلاميذك يفعلون ما لا يحلّ لهم في السبت [3] فقال لهم يسوع أما قرأتم ما فعله داود إذ جاع ومن كان معه [4] كيف دخلوا سُرادق السيد وأكلوا من خبز القربان الذي ليس كان يحلّ له أكله ولا لأصحابه غير القسيسين [5] أولم تقرَوا في التورية أن القسيسين يعملون

280 BNM-M and León اهل شذوم يوم الحكم اعفى حال
281 Misplaced text from verse 25 in BSB.
282 BNM-M and León والمتنبهين واظهرته للاطفال
283 BNM-M and León وكذلك يأبتاه كان مرضيًا لديك
284 León ومن أحب الولد ان يظهره له
285 BL واتلفها
286 León أقبلوا الي يا من تعبتم وشخصتم وأنا اروبكم
287 BL and León حليم

النساء[270] أشرف[271] من يحيى المعمّد والذي هو أصغر في ملكوت السماء هو أكبر منه [12] فمن أيام يحيى المعمد أدرِك بالتوبة مُلك الله وأخذه القهارون قصرًا[272] [13] فكل كتاب ونبؤة إلى يحيى تنتهي[273] [14] فإن تقبلوا غيره فهو إلياس القادم [15] فمن كانت له أذن سامعة فليسمع.

[16] فإني إنما أشبه هذه الجماعة[274] بأحداث قد تجمعوا[275] في حارة وبعض نظرايهم [17] يقولون لهم قد غنينا فلم تطربوا وبكينا[276] فلم تحزنوا [18] وقد أتاكم يحيى وهو لا يأكل ولا يشرب فقلتم أنه مُجنّ [19] ثم أتاكم ابن الانسن يأكل ويشرب فقلتم هذا جوّاف خليع صديق المستخرجين والمذنبين وصدّق بالحكمة أبنائها.[277]

[20] فعند ذلك جعل يتناول المداين التي أظهر فيها العجايب ولم يؤمنوا[278] [21] فقال الويل لك يا فرزيين [قُرَزين] والويل لك يا بشيدا أما إنه لو فُعل بطَرُسوس [بصور] وشِيذَن العجايب التي فُعلت فيكما لاستشعرت المسوح وتدثّرت الرماد رغبة في التوبة [22] ولكنّي أقول لكم سيكون أهل طَرُسوس وشيذن يوم القيمة أعفا منكما[279] [23] وأنت يا قفرناؤوم أتُوازين بنفسك السماء ستهبطين إلى الجحيم لأنه لو فُعلت بشُذوم وغُمُرَّة العجايب التي فُعلت فيك لبقيت إلى

[270] BNM-M and León لم يولد من الادميين أحد; Ibn Ḥazm لم يقم بين مولودي النساء

[271] BNM-M and León أكبر

[272] BNM-M and León قسرًا

[273] Ibn Ḥazm فإن منتهاها إلى يحيى

[274] BNM-M and León هذا الجنس

[275] BNM-M and León قعدوا

[276] BNM-M and León ورثينا

[277] BL والمذنبين فعجب الناس من انتقاده وحديثه

[278] BNM-M and León العجايب الكثيرة ولم يتوبوا

[279] BNM-M and León يوم الحكم في اعفى حال منكما

أجر الصالح [42] ومن سقا أحدكم ولو كان كأسًا من ماء بارد لسببي ولأنكم تلاميذي أمين أقول لكم لا يذهب أجره.

## [XI] الباب الحادي عشر

[1] فلما استوعب من وصية[260] الاثني عشر تلميذًا يسوع رحل من ذلك الموضع ليوصي الناس[261] في مداينهم [2] ولما بلغ يحيى في الحبس افعالُ المسيح بعث إليه اثنين من تلاميذه [3] وقالا له أنت المقبل أم غيرك ننتظر [4] فقال لهما يسوع إذهبا وأعلما يحيى ما رأيتما وسمعتما [5] بأن العمي يُبصرون والعُرج يمشون والمبتلايين[262] يَستنقون والصُمّ يسمعون والموتى يحيون والفقرا يستبشرون [6] فطوبا لمن لم يُشكِّك نفسَه[263] فيّ.

11v [7] فلما ذهبا * عنه جعل يسوع يحدث الجماعة عن يحيى ويقول ماذا خرجتم إلى المفاز أتُبصرون[264] قصبة تلويها الرياح [8] إلى[265] ماذا خرجتم لتبصرون رجلاً متسربلاً بثيابٍ[266] لينة إن الذين يلبسون اللّيين الثمين هم في بيوت الملوك [9] فلِمَ خرجتم لتبصرون نبيًا وأنا أقول لكم أنه أكثر من نبي [10] وهو الذي كُتب عنه[267] إني[268] باعث ملَكي أمام وجهك[269] ليعدّ لك طريقًا أمامك [11] أمين أقول لكم لم تلد

[260] BL, BNM-M, and León فلما استوعب يسوع من وصيته

[261] BL ليوصي الناس وينبيهم; BNM-M and León ليوصي وينبي الناس

[262] BL, BNM-M, and León والمبروصين

[263] BNM-M and León فسعد من لم يكن مشككًا

[264] BNM-M and León لتبصروا

[265] BL أو

[266] BNM-M and León رجلاً مكتسيًا بكسوة

[267] Ibn Ḥazm الذي قيل فيه

[268] BNM-M and León هأنا

[269] BNM-M and León قدام; Ibn Ḥazm بين يديك

قوله[248] [28] ولا ترهبوا الذين يقتلون الأجسام ولا يقدرون على قتل الأنفس قبل[249] إرهبوا الذي يقدر على إدخال الأجسام والأنفس النار[250] [29] أما تَقبلان عصفُرتان معًا ولا ينزل أحدهما في الأرض إلا بإذن أبيكم [30] نعم وشعور رؤسكم معدودة [31] فلا ترهبوا فإنكم أشرف من العصافير. [32] فكل من أمن[251] بي في الملاء سأمِن به[252] بين يدي أبي السماويّ [33] ومن جحدني في الملاء سأجحده بين يدي أبي السماوي.

[34] لا تحسبوا أني أقبلت[253] لأصلح بين أهل الأرض[254] لم اتِ لمصالحتهم إلا لألقي المحاربة بينهم.[255] [35] إنما قدمت لأفرق بين المرء وأبيه وبين الإبنة وأمها وبين الكنة وختنتها[256] [36] حتى يصير أعداء المرء أهل بيته[257] [37] فمن فضّل أباه وأمه وابنه وابنته عليَّ فليس يستوجبني [38] ومن لم يحتمل المشقة ويقفوا إثري فليس يستوجبني[258] [39] ومن روَّح نفسه أتلفها ومن حملها المشقة لسببي سلَّمها [40] ومن قبلكم يقبلني ومن قبلني يقبل الذي بعثني [41] ومن قبل نبيًا لنبوّته[259] يكافى بأجر نبي ومن قبل صالحا لصلاحه يكافى بمثل

[248] BNM-M and León فبوحوا به على السقوف
[249] BNM-M and León ولكن
[250] BNM-M and León على اتلاف النفس والجسد في جهنم
[251] BNM-M and León أقرّ
[252] BL سأقوِّيه; León سأقرّ به
[253] BNM-M and León أتيت
[254] BNM-M and León لإدخال السلم في الارض
[255] Ibn Ḥazm لا تحسبوا أني جئت لأدخل بين الأرض الصلح الا السيف
[256] BNM-M and León وحماتها
[257] Ibn Ḥazm وأن يعادي المرء أهل خاصته
[258] León ومن لم يحتمل صليبه ويتبعني فليس يستوجبني; missing in BL.
[259] Ibn Ḥazm على اسم نبي

أقدامكم عن غُباره.[238] [15] أمين أقول لكم سيكون أهل شذوم وعُمُرَّة يوم القيامة[239] أعفى منهم.[240]

[16] وأنا مرسلكم كالغنم بين الذياب فكونوا في انتباه الثعابين وطهارة الحمام [17] تحفظوا من الناس فإنهم سيُقبِلون بكم إلى الحاكم ويجلدونكم في الجماعات [18] وتُوقَّفون على القوَّاد والعمَّال لسببي[241] ليكون ذلك شاهدًا عليهم وعلى الاجناس [19] فإذا حملتم[242] فلا تفكرون في ما تلفظون به لأنكم ستهدون ذلك الوقت إلى ما تقولون [20] ولستم أنتم تنطقون ولكن ينطِق على ألسنتكم روح أبيكم [21] وسيقوم الأخ على أخيه[243] والأب على ابنه[244] والبنون[245] على ابايهم طالبين لقتلهم [22] وتبغضكم العامة لاسمي فمن صبر منكم إلى الخاتمة فهو المعافا [23] فإذا طُلِبتم في هذه المدينة فاهربوا إلى أخرى. أمين أقول لكم لا تستوعبوا مداين إسرايل حتى يأتي ابن الإنسان.

[24] ليس التلميذ فوق معلمه ولا المملوك أعلى[246] من سيده
11r [25] وحسْب التلميذ أن يكون مثل معلمه والمملوك مثل سيده * فإذ قد سبُّوا صاحب الأمر وسمَّوه بَلْسَبوب[247] فما تظنون يفعلون بأصحابه [26] فلا تخافوهم فكلّ ما أُخفِي سيظهر وما كُتِم سيُعلَم [27] فما أقول لكم في الستير فقولوه علانية وما في الأذان تسمعونه فعلى السقوف

[238] BNM-M and León أنفضوا الغبار من اقدامكم
[239] BNM-M and León يوم الحكم
[240] BL, BNM-M, and León في اعفى حال منهم
[241] BNM-M and León وتساقون الى القواد والسلاطين لسببي
[242] BNM-M and León فاذا بروا بكم
[243] BNM-M and León وسيتلّ الاخ بأخيه
[244] BNM-M and León والوالد بولده
[245] BNM-M and León ويقومون الاولاد
[246] BL اعزّ من; León فوق
[247] BNM-M and León فإذ قد سموا أب الضفف بلسبوب

سمعون الملقّب بِيْطُرَ وانْدِرَياش أخوه ويعقوب بن سَبَذاي * ويحيى[229] 10v
أخوه [3] وفِلِبُّش وبرتُلَماوش وطُوماوُش ومَتَّاوُش المستخرج ويعقوب
الفايِ ويهوذا أخوه [4] وسمعون الكنعانيّ ويهوذا الأشكَريُوثَ الذي دلَّ
عليه بعد ذلك.

[5] فبعثهم[230] الإثني عشر وقال لهم لا تسلكوا في سبيل الأجناس ولا تدخلوا مداين السامرين [6] ولكن اختصروا إلى الغنم التالفة من نسل إسرايل[231] [7] وإذا أتيتيموهم فبشروهم وقالوا[232] لهم إنه قد قرب ملكوت السماء [8] وابروا مرضاهم وأحيوا موتاهم ونقوا مبروصيهم وانفوا الجن عنهم بلا ثمن أخذتم بلا ثمن أعطوا [9] ولا تكسوا[233] ذهبًا ولا فضةً [ولا نحاسا][234] [10] ولا تكون معكم صِرّة ولا مِخلاة ولا ضعفين من الكُساء[235] ولا إخفاف ولا عَصى وقد أُحِلَّ للصَنَّاع ما أُطعِم على صنعته.

[11] فإذا دخلتم مدينة أو حِصنا[236] فاسئلوا عن أفضل من فيها واختصروا إليه لتكونوا عنده إلى خروجكم عن الموضع [12] وأيما بيت دخلتموه فسلّموا عليه وقولوا السلام على هذا البيت [13] فإن كان فيه مُستوجِبًا أدركه سلامكم وإن لم يكن رجع إليكم سلامكم [14] ومن لم يقبلكم ولم يسمع منكم[237] فاخرجوا عن موضعه وانفضوا

229 Ibn Ḥazm يوحنا
230 BNM-M and León فبعث يسوع هؤلاء
231 Ibn Ḥazm ولكن احتضروا الى الضان التالفة من بني اسرائيل
232 BL and León وقولوا
233 BL and BNM-M تكتسبوا; León تكسبوا
234 Missing in all mss.
235 BNM-M and León ولا كسوتان
236 BNM-M and León وأيما مدينة او حصن دخلتم
237 BNM-M and León ولم يسمع كلامكم

[27] ثم تحوّل يسوع من ذلك الموضع واتّبعه مكفوفان يرغبان إليه ويقولان له إرحمنا يا بن داود [28] فلما دخل البيت دنا منه المكفوفان فقال لهما يسوع أتؤمنان أني أقدر على برءكما فقالا له نعم يسيدنا [29] فعند ذلك مسّ أعينهما وقال لهما يصيبكما على قدر إيمانكما [30] فتفتحت ذلك الوقت أعينهما وأبصرا من وقتهما وأنذرهما يسوع ألا يعلما أحدًا بذلك [31] فلما خرجا من عنده باحا بخبره في جميع ذلك البلد [32] وفي وقت خروجهما أقبل إليه بإنسان أبكم مُجَنّ [33] فأخرج الجنّيّ عنه وأنطقه فعجبت الجماعة لفعله وقالت ما رأينا ولا بلغَنا عن مثل هذا في اسرايل [34] فقالت العلماء إنما يقوى على الجن بقايدهم.[223]

[35] فكان يسوع يطوف على المداين والحصون ويبشّر بالجنّة جماعتهم ويوصيهم ويبشرهم بمُلك الله[224] ويبري مرضاهم من جميع أسقامهم [36] فلما بصُر بالجماعات حوله وقد ألقوا مرضاهم بين يديه كغنم بلا راعٍ رحمهم[225] [37] وقال لتلاميذه إن الزرع كثير والأعوان يسير[226] [38] فارغبوا إلى صاحب الزرع ليمدّه بالأعوان.[227]

## [X] الباب العاشر متى

[1] ثم جمع إلى نفسه إثني عشر رجلاً من تلاميذه وأعطاهم من السلطان ما يُبريون به المُجنّين ويَصحّون به المسقامين[228] [2] وهم

[223] BNM-M and León انما يستخرج الجن بقايد الجن
[224] BL يوصي في جماعتهم ويبشرهم بملك الله León ;ويبشر الجماعات بملك الله
[225] BNM-M and León حوله رحمهم لأنهم كانوا مرضى مضطجعين كغنم بلا راع
[226] BNM-M and León والعمالون قليل
[227] BNM-M and León ليدخل عمالين في زرعه
[228] BNM-M and León جميع الاسقام والامراض; Ibn Ḥazm وأعطاهم سلطاناً على الأرواح النجسة أن ينفوها وأن يبرؤوا من كل مرض

[14] فعند ذلك أقبل إليه تلاميذ يحيى وقالوا له لِمَ نصوموا[212] نحن والمصدقون دايبين وتلاميذك لا يصُمون[213] [15] فقال لهم أيحزن أصحاب العروس ما كان العروس معهم ستاتي أيَّام يذهب العروس فيها عنهم وعند ذلك يصُمون[214] [16] ليس يرقع أحد خلقًا بجديد ومن فعله زاد ثوبه خلقًا [17] ولا يُدخَل خمر جديد في أوان بالية ومن فعله يقطح أوانيَه[215] ويُتلِف شرابه ولكنه يُدخَل خمر جديد في أوان جديد فيبقى ويسلم ما فيها.

10r [18] فبيناه يقول لهم هذا أقبل * إليه شريف من أشراف الموضع فسجد له وقال له إن ابنتي توفيت الان وأنا أرغب إليك أن تذهب إليها وتمسّها بيدك فتحيا [19] فتوجّه معه واتبعه تلاميذه. [20] وكانت امرأة بالطريق قد ابتُليت بسيالة الدم منذ اثنتي عشرة سنة فأقبلت مُسترقة من خلفه[216] ومسّت هُدْب ردايه [21] قايلة في نفسها إن مسست شيئًا من ثيابه برأت من علّتي[217] [22] فالتفت إليها يسوع[218] وقال لها أمني يابنَتي فإن إيمانك سلمك فصحت[219] ذلك الوقت. [23] ولمّا دخل يسوع بيت الشريف[220] وبصُر بالنايحات والباكيات [24] قال لهن أُسكتن[221] فإنَّ الجارية نايمة وليست ميتة فاستهزين به [25] فأخرج الجماعة وأخذ بيدها وأقامها[222] [26] وانتشر في البلد خبرها.

212 BL and León نصوم
213 BL and León يصومون
214 BL and León يصومون
215 BL يكسر اوانيه; León يُقطِّع زقاقه
216 BNM-M and León وانضمت خلفه
217 BNM-M and León من ثيابه نبرا
218 BNM-M and León ونظر اليها
219 BNM-M and León المرأة
220 Ibn Ḥazm بيت القائد
221 BNM-M and León قال انصرفوا
222 Ibn Ḥazm ولما خرجت الجماعة عنها دخل عليها وأخذ بيدها ثم قامت حية

# الباب التاسع متى

[2] فأقبل إليه بمفلوج في محمله فلما علم[207] يسوع إيمانهم قال للمفلوج إبْشِر يابني قد غُفِرت لك ذنوبك [3] فقال بعض العلماء في ضمايرهم هذا يسُبُّ [4] فعلم يسوع فكرتهم وقال لهم لِمَ تُضمرون القبيح في قلوبكم [5] وما عسى أن يكون أهون بأن أقول له غُفِرت ذنوبك أو أقول له قم سالمًا وانطلق [6] ولكن لتعلموا أن لابن الإنسان سلطانًا في الأرض يغفر به الذنوب ثم قال للمفلوج قم إحمل[208] سريرك وانطلق إلى بيتك [7] فقام من وقته وانطلق إلى بيته [8] فلما بصُرت بذلك الجماعة خافت ومجَّدت الله الذي أعطا ذلك[209] السلطان للأدميين.

[9] فلما جاز يسوع ذلك الموضع بصُر برجلٍ يسمَّى متَّى قاعدًا على تقاضي الخرَاج فقال له اتَّبعني فقام واتَّبعه من وقته [10] ثم دخل بيته ليتكي فيه[210] مع أصحابه فأقبل كثير من المستخرجين والمذنبين واتكوا مع يسوع وتلاميذه [11] فلما بصر بذلك العلماء[211] قالوا لتلاميذه لِم يأكل معلمكم مع المستخرجين والمذنبين [12] فسمع يسوع قولهم وقال لهم انما يحتاج الطبيبَ المرضى لا الأصحاء [13] فانطلِقوا وتعلَّموا لِم قال الله الرحمة أحبُّ إليَّ من القربان لم أتِ لأدعوا الصالحين إلا المذنبين.

[207] BNM-M and León رأى
[208] BNM-M and León قم واحتمل
[209] BNM-M and León مثل هذا
[210] BNM-M and León فبيناه متكئًا في البيت
[211] BNM-M and León المصدقون

# الباب الثامن متى

[23] فلما دخل المركب اتَّبعه تلاميذه [24] وعصف بهم البحر حتى كاد
المركب أن يغرق وكان يسوع نايمًا [25] فأنبهه التلاميذ وقالوا له يسيدنا
سلِّمنا فإنَّا على الغرق [26] فقال لهم لِمَ توقَّعتم هذا يا من قلَّ إيمانهم.
ثم قام وسخَّر[195] البحر والريح فسكن[196] وطاب لهم السير [27] فعجب
لذلك الناس وقالوا من هذا الذي يطوع له (الريح ويسمع له)[197] البحر.

[28] فلما نزل في الريف بأرض يَنَشُّور[198] أقبل إليه مجِنَّان من مقبرة
قد لَعَبا وقطعا بالطريق [29] وهما يقولان[199] ما لك ولنا يا ولد اللّٰه لِمَ
أقبلتَ هاهنا قبل الوقت لعذابنا [30] وكانت ترعى في المقرَبَة منهم[200]
ذُود خنازير كثيرة[201] [31] فجعل الجنّ يرغبون إليه ويقولون له إن كنت
تخرجنا عن هذين فأدخلنا في هذه الخنازير[202] [32] فقال لهم ادخلوا
فدخلوا فيها واسرعوا بها إلى البحر فأغرقوها بها[203] [33] وهرب إلى
المدينة رعاتها * واعلموهم بالمُجنّين وما عرض لهم [34] فأقبل[204] أهل 9v
المدينة إلى يسوع فلما بصروا به رغبوا اليه ان يخرج عنهم[205]

[IX] [1] فدخل المركب وانصرف الى مدينته.[206]

[195] BNM-M and León وأمر
[196] BNM-M and León فصار سكونًا
[197] BL and León.
[198] BNM-M and León يرشان
[199] BNM-M and León وهما يناديان قائلان
[200] León وكان في المقبرة منهم
[201] BNM-M and León ترتعي
[202] BNM-M and León في ذود الخنازير
[203] BNM-M and León وماتوا في المياه
[204] BNM-M and León جميع
[205] BNM-M and León عن حوزهم
[206] Unlike BSB and León, BL includes this verse in chapter IX.

[9] كما إنِّي رجل فيما مَلِكْتُ من اعواني أقول لأحدهم إذهبْ
فيذهبُ ولاخَر أقْبِل فيقبِل. وأقول لغلامي إفعل كذا فيفعلُهُ [10] فلما
9r سمع يسوع ذلك منه عجَب له[191] وقال لأتباعه [11] أمين * أقول
لكم ما وجدتُ مثل إيمانه في بني اسرايل وسيأتي جماعة من
المشرق (والمغرب)[192] وتتكي مع ابرهيم واسحق ويعقوب في
ملكوت السماء [12] ويُدفَع بنو المُلك إلى ظلمات الهاوية حيث
يطول العويل وقلقلة الأضراس. [13] ثم قال يسوع للعريف إذهب
وسيَصيبك كما أمنتَ فصحَّ الغلام من وقته.

[14] ثم دخل يسوع بيت بيطْرُ وبَصُر بختنته مضطجعة من الموم [15] فمسَّ يدها وأذهب المُوم ذلك الوقت عنها وقامت تخدمهم. [16] فلما أمسى له أقبل إليه بجماعة من المجنين فابراهم أجمعين بكلمة وأبرا غيرهم من صنوف الأمراض [17] ليتمَّ قول أشعيا النبي حيث قال هو يذهب أمراضنا ويُبرِأ أسقامنا.

[18] فلما كثرت الجماعة عليه[193] أراد التحوّل من ذلك الموضع إلى الريف الاخر [19] فأقبل إليه أحد العلماء وقال له يا معلم أريد صحبتك[194] حيث ما وجَّهت [20] فقال له السيد للثعالب أحجار ولطير السماء أوكار وليس لابن الإنسان حيث يميل برأسه. [21] ثم قال له أحد تلاميذه يسيدي أتَذِن لي بالتوجيه لدفن والدي [22] فقال له يسوع إتبعني دع الموتى يدفنون موتاهم.

191 BNM-M and León تعجب منه
192 BL and León.
193 BNM-M and León فلما نظر يسوع الى كثرة الجماعات
194 BNM-M and León اذهب معك

[24] فكل من سمع كلامي هذا وأتمَّه يُشَبَّه برجل عالم وضع أساس بيته على صخرة [25] فإذ هبَّت الرياح ونزلت الأمطار وحملت[187] الانهار ودفعت البيت لم تنزله[188] لأنه موضوع على صخرة [26] فكل من سمع كلامي هذا ولم يُتِمه يُشَبَّه برجل جاهل وضع أساس بيته على رمْل [27] فإذا هبَّت الأمطار وحملت الأنهار ودفعت البيت تَساقط عَمَلُهُ وعَظُمَ خرابه.

## الباب السابع متى

[28] فلما فرغ يسوع بهذا الكلام عَجَبَتْ الجماعة لعِلْمِه وكانت وصيَّته لهم كوصية[189] سلطان وليس كوصية العلماء

[VIII] [1] فلما نزل من الجبل اتَّبعته الجماعات [2] وأُقبِل اليه بِمَبروصٍ فخَنَعَ له وقال يسيِّدي إن أردتَّ أن تُبريني فأنت قادر. [3] فمدَّ يسوع يده وقال أرَدْتُّ فاستنقِ. فاستنقا المبروص من وقته [4] وقال له يسوع إحذرْ أن تعلم أحدًا بما فُعِل بك واعرِض نفسك على القسيسين والعلماء واهد لاستِنقايك ما أَمَر به موسى في عهده.

[5] ولما دخل قفرناؤُوم أقبل إليه عريف وجعل يستغيثه ويقول [6] يسيدي إن غُلامي أُفلِج عندي وتعوَّج اعوِجًا[190] شديدًا [7] فقال له يسوع سأذهب إليه وابريه. [8] فقال له العريف يسيدي إني لستُ استوجب أن تدخل تحت سقفي ولكنْ قُل كلمة ويصِحُّ غلامي.

187 BNM-M and León واقبلت
188 BNM-M and León تزله
189 BL and León كوصية ذي
190 BL اعتوج اعتواجًا

أبوكم السماويُّ لا يعطي الخيرات لسايله. [12] فكل ما وافقكم أن يفعله الناس بكم فافعلوه بهم وتَتِمُّوا الكتاب والنبؤَة.

[13] أدخلوا على الباب الضيق فإنَّ المدخل الواسعَ يقود إلى التلف والسالكون عليه كثيرٌ [14] والباب الذي يقود إلى الحياة هو ضيقٌ وطريقه وعرٌ وقليل من يجدُه[179] [15] تجنَّبوا أنبياء الكذب الذين يستشعرون لكم الصوف[180] وهم في ضمايرهم سباع مُغِيرة [16] وبأفعالهم[181] تهتدون إلى ضمايرهم[182] أيقدر أحدٌ أن يقطِف من الشوك عِنَبًا أو من الحشيش تينًا [17] كذلك لا تأتي الشجرة الطيبة إلا بطُعْم طيّب ولا الخبيثة إلا بطُعم خبيثٍ [18] لأنه لا تقدر الشجرة الخبيثة أن تأتي بطُعْم طيّب ولا الطيّبة بطُعم خبيث [19] فكلّ شجرة
8v لا تأتي بطُعمٍ طيّب * تقطع وفي النار تلقى [20] وبطُعمها تعرفون
حالها.

[21] ليس كل من قال لي يسيّدي يسيّدي يدخل ملكوت[183] السماء إلا من تمَّ إرادة أبي الذي في السماوات فهو يدخل مُلك السموات. [22] ستقول لي جماعة[184] في ذلك اليوم يسيّدنا يسيّدنا أما قد تنبينا على اسمك وأنفينا به الجنّ وعلى اسمك أتينا بعجايب كثيرة [23] فأقول لهم عند ذلك لستُ أعرِفُكم[185] فاذهبوا[186] يا مجرمين.

179 BL يسلك عليه
180 BNM-M and León الذين ياتون اليكم في لباس الضان
181 León وبثمر افعالهم
182 BNM-M and León تميزونهم
183 BNM-M and León مُلك
184 BNM-M and León خلق كثير
185 BNM-M and León لم اعرفكم
186 BL, BNM-M, and León فاذهبوا عني

قلَّ أمانُكم.[174] [31] فلا تفكروا فيما تَطْعَمون وتَشربون * وتَكسون به 8r
[32] فإن هذا من فِكْرَةِ المجوس[175] وقد علم أبوكم أنكم تحتاجون إلى
جميع هذا [33] ولكن ارغبوا أوَّلا في ملكوته[176] وعدله فتُزادوا إليه هذا
الذي لا غِنى بِكُم عنه [34] (فلا تهتموا برزق غد)[177] فمن بلغ غدًا
سيهتمَّ به ويُكفَى شرَّ كلّ يومٍ يومَه.

## [VII] الباب السادس متى

[1] لا تحكموا ليلا يُحكَمَ عليكم [2] فبالحُكم الذي به تحكُمون بمثله يُحْكَمُ عليكم وبمثل الكيل الذي به تكيلون بمثله يُكال لكم. [3] فكيف يُبصِرُ أحدكم تبنة في عينِ أخيه ولا يُبصِر الجَدَرَ[178] في عينه. [4] وكيف يقول أحدكم لصاحبه أُرْفُق حتى أستخرج التبنة من عينك وفي عينه جَدَرٌ [5] يا مُرابي إستخرج أوَّلاً الجدر من عينك وعند ذلك تقوى على استخراج التبنة من عين أخيك. [6] لا تعطوا الكلاب مُقَدَّسكم ولا تَلقُوا بين يدي الخنازير جوهرتكم لِيَلا يَدْرُسُونها وبعد ذلك يوذونكم.

[7] اسألوا فتُعطَوُّا اطلبوا فَتَجِدوا جُسُّوا فيُفْتَحْ لكم [8] فكل مَن سأل أُعْطي ومن طلب وَجَدَ ومن جسَّ فُتِحَ له [9] كما أنَّه إن سأل وَلَدُ أحدكم من أبيه خبزًا أيُعطيه جَندلا [10] وإذا سأله حُوتًا أيعطيه ثُعبانًا [11] وإذا كنتم أنتم على شِرَّتكم تعرفون إعطا الخيرات لأولادكم فكيف

174 BL, BNM-M, and León يا من ضعف ايمانهم
175 BNM-M and León فإن هذا كله انما يطلبه الاجناس
176 BNM-M and León ولكن اطلبوا أولا ملك الله
177 BL; BNM-M and León فلا تهتموا عن غد
178 BL الجُدرة

[19] لا تَكْنَزوا في الأرض كنوزَكم حيث يَخاف عليها السِّرقة والعفْن والسُّوس [20] واكنزوا لأنفسكم في السماء حيث يومَن من السريقة والعفْن والسُّوس [21] فإن قلوبكم حيث كنوزكم[166] [22] واعلموا أن عيونكم منارات أجسادكم[167] فمن عفَّ بصرُه فقد أضاءَ جَسَدُه [23] ومن خَبُثَ بَصَرُهُ فقد أظلمَ جسدُه. وإذا أظلم جسدُك[168] فقد صِرتَ مُظلمًا.

[24] واعلموا أنه لا يقدر أحدُ على خدمة سيِّدَين لأنَّه لا بُدَّ له أن يُحِبَّ أحدَهما ويُبغِضَ الاخر ويُساعِدُ أحدُهما ويُسْخِطُ الاخر ولا تقدرون على خدمة اللّٰه وخدمة أموالكم. [25] ولكني أقول لكم لا تهتمّوا برزق أنفسكم ولا بكُسْوَةِ أجسادكم لأن النفس أعزُّ من رزقها[169] والجسد أعزُّ من كِسوته[170] [26] وانظروا إلى طير السماء التي لا تزرع[171] ولا تَرفَعُ ولا تَجْمَعُ شيئا في الأهواء[172] وأبوكم السماوي يُطعِمها. أما أنتم أشرف منها [27] ومَن ذا منكم يَقدِر[173] أن يَزيد في جسمه ذِراعًا [28] فلا تهتمُّوا بِكِسْوَتِكم وانظروا إلى السَّوسَن الصحراوي كيف يَتِمُّ من سَنَتِه من غير أن يعملَ أو يَغْزِل. [29] وأنا أقول لكم أنَّه لم يبلُغْهُ سُلَيْمن في شَرَفِه وحُسنِ كِسوَته. [30] فإن كان ذلك الذي يتِمُّ من سَنَتِهِ ويُوقَدُ بعد ذلك به نارٌ يَكْسوه اللّٰه فكيف لا يكسوكم أنتم يا مَن

[166] BNM-M and León فإن قلبك حيث كنزك
[167] BNM-M and León وان عينك منارة جسدك
[168] BL نورك
[169] BNM-M and León أعز من الطعام
[170] BNM-M and León أشرف من الكسوة
[171] BNM-M and León [تحصد]
[172] BL الاهراء
[173] BNM-M and León يقدر بفكرته

فليدخل بيته ويغلق بابه ويدعُ محتجبًا إلى أبيه فيكافيه عليها أبوه الذي لا يحتجب شيء عنه.

## الباب الخامس متى

[7] ثم إذا صليتم فلا تفعلوا فعل الجُهَّال[157] الذين يظنون أنه إنما يُستجاب لهم إذا أطالوا الدعا [8] فلا تَتَشَبَّهوا * بهم فإن أباكم 7v
السماوي يعلم ما تريدون قبل سوالكم إياه [9] وليكن دعاءُكم على ما أصفُ لكم أبانا[158] الذي أنت في السَّموات[159] تقدس اسمك [10] وليات ملكك ولتكن إرادتك في الأرض كحالها[160] في السما [11] وامنُنْ علينا بخُبزنا الدايم في يومنا هذا [12] واغفر لنا ذنوبنا كما نغفر[161] لمن أذنب إلينا [13] ولا توبقنا في المحنة[162] بل وسلّمنا من المكروه.[163] [14] فإن غفرتم للناس ذنوبهم غَفَر لكم أبوكم السماوي خطاياكم [15] وإن لم تغفروا لهم لم يغفر لكم أبوكم ذنوبَكم.

[16] وإذا صمتم فلا تظهروا الكابة كفعل المراءين الذين يُظهرون للناس صيامهم ويبوحون به ليُعْرَفَ ذلك منهم. أمين أقول لكم قد أصابوا أجورهم. [17] ولكن من صام منكم فليَدْهُنْ رأسه ويغسلُ وجهه [18] ليلا يشعر الناس لصيامِهِ الا أبيه[164] المُخْفِي فيُكافيه على ما يُعْرَفُ منه.[165]

[157] BNM-M and León فلا تطيلوا الصلاة كفعل المجوس
[158] BNM-M and León يا أبانا
[159] BL and Ibn Ḥazm أبانا السماوي
[160] BNM-M and León كما هي
[161] BNM-M and León كما نغفر نحن
[162] BL واعصمنا من التشكيك
[163] BNM-M and León سلمنا من الاسوا
[164] BNM-M and León ليلا يشعر لصيامك غير ابيك
[165] BNM-M and León الذي يكافيك على ما يرا منك

[43] أما بلغكم أنه قيل احفظوا اخوانكم وعادوا أعداكم [44] وأنا أقول لكم أحسنوا إلى من عداكم[150] وادْعوا[151] لمن أضرَّ إليكم وأذاكم [45] لتكونوا أولاد أبيكم السماوي الذي يأتي بالشمس[152] على الخيار والشِّرار ويُنزل غيثه على الصالحين والطالحين [46] فإن لم تحفظوا إلا من حفظكم فما أجوركم على ذلك وقد يفعل مثله المستخرجون [47] وإن لم تسلموا إلا على إخوانكم فما لكم من فضل على المجوس فإن هذا من فعلهم[153] [48] ولكن تشبهوا بالفضل وكونوا من أهله فإن أباكم السماوي فاضل.[154]

[VI] [1] وتحفظوا بما فعلتموه من خير ولا ترايوا به ليحمدكم الناس عليه[155] فانكم ان فعلتم فلا أجر لكم عند ابيكم السماوي [2] واذا تصدق أحدكم فلا يضرب قرنًا بين يديه كفعل المرايين في الجماعات والقرا ليحمدهم الناس عليه أمين اقول لكم قد أصابوا أجورهم [3] ولكن من تصدق منكم فليخف عن شماله ما يفعله بيمينه [4] لتكون صدقته مكتوبة[156] فيكافيه أبوه الذي لا يحتجب شيء عنه.

[5] ثم إذا صليتم فلا تفعلوا ما يفعله المراييون الذين يطيلون في الجماعات الصلاة وينزعون إلى مجامع الطروق [الطرق] لينظر الناس اليهم. أمين أقول لكم قد أصابوا أجورهم [6] ولكن من صلى منكم

150 León حبُّوا اعداءكم واحسنوا الى من ابغضكم
151 BL, BNM-M and León بالخير
152 BNM-M and León الذي يطلع شمسه
153 BNM-M and León فما لكم من فضل أما يفعل ذلك المجوس
154 León and BNM-M ولكن كونوا كاملين كما ان اباكم السماوي هو كامل
155 León ولا ترايوا به أمام الناس ليحمدونكم عليه
156 BL and León مكتومة

تَزوَّج مُطَلَّقة فهو فاسق. [33] وقد سمعتم أيضًا أنَّه قيل للأولين لا تحْلف وأوفِ للّه بما حلفت عليه [34] وأنا اقول لكم لا يحلفُ أحد بالسماء.[144]

[32 *in part*] لها سبيلاً للزنا. ومَن تزوَّج مُطَلَّقة فهو يفسق بها.
6v [33] وقد بلغكم أنه قد قيل لِلأوَّلين لا تحنثوا * وَأوْفُوا اللّه بما حلفتم
عليه. [34] وأنا أقول لكم لا تحلفوا بالسماء لأنها عرش اللّه [35] ولا
بالأرض فإنها كُرسي قدميه ولا بيَرُشالِم فإنها مدينة ملكٍ عظيم.
[36] ولا يحلف أحدكم برأسِهِ لأنَّه لا يقدر ان يجعل من الشعرة
البيضا سَوْدا ولا من السَّوداءِ أبيضا [بيضا][145]

[*End of insertion of restored text*]

7r * يُبَيض أخرى [37] وليكن كلامكم نَعَمْ نَعَمْ لا لا وما زاد على هذا فلا خير فيه.

[38] أما بلغكم أنَّه قيل لِلأوَّلين العين بالعين والسِّنّ بالسِّنّ [39] وأنا أقول لكم لا تكافوا أحدًا بسيئة ولاكِن من لَطَمَ خَدَّك اليمنى فَانصِب له الأخرى[146] [40] ومَن أراد مُغالبتك[147] وانتزاعك قميصًا فَزِده[148] أيضًا رداك [41] وَمَن أشخصك ألفَ باعٍ فأصحبه[149] مِثلَيها [42] ومن سألك فاعْطِهِ ومن استسلفك فاسْلِفه.

[144] Confusion in the text in BSB; following a hiatus, there is a restatement of the text.

[145] Correction in the margin: ولا تحلف برأسك لأنك لا تقدر ان تسود منه شعرة أو تبيض أخرى

[146] Ibn Ḥazm الايسر

[147] BNM-M and León مخاصمتك

[148] BNM-M and León فخلّ

[149] BNM-M and León فَسِر معه

THE FOUR HOLY GOSPELS 20

5v استوجب الحُكْم[133] * والعقوبة. ومَن قَذَف أخًا فقد استوجب الحُكْم
في الجماعة[134] ومن رماه بالخرُق فقد استوجب نار جهنَّم [23] وإذا
قَرَّبتَ قُربانك[135] وتذكرتَ ان لأخيك قبَلَكَ تباعة [24] فَتَخَل عند
المَذبح مِن قُربانِك وامْض وصالحْ أخاك أولاً وعند ذلك تعود إلى
تقريبِ قُربانِكَ [25] وَكُن مساعِدًا لمخالفك سريعًا ما كُنت مَعَه في
طريق[136] قَبْل أن يبرا بك[137] إلى الحاكم ويبرا بك الحاكم إلى أعوانه[138]
فيقذفُ بك في الحبس. [26] أمين أقول لك أنَّك لا تخرُجْ[139] حتى
توَدِي ما كان له قِبَلَك.[140]

[27] قد سمعتُم أنَّه قيل للأولين لا تزن [28] وأنا أقول لكم أنَّه
مَن نَظَر إلى إمراة تمنَّاها فقد زنا بها بقلبه. [29] فإن أضرَّت إليك
عَيْنُكَ اليُمنى فاقلعها[141] وأذهبها عن نفسك فلذهاب أَحَد جوَارحك
عنك أحسن بك مِن إدخال جميع جَسَدِك الجحيم. [30] وإن
6r أضرَّت * إليك يدك اليُمْنى فاقطعها واذهبها عن نفسك[142] فلذهاب
أحد جوارحك عنك أحسن من إدخال جميع جسدك في جهنم.
[31] وقد قيل من فارق امرأته فليكتب لها كتاب طلاق. [32] وأنا
أقول لكم ان من فارق امرأته الا للزنا فقد جعل للزنا سبيلاً.[143] ومَن

133 Note repetition of text in ms.
134 BL استوجب الانفا عن الجماعة
135 BNM-M and León قربانك في المذبح
136 BL وليساعِد كل واحد منكم صاحبه وان كان له مخالفا ما دامت معا
137 BNM-M and León المخالف
138 BNM-M and León الخادم
139 BNM-M and León منه
140 BNM-M and León تودي اخر الفلس
141 BL, BNM-M, Ibn Ḥazm, and León فافقأها
142 BL and Ibn Ḥazm فاقطعها وابرا منها
143 BNM-M and León جعل لها سبيلا الى الزنا

[13] أنتم مِلح الارض وإذا فَسُدَ المَلحُ فبِما يُطَيَّب إذ لا يُستَجزا
به[124] في شَيء إلا أن يُطرَحَ خارجًا[125] ويدرسونه الناس. [14] أنتم هم
نور الدنيا فكما لا تخفى مدينة قد بُنِيَت على جبل [15] وكما لا تُدخَلُ
شَماعة متَّقِدة تحت حجاب بل تُرفَعُ على مَنارة لتضيء لجميع مَن في
5r البيت * [16] كذلك ينبغي لنوركم أن يضيء عند الناس لينظروا الى
حسْن أفعالكم ويحمدون[126] أباكم الذي في السَّموات.

[17] لا تحسبوا اني اتيت لنقض الكتاب والانبياء[127] لم اتِ
لنقضها إلا لإتمامها. [18] أمين أقول لكم لا تَبِيدَ السماء والأرض ما
بقي شيء أوْ حرف من الكتاب حتّى يتم جميعه[128]. [19] فمن
حرّف[129] عهدًا من هذه العهود وظنه صغيرًا وحمل الناسَ على تحريفه
فسيُدعى في مُلك السموات صغيرًا ومن أتمَّه وحملَ الناسَ على
إتمامه فَسَيُدعى في مُلك السموات عظيمًا. [20] وأنا أقول لكم لئن
لم يربُ إحسانُكم على إحسان الكتبة والفرزيّين[130] لا تدخلون ملك
السَّموات.

[21] قد سمعتم ما قيل للأولين لا تقتُل ومَن قَتَل فقد استوجب
الحُكْم [22] وأنا أقول لكم كلُّ مَن سَخِط على أخيه (بلا سبب)[131]
فقد استوجب الحُكْم.[132] وانا أقول لكم كلُّ مَن سَخِط على أخيه فقد

[124] BNM-M and León فاذا فسد المح فلا مذاق له ولا يستجزا به

[125] BNM-M and León يطرح في الازقة

[126] BNM-M and León يحمدوا

[127] BL لا تحسبوا ان اقبالي لأنقض الكتب وكلام الانبياء ولكن لإتمامها; Ibn Ḥazm لا تحسبوا أني جئت لنقض التوراة وكتب الانبياء انما اتيت لإتمامها

[128] BNM-M and León جميع هذا

[129] Ibn Ḥazm حلل

[130] BL المصدقين والفقهاء

[131] Ibn Ḥazm.

[132] BL العقوبة; Ibn Ḥazm القتل

ويحيى[121] ابنا سبذَاي في مركب مع أبيهما سَبَذَاي يعدّون شَباكهم فدعاهما [22] وتخليا ذلك الوقت من أبيهما وشباكهما واتّبعاه. [23] فكان يسوع يطوف على عامَّة أهل جلجال ويبصرهم ويوصيهم عند اجتماعهم ويوصيهم ويبشرهم بملك اللّٰه[122] ويبْريهم من أسقامهم ويصحهم من أمراضهم [24] فانتشر خبره وسمع به كل من سكن أرض السّيريانين وأقبلوا اليه بجميع مَرْضَاهُم من المجنونين والمفلوجين وغيرهم من صنوف الامراض فابْرَاهم أجمعين [25] واتبعته جماعات عظيمة من جلجال وقابليَّة ويَرُوشالِم وأرض يهوذا من خلف الارْدُن.

## [V] الباب الرابع

[1] فلما بصر بالجماعات صعد الى الجبل ولمَّا جلس تدانا منه تلاميذه [2] ففتح فاه وجعل يوصيهم قائلاً [3] سُعِدَ المتواضعون فإنَّ
4v لهم ملك السموات [5] سُعِدَ الحُلَماء * فإنهم يَرِثون الارض [4] سُعِدَ المحزونون فإنهم يتعزّون [6] سُعِدَ من لم يشبع ومن لم يَرْوَ من العدل فإنهم يروون [7] سُعِدَ الرحماء فإنهم يُرحمون [8] سُعِدَ أتقياء القلوب فإنهم يروْن اللّٰه [9] سُعِدَ المصْلِحون فإنهم يدعون أولاد اللّٰه [10] سُعِدَ الذين يَحْتَمِلون الأذا لأَجل العدل فإن لهم ملك السموات [11] سُعِدْتُم إذا لُعِنتم واتْبعكم الناس وقالوا فيكم بكل الشر كاذبين لأَجلي [12] فافرحوا وهلّلوا فان تجارتكم مقبولة في السَّماء فإن كذلك خولفَ[123] الانبياء الذين تقدَّموكم.

[121] Ibn Ḥazm يوحنا
[122] BL ويعرفهم بالجنة
[123] BNM-M and León طولب

لي [10] فأجابه يسوع وقال تأخَّر يا شيطان[108] فقد صار مكتوبًا للسيّد[109]
الاهِك تسجد وإيَّاه وحده تخدُم[110] [11] فتخلا عند ذلك إبليس منه[111]
وأحاطت[112] الملايكة به وتولَّت خدمته.

[12] فلمَّا سمع يسوع بخبير[113] يحيى توجَّه إلى جلجال [13] وتخلا
من مدينة ناصرة[114] وأقبل وسكن بقفرناحوم[115] على الساحل في قسمة
سَبَلون ونَبْتَلِيمَ [14] ليتمَّ قول أشعيا النبي حيث قال [15] أرض سَبْلون
ونَبْتَلِيم وطريق البحر خلف الاردن [16] وأجناس الجليلة[116] الساكنون[117]
في الظلمت يبصرون نورًا عظيمًا. ومن كان ساكنًا في ظلال الموت
يطلع النور عليهم. [17] ومن ذلك الموضع ابتدا يسوع بالوصية وقال
توبوا فقد تدانا ملكوت السماء[118].

[18] وبيناه ماشيًا على ريف بحر جلجال إذ بصر بِأخوَين أحدهما
سَمعون المقَلَّب [الملقب][119] بيطْرُ والاخر أندرياش وهما يُدخلان
شباكهما البحر وكانا صيَّادَين * [19] فقال لهما يسوع اتَّبعاني أجعلكما 4r
صيّادي الادميين [20] فتخليّا وقتهما من شباكهما واتّبعاه. [21] ثم
أتحرَّك[120] من ذلك الموضع. وبصر أيضًا بأخوين أيضًا وهما يعقوب

[108] BL, BNM-M, and León ادبر يا شيطان; Ibn Ḥazm اذهب يا منافق مقهقرًا
[109] BL and León لله
[110] BL وإياه وحده فاخدم; Ibn Ḥazm فقد كتب أن لا يعبد أحد غير السيد إلهه ولا يخدم سواه
[111] BL, BNM-M, and León فتخلا منه; Ibn Ḥazm فتأيس عنه ابليس عند ذلك وتنحى عنه
[112] BL, BNM-M, León, and Ibn Ḥazm فأقبلت
[113] BNM-M and León عن حبس
[114] BNM-M and León نازرة
[115] BNM-M and León بقفرناؤوم
[116] BL and León واجناس جلجال; Ibn Ḥazm وجلجال الاجناس
[117] BNM-M and León الامة الجالسة
[118] BNM-M and León ملك السموات
[119] Ibn Ḥazm المسمى; León الذي يدعى
[120] BL, Ibn Ḥazm, and León تحرك

## [IV] الباب الثّالث

3v * [1] وعند ذلك قاد الروح يسوع الى المفاز[93] ليقيس إبليسُ نفسَه فيه[94] [2] فلما أن صام أربعين يومًا بلياليها وجاع من بعدُ[95] [3] أقبل[96] الجسّاس اليه وقال له إن كنت ولد الله فامُر هذه الجنادل لتصير[97] خبزًا. [4] فأجابه يسوع وقال قد صار مكتوبًا ان ليس عيش المرء في الخبز وحده ولكن في كل كلمة باثقة[98] من فم الله.[99] [5] ثم أقبل إليه إبليس في المدينة المقدسة وهو واقف في أعلى بنيان البيت[100] [6] وقال له ان كنت ولد الله فتسبسب[101] من فوق فقد صار مكتوبًا ان يبعث ملايكته فيرفدونك في الأكف[102] ولا تعثر في الحجارة قدماك.[103] [7] فأجابه أيضا يسوع وقال قد صار مكتوبا ألا تقيس السيد الاهك.[104] [8] ثم أقبل اليه[105] ابليس وهو في أعلى جبل منيف فعرض عليه زينة الدنيا وزخارفها[106] [9] وقال له اني املكك كل ما تراه[107] ان سجدت

93 Ibn Ḥazm فلحق يسوع بالمفاز وساقه الروح الى هنالك ولبث فيه
94 BNM-M and León ليقيسه ابليس
95 Ibn Ḥazm فلما ان مضى أربعين يوماً بلياليها جاع
96 BL, BNM-M, Ibn Ḥazm, and León وقف اليه
97 Ibn Ḥazm تصير لك
98 Ibn Ḥazm تخرج
99 BL وحده الا في جميع وحي الله
100 BL واوقفه على الهيكل; BNM-M and León واوقفه على اعلى بنيان البيت; Ibn Ḥazm واقف في أعلى بنيانها
101 BL and Ibn Ḥazm فترام; BNM-M and León فترام بنفسك اسفل
102 BL, BNM-M, and León لحرزك وحملك; Ibn Ḥazm يرفدونك ويدفعون عنك
103 BL ليلا يولم الصفا قدمك; BNM-M ليلا يولم الحجر قدمك; Ibn Ḥazm حتى لا يصيب قدمك مكروه; León ليلا يولم قدمك
104 Ibn Ḥazm قد صار مكتوباً أيضاً لا يقيس أحد العبيد إلهه
105 BL and Ibn Ḥazm عاد اليه; León اصعده
106 BL زخرف الارض وزينتها; BNM-M and León جميع ملك الدنيا وشرفها; Ibn Ḥazm زينة جميع الدنيا وشرفها
107 BNM-M and León املكك جميع هذا

وما جاوز[84] الاردُن [6] ليُعَمِّدهم في نهر الاردُن ويحمل عليهم التوبة بعد إقرارهم بذنوبهم. [7] فلمَّا بَصُر بجماعة من المُصَدقين والمكذبين المقبلين إليه لِيُعَمِّدهم قال لهم يا نسل الأفاعِ مَن هداكم الى الهَرب عن مساخط اللّٰه النازلة[85] [8] تقربوا بعمل صالحٍ[86] [9] ولا تثقوا بقرابتكم من ابراهيم فأقول لكم ان اللّٰه قادر ان يستخرج من هذه الجنادل لإبرهيم نسلاً [10] واعلموا ان الفؤوس قد وضعت عند أصول الشجر فكل شجرة لا تأتي بطُعم طيبٍ تُقطَعُ وفي النار تُدفَع [11] وأنا أُعَمِّدكم في الماء وأدعوكمً إلى التوبة وسيأتي بعدي أقوا مني مَن لست أستوجب حَلَّ شراك خفَّيه[87] فهو يعمدكم بروح القدس والنار. [12] وتكون بيده مذراة ينقي بها انذَرُهُ ويجمع في الهُري قمحه ويشعل التبن بنارٍ لا تبيد.

[13] وعند ذلك أقبل يسوع من الجليلة[88] الى يحيى بالأردن لِيُعَمِّده [14] فتأبَّى يحيى عن ذلك وقال أنا أستوجب أن أعمَّد على يديك فلِمَ أقبلت إليَّ [15] فأجابه يسوع وقال اسْكت[89] الان واعلم بأنه يجب عليَّ اتمام الصالحات[90] فسمع له يحيى [16] فلما عُمِّد يسوع وخرج عن الماء تفتحت له السَّماء وبَصَر بروح القدس نازلاً عليه في صورة حمامة[91] [17] وسُمِع صوتٌ من السماء يقول هذا ابني الحبيب الذي ارتضيته[92].

84 BNM-M and León جاور
85 BNM-M and León السخط النازل بكم
86 BNM-M and León صالح مستوجب للتوبة
87 BNM-M and León لست استوجب حمل خفيه
88 BNM-M and León جلجال
89 BNM-M and León ارفق
90 BNM-M and León كذلك يجب علينا اتمام كل صالحة
91 BNM-M and León مثل حمامة
92 BNM-M and León ارتضيته لنفسي

[18] صوت نياحٍ يُسْمَعُ بِرَماءَ وعويل كثير راحيل تبكي اولادها ولا تتعزّا اذ ذهبوا معًا.

## الباب الثاني

[19] فلما مات هَرُودس ترائى مَلَك السيد ليوسف في منامه بمصر وقال له [20] قم وخذ المولود وأمه وارجع بهما الى أرض اسْرايل فقد مات من كان يطلب المولود [21] فقام وأخذ المولود وأمه ورجع بهما الى أرض اسْرايل. [22] فلما سمِع أن أرْجِلَفُشْ[74] وَلِيَ مكان أبيه هَرودس على أرض يهوذا كرِه دخولها فأُنذِر في منامه ولحق بالجليلة[75] [23] وسكن بمدينة تُدعى ناصره[76] ليتم قول النبي الذي قال أنَّه يُدعا ناصِريًا.[77]

[III] [1] وفي تلك الأيام تنبأ يحيى المُعَمِّد[78] في مفاز يهُوذا
[2] وقال تُوبُوا فقد تدانا ملكوت السماء [3] وهو الذي قال فيه اشعيا النبي
سَيُنادي صوتٌ في المفاز[79] ويقول أقيموا * سبُل[80] السيد وسهلوا مخادعه. 3r
[4] وكانت كسوة يحيى من وبر النوق وحزامه شِراك وطعامه الجراد
وعسل الشعاري[81] [5] وكان يخرج إليه أهل يَرُشالَم[82] وجميع أرض[83] يهوذا

[74] BNM-M and León أرجالغش
[75] BL, BNM-M, and León بجلجال
[76] BL, BNM-M, and León نازره
[77] BL, BNM-M, and León نازريًا
[78] BNM-M and León اقبل يحيى المعمد وشرّع
[79] BNM-M and León صوت ينادي في المفاز
[80] BNM-M and León سبيل
[81] BNM-M and León الشعراء
[82] BL, BNM-M, and León المقدسيون
[83] BNM-M and León اهل

ذهبوا عنه وتقدمهم النجم[64] الذي ظهر لهم بالمشرق حتى وقف على
الموضع الذي كان فيه المولود. [10] فلما نظروا الى النجم فرحوا فرحًا
عظيمًا [11] ودخلوا البيت ووجدوا المولود مع أمه مريم فسجدوا له[65]
وفتحوا أوعيتهم[66] فأهدوا اليه[67] ذهبًا ولوبانًا ومِرًا [12] وأنذِروا في منامِهم
ألا يرجعوا على هرودس وانقلبوا على طريق اخر إلى بلدهم.[68]

2r [*Blank page*] *

2v * [13] فلما انصرفوا تراءا مَلَك السيّد ليوسف[69] في منامه وقال له
قم وخذ المولود وأمّه والحق بهما مصرَ وكُن بها إلى وقتٍ أعهد إليك[70]
فإن هَرُودس سيطلب هذا المولود ليقتله [14] فقام من وقته وأخذ
المولود وأمّه ليلاً ولحق بهما مصر [15] وكان بها

[*Text in later hand resumes in mid-line*]

إلى موت هرُودس ليتم ما كان قيل عن الله هوشع النبي الذي قال من
مصر دعوت ابني[71] [16] فلما أيقن هَرُودس بخديعة المنجمين له[72]
غضب غضبًا شديدًا وامر بقتل كل مُرْضِع كان ببيت لحم وأحوازها
ممن لم يجاوز[73] سنتين وهو الوقت الذي كان أعلمه المنجمون بأن
النجم ظهر فيه [17] وعند ذلك كمُل قول يَرْمِيا النبي حيث قال

[64] BL, BNM-M, and León خرجوا عنه وقادهم النجم
[65] BL, BNM-M, and León وخنعوا له ساجدين
[66] León اعينهم
[67] BNM-M واهدوا اليه هدية; León واهدوا اليه هديا
[68] BNM-M وانقلبوا على بلدهم
[69] BL and León فلما ذهبوا اقبل ملك السيد وترأى ليوسف
[70] BNM-M and León الى ان اعهد اليك
[71] BL, BNM-M, and León ولدي
[72] BNM-M and León فلما رأى هرودس ان قد خادعه المنجمون
[73] BNM-M and León يتجاوز

[22] ليتم قول (اشعيا)[55] النبي الذي قال [23] هذه عذرى ستحبل وتلد ولدًا اسمه عَمّنُوال وتفسيره معنا اللّٰه. [24] فلمّا انتبه[56] يوسف من نومه فعل ما أمر به السيد من ضمّ مريم خطيبته ولم يباشرها لصلاحه فولدت بِكرَ ولدها وسمّته[57] يسوع.

[II] [1] فلمّا أن وُلد يسوع في بيت لحم[58] مدينة يهوذا بعهد هرُودس العامل أقبل مُنَجِموا المشرق إلى بيت المقدس[59] [2] وقالوا أين هذا المولود ملك اليهود فإن نجمه ترأ[60] لنا بالمشرق فأقبلنا إليه لِنَسجدَ له. [3] فلما سمع ذلك هرودس العامل جزع هو ومن كان معه من أهل بيت المقدس[61] [4] فجمع إلى نفسه القسيسين[62] والعلماء وكاشفهم عن الموضع الذي يُولد فيه المسيح [5] فقالوا له ببيت لحم[63] مدينة يهوذا كالذي صار مكتوبًا [6] وأنت يا بيت لاحم [لحم] أرضِ يهوذا لستِ وضيعةً في ملوك يهوذا منك يخرج قايدٌ يرعى اسرايل أُمتي.

[7] فعند ذلك دعا هرودس المنجمين وكاشفهم كشفًا حسنًا عن الوقت الذي ظهر لهم فيه النجم ثم بعثهم إلى بيت لحم [8] وقال لهم اذهبوا واكشفوا كشفًا حسنًا عن هذا المولود فاذا وجدتموه أعلموني به لأذهب اليه وأسجد له. [9] فلما سمع بذلك المنجمون

55 BL and León.
56 BNM-M انتهب
57 BNM-M تسمّعه
58 BNM-M and León بَتلاحم
59 BNM-M and León يروشالم
60 BL تراءى; León تراءا
61 BNM-M and León هو وجميع أهل يروشالم معه
62 BNM-M and León قواد القسيسين
63 León ببثلاحم

وَلد حَزْقِيا [10] وحزقيا وَلَدَ مَنَشّا ومنشّا ولد عَمُوْن[45] وعمون ولد يوشِيا [11] ويُوشياء ولد يَخْنِيا وإخوته وقت الرحلة إلى بابيل[46] [12] وبعد الرحلة إلى بابيل وُلِدَ[47] لِيَخْنيا صَلْتِيال وَلِصَلْتِيال وُلِدَ زُرُبابيل [13] وزرُبابيل وَلَدَ أبِيُوث وأبيوث وَلَدَ ألبَجِيمَ[48] وألبجيم وَلَدَ أزر[49] [14] وأزر وَلَدَ صَدُوق وصدوق ولد أَجِيْم وأجيم ولد ألِيُوث [15] وأليوث ولد ألعَزار والعزار ولد مشَّاق[50] ومشَّاق (ومتان) ولد يعقوب [16] ويعقوب ولد يوسف خطيب مريم التي منها وُلِدَ يسوع الذي يُدعا مسيحًا [17] فصار من إبرَهيم الى داوُدَ أربعة عَشَرَ أبًا ومن داوُد إلى وقت الرحلة إلى بابيلَ أربعة عَشَرَ أبًا. ومن وقت الرحلة إلى المسيح أربعة عشر أبًا.

## * الباب الأول مَتَّى 1v

[18] وكان إيلاد المسيح على ما أصِفَ بينما أمّهُ مرْيَمُ خطيبةً ليوسف إذ حملت من روح القُدُس من غير أن يباشرها[51] [19] فَكَرِهَ يوسف لصلاحه الإبتناء بها وأَسَرَّ[52] بِمفارقتها [20] فَبَيْناهُ يُدبِّر ذلك إذ تَرَأ له في منامه مَلَك السيّد وقال له يا يوسف بن داود لا تجزع من ضم مريم خطيبتك فإن الذي تخلق[53] فيها هو من روح القدس [21] وستلد ولدًا تُسميْه يسوع وهو يُسلم أُمته ويمحص ذنوبهم[54]

[45] BL and León أمون
[46] BNM-M ببيل
[47] BL and León وُلِدَ
[48] BL الياخيم
[49] BL and León أزور
[50] BL and León متان
[51] BNM-M اذ حملت من دون ان يباشرها
[52] BL وسُرَّ
[53] BL يُخلق
[54] BNM-M and León يسلم امته من ذنوبهم

*[Text in earlier hand – original ms. – begins]*[30]

بِسْمِ اللّٰهِ الرَّحمَن الرَّحيم[31] * 1r

هذه نسبة يسوع المسيح[32]

[I] [1] مُصحَف نسبة يسوع المسيح بن داوُد[33] ابن ابراهيم
[2] ابراهيم وَلَدَ إسحق وَلَدَ يعقوب يعقوب ولد يهوذى وإخوته
[3] ويهوذا ولد فارص وصارَ من تَمارَ[34] وبَيْروصُ[35] ولد حَصْرُوم[36]
وحصروم ولد أرام [4] وأرام ولد عَمِيْنَدابَ[37] وعمينداب ولد نَحْشُوْن
ونحشون ولد شَلْمُون [5] وشلمون ولد بُوعُوز[38] من رَحاب وبوعوز وُلِد
له عُباث[39] من رُوْث وعوباث وُلِد له إشاي[40] [6] وإشاي وَلَدَ داوُد الملك
وداوُد الملك وُلِد له سُلَيْمَنِ من امرأة أَرَيا[41] [7] وسليمن ولد رُبُعام.
وربعام وَلَد أبيام[42] وأبيام وَلَدَ أشا [8] وأَشا وَلَدَ يُوشفاط[43] ويُوشفاط وَلَدَ
يُهْرام ويهرام وَلَدَ عُوزِيا[44] [9] وعوزيا ولد يُوْثام ويوثام وَلَدَ أحاز وأحاز

[30] Pages 1v and 2r are in reality two sides of one folio. To correct the anomaly in the page numbering in the ms., I repositioned the blank page preceding the folio to follow it.

[31] BL بسم الله الرحمن الرحيم وبالله التوفيق; León بسم الله الرحمن الرحيم ولواهب العقل الحمد

[32] Heading not found in BL or León.

[33] León يسوع ابن داود

[34] BL [تامار] فَيرص وتارح

[35] BL فَيرص; León فاراش

[36] BL ثم ان فيرص ولد حصروم

[37] BL أميناداب

[38] BL باعوز

[39] BL عوبيد

[40] BL يشا

[41] BL and León أوريا

[42] BL أبيا

[43] BL يهوشفاط

[44] BL أحزيا; León أوزيا

الباب السابع [السادس] والعشرون في إرادة اليهود على التقبض على يسوع. عن المرأة التي صبّت الدهن على يسوع. واذا طلب يهوذا المثوبةُ من اليهود ليتُلَّ يسوع وقوله للتلاميذ على العشاة عن يهوذا المدلَّ عليه.

الباب السابع والعشرون في قوله لبيطْرُ أنه يجحده ثلاثًا قبل صرخة الديك. في دُعاءِ يسوع للاب واذ تَلَّ به يهوذا بالقبلة واذ أبان بطْرُ أذن عبد قايد القسيسين واذ أقبل شهود الزور على يسوع وفي جلد يسوع واستهزائهم به واذ جحد بطْرُ ثلاث مرَّات وبعد ذلك خرج وبكا بُكاءً مُرًّا وحين بَرِئ بيسوع الى بيلاط وفي تعلق
يهوذا * وخنق نفسِه وعن فدان الفخار وفي حكم بيلاط وفي برئان ٧v
السارق.

الباب الثامن والعشرون في عذاب يسوع وفي تغييره وقيامته ومواعظه ووصاياه بالدعاء. وتمت الابواب والحمد لله اولاً وأخرًا.

ابتدا المصحف الاول من الاربعة اناجيل المقدسة

وهو الذي وضعه متَّا الحَواري المقَلَّب[28] بلاوي تلميذ المسيح وواحد من الاثنا عشر حَواريًا صادفه المسيح سيدنا قاعدًا على تقاضي الخِراج فقال له اتبعني فقام من ساعته واتبعه وهو الذي كتب هذا الانجيل لسانًا عبرانيًا للطائفة التي امنت بالمسيح من اليهود بأرض الشأم.[29]

[28] León الملقَّب

[29] Entire paragraph omitted in BL.

الباب الموفي عشرون في ان الاوّلين يكونون اخرين ومثل العمالين في الكَرم المستأجَرين وفي طليبة ابني سبذاي وفي اوّل الاتكاء في الصنيعات وفي المكفوفين الجالسين بجوار الطريق.

الباب الحادي والعشرون في الحمارة وفلوها واذ طرد الباعة والمبتاعين عن البيت ومنادات الاطفال هُشَعْنَا وفي شجرة التين اليابسة وحين سألوه بسلطان مَن يفعل هذا واذا سألهم عن معمودية يحيى[26] واذ ضرب لهم مثلا في الرجل الذي أرْسَل ولديه الى الكرم وقوله أن المستخرجين والقحاب يتقدمون كثيرًا من القسيسين والعلماء في ملك الله.

الباب الثاني والعشرون مثل عمّار الكرم الذين قتلوا المُرسلين اليهم ومثل الذين كرهوا الاقبال الى صنيع العُرس.

الباب الثالث والعشرون في عَلامة قيصر[27] وصورَته في الدينار وعن
Vr المرأَة التي تزوَّجها السبعة الاخوة وإذ قايسه الفرزيّون * اذا سألهم عن المسيح ابن من هو. وقوله عن الفرازيّون يقولون ولا يعملون.

الباب الرابع والعشرون في عتابه للعلماء والمصدقين على تطوفهم في البر والبحر ليصرفوا أحدًا الى الدين وعند الجمل والبعوض عن الكؤس والصحاف المغسولة والقبور المبيضة وقبور الانبياء غير ذلك كثيرًا.

الباب الخامس والعشرون يروشالم وعن خراب البيت وعلامات أواخر الايام وتقصير الايام وعن مسيحاء الكذب وأنبياء الكذب وعن قدوم المسيح وتحرك الطبائع وعن العشر عذرا والعشرة القناطير وعن الضأن عن اليمين والجديان عن الشمال وفي أعمالهم.

[26] Leipzig يحنا

[27] Leipzig درهم قيسر

الباب الرابع عشر في راس يحيى في الطبق وفي الخمس الخبز والحوتين لخمسة الاف رجلٍ وفي مشي يسوع على الماء في البحر واستنقاذه لبطر إذ غرقٍ وابرايه لكثير من الامراض في أرض يَنَشارَه

الباب الخامس عشر في غسل الايدي وفي الذي يخرج من أفواه الناس هو الذي ينجسهم لا ما يدخل في الانسان وفي اخراجه الجني عن ابنة المراة الكنعانية. وفي ابرايه العرج والعمي والبكم في جوار بحر جلجال

الباب السادس عشر في السبع الخبز والحيتان القليلة التي شبع منها اربعة الاف رجل وعن اية يونس النبي وتحذيره له وقوله من أراد اتباع السيد فليحتمل صليبه. وقوله أن من الوقوف من لا يذوق الموتاء حتى يرون ابن الانسان مُقبلاً في مُلكِهِ.

الباب السابع عشر إذا تظاهر في الجبل مع موسى والياس والصوت من السماء يقول له. وقوله للتّلاميذ قد أتى الياس ولم يتقبَّل واذا برأَ الغُلام المجنون وقوله عن الايمان مقدار حبَّة الخردل وعن الدنيا في فم الحوت.

IVv * الباب الثامن عشر حيث يأمُرُ بالتواضع كالصبي وفي البراة عن اليد والرجل والعين والا يشكّك صغيرًا من أصاغير المومنين الذين تبصَّروا ملائكتهم وجه الاب ابدًا في السَّمَواتِ وان تعاتب الاخوان وان تغفر بعضًا لبعض سبعين في سبعة.

الباب التاسع عشر في الذي يخنق لعبده في المائة الدّينر ولا ينبغي ان تطلق الزوجة وعن الخصيان والا ينتهر الاطفال عن البركة وانَّ الملي بالجزاء يدخل ملكوت السموات ومن يتخلى عن جميع ماله يضاعَفُ له مِائَة ضُعف.

IIIv الباب التاسع حيث أَمَر المفلوج بحمل سريره ودعوته * لمتاوش وتمرْمُر الفرازيين عليه لأكله مع المستخرجين. وقوله ليس يحتاج الأصحاء الى الطبيب. وإذ أساله[23] تلاميذ يحيى لم لا يصوم تلاميذه وفي ضربه لهم مثل الثوب والخلق والزقاق والخمر وعند سيره لاحياء ابنة القائد وإبراء المراة من سيالة الدم وإذ فتح عيني الاعما ونفيه للمجني الاصم الابكم وقولهم ان يفعل ذلك بقايد الجنن.

الباب العاشر في ارساله الاثنا عشر حَواريا بكل وصاء وتعليم وقوله لم اتِ لإدخال السلم في الارض لكن لإدخال السيف.

الباب الحادي عشر إذ بعث يحيى الى يسوع من الحبس وقول يسوع للجماعة عن يحيى وفي ذمه للمداين الكارهات للتوبة وفي اعتراف يسوع وإقراره لِلاب وان مضمد الله خفيف.

الباب الثاني عشر في عرك التلاميذ للسنابل في أيديهم وفي بُرءِه ليد الأشل اليابسة وفي بُرْئِه الاعماء الابكم وفي هدْم الذين قالوا إنَّما يفعل هذه العجايب برأيس الاباليس واذ طلب منه الفرازيون اية يونسَ وأهْل نِبِنًّا وعند محادثه [محادثته][24] لأمه وأقاربه

IVr الباب الثالث عشر في جلوس يسوع في المركب * ومكالمته للجماعة متمثلا عن الزراع والزريعة المائة والستين فالثلاثين وعن الزوان في القمح وعن حبَّة الخردل وعن الخميرة المخفية في الدقيق وتفسيره مثل الزوان للتلاميذ. ومثل الكنز في الفدان وفي الجوهرة الثمنية [الثمينة][25] وفي الشبكة الملقاة في البحر وقوله ليس للنبي حرمة في وطنه

23 León ساله
24 BL كلامه لأمه واخوته; León مجانبته لأمه واخوته
25 León العجيبة

الباب الثاني انصراف يسوع عن مصر إلى نازَرَة ومعمودية يحيى في الاردن ومعمودية المسيح.

الباب الثالث في مقايسة إبليس ليسوع بعد أن صام أربعين يومًا وأربعين ليلة ودعوته لبيطر واندرياش ويحيى ويعقوب الصيادين وطوافه على جلجال وبرءِه لأمراض الناس المختلفة.

IIIr الباب الرابع في السعادة وسائر العهود وذلك في القتل * وفي القربان[20] وفي الزنا وفي العين واليد والبراة منهما وألا تطلق الزوجة إلا للزنا وفي الايمان وفي العين والسن وفي محبة الأعداء وفي الصدقات.

الباب الخامس في الصلاة وكيف يكون الدعاء وفي الصوم وفي الكنز في السما وأن منارة الجسد هي العين وأن لا يقدر العبد على خدمة سيدين وألا يفكر في المعيشة والكسوة وقوله عن الطير والسوسن الصحري[21]

الباب السادس الا يحكم[22] وفي الجدرة والتبنة في العين وفي الجوهر ألا يلقى بين يدي الخنازير وفي الطلب والسعي والالحاح والقرع وفي الانبياء الكاذبين وفي البيت المبني على الصخرة والرمل.

الباب السابع في بُرءِه الابرص عند نزوله من الجبل وفي بُرءِه لغلام العريف الذي أصابه الفالج وإذ أبْرَ[أ] ختنة بِطْرُ من الموم وغيرها كثير وقوله للعالم الذي أراد اتباعه ليس لابن الإنسان حيث يَميل بِرَاسه وقوله للاخر اتبعني ودع الموتا يدفنون موتاهم.

الباب الثامن في رقاده في المركب وانبا التلاميذ له واذ سكن رَمْزَ البحر ونفيُه للجِن في بلد يرَشان.

[20] Only in BSB.

[21] León الصحراوي

[22] León ان لا يقضي القاضي فيقضى عليه

وسلطانه على الموت وظفرته على جميع الألم والمِحَن[10] التي تستقبحها
أوْهام الادميين ويكرهونها في حكم عقولهم ان قام في بدنه بِكرَ الموتا
ورائس[11] الجميع ابن ابيه فهو ابن الاب. والأب أبٌ له واحدٌ بالجوهر
ثان بالقيوم[12] لا ثان في الذات بلا بَدءٍ ولا نِهاية. وقد يليق بالمحبين
IIv لله * أن يميزوا أوايل هذا الانجيل ووسطه[13] وأواخره ويتصفحوا كيف
اجتبا الله هذا الرسول المحن مثوةً ويتبصروا معاني هذا الانجيل ومحبة
الله[14] لعباده أن أراد أن ياتي متجسدًا ببدن تام مولود.

فليتفكروا ويتكرروا[15] في قِراتِه فإنهم سيشعرون ان الله اجتباهم واتَّخذهم فليتخذوا طاعته والانقياد لأمره وبعد فإنَّا قصدنا في صدر هذه المقالة قصدًا أردنا إيضاح ثمرة الإيمان والاخبار[16] عن القصة القايمة الماضية وعن افعال الله المحبّ الرؤُف المحكم التدبير لكل من أحبَّ وبحث[17] عن أسرار الدين وصقل عين قلبه[18] ليتطلع على اللطائف المكتومة عن كثير

تم الصدر وهذه فهرسة الابواب[19]

الباب الاول فيه ميلاد المسيح وهدية المنجمين وتغيب يسوع وقتل الاطفال المسيح.

[10] BL and León جميع الألام والمهن
[11] BL and León ورئس
[12] BL بالأقنوم
[13] BL واوساطه
[14] BL الله تبارك وتعالى
[15] BL and León فليتكرروا
[16] BL والأديان
[17] BL احبَّ وطلب وبحث
[18] BL عين عقله
[19] BL وقد فصلنا ابواب هذا الانجيل على ثمانية وعشرين بابًا فأول ابوابه; León وقد فصلنا هذا الانجيل على ثمانية وعشرين باب

# [انجيل متى]

[*Beginning of inserted text by later hand*]

* IIr بسم الاب والابن والروح القدس اله واحد[1]

قال يرونم القس الترجمان[2] متا[3] الحواري هو اوَّل من كتب الانجيل في بلد يهودَ بمدينة التـَّامات[4] وانجيله اول الاناجيل بالمرتبة وهو الراجع الى الله من متاجر الاسواق وتقاضي الخراج. وصف نسبة المسيح على وجهين من الاباء الذين اجتباهم الله من الختان واختارهم بقلوبهم المختونة عن كل كفوءٍ[5] به فهو ولدُهُم من الحضنين[6] وفسّر الحواري نسبته على ثلث فصول كل فصل أربعة عشر أبًا. فهنَّ ثلث فصحات وأزمان ثلاثة تصحيحًا لسنته وإظهارًا لخبره الذي فسره دانيال فذكر الرحلة إلى بابل وكم أبٍ سلفوا من بعد الرحلة إلى قدومه وولادة المسيح الذي هو بادي الاشياء وعلّتها. الأول علة جميع الأشياء وكل زمان ورأس كل نظام وأولية جميع المراتب والأعداد وبرهان كل حجة ونور كل عقل وأن أوّل الايمان وقوامه أن المسيح الله المولود من امراة المُخضَع تحت التورية المولود من العذرى[7] البتول المُتوجع في بدنه الحاسي المكلوم في لحمه المعلق في الصليب[8] لقي ذلك ليظهر قدرته[9]

[1] BL بسم الله الرحمان الرحيم ولا قوة الا بالله León ;بسم الله الرحمن الرحيم وبه استعين

[2] The attribution is omitted in BL.

[3] BL متاوش León ;مثوه

[4] BL and León الشّامات

[5] BL and León عن الكفر به

[6] BL and León من الجهتين

[7] BL تحت التوراة ابن العذرا

[8] BL الخشبة

[9] BL قهرته